SPSS
统计分析入门与应用精解
— 视频教学版 —

杨维忠 张 甜 / 编著

清华大学出版社
北京

内 容 简 介

这是一本精解 SPSS 统计分析基础入门与应用的教材，通过"精解统计分析原理、精解 SPSS 窗口选项设置、精解 SPSS 输出结果"三要素，帮助读者真正掌握常用统计分析软件 SPSS 的应用。

全书共 14 章。第 1 章为 SPSS 基础与应用操作概述；第 2~7 章介绍 SPSS 的基本统计分析方法，包括描述统计分析方法、比较平均值分析方法、非参数检验方法、相关分析方法、一般线性模型、各类常用回归分析方法等；第 8~13 章介绍 SPSS 的常用高级统计分析方法，包括时间序列预测方法、聚类分析方法、决策树分析与判别分析方法、生存分析方法、降维分析方法等；第 14 章介绍如何使用 SPSS 进行高质量的综合性研究，讲解研究方案设计、调查问卷的制作、SPSS 数据挖掘、建模注意事项。每章有教学重点提示，章后有"知识点总结与练习题"，帮助读者增强学习效果，形成了"从基础原理到操作精解，从数据分析到案例应用"的完整教学闭环。与本书配套的还有教学 PPT 和作者新讲解的全套视频资料以辅助教学，力求实现最佳教学效果。

本书可作为经济学、管理学、统计学、金融学、社会学、医学、电子商务等相关专业的在校本、专科大学生及研究生学习、应用 SPSS 的主要教材，还可作为职场人士掌握 SPSS 应用、提升数据分析能力，进而提升工作效率、改善绩效水平的工具书。

本书封面贴有清华大学出版社防伪标签，无标签者不得销售。
版权所有，侵权必究。举报：010-62782989，beiqinquan@tup.tsinghua.edu.cn。

图书在版编目（CIP）数据

SPSS 统计分析入门与应用精解：视频教学版/杨维忠，张甜编著．—北京：清华大学出版社，2022.4（2024.2 重印）
ISBN 978-7-302-60346-7

Ⅰ. ①S… Ⅱ. ①杨… ②张… Ⅲ. ①统计分析－软件包－高等学校－教材 Ⅳ. ①C819

中国版本图书馆 CIP 数据核字（2022）第 042205 号

责任编辑：夏毓彦
封面设计：王　翔
责任校对：闫秀华
责任印制：沈　露

出版发行：清华大学出版社
网　　址：https://www.tup.com.cn，https://www.wqxuetang.com
地　　址：北京清华大学学研大厦 A 座　　邮　编：100084
社 总 机：010-83470000　　邮　购：010-62786544
投稿与读者服务：010-62776969，c-service@tup.tsinghua.edu.cn
质 量 反 馈：010-62772015，zhiliang@tup.tsinghua.edu.cn

印 装 者：三河市龙大印装有限公司
经　　销：全国新华书店
开　　本：190mm×260mm　　印　张：25　　字　数：674 千字
版　　次：2022 年 5 月第 1 版　　印　次：2024 年 2 月第 5 次印刷
定　　价：98.00 元

产品编号：095453-01

推荐序一

2008 年，我刚从美国留学归来，加盟山东大学经济学院，开始教研究生的计量经济学。本书作者杨维忠与张甜就是当时的第一批学生，其中张甜还是我亲自指导的硕士生。当时是我第一次教硕士生的计量经济学，课件还是手写的。上课时，山东大学中心校区公教楼阶梯教室的 4 块活动大黑板被推得呼呼作响。我奋笔疾书，一个个矩阵写了又擦，擦了又写，但永远赶不上矩阵变换的速度。一学期下来，吃够了粉笔灰，我决定将所有课件电子化。而这些电子版的课件终于在 2010 年出版了研究生教材《高级计量经济学及 Stata 应用》（第一版），之后 2014 年推出了第二版，2015 年出版了本科教材《计量经济学及 Stata 应用》。

回想十多年前的青葱岁月，当时学生们年轻而活跃的身影仿佛历历在目。杨维忠与张甜无疑是当年的佼佼者。他们勤学好问，对于数据、计量经济学与 SPSS 都十分着迷，可谓如鱼得水，对这些工具爱不释手。在完成硕士论文的过程中，张甜的认真精神给我留下了深刻的印象。三年的硕士生活转瞬即逝，毕业后杨维忠与张甜都投身金融界，亲身体验与探寻真实世界的经济规律。令人欣慰的是，他们在商业银行工作历练之余，也没有放下对于 SPSS 的热爱，并将工具包扩展到其他统计软件。期间，他们笔耕不辍，或独著或合作，出版了基于 SPSS、Stata、EViews 与 Excel 的系列书籍，受到了读者的广泛好评与欢迎。2018 年，因为放不下对于学术的兴趣，张甜又考回山东大学经济学院，攻读金融学博士。

众所周知，SPSS 是统计分析的流行软件，在社会科学领域有着广泛的应用。由于操作界面简单，特别容易上手，故尤其适合文科生，以及不愿过多编程的职场人士。然而，通常的统计学教材并不介绍相应的软件操作，或只是附带地介绍。另一方面，专门的 SPSS 书籍一般着重于软件本身，而对于其在统计学的应用则语焉不详。杨维忠与张甜此次推出的《SPSS 统计分析入门与应用精解：视频教学版》正好弥补了市场的这个空档，对于 SPSS 在统计学的应用进行了深入浅出的介绍。此书内容全面，涵盖了统计学的经典内容与流行方法，包括描述性统计、参数检验、非参数检验、相关分析、回归分析、时间序列分析、聚类分析、决策树、判别分析、生存分析、降维分析（含主成分分析、因子分析）等。

总之，本书适用于人文社科等专业的学子们，从入门上手SPSS，到精通SPSS在统计学的深入应用。有数据分析需求的职场人士，也可从中获益。读者既可以跟着本书逐章操作，边干边学，也可将其作为工具性的参考书，在需要时快速查找解决方案。希望更多的学子能从本书受益，成为数据分析的高手，从数据中获得信息与价值。

山东大学经济学院教授

2022年3月25日

推荐序二

统计学在各学科领域，特别是在高科技领域有着广泛的应用，也是很多高水平大学的选修课程，如程序设计语言、数据结构、操作系统、编译技术、人工智能、数据库、算法设计与分析、理论计算机科学基础等必不可少的先行课程。通过统计学及 SPSS 等相关数据分析工具的学习，不但可以掌握结构的描述工具和方法，为后续课程的学习和工作创造条件，而且可以提高抽象思维和严格的逻辑推理能力，为将来参与创新性的研究和开发工作打下坚实的基础。

经首创证券深圳分公司朋友介绍，我认识了杨维忠、张甜两位青年才俊，他们都是非常勤奋努力的数据科学领域的作家和量化研究的践行者，阅读过他们编写的《SPSS 统计分析商用建模与综合案例精解》《SPSS 数据挖掘与案例分析应用实践》，感觉很受益，也很实用。提前看到他们即将出版的《SPSS 统计分析入门与应用精解：视频教学版》新书稿很高兴。两位早已成名的作家在繁忙的工作与学术研究任务之余，笔耕不辍地为数字化人才的培养倾情出力，为之感动。这本致力于使国内读者学习 SPSS 更简单、更高效、更实用的教材，一定会受到读者的好评与欢迎。该书不仅适合在校学生或在职研究生学习，掌握统计分析工具以完成学术论文，更适合职场人士在数字化浪潮中学习一门量化分析技术提升职场竞争力。

疫情加速了行业变革，数字化能力成为企业反脆弱能力的重要体现，未来数字化和智能化进程会加快。在不确定的世界中，我们需要做确定的自己，时刻提高自身的反脆弱能力，保持"优化算法，终身学习"的热情，积极利用碎片化的时间开展有深度、系统化的数字化内容学习，从学习中持续受益和成长！

高合资本董事长，温氏投资联合创始人，HighrunGlobal 合伙人，中融信托前海合资公司董事，改革开放四十周年杰出领军人物，科技部首届创新中国创新投资家，教育部重大社科课题研究员，长江金融 MBA 项目导师

王泽翼

2022 年 3 月 25 日

推荐序三

很高兴为山东大学的学弟杨维忠、学妹张甜的新作作序。

我任职于暨南大学数学系，主讲的课程中包括《概率论与数理统计》，其中统计部分会涉及一些统计问题，如样本与统计量、参数估计、假设检验、回归分析与方差分析等，主要以理论教学为主。很多同学学习到后面，往往期待能结合统计分析工具去实践相关学习内容，或开展课题研究，或撰写学术论文，等等。一般我是建议他们用易学易用的 SPSS 软件。同学们常反馈的问题是：对于 SPSS 软件中一些程序的结果不是很了解其具体含义，及其代表了什么、反映了什么。此外，我作为数学建模的指导教练，全程参与全国大学生数学建模和美国大学生数学建模的培训和比赛指导，统计类建模是绕不开的一类题目，而我们的学生来自全校各个专业，对于没有学习过统计分析工具的学生，我也是建议大家用 SPSS 软件，主要是 SPSS 容易上手、界面友好、功能强大，但大家的反馈是 SPSS "易学，也不易学"，虽然操作简单，但没有较好统计基础的同学往往对于软件输出结果的分析不甚理解。

看了杨维忠、张甜二位编写的《SPSS 统计分析入门与应用精解：视频教学版》的书稿，非常高兴，因为能够很好地满足前述的需求，特别是书中精选的案例能够精解统计分析原理、精解 SPSS 窗口选项设置、精解 SPSS 输出结果，达到学以致用、实现"数据分析能力+学术或实践研究应用能力"双提升的目的。本书深入浅出、循序渐进地精解了常用统计分析方法在 SPSS 软件中实现与结果的解读分析，非常适合初学者或虽具备一定基础但缺乏应用经验的学生学习。

暨南大学数学系张培爱副教授于暨南园

2022 年 3 月 25 日

推荐序四

"十四五"规划纲要中提出:"迎接数字时代,激活数据要素潜能;实施'上云用数赋智'行动,推动数据赋能全产业链协同转型"。在国家积极推进产业数字化转型的大趋势下,合理预期掌握一定统计分析与量化建模能力的数字化人才将会迎来全新的发展机会。掌握统计分析原理、工具、方法不仅是众多相关专业在校学生顺利完成毕业论文的刚性需求,更是在职场中获取卓越表现的必备技能。

SPSS作为一种功能全面的统计分析软件包,操作界面类似于Office办公软件,上手快,菜单式操作简单易学,输出结果直观,与学术研究、实际工作结合,实用性也很强,是大数据时代最为流行的计量软件之一,既适合在校学生用之顺利完成自己的毕业论文,也非常适合职场人士用之开展量化分析,以大数据时代更加科学的方式做好市场营销、产品推广、客户关系分类维护或风险控制等系列工作,提升工作效率与职场竞争力。

本书作者杨维忠、张甜是我山东大学的校友,也是10余本数据科学领域的畅销书作者,写作经验丰富,已上市图书深受读者欢迎,在51CTO举办的"2021年度最受读者喜爱的IT图书作者评选"中双双荣获"最受读者喜爱的作者TOP10",其著作《SPSS统计分析商用建模与综合案例精解》荣获"数据科学领域最受读者喜爱的图书TOP5"。两位校友本次合著的这本《SPSS统计分析入门与应用精解:视频教学版》致力于让读者学习SPSS更简单、更实用、更高效,通过"精解统计分析原理,精解SPSS窗口选项设置,精解SPSS输出结果",实现"从基础原理到操作精解,从数据分析到案例应用"的完整教学闭环,实现从入门上手、学懂弄通到学以致用、活学活用,达到"数据分析能力+学术或应用研究能力"的双提升。本书可作为各相关专业学生学习、应用SPSS的参考书,也可作为职场人士掌握SPSS操作、提升数据分析能力,进而提高工作效率和改善绩效水平的工具书。

星光不问赶路人,机遇垂青有预者。作为点猫科技的CEO,本人引领和见证了公司从创始到成长为独角兽企业的全过程。点猫科技作为科技属性极强的创新公司,对于趋势和创新的力量体会得尤为深刻。一路走来,最感荣耀和珍惜的是一起创业、奋斗的伙伴们,尤其是那些朝气蓬勃、斗志昂扬的年轻人，他们在快速成长中有着一个共同的特质，就是能够做到结合趋势持续学习、深度学习，并且能够学以致用，将自身学习成果转化为提升团队整体工作效率。在此希望有更多的读者能看到本书，并从对本书的深入学习中有所收获，真正掌握应用SPSS进行数据统计、量化分析、数据挖掘与建模，掌握大数据时代的科学量化思维模式，在这个充满机遇和挑战的时代持续做更好的自己，为实现更加卓越的职场表现创造更多可能！

深圳点猫科技有限公司（编程猫）创始人兼CEO　李天驰

2022年3月25日

前　言

　　SPSS 作为公认的应用最广泛的专业数据分析软件之一，以功能丰富、效率高、操作简便而著称，主要针对经济、管理、医学、农学、教育、市场研究、社会调查等多个行业和领域，也是最容易入手学习的数据统计分析软件。但实事求是地讲，"SPSS 易学，也不易学"，易学是因为门槛较低、界面友好、基本操作相对简单、入门较快；不易学是因为 SPSS 虽然操作较为简单，但归根结底还只是一种数据分析工具，是各种统计分析方法实现的载体，而每种分析方法一是有较为严格的适用条件，二是涉及的具体选项有很多，所以如何结合实际研究需要选取恰当的分析方法，并且根据具体情形在操作窗口中正确设置相应选项，对分析结果进行正确、完整的解读，实现起来是颇为不易的。所以本书作者致力于编写一本 SPSS 统计分析入门与应用精解的教材，通过"精解统计分析原理，精解 SPSS 窗口选项设置，精解 SPSS 输出结果"三个精解帮助读者真正掌握常用统计分析方法的 SPSS 操作，在"三个精解"的基础上，每一章的前面都有教学重点提示，后面都有"知识点总结与练习题"，帮助读者增强学习效果，形成了"从基础原理到操作精解，从数据分析到案例应用"的完整教学闭环，同时与本书配套的还有教学 PPT 和作者最新讲解的全套视频资料以辅助教学，力求实现最佳教学效果。

本书内容

　　本书共 14 章。具体来说，第 1 章为 SPSS 应用基础，旨在告诉读者 SPSS 软件启动与关闭，以及数据编辑录入、数据读取、数据排序、缺失值处理、数据查找、数据合并、图形绘制等对数据的基础操作，教会读者如何使用 SPSS 处理数据。第 2 章为描述统计分析，讲解频率分析、描述分析、探索分析、交叉表分析 4 种分析方法，研究数据的基本特征。第 3 章为比较平均值分析，包括平均值分析、单样本 T 检验、独立样本 T 检验、成对样本 T 检验、单因素 ANOVA 检验 5 种分析方法。第 4 章为非参数检验，讲解卡方检验、二项检验、游程检验、单样本 K-S 检验、2 个独立样本检验、2 个相关样本检验、K 个独立样本检验、K 个相关样本检验 8 种分析方法。第 5 章为相关分析，讲解双变量相关分析、偏相关分析、距离相关分析 3 种分析方法。第 6 章为一般线性模型，讲解单变量分析、多变量分析两种分析方法。第 7 章为回归分析，讲解线性回归分析、加权最小二乘回归分析、曲线估算回归分析、二元 Logistic 回归分析、多元 Logistic 回归分析、有序回归分析、概率回归分析、非线性回归分析、最优标度回归分析、分位数回归分析 10 种分析方法。第 8 章为时间序列预测，讲解专家建模器、指数平滑法、ARIMA 模型、季节分解模型 4 种分析方法。第 9 章为聚类分析，讲解二阶聚类分析、K 均值聚类分析、系统聚类分析 3 种分析方法。第 10 章为决策树分析与判别分析，讲解决策树分析、判别分析两种分析方法。第 11 章为刻度分析，讲解可靠性分析、多维标度分析两种分析方法。第 12 章为生存分析，讲解寿命表分析、Kaplan-Meier 分析、Cox 回归分析 3 种分析方法。第 13 章为降维分析，讲解因子分析、主成分分析、对应分析 3 种分析方法。第 14 章为如何使用 SPSS 进行高质量的综合性研究，讲解研究方案设计、调查问卷的制作、SPSS 数据挖掘、建模注意事项。

本书特色

本书的特色在于精解常用统计分析方法的基本原理与完整 SPSS 操作，不仅对相关统计分析概念进行介绍，对涉及的窗口界面进行完整而深度的解读，明确了操作中各个选项的适用情形，也对分析结果也进行了深入浅出、全面准确的讲解，使得读者能够根据实际研究需要灵活选取恰当的分析方法，能够认识每种分析方法的 SPSS 操作全貌，恰当设置操作选项，能够对分析结果进行准确解读，知晓数据分析结论代表的实际意义，达到"知其然，又知其所以然"的效果，能实现数据分析能力的提高，同时也能实现学术或实践研究能力的提高。

读者对象

本书读者对象主要面向在校大学生以及具备一定统计学基础的职场人士。本书可用作经济学、管理学、统计学、金融学、社会学、医学、电子商务等一系列相关专业的在校本专科大学生、研究生学习、应用 SPSS 的主要教材，也可作为重要的辅助教材或者课外阅读书目，还可作为在校大学生、研究生自学 SPSS 以完成毕业论文、毕业设计的重要参考教材，或职场人士掌握 SPSS 操作、提升数据分析能力，进而提升工作效率、改善绩效水平的工具书。

本书在编写过程中吸收了前人的研究成果，在部分 SPSS 操作和个别概念的介绍上，学习参考了 SPSS 官方网站公开的 PDF 格式帮助文档等相关知识，在此一并表示感谢！

本书配套视频与资源

本书PPT、源数据与视频教学可以扫描下面的二维码下载。如果下载有问题，请发送电子邮件至booksaga@126.com，邮件主题为"SPSS统计分析入门与应用精解：视频教学版"。

| PPT | 源数据 | 视频第1~5章 | 视频第6~11章 | 视频第12~14章 |

由于作者水平有限，书中的疏漏之处在所难免，诚恳地欢迎各位同行专家和广大读者批评指正，并提出宝贵的意见。

编　者
2022年3月

目　　录

第1章　SPSS 应用基础 1

1.1　SPSS 的启动与关闭 2
1.1.1　SPSS 软件的启动 2
1.1.2　SPSS 软件的关闭 5
1.1.3　SPSS 软件常用窗口 5

1.2　SPSS 选项设置 7
1.2.1　"常规"选项卡 7
1.2.2　"语言"选项卡 8
1.2.3　"查看器"选项卡 9
1.2.4　"数据"选项卡 9
1.2.5　"货币"选项卡 10
1.2.6　"输出"选项卡 11
1.2.7　"图表"选项卡 11
1.2.8　"透视表"选项卡 12
1.2.9　"文件位置"选项卡 12
1.2.10　"脚本"选项卡 13
1.2.11　"多重插补"选项卡 14
1.2.12　"语法编辑器"选项卡 14

1.3　数据编辑器的基本操作 15
1.3.1　数据编辑器的变量视图操作 16
1.3.2　数据编辑器的数据视图操作 21

1.4　变量和样本观测值的基本操作 22
1.4.1　变量和观测值的移动、复制和删除 22
1.4.2　数据转置 22
1.4.3　变量计算 23

1.5　增加新的变量或样本观测值 27
1.5.1　在现有数据文件中增加新的变量 27
1.5.2　在现有数据文件中增加新的样本观测值 27

1.6　对数据按照变量或样本观测值进行排序 28
1.6.1　对数据按照变量进行排序 28
1.6.2　对数据按照样本观测值进行排序 29

1.7　数据查找 30
1.7.1　按照观测值序号查找单元格 30
1.7.2　按照变量值查找数据 31

1.8　数据文件合并 32
1.8.1　按照样本观测值合并数据文件 32

1.8.2　按照变量合并数据文件 35
1.9　缺失值处理 37
1.10　读取其他格式的数据文件 39
　　　1.10.1　读取 Stata 数据文件 40
　　　1.10.2　读取 Excel 数据文件 41
　　　1.10.3　读取文本数据文件 44
1.11　3 种典型图形绘制方法 48
　　　1.11.1　图表构建器 48
　　　1.11.2　图形画板模板选择器 50
　　　1.11.3　旧对话框 53
1.12　经典概念之假设检验介绍 56
　　　1.12.1　假设检验的基本概念 56
　　　1.12.2　假设检验的步骤 56
　　　1.12.3　假设检验的注意事项 56

第 2 章　描述统计分析 58

2.1　频率分析 58
　　　2.1.1　基本原理 58
　　　2.1.2　操作演示与功能详解 59
　　　2.1.3　结果解读 62
　　　2.1.4　知识点总结与练习题 63
2.2　描述分析 63
　　　2.2.1　基本原理 63
　　　2.2.2　操作演示与功能详解 63
　　　2.2.3　结果分析 64
　　　2.2.4　知识点总结与练习题 65
2.3　探索分析 65
　　　2.3.1　基本原理 65
　　　2.3.2　操作演示与功能详解 66
　　　2.3.3　结果分析 69
　　　2.3.4　知识点总结与练习题 73
2.4　交叉表分析 73
　　　2.4.1　基本原理 73
　　　2.4.2　操作演示与功能详解 74
　　　2.4.3　结果分析 77
　　　2.4.4　知识点总结与练习题 80

第 3 章　比较平均值分析 81

3.1　平均值分析 81
　　　3.1.1　基本原理 81
　　　3.1.2　操作演示与功能详解 82
　　　3.1.3　结果解读 84

	3.1.4 知识点总结与练习题	85
3.2	单样本 T 检验	85
	3.2.1 基本原理	85
	3.2.2 操作演示与功能详解	85
	3.2.3 结果解读	87
	3.2.4 知识点总结与练习题	88
3.3	独立样本 T 检验	88
	3.3.1 基本原理	88
	3.3.2 操作演示与功能详解	88
	3.3.3 结果解读	90
	3.3.4 知识点总结与练习题	91
3.4	成对样本 T 检验	91
	3.4.1 基本原理	91
	3.4.2 操作演示与功能详解	91
	3.4.3 结果解读	92
	3.4.4 知识点总结与练习题	93
3.5	单因素 ANOVA 检验	93
	3.5.1 基本原理	93
	3.5.2 操作演示与功能详解	94
	3.5.3 结果解读	97
	3.5.4 知识点总结与练习题	99

第 4 章　非参数检验 100

4.1	卡方检验	100
	4.1.1 基本原理	100
	4.1.2 操作演示与功能详解	101
	4.1.3 结果解读	102
	4.1.4 知识点总结与练习题	103
4.2	二项检验	103
	4.2.1 基本原理	103
	4.2.2 操作演示与功能详解	103
	4.2.3 结果解读	104
	4.2.4 知识点总结与练习题	104
4.3	游程检验	105
	4.3.1 基本原理	105
	4.3.2 操作演示与功能详解	105
	4.3.3 结果解读	106
	4.3.4 知识点总结与练习题	106
4.4	单样本 K-S 检验	106
	4.4.1 基本原理	106
	4.4.2 操作演示与功能详解	107
	4.4.3 结果解读	107

	4.4.4	知识点总结与练习题	108
4.5	2 个独立样本检验		108
	4.5.1	基本原理	108
	4.5.2	操作演示与功能详解	109
	4.5.3	结果解读	110
	4.5.4	知识点总结与练习题	111
4.6	2 个相关样本检验		111
	4.6.1	基本原理	111
	4.6.2	操作演示与功能详解	111
	4.6.3	结果解读	112
	4.6.4	知识点总结与练习题	113
4.7	K 个独立样本检验		113
	4.7.1	基本原理	113
	4.7.2	操作演示与功能详解	113
	4.7.3	结果解读	115
	4.7.4	知识点总结与练习题	115
4.8	K 个相关样本检验		116
	4.8.1	基本原理	116
	4.8.2	操作演示与功能详解	116
	4.8.3	结果解读	117
	4.8.4	知识点总结与练习题	117

第 5 章 相关分析 118

5.1	双变量相关分析		118
	5.1.1	基本原理	118
	5.1.2	操作演示与功能详解	119
	5.1.3	结果解读	121
	5.1.4	知识点总结与练习题	122
5.2	偏相关分析		122
	5.2.1	基本原理	122
	5.2.2	操作演示与功能详解	123
	5.2.3	结果解读	124
	5.2.4	知识点总结与练习题	125
5.3	距离相关分析		125
	5.3.1	基本原理	125
	5.3.2	操作演示与功能详解	126
	5.3.3	结果解读	130
	5.3.4	知识点总结与练习题	130

第 6 章 一般线性模型 131

6.1	单变量分析		131
	6.1.1	基本原理	131

    6.1.2 操作演示与功能详解 ··· 132
    6.1.3 结果解读 ··· 138
    6.1.4 知识点总结与练习题 ··· 141
  6.2 多变量分析 ·· 141
    6.2.1 基本原理 ··· 141
    6.2.2 操作演示与功能详解 ··· 142
    6.2.3 结果解读 ··· 145
    6.2.4 知识点总结与练习题 ··· 149

第7章 回归分析 ·· 150

  7.1 线性回归分析 ··· 150
    7.1.1 基本原理 ··· 150
    7.1.2 操作演示与功能详解 ··· 151
    7.1.3 结果解读 ··· 157
    7.1.4 知识点总结与练习题 ··· 161
  7.2 加权最小二乘回归分析 ··· 161
    7.2.1 基本原理 ··· 161
    7.2.2 操作演示与功能详解 ··· 162
    7.2.3 结果解读 ··· 163
    7.2.4 知识点总结与练习题 ··· 164
  7.3 曲线估算回归分析 ··· 164
    7.3.1 基本原理 ··· 164
    7.3.2 操作演示与功能详解 ··· 165
    7.3.3 结果解读 ··· 167
    7.3.4 知识点总结与练习题 ··· 169
  7.4 二元 Logistic 回归分析 ··· 169
    7.4.1 基本原理 ··· 169
    7.4.2 操作演示与功能详解 ··· 170
    7.4.3 结果解读 ··· 175
    7.4.4 知识点总结与练习题 ··· 177
  7.5 多元 Logistic 回归分析 ··· 178
    7.5.1 基本原理 ··· 178
    7.5.2 操作演示与功能详解 ··· 178
    7.5.3 结果解读 ··· 185
    7.5.4 知识点总结与练习题 ··· 187
  7.6 有序回归分析 ··· 187
    7.6.1 基本原理 ··· 187
    7.6.2 操作演示与功能详解 ··· 187
    7.6.3 结果解读 ··· 189
    7.6.4 知识点总结与练习题 ··· 191
  7.7 概率回归分析 ··· 191
    7.7.1 基本原理 ··· 191

第8章 时间序列预测 216

- 8.1 专家建模器 217
  - 8.1.1 基本原理 217
  - 8.1.2 操作演示与功能详解 218
  - 8.1.3 结果解读 231
  - 8.1.4 知识点总结与练习题 238
- 8.2 指数平滑法、ARIMA 模型 238
- 8.3 季节分解模型 241
  - 8.3.1 基本原理 241
  - 8.3.2 操作演示与功能详解 241
  - 8.3.3 结果解读 242
  - 8.3.4 知识点总结与练习题 243

第9章 聚类分析 244

- 9.1 二阶聚类分析 245
  - 9.1.1 基本原理 245
  - 9.1.2 操作演示与功能详解 245
  - 9.1.3 结果解读 247
  - 9.1.4 知识点总结与练习题 248
- 9.2 K 均值聚类分析 248
  - 9.2.1 基本原理 248
  - 9.2.2 操作演示与功能详解 249
  - 9.2.3 结果解读 251

（续上）

- 7.7.2 操作演示与功能详解 192
- 7.7.3 结果解读 194
- 7.7.4 知识点总结与练习题 197
- 7.8 非线性回归分析 197
  - 7.8.1 基本原理 197
  - 7.8.2 操作演示与功能详解 198
  - 7.8.3 结果解读 203
  - 7.8.4 知识点总结与练习题 204
- 7.9 最优标度回归分析 204
  - 7.9.1 基本原理 204
  - 7.9.2 操作演示与功能详解 204
  - 7.9.3 结果解读 206
  - 7.9.4 知识点总结与练习题 207
- 7.10 分位数回归分析 208
  - 7.10.1 基本原理 208
  - 7.10.2 操作演示与功能详解 208
  - 7.10.3 结果解读 213
  - 7.10.4 知识点总结与练习题 215

9.2.4 知识点总结与练习题 ··· 253
9.3 系统聚类分析 ·· 253
    9.3.1 基本原理 ··· 253
    9.3.2 操作演示与功能详解 ··· 254
    9.3.3 结果解读 ··· 256
    9.3.4 知识点总结与练习题 ··· 259

第 10 章 决策树分析与判别分析 ·· 260

10.1 决策树分析 ·· 260
    10.1.1 基本原理 ··· 260
    10.1.2 操作演示与功能详解 ··· 261
    10.1.3 结果解读 ··· 274
    10.1.4 知识点总结与练习题 ··· 284
10.2 判别分析 ·· 284
    10.2.1 基本原理 ··· 284
    10.2.2 操作演示与功能详解 ··· 285
    10.2.3 结果解读 ··· 289
    10.2.4 知识点总结与练习题 ··· 293

第 11 章 刻度分析 ·· 294

11.1 可靠性分析 ·· 294
    11.1.1 基本原理 ··· 294
    11.1.2 操作演示与功能详解 ··· 295
    11.1.3 结果解读 ··· 298
    11.1.4 知识点总结与练习题 ··· 300
11.2 多维标度分析 ·· 300
    11.2.1 基本原理 ··· 300
    11.2.2 操作演示与功能详解 ··· 300
    11.2.3 结果解读 ··· 303
    11.2.4 知识点总结与练习题 ··· 305

第 12 章 生存分析 ·· 306

12.1 寿命表分析 ·· 308
    12.1.1 基本原理 ··· 308
    12.1.2 操作演示与功能详解 ··· 309
    12.1.3 结果解读 ··· 311
    12.1.4 知识点总结与练习题 ··· 315
12.2 Kaplan-Meier 分析 ··· 315
    12.2.1 基本原理 ··· 315
    12.2.2 操作演示与功能详解 ··· 315
    12.2.3 结果解读 ··· 319
    12.2.4 知识点总结与练习题 ··· 323

12.3 Cox 回归分析 — 323
12.3.1 基本原理 — 323
12.3.2 操作演示与功能详解 — 325
12.3.3 结果解读 — 330
12.3.4 知识点总结与练习题 — 334

第 13 章 降维分析 — 335
13.1 因子分析 — 335
13.1.1 基本原理 — 335
13.1.2 操作演示与功能详解 — 337
13.1.3 结果解读 — 342
13.1.4 知识点总结与练习题 — 350
13.2 主成分分析 — 350
13.2.1 基本原理 — 350
13.2.2 操作演示与功能详解 — 351
13.2.3 结果解读 — 354
13.2.4 知识点总结与练习题 — 354
13.3 对应分析 — 355
13.3.1 基本原理 — 355
13.3.2 操作演示与功能详解 — 355
13.3.3 结果解读 — 359
13.3.4 知识点总结与练习题 — 362

第 14 章 如何使用 SPSS 进行高质量的综合性研究 — 363
14.1 研究方案设计 — 363
14.2 调查问卷的制作 — 366
14.2.1 调查问卷的概念 — 366
14.2.2 调查问卷的制作步骤 — 366
14.2.3 制作调查问卷时需要注意的问题 — 367
14.2.4 将调查问卷获取的数据导入 SPSS — 370
14.3 SPSS 数据挖掘介绍 — 373
14.4 SPSS 建模注意事项 — 374
14.4.1 注意事项一：建模是为了解决具体的问题 — 374
14.4.2 注意事项二：有效建模的前提是具备问题领域的专业知识 — 375
14.4.3 注意事项三：建模之前必须进行数据的准备 — 375
14.4.4 注意事项四：最终模型的生成在多数情况下并不是一步到位的 — 376
14.4.5 注意事项五：模型要能够用来预测，但预测并不仅含直接预测 — 377
14.4.6 注意事项六：对模型的评价方面要坚持结果导向和价值导向 — 377
14.4.7 注意事项七：建立的模型应该是持续动态优化完善的 — 378
14.5 SPSS 综合应用案例书目推荐 — 378

第1章

SPSS 应用基础

SPSS 是一款名为"统计产品与服务解决方案"的软件,由美国斯坦福大学的三位研究生 Norman H. Nie、C. Hadlai (Tex) Hull 和 Dale H. Bent 于 1968 年研究开发成功,在软件刚创立时的名称是"社会科学统计软件包",1992 年开始推出 Windows 版本,自 SPSS 11.0 起,开始全称 Statistical Product and Service Solutions,即"统计产品和服务解决方案"。该软件最大的优势是界面非常友好,很容易被用户所掌握并应用,通常情况下,用户只要掌握一定的 Windows 操作技能,并且在一定程度上熟悉各类统计分析方法的基本原理,就可以使用该软件为特定的数据统计分析工作服务。SPSS 在经济学、金融学、管理学、统计学、物流管理、生物学、心理学、地理学、医学、药学、体育、农业、林业、电子商务、批发零售、生产制造等各行各业都得到了广泛的应用。SPSS 支持多语种,几乎可以从任何类型的文件中获取数据,然后使用这些数据生成分布和趋势、描述统计以及复杂统计分析的表格式报告、图表和图。

本章主要介绍 SPSS 的基本操作,在对 SPSS 有基本认识的基础上,熟悉 SPSS 的操作界面、基础操作及选项设置,熟练使用 SPSS 创建、编辑变量和样本观测值,学会 SPSS 中常用的 3 种典型图形绘制方法,从而为后面综合使用 SPSS 的各种统计分析功能开展研究做好必要的准备。

本章教学要点:

- SPSS 的操作界面及基础操作。
- SPSS 的选项设置。
- 应用 SPSS 数据编辑器创建符合研究需要的变量和样本观测值。
- 掌握变量和样本观测值的基本操作,包括变量和样本观测值的移动、复制和删除,数据转置,变量计算,增加新的变量或样本观测值等。
- 学会对数据按照变量或样本观测值进行排序。
- 灵活掌握数据查找功能。
- 按样本观测值或变量合并数据文件。
- 数据文件中存在缺失值的几种处理方式。
- 将其他格式的数据文件导入 SPSS 软件中。
- SPSS 中常用的 3 种典型图形绘制方法,包括图形构建器、图形画板模板选择器和旧对话框。

1.1 SPSS 的启动与关闭

| 下载资源:\video\第 1 章\1.1 |
| 下载资源:\sample\数据 1\数据 1 |

1.1.1 SPSS 软件的启动

SPSS 软件程序包安装后,双击 SPSS 程序启动图标或者从 Windows 的开始菜单中找到 SPSS 的程序后单击启动,弹出如图 1.1 所示的启动对话框。该对话框仅在安装后第一次启动时显示,如果选中了对话框左下角的"以后不再显示此对话框"复选框,那么在以后启动 SPSS 时将不再出现该对话框。

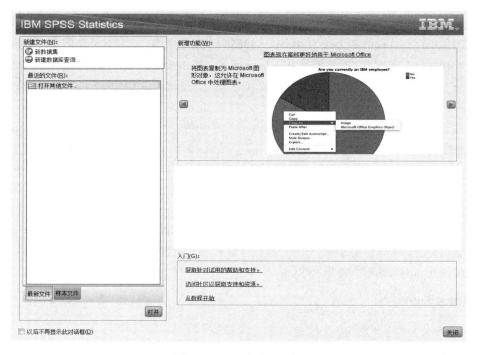

图 1.1 SPSS 启动对话框

对 SPSS 启动对话框的简要介绍如下:

1. 新建文件

新建文件:包括"新数据集"和"新建数据库查询"两个子选项。

- 选择"新数据集"子选项并单击下方的"打开"按钮,或者直接双击"新数据集"子选项,将显示"数据编辑器"窗口,如图 1.2 所示。在该窗口中,用户可以直接输入数据,建立新数据集。

图 1.2 "数据编辑器"窗口

- 选择"新建数据库查询"子选项并单击下方的"打开"按钮,或者直接双击"新建数据库查询"子选项,将显示"数据库向导"对话框,可从非 SPSS 数据源中获取数据,如图 1.3 所示。在该对话框中,用户可以选择数据源、指定要检索的个案、在检索前对数据进行汇总以及指定变量名和属性。

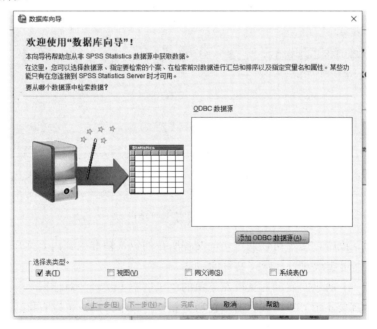

图 1.3 "数据库向导"对话框

在"数据库向导"对话框中单击"添加 ODBC 数据源"按钮,即可弹出如图 1.4 所示的"ODBC 数据源管理程序"对话框。在该对话框中,用户可以对 ODBC 数据源管理程序进行设置。

图 1.4 "ODBC 数据源管理程序"对话框

2. 最近打开的文件

SPSS 对用户最近的文件操作有一定的记忆功能,列表框会列出用户近期打开过的 SPSS 数据文件,用户单击其中的数据文件名称将会实现对相关数据文件的快速启动。用户如果是首次安装 SPSS 软件,未曾存储过数据,那么列表框中将会只显示"打开其他文件"选项。如果用户选择该选项并单击下方的"打开"按钮,将显示"打开"对话框,如图 1.5 所示。

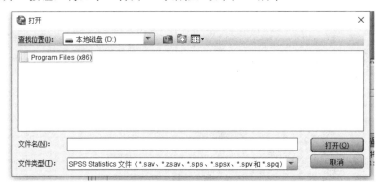

图 1.5 "打开"对话框

在"打开"对话框中,用户可以通过访问文件所在的位置精准找到需要打开的数据文件,然后单击"打开"按钮即可实现对目标数据文件的启动。

如果选中了图 1.1 所示的启动对话框左下角的"以后不再显示此对话框"复选框,那么在以后启动 SPSS 时将会直接显示"数据编辑器"窗口。在该窗口中,用户可以直接通过菜单操作的方式打开 SPSS 数据、语法、输出结果和脚本等文件,如图 1.6 所示。

图 1.6 在"数据编辑器"窗口中打开 SPSS 文件

1.1.2 SPSS 软件的关闭

SPSS 的关闭与 Windows 界面类似,通常有以下几种操作方法:

- 在 SPSS 软件菜单栏中选择"文件 | 退出"命令。
- 双击 SPSS 窗口左上角的 图标,或者右击标题栏的任何位置,从弹出的快捷菜单中选择"关闭"选项。
- 单击窗口右上角的 按钮。
- 使用快捷键 Alt+F4。

1.1.3 SPSS 软件常用窗口

SPSS 软件常用窗口包括数据编辑器窗口、语法编辑器窗口和结果输出窗口(查看器窗口)。

1. 数据编辑器窗口

在启动选项中选择"输入数据"或"打开现有的数据源",就会出现"数据编辑器"窗口。

2. 语法编辑器窗口

选择菜单栏中的"文件"|"新建"|"语法"命令或"文件"|"打开"|"语法"命令,均可打开语法编辑器窗口,如图 1.7 所示,图中展示的是一段联合分析(结合分析)的程序。用户可以在语法编辑器窗口中直接编写相应的程序,也可以将已经编辑好的命令粘贴到语法编辑器窗口中。

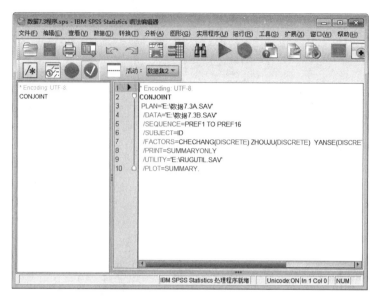

图 1.7　SPSS 的语法编辑器窗口

3. 结果输出窗口（查看器窗口）

SPSS 执行完用户的操作指令后，会在结果输出窗口（查看器窗口）输出统计分析结果或绘制的相关图表，如图 1.8 所示。可以发现结果输出窗口（查看器窗口）分为左右两个组成部分，左侧是导航窗口，右侧是显示窗口。用户通过导航窗口可以快速找到相应的分析结果或者图表，通过显示窗口可以看到具体的内容细节。

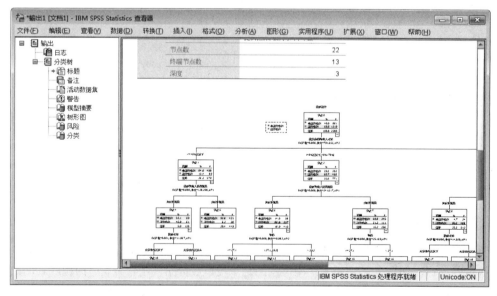

图 1.8　SPSS 的结果输出窗口

在结果输出窗口中，直接双击其中的表格或图形就可以实现对除大表之外的表格结果的编辑，如图 1.9 所示。

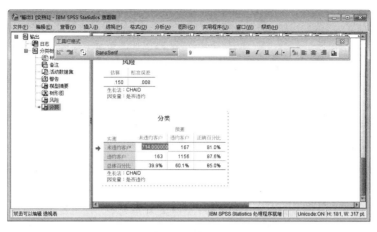

图 1.9　SPSS 结果输出窗口中对结果的编辑

1.2　SPSS 选项设置

下载资源:\video\第 1 章\1.2
下载资源:\sample\数据 1\数据 1

在 SPSS 数据编辑器窗口中打开"选项"对话框,其中包括"常规""语言""查看器""数据""货币""输出""图表""透视表"等选项卡。

1.2.1　"常规"选项卡

"常规"选项卡为默认选项卡,可以设置 SPSS 的各种通用参数,如图 1.10 所示。

图 1.10　"选项"对话框

- "变量列表"选项组用于设置变量在变量表中的显示方式与显示顺序。显示方式可选择"显示标签"或"显示名称"。若用户选择"显示标签",则变量标签显示在前;若用户选择"显示名称",则只显示变量名称。名称或标签可按字母顺序或文件顺序显示,或按测量级别进行分组。
- "角色"选项组是为了节省时间,某些对话框允许使用自定义的字段角色,以便将变量(字段)自动分配到对话框中的列表。该选项组包括"使用自定义角色""使用定制分配"两个选项。通常情况下用户不需要特别设置,采用系统默认设置即可。
- "最大线程数"选项组用于设置在计算结果时使用的线程数。如选择"自动"选项,则将基于可用处理核心数。如果在多线程过程运行时,用户希望更多处理资源可用于其他应用程序,则需要选择"线程数"并在其后的文本框中指定较小的值。
- "输出"选项组主要设置常用的输出格式。用户如果选中"没有用于表中较小的数字的科学记数法"复选框,则输出结果中将把非常小的小数以 0 代替;如果选中"将语言环境的数字分组格式应用于数字值"复选框,则输出结果中的数字将会应用与语言环境保持一致的格式;如果选择"对小数值显示前导零"复选框,则小数将会带着整数部分的 0,如 0.03,如果不选该选项,则小数将简略显示,如.03。
- "测量系统"下拉列表框用于设置 SPSS 的度量参数,可以选择"磅""英寸""厘米"。
- "通知"选项包括"弹出查看器窗口"和"滚动到新输出"两个复选框。选中"弹出查看器窗口"复选框,SPSS 会在有新的结果时弹出查看器窗口;选中"滚动到新输出"复选框,SPSS 会自动在视图窗口中滚动到新输出。
- "窗口"选项组中的"外观"下拉列表框用于设置 SPSS 的外观风格,包括窗口、SPSS 标准和 SPSS 传统 3 种风格,用户可根据自身偏好灵活选择。若选中"启动时打开语法窗口"复选框,SPSS 启动时将打开语法窗口。若选中"一次只打开一个数据集"复选框,SPSS 将不支持打开多个数据集,用户若要打开新数据集,则需将原先打开的数据集关闭。

1.2.2 "语言"选项卡

"语言"选项卡用于设置输出结果和用户界面的语言环境,如图 1.11 所示。

对话框左侧的"语言"选项组中包括"输出"和"用户界面"两个下拉菜单,分别用于设置输出结果和用户操作界面的语言环境。下拉选项包括"英语""简体中文""繁体中文""法语""德语"等各语种选项。国内用户一般设置为"简体中文"。

"数据和语法的字符编码"选项用于设置读写数据文件和语法文件的编码方式。用户只能在未打开数据源时更改这些设置,并且这些设置对后续会话继续有效,直到明确更改。一般情况下采取系统默认设置即可。

图 1.11 "语言"选项卡

对话框右侧的"双向文本"用于设置基本文本方向,下拉菜单中包括"自动""从右到左""从左向右"3 个选项，分别表示"文本排列由每个单词中使用的字符决定""文本从右到左排列""文本从左到右排列"，一般情况下采取系统默认设置即可。

1.2.3 "查看器"选项卡

"查看器"选项卡主要用于设置结果输出窗口（查看器窗口）的字体、图标等选项，如图 1.12 所示。

图 1.12 "查看器"选项卡

- 对话框左侧的"初始输出状态"选项组用于设置输出结果的初始状态参数。
- 在"项"下拉列表框中可以选择要设置的输出结果，"项"下拉列表框中包括日志、警告、备注、标题、页面标题、透视表、图表、文本输出、树模型、模型查看器、未知对象类型等选项。
- 在"初始内容"和"对齐"选项组中可以设置所选内容的输出参数。"初始内容"可"显示"或"隐藏"；"对齐"可选择"左对齐""居中""右对齐"；此外，如果用户选中"在日志中显示命令"复选框，SPSS 将在日志中输出命令语句。
- 对话框右侧的"标题""页面标题"和"文本输出"选项组分别用于设置标题、页面标题，以及文本输出的字体、大小、加粗、斜体、下画线、颜色等。
- 对话框右下方"缺省页面设置"选项组用于设置默认打印方向（纵向、横向）和页边距（左、右、上、下）。

1.2.4 "数据"选项卡

"数据"选项卡用于设置数据处理过程中的相关参数，如图 1.13 所示。

- "转换与合并选项"选项组包括"立即计算值""在使用前计算值"两种：
  - ➢ 选中"立即计算值"，数据转换、文件合并操作将在单击"确定"按钮后立即执行。
  - ➢ 选中"在使用前计算值"单选按钮，则不会立即执行，只有在遇到命令时才进行转换和合并，一般在数据文件较大时，为了节约资源才选用"在使用前计算值"。

- "新数字变量的显示格式"选项组用于设置数值变量的宽度与小数位数,包括"宽度"与"小数位数"两个微调框。
- "随机数生成器"选项组用于选择使用的随机数字生成器。若用户选中"长周期梅森旋转算法"单选按钮,则 SPSS 将使用长周期梅森旋转算法进行随机数据生成。
- "定制变量视图"按钮用于设置变量视图中属性的默认显示和顺序。
- "更改字典"按钮用于设置检查变量视图中项目拼写的字典的语言。
- "指定测量级别"选项组用于确定数字字段测量级别的唯一值分解数目,用户可以指定数值变量的数据值的最小数量,用于将变量分为连续(刻度)变量或名义变量。唯一值的个数少于指定数量的变量将被划分为名义变量。
- "数字值的四舍五入与截断"选项主要针对 RND 和 TRUNC 函数,用于设置使用的模糊位数。
- "设置两位数年份的世纪范围"选项组用于定义年份范围。若选择"自动"单选按钮,则系统年限基于当年,前推 69 年,后推 30 年(加上当年,整个范围为 100 年);若选择"定制"单选按钮,则用户可自定义年份的变动范围。

1.2.5 "货币"选项卡

"货币"选项卡如图 1.14 所示。

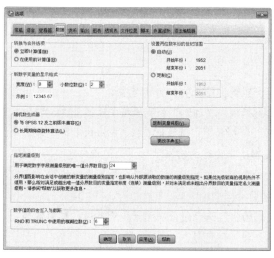 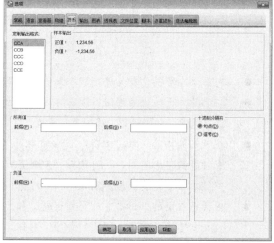

图 1.13 "数据"选项卡   图 1.14 "货币"选项卡

- "定制输出格式"选项可以设置 5 种自定义数据显示格式,包括特殊的前缀和后缀字符以及对负值的特殊处理方式。自定义数据显示名称为 CCA、CCB、CCC、CCD 和 CCE,右边的"样本输出"选项组会显示相应格式的预览。
- "所有值"选项组包含"前缀"与"后缀"两个文本框,分别用于输入所有值的前缀与后缀。
- "负值"选项组同样包括"前缀"与"后缀"两个文本框,分别用于输入所有负值的前缀与后缀,系统默认前缀为"-"。
- "十进制分隔符"选项组用于设置小数分隔符,有"句点"和"逗号"两种分隔符可以选择。

1.2.6 "输出"选项卡

"输出"选项卡主要用于设置输出结果的标签选项,如图 1.15 所示。

- "大纲标注"选项组包括"项标签中的变量显示为"和"项标签中的变量值显示为"两个下拉列表框,分别用于设置变量标签和变量值的显示方式。下拉列表框均有 3 个选项供选择,若选择"标签",则将使用变量标签标识每个变量;若选择"名称",则将使用变量名称标识每个变量;若选择"标签与名称",则将使用变量标签与变量名称两者来标识每个变量。
- "透视表标注"选项组包括"标签中的变量显示为"和"标签中的变量值显示为"两个下拉列表框,下拉列表框内容与"大纲标注"选项组中类似。
- "单击一次描述"选项组用于控制数据编辑器中为选定变量生成的描述统计选项。如果选择"禁止显示具有多个类别的表"选项,并在"最大类别数"文本框中指定唯一值,那么系统对于唯一值的个数多于指定数量的变量,将不显示频率表。如果选择"在输出中包括图表"选项,那么对于名义和有序变量及具有未知测量级别的变量,将显示条形图,对于连续字段(刻度),将显示直方图。
- "输出显示"选项组仅应用于广义线性混合模型和非参数检验过程,控制输出显示方法是"模型查看器"输出还是"透视表和图表"输出。
- "屏幕朗读器辅助功能"选项组用于控制屏幕朗读器如何朗读透视表行标签和列标签。根据列示的选项,用户可以选择朗读每个数据单元格的行标签和列标签,也可以选择只朗读在表中数据单元格之间移动时更改的标签。

1.2.7 "图表"选项卡

"图表"选项卡用于设置图表输出时的各种参数,如图 1.16 所示。

图 1.15 "输出"选项卡

图 1.16 "图表"选项卡

- "图表模板"选项组包含"使用当前设置"和"使用图表模板文件"两个选项。若用户选择"使用当前设置",则图表采用此标签中设置的参数;若选择"使用图表模板文件",则使用图表模板来确定图表属性，通过单击右侧的"浏览"按钮选择具体的图表模板。
- "图表宽高比"文本框用于设置图表的宽高比例。
- "当前设置"选项组包括"字体""样式循环首选项"两个下拉列表框。"字体"下拉列表框用于设置新图表中所有文本的字体。"样式循环首选项"下拉列表框用于设置新图表的颜色和图案的初始分配，包含两个选项，若用户选择"仅在颜色之间循环"，则系统仅使用颜色区分图表元素，不使用图案；若用户选择"仅在图案之间循环"，则系统仅使用线条样式、标记符号或填充图案来区分图表元素，不使用颜色。
- "框架"选项组用于控制新图表上的内框和外框的显示，用户可以选择显示内部或外部。
- "网格线"选项组用于设置新图表上的标度轴网格线和类别轴网格线的显示。
- "样式循环"选项组包含"颜色""线条""标记""填充"4个按钮，分别用于设置新图表的颜色、线条样式、标记符号和填充图案。

1.2.8 "透视表"选项卡

"透视表"选项卡如图1.17所示。

图1.17 "透视表"选项卡

- "表外观"选项组用于设置表格输出的外观样式及储存路径。既可在列表框中选择一种显示的外观样式，也可以通过单击"浏览"按钮选择自定义的外观样式。
- "列宽"选项组用于控制枢轴表中列宽的自动调整，包括两个选项，若用户选择"仅针对标签进行调整"，则系统将列宽调整为列标签的宽度，这在外观上会使得表格空间更为紧密，但宽度超过标签的数据值可能会被截去；若用户选择"针对所有表的标签和数据进行调整"，则系统会将列宽调整为列标签或最大数据值中较大的宽度。
- "表注释"选项组用于用户设置为每个表格自动添加注释。
- "样本"区。用户设置了表格输出的"表外观"后，即可在样本区观察效果。
- "缺省编辑方式"下拉列表框用于设置表格在查看器窗口或独立窗口中的编辑。前面我们提到，在SPSS结果输出窗口双击表格即可编辑查看器窗口中所有除大表之外的表格。除此之外，我们还可以在"缺省编辑方式"下拉列表框中设置"在查看器中编辑所有的表"，还可以选择"在另一个窗口中打开所有的表"。
- "将宽表以富文本格式复制到剪贴板"下拉列表框用于设置以Word/RTF格式粘贴表格时，文档宽度较大的表格的处理方式，可选择"不调整宽度""将宽度缩小到合适大小""将表换行"。

1.2.9 "文件位置"选项卡

"文件位置"选项卡如图1.18所示。

- "打开对话框和保存对话框所使用的启动文件夹"选项组用于将指定的文件夹用作每个会话开头的默认位置，用户可以选择"指定的文件夹"作为数据文件和其他文件指定保存和读取的位置，也可以选择"最近一次使用的文件夹"将在上一次会话中打开或保存文件的最后一个文件夹用作下一次会话的默认文件夹。
- "会话日志"选项组。用户可以使用会话日志自动记录会话中运行的命令，包括在语法窗口中输入和运行的命令以及由对话框选项生成的命令。用户可以编辑日志文件，并在其他会话中再次使用命令；可以打开或关闭日志记录，追加或覆盖日志文件，以及选择日志文件的名称和位置；可以从日志文件复制命令语法，并将其保存在语法文件中。
- "临时文件夹"文本框用于设置在会话过程中创建的临时文件的位置。
- "要列出的最近使用文件数"数字框用于设置出现在"文件"菜单上的最近使用文件的数量。
- "Python 2.7 位置""Python 3 位置"选项组分别用于用户从 SPSS Statistics 运行 Python 2.7、Python 3 时，IBM SPSS Statistics 使用的 Python 2.7、Python 3 的安装。默认情况下，使用随 SPSS Statistics 一起安装。要使用计算机上不同的 Python 2.7、Python 3 安装，需要指定该 Python 安装的根目录的路径。

图 1.18　"文件位置"选项卡

1.2.10　"脚本"选项卡

"脚本"选项卡如图 1.19 所示。

- "启用自动脚本"复选框用于设置自动脚本的启用或禁用,默认启用自动脚本。
- "基础自动脚本"选项组用于指定用作基础自动脚本的脚本文件,以及其可执行程序将用于运行脚本的语言。用户可以在"文件"文本框中选择基础自动脚本文件。
- "用于个别对象的自动脚本"选项组用于设置对象应用的自动脚本。用户需要首先从"命令标识"列表框中选择一个命令,然后在"对象和脚本"列表框中选择要应用的脚本。

1.2.11 "多重插补"选项卡

"多重插补"选项卡如图 1.20 所示。

- "标记插补数据"选项组用于设置含插补数据的单元格的格式。默认情况下,包含插补数据的单元格与包含非插补数据的单元格具有不同的背景颜色。用户可以更改默认单元格背景颜色、字体,以及使插补数据粗体显示等。
- "分析输出"选项组用于设置分析多重插补数据集时产生的查看器输出类型,默认情况下,将为每个原始(插补前)数据集和插补数据集产生输出,包含"实测数据及插补数据的结果""仅实测数据的结果"和"仅插补数据的结果"3 个单选按钮和"汇聚结果""诊断统计"两个复选框。用户可以选择相应的单选按钮来选择插补数据分析结果的输出形式,还可以选择当执行单变量汇聚时是否输出汇聚与诊断结果。

图 1.19 "脚本"选项卡　　　　　图 1.20 "多重插补"选项卡

1.2.12 "语法编辑器"选项卡

"语法编辑器"选项卡如图 1.21 所示。

- "语法颜色编码"选项组供用户选择是否显示语法颜色编码并设置"命令""子命令""关键字""值""注释"及"引号"的字体和颜色。
- "错误颜色编码"选项组供用户选择是否显示验证颜色编码,并设置"命令""在命令内"中语法错误的字体和颜色。
- "自动补全设置"选项组用于设置自动完成的自动显示。选中该复选框,表示自动完成控制时自动显示。
- "装订线"选项组用于设置在语法编辑器的装订线内是否显示行号和命令跨度。
- "窗格"选项组用于指定是否显示导航窗格以及找到错误时是否自动打开"错误跟踪"窗格。
- "针对从右到左语言进行优化"复选框,当用户使用从右到左语言时,选中此复选框可进行优化。
- "从对话框中粘贴语法"选项,指定在从对话框中粘贴语法时,语法在指定语法窗口中的插入位置。

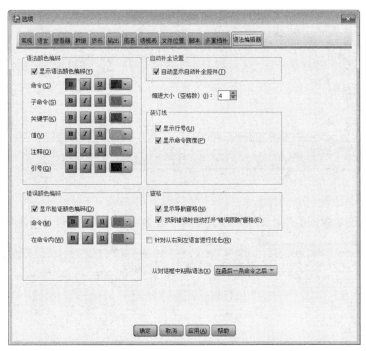

图 1.21 "语法编辑器"选项卡

1.3 数据编辑器的基本操作

| 下载资源:\video\第 1 章\1.3 |
| 下载资源:\sample\数据 1\数据 1 |

SPSS 可以直接输入数据,也可以从许多不同的数据源中导入数据,直接输入数据的方式就是使用数据编辑器。数据编辑器是 SPSS 的默认窗口,在该窗口中将会显示正在操作的数据文件的内容。数据编辑器分为两个视图:数据视图和变量视图。数据编辑器的数据视图如图 1.22 所示,其中每一行表示一个样本观测值,每一列表示一个变量。

	y1	y2	y3	y4	y5	y6	变量	变量
1	1	1	60	16.5	103.0	58.6		
2	2	1	74	16.4	101.4	56.5		
3	3	2	64	21.2	111.5	64.3		
4	4	1	69	20.8	109.5	64.2		
5	5	2	57	16.5	106.9	59.9		
6	6	1	50	16.4	101.3	59.5		
7	7	2	53	16.0	103.3	58.0		
8	8	1	59	17.9	104.7	58.8		
9	9	1	50	17.9	107.0	61.5		
10	10	2	59	17.5	100.6	59.2		
11	11	2	57	15.2	101.8	57.0		
12	12	2	59	16.0	101.0	58.1		
13	13	1	57	14.3	107.0	63.1		
14	14	2	65	16.3	101.9	58.1		
15	15	1	65	20.8	110.6	63.9		
16	16	2	73	21.3	116.3	65.1		
17	17	2	74	20.6	113.4	64.9		
18	18	1	74	25.9	119.9	66.4		
19	19	1	74	23.1	121.8	68.3		
20	20	2	73	21.0	119.8	65.3		
21	21	2	73	20.1	114.9	67.2		
22	22	1	72	20.6	117.5	65.9		
23	23	1	74	19.5	114.5	65.9		
24	24	2	73	18.5	110.8	63.7		
25	25	2	73	21.3	115.6	66.4		
26	26	1	74	17.2	109.5	62.9		

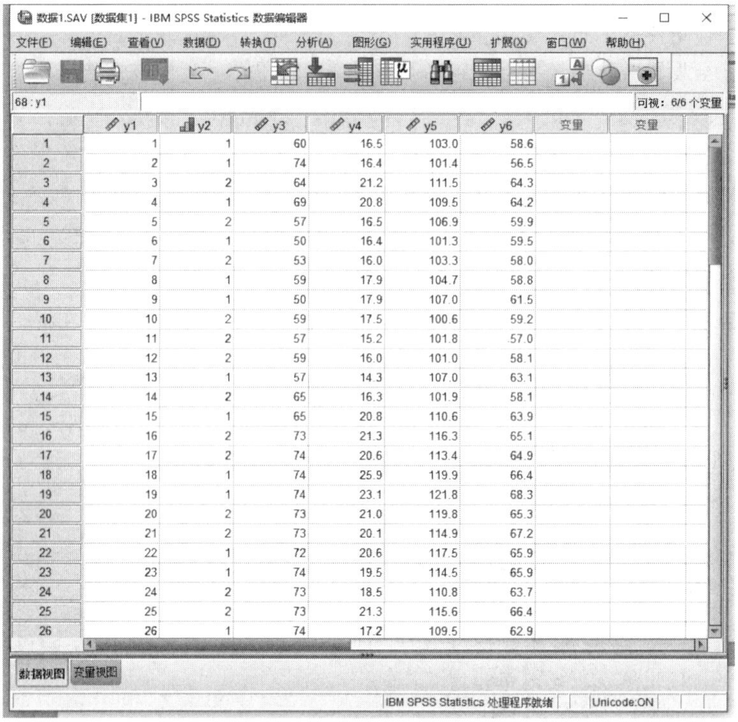

图 1.22 数据视图

数据编辑器的变量视图如图 1.23 所示，其中每一行表示一个变量，每一列表示变量的一个属性。

	名称	类型	宽度	小数位数	标签	值	缺失	列	对齐	测量	角色
1	y1	数字	2	0	编号	无	无	8	右	标度	输入
2	y2	数字	1	0	性别	{1, 1-男}...	无	8	右	有序	输入
3	y3	数字	2	0	月龄	无	无	8	右	标度	输入
4	y4	数字	4	1	体重,kg	无	无	8	右	标度	输入
5	y5	数字	5	1	身高,cm	无	无	8	右	标度	输入
6	y6	数字	4	1	坐高,cm	无	无	8	右	标度	输入

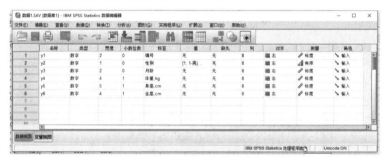

图 1.23 变量视图

1.3.1 数据编辑器的变量视图操作

在使用数据编辑器建立或者修改数据文件时，一般是先在变量视图中建立相应的变量，变量的属性包括名称、类型、宽度、小数位数、标签、值、缺失、列、对齐、测量、角色。

1. 名称

SPSS 中变量命名的规则如下：

- 每个变量名称必须是唯一的，不允许重复。
- 不能超过 64 个字符。

- 首字符必须是字母、中文或特殊符号"@""$"或"#",后续字符可以是字母、数字、非标点字符和句点(.)的任意组合。
- 变量名中不能出现"?""!"".""+""=""*"和空格。
- 应避免用句点结束变量名称,因为句点可能被解释为命令终止符。只能使用命令语法创建以句点结束的变量。不能在创建新变量的对话框中创建以句点结束的变量。
- 应避免使用下划线结束变量名称,这样的名称可能与命令和过程自动创建的变量名称冲突。
- 名称不能与 SPSS 的保留字(AND、BY、EQ、GE、GT、LT、NE、NOT、OR、TO、WITH 和 ALL)相同。
- 当长变量名称需要在输出中换行为多行时,会在下划线、句点和内容从小写变为大写的位置进行换行。
- 可以用任意混合的大小写字符来定义变量名称,大小写将为显示目的而保留。

2. 类型

SPSS 可以设置的变量类型共有 9 种,分别是数字、逗号、点、科学记数法、日期、美元、定制货币、字符串、受限数字(带有前导零的整数)。这 9 种变量类型又可以被归纳为 3 类,分别是数值型变量、日期型变量和字符型变量。

- 数值型包括标准数值型(数字)、逗号数值型(逗号)、圆点数值型(点)、科学记数型(科学记数法)、美元数值型(美元)、设定货币数值型(定制货币)、受限数值型(受限数字(带有前导零的整数))。
  - 数值型(数字):值为数字的变量。
  - 逗号数值型(逗号):变量值显示为每三位用逗号分隔,并用句点作为小数分隔符的数值变量。
  - 圆点数值型(点):变量值显示为每三位用句点分隔,并带有逗号作为小数分隔符的数值变量。
  - 科学记数型(科学记数法):变量以嵌入的 E 以及带符号的 10 次幂指数形式显示。
  - 美元数值型(美元):显示时前面带美元符号($),每三位用逗号分隔,并用句点作为小数分隔符。
  - 设定货币数值型(定制货币):值以自定义货币格式中的一种显示。
  - 受限数值型(受限数字(带有前导零的整数)):值限为非负整数的变量。在显示值时,填充先导 0 以达到最大变量宽度。可以以科学记数法输入值。
- 日期型变量(日期)是用来表示日期或者时间的,值以若干种日历-日期或时钟-时间格式中的一种显示,主要在时间序列分析中使用。
- 字符型变量可以包含任何字符,可包含的最大字符数不超过定义的长度。字符串变量区分大小写字母,但不能进行数学运算。

以 y1 变量为例,在图 1.24 所示的变量视图中,单击变量"y1"行与"类型"列交叉单元格右侧的省略号,即可弹出如图 1.25 所示的"变量类型"对话框。在"变量类型"对话框中,用户可以设定变量的类型。

 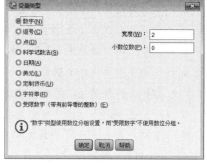

图 1.24　变量视图　　　　　图 1.25　"变量类型"对话框

3. 宽度

SPSS 中变量的宽度属性指在数据窗口中变量所占据的单元格的列宽度。

注　意

用户在定义变量类型时指定的宽度和定义变量格式的宽度是有区别的。定义变量格式的宽度应当综合考虑变量宽度和变量名所占的宽度，一般取其较大的一个作为定义该变量格式宽度时可取的最小值。

---

4. 标签

变量的标签属性是对变量名的附加说明。在许多情况下，SPSS 中不超过 8 个字符的变量名，不足以表达变量的含义。利用变量标签就可以对变量的意义做进一步的解释和说明。特别是在 Windows 中文系统下还可以附加中文标签，这给不熟悉英文的用户带来很大方便。例如，定义变量名 sale，可以加注标签"销售"。

给变量加了标签以后，在数据窗口操作时，当鼠标箭头指向一个变量的时候，变量名称下方就会立即显示出其标签，而且在进行统计分析数据结果时，呈现的是变量标签的结果。例如，针对前面变量名 sale 加注了标签"销售"，在进行描述性统计分析时，结果输出窗口显示的就是销售的结果，而非 sale 的结果。

5. 值

变量的值属性是对变量的可能取值附加的进一步说明，通常仅对类型（或分类）变量的取值指定值标签。以 y2 变量为例，在图 1.24 所示的变量视图中，单击变量"y2"行与"值"列交叉单元格右侧的省略号，即可弹出如图 1.26 所示的"值标签"对话框。

比如针对 y2 变量，用 1 来表示男，2 来表示女，就需要在"值"文本框中输入"1"，在"标签"文本框中输入"男"，然后单击"添加"按钮；再在"值"文本框中输入"2"，在"标签"文本框中输入"女"，然后单击"添加"按钮，即可完成对 y2 变量值标签的设置。

6. 缺失

在很多情况下，我们整理的数据文件会出现错误，有的时候是因为工作失误，有的时候是数据突然出现了极端异常值。这些错误数据或者极端异常值数据可能会在很大程度上干扰我们的分析，使得最终拟合的数据模型有所失真。比如，在调查汽车的产量时，记录到某小型加工厂的平均日产为 600 万辆，如此高的产量显然是不符合基本常识的，所以这个数据应属于错误的数据，统计分析中使用了这样的数据必然导致错误的分析结果。以 y2 变量为例，在图 1.24 所示的变量视图中，单击变量 "y2" 行与 "缺失值" 列交叉单元格右侧的省略号，即可弹出如图 1.27 所示的 "缺失值" 对话框。

图 1.26 "值标签" 对话框

图 1.27 "缺失值" 对话框

"缺失值"对话框中共有 3 种处理方式供用户选择：

- 无缺失值。无缺失值是 SPSS 的默认状态，如果当前所有的数据值测试、记录完全正确，没有遗漏，则可选择此项。
- 离散缺失值。选择这种方式定义缺失值，可以在下面的 3 个文本框中输入 3 个可能出现在相应变量中的缺失值，也可以少于 3 个。如果用户选择了这种处理方式，那么当用户在进行统计分析时，系统遇到这几个值时，就会作为缺失值处理。比如对于季节变量，如果对季节变量进行了值标签操作，用 1 来表示春季，用 2 来表示夏季，用 3 来表示秋季，用 4 来表示冬季，那么出现除 1、2、3、4 之外的值就是不正确的，如果数据中出现了 5、6、7，那么可以把 5、6、7 这 3 个值输入离散缺失值下面的 3 个文本框中，当数据文件中出现这几个数据时，系统将按缺失值处理，保证统计分析结果的准确性。
- 范围加上一个可选的离散缺失值。选择这种方式定义缺失值，除了"下限"和"上限"文本框外，还有一个"离散值"文本框，在这里可以一个设置范围以外的值。如果用户选择了这种处理方式，那么当用户在进行统计分析时，遇到下限和上限范围内的值，以及设置的范围以外的值，就都会作为缺失值处理。比如在统计学生体重数据时，在"下限"文本框中输入"80"，在"上限"文本框中输入"90"，在"离散值"文本框中输入"70"，那么学生体重数据处在 [80,90] 区间内以及体重为 70 时都会被认定为缺失值。

7. 对齐

在 SPSS 数据视图中，变量值在单元格中的显示有"左""右""居中"3 种选择，如图 1.28 所示。用户可以通过在"对齐"列中选择"左""右"或者"居中"来自行决定对齐方式。一般情况下，默认数值型变量的对齐方式为右对齐，字符型变量的对齐方式为左对齐。

图 1.28 "对齐"设置

8. 测量

测量指的是变量的测量方式。变量的测量方式有 3 种，分别是"标度""名义""有序"，如图 1.29 所示。用户可以在"测量"列中选择"标度""名义"或者"有序"来为变量指定合理的测量类型。

简单来说，"标度"表示的是连续变量，名义表示的是分类变量，有序表示的是具有顺序性质的分类变量。用户需要根据变量的实际特征来指定测量类型，比如针对学生的身高、体重等连续性变量，就应该将测量方式设置为"标度"；针对学生衣服的颜色变量，就可以考虑将测量方式设置为"名义"；针对银行的信贷资产（正常、关注、次级、可疑、损失），或者客户的满意程度（很满意、比较满意、基本满意、不满意、很不满意等），就可以考虑设置为"有序"。

此外，在任意一个 SPSS 对话框的变量表中右击一个变量，将弹出快捷菜单，如图 1.30 所示。

图 1.29 "测量"设置

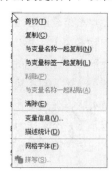

图 1.30 变量右键快捷菜单

注 意

该菜单中除了常见的"剪切""复制"和"粘贴"之外，还有"变量信息""描述统计""网格字体"等。以"变量信息"为例，若选择这一项，则将弹出"变量信息"对话框，给出变量的详细信息，包括"名称""标签""类型""缺失值""测量"等，如图 1.31 所示。这些帮助信息有助于选择分析变量。

图 1.31 "变量"对话框

1.3.2 数据编辑器的数据视图操作

当用户设定完变量后，可进入数据视图录入或者编辑样本观测值，或者针对样本观测值进行必要的加工等。

输入数据的操作方法是：单击选中的单元格被激活，边框加黑，单元格的颜色变为土黄色。二维表格的上方左侧显示选定单元格的观测值号和变量名。在单元格中输入的数据显示在右侧的编辑栏中。输入后按回车键或按向下移动光标键，输入同列下一个单元格的数据；按键盘上的上、下、左、右箭头则可实现向相应方向单元格的切换。

> **注意**
>
> 输入单元格的变量值必须与事先定义的变量类型一致。如果变量为数值型，在单元格中输入字符串，系统将拒绝接受；如果变量为字符串，在单元格中输入数值，系统会将这个数字视为字符。

> **说明**
>
> 并不一定先设定变量再录入数据。如果用户没有设定变量而是直接在数据视图中录入，那么 SPSS 会自动按照系统默认名称（VAR00001、VAR00002、VAR00003 等）创建变量。这些自动创建变量的类型默认为"数字"，宽度默认为 8，小数位数默认为 2，标签默认无添加，值默认为"无"，缺失值默为"无"，对齐方式默认为"右"，测量方式默认为"未知"（需要用户进行选择），角色默认为"输入"，如图 1.32 所示。

图 1.32　自动创建变量

用户也可以在数据视图界面录入完数据之后回到变量视图界面对默认变量进行编辑，修改各项属性使其符合研究要求，同样能达到创建数据文件的目的，如图 1.33 所示。

我们在整理数据资料的过程中，通常会发现数据存在遗漏、错误、不合理的重复值等情况，有时也会根据研究的需要和数据的变化增删新的变量或者数据。这时需要对数据文件进行编辑，针对需要增加的变量或者数据进行增加，针对需要删除的变量或者数据进行删除，针对需要更正的变量或者数据

图 1.33　在变量视图界面对默认变量进行编辑

进行更正等。事实上，SPSS的界面非常友好，操作风格与Office办公软件、WPS办公软件等是一致的，用户如果能够熟练使用这些办公软件，就能够按照操作习惯熟练地对SPSS数据文件进行编辑操作。

1.4 变量和样本观测值的基本操作

下载资源:\video\第 1 章\1.4
下载资源:\sample\数据 1\数据 1

1.4.1 变量和观测值的移动、复制和删除

1. 变量和观测值的移动

在"数据视图"窗口中，选择要移动的对象后，选择"编辑 | 剪切"命令，找到插入位置，然后选择 "编辑 | 粘贴"命令，就将剪贴板中的变量（或观测值）粘贴到空变量（或空观测值）的位置上了。

2. 变量和观测值的复制

观测值可以复制，但变量不能复制，因为变量不允许同名。要复制观测值，只要把移动方法中的"剪切"改为"复制"命令即可。

3. 变量和观测值的删除

选择要删除的对象后，选择"编辑 | 清除"菜单命令或单击键盘上的"Delete"键即可删除变量或观测值。

1.4.2 数据转置

在很多情况下，各类数据资料编辑的风格不同，需要对数据的行与列进行互换。利用 SPSS 数据的转置功能可以非常轻易地将原数据文件中的行、列进行互换，将观测值转变为变量，将变量转变为观测值。转置的结果是系统将创建一个新的数据文件，并且自动建立新的变量名显示各新变量列。数据转置的步骤如下：

01 以本书附带的数据 1 为例，首先打开数据文件，然后在菜单栏中选择"数据 | 转置"命令，如图 1.34 所示。然后打开"转置"对话框，如图 1.35 所示，从左边变量框中选择要进行转置的变量，移入"变量"列表框中。比如本例中我们针对除 y6 之外的所有变量进行转置，就把左侧列表框中除 y6 之外的所有变量都选入右侧的"变量"列表框中。

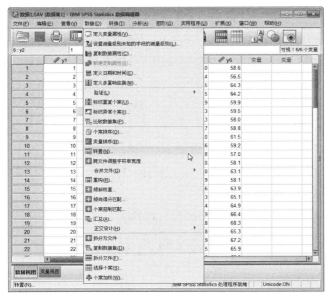

图 1.34 "数据|转置"命令　　　　　　图 1.35 "转置"对话框

02 单击"确定"按钮,弹出如图 1.36 所示的提示信息,提示用户"未选择转置某些变量。未转置的变量将丢失。"需要注意的是,如果将原变量列表中的全部变量都进行转置,那么系统将不会弹出该对话框。

图 1.36 数据转置确认对话框

03 单击"确定"按钮,转置后的新文件将取代原数据文件出现在数据窗口中,如图 1.37 所示。

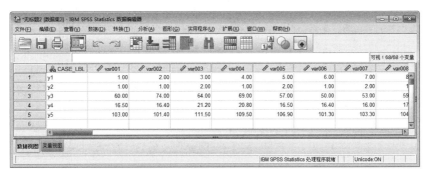

图 1.37 转置后的数据

1.4.3 变量计算

在建立数据文件时,通常仅包括可能来自统计调查的原始测量结果。有时需要对变量进行一定的加工,比如在研究学生的中考成绩与 IQ 值之间的关系时,可能需要先将学生文化课、体育课和实验课等成绩按照一定的权重进行计算,得到学生的中考总成绩,再与 IQ 值通过相关分析、回归分析等方法开展研究。有时在分析完之后要对数据进行深加工,比如完成因子分析之后,将观测值的各个因子得分乘以其方差贡献率得到因子总得分,进而开展后续研究等。SPSS 提供强大的计算变量功能,新变量的计算可以借助计算变量功能来完成。以本文附带的数据 1 为例,如果我们要创建新的变量"发育",其中体重、身高、坐高的权重各为 30%、40%、30%,那么用"计算变量"命令计算新变量的步骤如下:

01 打开数据文件"数据 1",选择"转换 | 计算变量"命令,如图 1.38 所示。打开"计算变量"对话框,如图 1.39 所示。

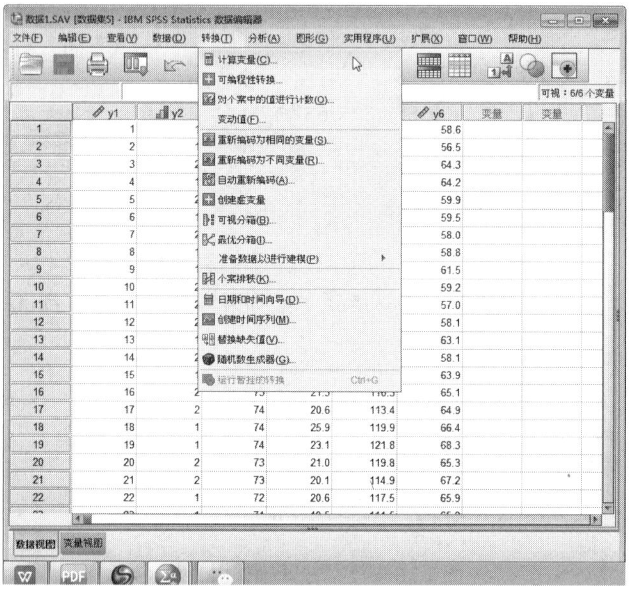

图 1.38 选择"转换 | 计算变量"命令

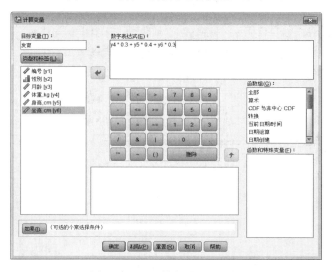

图 1.39 "计算变量"对话框

02 输入计算表达式。使用计算器板或键盘将计算表达式输入"数字表达式"列表框中。表达式中需要用到的 SPSS 函数可从函数组中选择,通过双击鼠标左键或单击"函数和特殊变量"列表框左侧的箭头按钮,将选中的函数移入表达式栏。这时,栏中函数的自变量和参数用"?"表示,自变量必须选用当前工作文件中的变量,可以从左侧变量清单栏中选择,选中后用鼠标双击它,输入表达式中。本例中在"数字表达式"列表框中输入"y4 * 0.3 + y5 * 0.4 + y6 * 0.3"。

03 定义新变量及其类型。在"目标变量"文本框中输入目标变量名,既可以是一个新变量名,也可以是已经定义的变量名,甚至可以是表达式中使用的自变量本身。本例中我们在"目标变量"中输入"发育",然后单击"类型和标签"按钮,弹出"计算变量:类型和标签"对话框,如图 1.40 所示。

图 1.40　"计算变量:类型和标签"对话框

对话框深度解读

对于标签的设置有两种方式。

- 标签:可以在该文本框中给目标变量添加自定义的标签。
- 将表达式用作标签:使用计算目标变量的表达式作为标签,有利于统计分析时清晰地了解新变量的意义及运算关系。

在此对话框中,还可以对新变量的类型及宽度进行选择。本例中我们采取系统默认设置,选择确定后,单击"继续"按钮,返回"计算变量"对话框。

04 "计算变量:If 个案"对话框的使用。有时候,仅仅需要对一些符合某些特定条件的自变量的观察值进行计算。例如,在数据文件"数据 1"中,我们只需要计算女性的发育情况,即需选择满足条件"性别=2"的观测值来计算。当条件表达式"性别=2"为真时,将计算出女性的发育情况。使条件表达式为假的或缺失的观测量就不会计算这个值,对应这些观测量,新变量的值为系统缺失值。在"计算变量"对话框中单击"如果…"按钮,弹出"计算变量: If 个案"对话框,如图 1.41 所示。条件表达式的建立规则是:条件表达式中至少要包括一个关系运算符,也可以使用逻辑运算符,并且可以通过关系(或逻辑)运算符连接多个条件表达式。本例中,我们选中"在个案满足条件时包括"单选按钮,然后在下面的文本框中输入"y2=2",即可仅计算女性的发育情况。

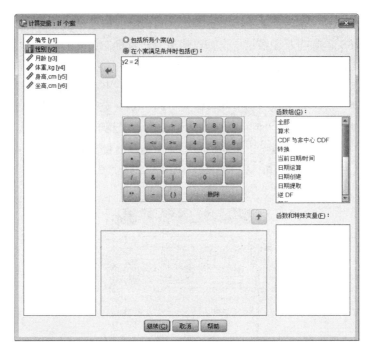

图 1.41 "计算变量：If 个案"对话框

05 单击"继续"按钮对设定的条件表达式加以确认，返回"计算变量"主对话框。各项选择确认后，单击"确定"按钮，系统将根据表达式和条件计算新变量的值，并将结果显示到数据窗口的工作文件中，如图 1.42 所示，变量视图中增加了"发育"变量。

图 1.42 增加"发育"变量之后的变量视图

我们还可以在"数据视图"界面看到"发育"变量的具体数据值（见图 1.43）。可以发现，只有女性（y2=2）的样本观测值才有发育数据（这与我们前面对表达式的具体设置有关），男性（y2=1）的样本观测值中发育变量数据都是缺失值。

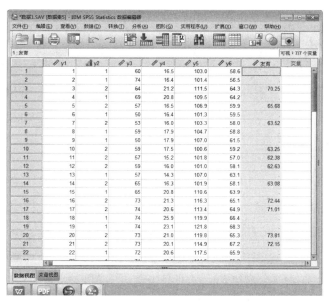

图 1.43　增加 "发育" 变量之后的数据视图

1.5　增加新的变量或样本观测值

下载资源:\video\第 1 章\1.5
下载资源:\sample\数据 1\数据 1

1.5.1　在现有数据文件中增加新的变量

如果需要在现有变量的右侧增加一个变量，则需要单击 "变量视图" 标签，转换到变量视图，在变量表最下面一行，按照在 1.3.1 节变量视图操作部分讲解的方法定义新变量。如果想把新变量放在已经定义的变量之间，则插入一个变量。步骤如下：

01　确定插入位置。在 "数据视图" 界面中将光标置于要插入新变量的列中的任意单元格上，单击鼠标左键；或者在 "变量视图" 界面中单击新变量要占据的那一行的任意位置。

02　选择 "编辑｜插入变量" 命令，（或单击右键，在右键菜单中选择 "插入变量"），（见图 1.44），即可在选定的位置之前插入一个变量名为 Var0000n 的变量（见图 1.45），其中 n 是系统给的变量序号。原来占据此位置的变量及其后的变量依次后移。

03　然后在 "变量视图" 界面，可以对插入的变量定义属性，包括更改变量名、指定变量类型等，完成变量设置后，可切换到 "数据视图" 界面中输入该变量的数据。

1.5.2　在现有数据文件中增加新的样本观测值

如果需要在现有数据文件中增加新的样本观测值，则可以将光标置于要插入观测值的一行的任意单元格中，选择 "编辑｜插入个案" 命令，或者右击，在弹出的菜单中选择 "插入个案" 命令（见

图 1.40），就会在该行之上增加一个空行，如图 1.41 所示，可以在此行上输入该观测值的各变量值。

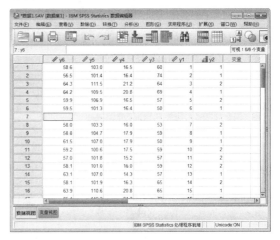

图 1.44　"插入变量"右键菜单　　　　　图 1.45　完成插入后的默认变量

1.6　对数据按照变量或样本观测值进行排序

下载资源:\video\第 1 章\1.6
下载资源:\sample\数据 1\数据 1

1.6.1　对数据按照变量进行排序

在整理数据资料或者查看分析结果时，如果变量设置得非常多，我们有时会希望变量值能够按照变量的某一属性大小进行升序或者降序排列，比如我们想观察有哪些变量是名义变量或者有序变量，有哪些变量进行了变量标签操作或者值标签操作等。以本章附带的数据 1 为例，如果要按照变量的测量方式进行降序排列，操作步骤如下：

01　图 1.46 显示了未按照 y4 体重变量排序之前的数据。我们在菜单栏中选择"数据 | 变量排序"命令，如图 1.47 所示。

02　系统将会弹出如图 1.48 所示的"变量排序"对话框，在该对话框的"变量视图列"列表框中选择"测量"属性，在"排列顺序"复选框中选择"降序"选项。

图 1.46　排序前的变量

图 1.47　选择"数据 | 变量排序"命令　　　　图 1.48　"变量排序"对话框

03 在图 1.48 所示的"变量排序"对话框下方，可以选择是否在新属性中保存当前设置完毕的变量顺序。如果需要进行保存，就选中"在新属性中保存当前（预先排序的）变量顺序"复选框，然后下方的"属性名称"文本框将会被激活。在该文本框中可以输出需要保存的属性名称。比如我们保存该设置，将其命名为"测量方式排序"，全部设置完毕后，单击"确定"按钮，即可对数据按照变量进行排序，排序结果如图 1.49 所示。

图 1.49　排序后的变量

1.6.2　对数据按照样本观测值进行排序

在整理数据资料或者查看分析结果时，我们通常希望样本观测值能够按照某一变量的大小进行升序或者降序排列，比如我们想按照学生的学习成绩进行排序，按照销售额的大小对各个便利店进行排序等。以本章附带的数据 1 为例，如果要按照 y4 体重变量进行降序排列，操作步骤如下：

01 图 1.50 显示了未按照 y4 体重变量排序之前的数据。在菜单栏中选择"数据|个案排序"命令，如图 1.51 所示。

02 系统将会弹出"个案排序"对话框，在该对话框中我们选择"体重"变量，并单击 按钮，将其选入"排序依据"列表框。然后在"排列顺序"组合框中选中"降序"选项，如图 1.52 所示。

03 设置后,在"个案排序"对话框的下方可以选择是否保存排序后的数据。如果需要进行保存,就选中"保存包含排序后的数据的文件"复选框,然后下方的"文件"按钮将会被激活。单击"文件"按钮,即可弹出如图 1.53 所示的"将排序后的数据另存为"对话框,用户可以在该对话框中设置文件路径,对数据进行保存。

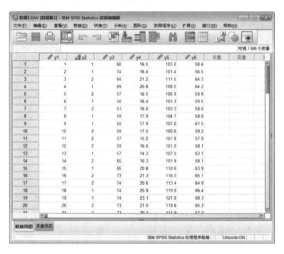

图 1.50　排序前的数据

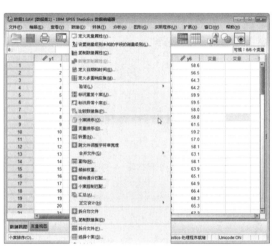

图 1.51　选择"数据|个案排序"命令

图 1.52　"个案排序"对话框

图 1.53　"将排序后的数据另存为"对话框

1.7　数据查找

下载资源:\video\第 1 章\1.7
下载资源:\sample\数据 1\数据 1

1.7.1　按照观测值序号查找单元格

当文件中有许多观测值、变量时,我们很多时候会希望能够快速地查找和定位某单元格中的数据。

下面介绍按观测值序号来查找单元格数据的方法。先打开本文附件的数据 1 文件，如图 1.54 所示。

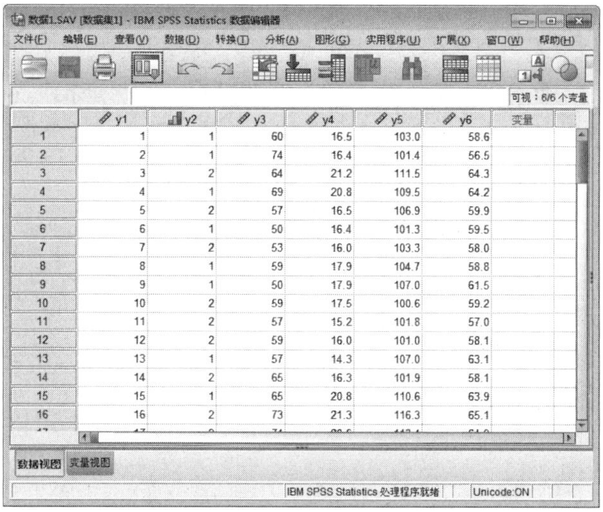

图 1.54　数据 1

如需查看序号为 40 的样本观测值的资料，操作步骤如下：

01 选择"编辑｜转到个案"命令，将弹出"转到"对话框，如图 1.55 所示，在"转到个案号"文本框中输入"40"。

02 单击"跳转"按钮，40 号观测值将置于数据区域的顶端，如图 1.56 所示。

图 1.55　输入需定位的观测值序号

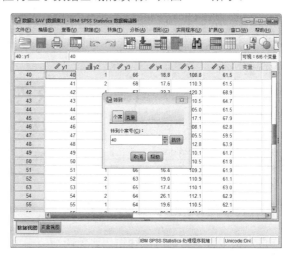

图 1.56　观测值查找结果

1.7.2　按照变量值查找数据

如果要查找当前工作文件中某变量的一个变量值，那么可以按照下面的方法查找。仍以本文附带的数据 1 为例，假如需要查看变量 y2 性别为 1（男）的变量值，步骤如下：

01 选中变量 y2 性别的任意单元格，选择"编辑｜查找"命令，弹出"查找和替换-数据视图"

对话框,如图1.57所示。

02 在"查找"文本框中输入要查找的变量值1,单击"查找下一个"按钮,如果找到这个值,则定位到该变量值所在的单元格。如果需要进一步查询,就继续单击"查找下一个"按钮,如果查找中未发现要找的变量值,比如我们查找变量值为3的数据,在"查找"文本框中输入要查找的变量值3,单击"查找下一个"按钮,则系统将会通报用户"找不到搜索字符串′3′",说明没有变量值为3的数据。

图1.57 按变量值查找数据对话框

提 示

对数值型变量,由于定义了变量宽度和小数位数,数据文件的单元格中显示的数值是经四舍五入后的近似数值,与变量的真实数值是不同的。例如某数据文件限制小数位数为3位,其中个别单元格中显示的数值是6.567,但变量真实值为6.5669,用户在"查找"文本框中输入6.567后,就会出现查找不到的情形。

1.8 数据文件合并

下载资源:\video\第1章\1.8
下载资源:\sample\数据1\数据1A、数据1B、数据1C、数据1D

1.8.1 按照样本观测值合并数据文件

我们在进行很多数据处理时,往往需要将两个结构相同或某些部分结构相同的数据文件合并成一个文件,比如两个公司发生了兼并,需要将这两个公司的员工信息表合并为一个信息表,这时就需要对数据文件进行样本观测值的合并;又比如某公司领导想将员工的绩效考核数据和工资薪酬数据放在一起进行数据分析,需要将员工绩效考核信息表和员工工资薪酬信息表进行合并,这时就需要对数据进行变量的合并。

SPSS中的数据合并分为两种:一种是观测值的合并,因为观测值在SPSS的数据视图中是以行来呈现的,所以又被称为纵向合并,也就是将两个有相同变量但有不同观测值的数据合并;另一种是变量的合并,因为变量在SPSS的数据视图中是以列来呈现的,所以又被称为横向合并,也就是将描述同一组观测样本的不同变量合并为一个数据文件,新的数据文件包含所有合并前的各个数据的变量。

本节介绍如何按样本观测值合并数据文件,即纵向合并,将会增加观测量,即把一个外部文件中与原文件具有相同变量的观测量增加到当前工作文件中。这种合并要求两个数据文件至少应具有一个属性相同的变量,即使它们的变量名不同。这种"纵向合并"的操作方法和对话框的设置方法如下(以本文附带数据文件"数据 1A"和"数据 1B"为例):

01 打开数据文件"数据 1A",然后选择"数据 | 合并文件 | 添加个案"命令,如图 1.58 所示。弹出"添加个案至数据 1A.SAV"对话框,如图 1.59 所示。

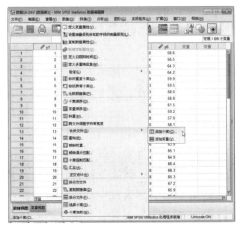

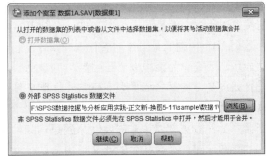

图 1.58 "数据 | 合并文件 | 添加个案"命令　　图 1.59 "添加个案至数据 1A.SAV"对话框

在"从打开的数据集的列表中或者从文件中选择数据集,以便将其与活动数据集合并"选项组中选中"外部 SPSS Statistics 数据文件"单选按钮,然后单击"浏览"按钮,弹出"添加个案:读取文件"对话框,如图 1.60 所示。

选定数据文件数据 1B.SAV,选中后单击"打开"按钮,返回"添加个案至数据 1A.SAV"对话框,再单击"继续"按钮,弹出"添加个案自……"对话框,如图 1.61 所示。

图 1.60 "添加个案:读取文件"对话框　　图 1.61 "添加个案自……"对话框

- "非成对变量"列表框,列出两个文件中的不成对变量,即变量名和变量类型不匹配的变量,其中用"*"标记的属于正在打开的活动数据集,本例中为数据 1A,用"+"标记的属于外部文件，本例中为数据 1B。

- “新的活动数据集中的变量”列表框，列出两个数据文件中变量名和变量类型都匹配的相同变量。
- “指示个案源变量”复选框，将在合并后的文件中建立一个名为 source01 的变量。此变量仅有两个值：0 和 1，分别标记观测量属于当前工作文件或外部文件。

02 本例中数据 1A 和数据 1B 两个数据文件的变量是完全一致的，所以都进入了“新的活动数据集中的变量”列表框。如果两个数据文件的变量类型相同，变量名不同，那么将两者同时选中，单击“配对”按钮，就可以将它们移至“新的活动数据集中的变量”列表框。

合并后的新文件变量列中二者的观测值被合并在一起。如果要为“非成对变量”列表框中的变量重命名，那么选中它并单击“重命名”按钮，打开“重命名”对话框，输入新名称，单击“继续”按钮返回主对话框。

对“非成对变量”列表框中分属两个文件的变量配对时，要求二者必须具有相同的变量类型。变量宽度可以不同，但是属于工作文件（本例中为数据 1A）的变量宽度应大于或等于外部文件（本例中为数据 1B）中的变量宽度。若情况相反，则合并后外部文件被合并的观测量中相应的观测值可能不能显示，而在单元格里以若干“*”加以标记。

03 如果要让变量名和类型变量均不匹配的变量出现在新数据文件中，就选中它，单击箭头按钮，将它移到“新的活动数据集中的变量”列表框。设置完毕后单击“确定”按钮，执行合并就可以得到合并后的数据文件了。需要注意的是，如果将“非成对变量”列表框中的分属两个文件的类型不同的变量配对，在合并后的新文件中这两个变量都不会出现。本例中合并完成之后的数据集如图 1.62 所示。可以发现，数据 1A 的样本观测值扩充到了 67 个，与数据 1B 完成了合并。

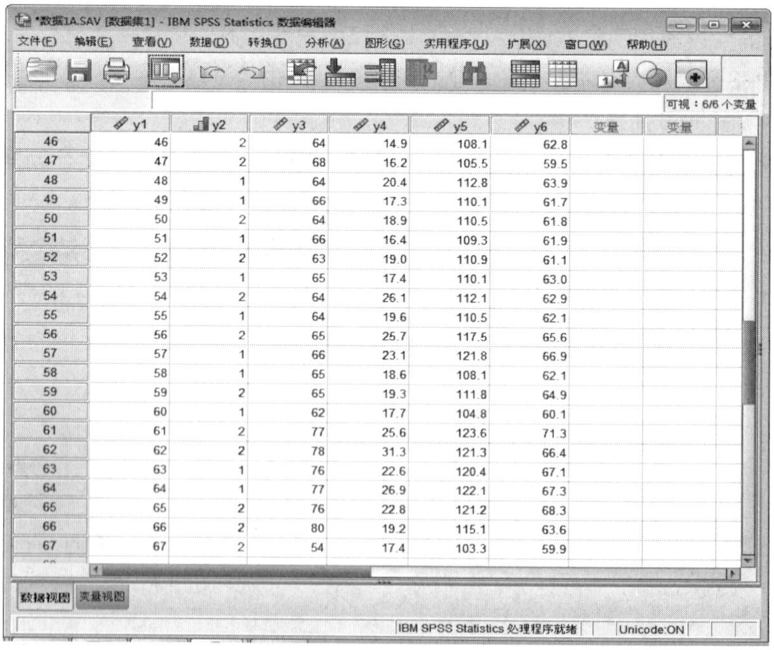

	y1	y2	y3	y4	y5	y6
46	46	2	64	14.9	108.1	62.8
47	47	2	68	16.2	105.5	59.5
48	48	1	64	20.4	112.8	63.9
49	49	1	66	17.3	110.1	61.7
50	50	2	64	18.9	110.5	61.8
51	51	1	66	16.4	109.3	61.9
52	52	2	63	19.0	110.9	61.1
53	53	1	65	17.4	110.1	63.0
54	54	2	64	26.1	112.1	62.9
55	55	1	64	19.6	110.5	62.1
56	56	2	65	25.7	117.5	65.6
57	57	1	66	23.1	121.8	66.9
58	58	1	65	18.6	108.1	62.1
59	59	2	65	19.3	111.8	64.9
60	60	1	62	17.7	104.8	60.1
61	61	2	77	25.6	123.6	71.3
62	62	2	78	31.3	121.3	66.4
63	63	1	76	22.6	120.4	67.1
64	64	1	77	26.9	122.1	67.3
65	65	2	76	22.8	121.2	68.3
66	66	2	80	19.2	115.1	63.6
67	67	2	54	17.4	103.3	59.9

图 1.62　合并之后的数据 1A

1.8.2 按照变量合并数据文件

按照变量合并数据文件是指将一个外部文件中的若干变量添加到当前工作文件中，又被称为横向合并。按照变量合并数据文件，要求参与合并的两个数据文件必须具有一个共同的关键变量，而且这两个文件中的关键变量还具有一定数量相等的观测量数值。所谓关键变量，指的是两个数据文件中变量名、变量类型、变量值排序完全相同的变量。此处以本文附带的数据 1C 和数据 1D 数据文件为例，这种"按照变量合并数据文件"的操作方法和步骤如下：

01 打开数据文件"数据 1C"，然后选择"数据｜合并文件｜添加变量"命令，如图 1.63 所示。弹出"变量添加至数据 1C.SAV"对话框，如图 1.64 所示。

图 1.63　选择"数据｜合并文件｜添加变量"命令　　图 1.64　"变量添加至数据 1C.SAV"对话框

在"从打开的数据集的列表中或者从文件中选择数据集，以便将其与活动数据集合并"选项组中选中"外部 SPSS Statistics 数据文件"单选按钮，单击"外部 SPSS Statistics 数据文件"项下的"浏览"按钮，弹出"添加变量：读取文件"对话框，如图 1.65 所示。

选定数据文件（此处以本文附带的"数据 1D.SAV"为例），选中后单击"打开"按钮，返回"添加个案至……"对话框，再单击"继续"按钮，弹出"变量添加自……"对话框。

02 "变量"选项卡如图 1.66 所示。

- "排除的变量"列表框中列出的是外部文件（本例中为数据 1D）与工作文件（本例中为数据 1C）中重复的同名变量，本例中没有显示。
- "包含的变量"列表框中列出的是进入新的工作文件变量，分别用"+"和"*"来标记"外部文件（本例中为数据 1D）"和活动文件（本例中为数据 1C）。
- "键变量"列表框中列出的是关键变量，指的是两个数据文件中变量名、变量类型、变量值排序完全相同的变量。

根据需要设置完毕后，单击"确定"按钮，就可以将两个数据文件合并成一个新的数据文件了。

图 1.65 "添加变量：读取文件"对话框

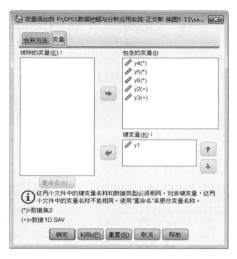
图 1.66 "变量"选项卡

特别提示

如果两个文件含有相等的观测量，而且分类排序顺序一致，一一对应，就无须指定关键变量，直接单击 OK 按钮进行合并即可。

如果两个文件含有数目不等的观测量，而且分类排序顺序不一致或没有一一对应关系，则需在合并之前先对数据文件按关键变量进行升序排序，在"排除的变量"列表框中选择一个关键变量，移至"键变量"列表框中。

03 "合并方法"选项卡如图 1.67 所示。

- 基于文件顺序的一对一合并：这是按关键变量匹配观测量的系统默认选项，表示按照"选择查找表"列表框中列出的顺序将两个数据文件的所有观测量合并。合并结果是凡关键变量值相等的合并为一个观测量，如果在对方文件找不到相等的关键变量值，就合并为一个独立的观测量，即在新文件中单独作为一个观测量（相当于增加一个观测量），而缺少的变量值作为缺失值。
- 基于键值的一对一合并：表示将非活动数据文件作为关键表，即只将外部数据文件中与活动数据集中对应变量值相同的观测量并入新的数据文件。
- 基于键值的一对多合并：表示合并后保留当前外部文件中的观测量，且只有当前工作文件中与外部文件关键变量值相等的观测量才被合并到新文件中。

04 本例中默认合并方法为"基于键值的一对一合并"，表示将非活动数据文件作为关键表，即只将外部数据文件中与活动数据集中对应变量值相同的观测量并入新的数据文件。以上选项确定后，单击"确定"按钮，合并结果如图 1.68 所示。可以发现，相较于合并之前的数据 1C 文件，多了 y2、y3 两个变量，实现了与数据 1D 的合并。

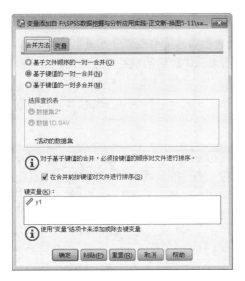

图 1.67 "合并方法"选项卡

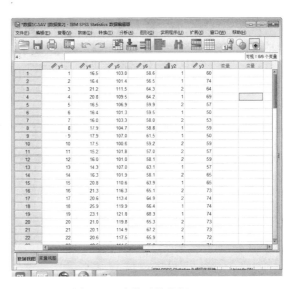

图 1.68 合并后的数据 1C

1.9 缺失值处理

| 下载资源:\video\第 1 章\1.9 |
| 下载资源:\sample\数据 1\数据 1E |

在我们整理数据资料的时候，经常发现有的数据会有缺失值，造成这种现象的原因可能是当时在统计数据的时候就没有统计完整，也有可能是在加工数据的过程中出现了数据丢失。注意，此处所指的缺失值概念完全不同于前面介绍变量属性时所提到的缺失值，变量属性中的缺失值是指出现了一些错误值或者极端异常值，我们宁可做缺失值处理，也不会将这些数据纳入分析范围。此处所讲的缺失值处理是指数据本来就存在缺失，需要进行必要的技术处理，将缺失值补充完整，从而保证数据分析的连续性。SPSS 中的缺失值替换功能针对含有缺失值的变量，使用系统提供的替换方法产生一个新的变量序列。这项功能的操作步骤和方法如下：

01 以本文附带的"数据 1E.SAV"为例，首先打开"数据 1E.SAV"，然后选择"转换丨替换缺失值"命令，如图 1.69 所示。打开"替换缺失值"对话框，如图 1.70 所示。

02 从源变量框中选择含有缺失值并且需要替代缺失值的变量，移至"新变量"框中，"新变量"框中显示形如"变量名_1=替代的估计方法简名（变量名）"格式的变量转换表达式。其中，"变量名"为所选变量的名称或者它的前 6 个字符。本

图 1.69 选择"转换丨替换缺失值"命令

例中，y6 变量是有缺失值的，所以我们把 y6 从源变量框中移至"新变量"框中。在"名称和方法"选项框中，"名称"文本框中显示系统默认的变量名，重命名后需要单击"变化量"按钮确认。

03 "方法"下拉列表中显示系统默认的序列均值。如果系统默认的设置符合要求，就单击"确定"按钮执行。系统将依照默认的估计方法计算出估计值，用它替代序列中的缺失值，并将替代后的时间序列作为新变量的观测值显示于数据窗口内。如果要使用其他估计方法计算缺失值的估计值，可单击"方法"下拉列表（见图 1.71）进行选择。

图 1.70 "替换缺失值"对话框

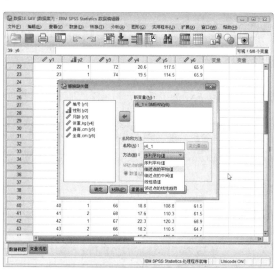

图 1.71 "方法"下拉列表

- 序列平均值：用整个序列有效数值的平均值作为缺失值的估计值。
- 临近点的平均值：如果选择此方法，那么"邻近点的跨度"栏的两个单选按钮"数值"和"全部"会被激活。若选择前者，输入数值指定缺失值上下邻近点的点数，则将这些点数的有效值的均值作为缺失值估计值，若邻近点的点数达不到指定的数值，则缺失值仍然保留。若选择后者，则用全部有效观测值的均值作为缺失值的估计值，效果与选用序列均值法相同。
- 临近点的中间值：选择此法与临近点的均值一样，将用缺失值上下邻近点指定跨度范围内的有效数值或全部有效数值的中位数作为缺失值的估计值。
- 线性插值：对缺失值之前最后一个和其后第一个有效值使用线性插值法计算估计值。如果序列的第一个或最后一个观测值缺失，则不能用这种方法替代这些缺失值。
- 邻近点的线性趋势：选择此法，对原序列以序号为自变量，以选择变量为因变量求出线性回归方程，再用回归方程计算各缺失值处的趋势预测值，并用预测值替代相应的缺失值，当选择的替代方法、数值等项设置更换后，都需要单击"更改"按钮确认。

04 本例中，我们采用系统默认设置，设置完成后，单击"确定"按钮，提交系统执行，系统将依照默认的估计方法计算出估计值，用它替代序列中的缺失值，并将替代后的时间序列作为新变量的观测值显示于数据窗口内。如图 1.72 所示，数据 1E 的数据视图中增加了 y6_1 变量，相较于 y6 变量，所有的缺失值都得到了补充完善。

该结果在结果数据窗口也可以看到，如图 1.73 所示，系统创建了 y6_1 变量。

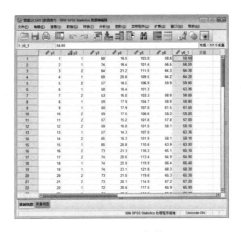

图 1.72　y6_1 变量

图 1.73　结果变量

1.10　读取其他格式的数据文件

| 下载资源:\video\第 1 章\1.10 |
| 下载资源:\sample\数据 1\数据 1F、数据 1G、数据 1H |

在 SPSS 中，我们可以通过选择"文件 | 打开 | 数据"命令选择要打开的数据文件，如图 1.74 所示。在"文件类型"下拉列表框中列出了 SPSS 能够读取的文件类型。关于这些数据类型的基本信息如表 1.1 所示。

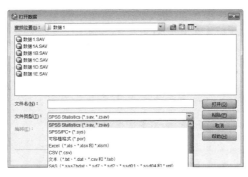

图 1.74　"打开数据"对话框

表1.1　数据类型表

文件类型及扩展名	简单说明
SPSS (*.sav, *.zsav)	SPSS 数据文件
SPSS/PC+ (*.sys)	SPSS 早期版本数据文件
可移植格式 (*.por)	SPSS 便携式数据文件
Excel (*.xls, *.xlsx, *.xlsm)	Excel 数据文件
CSV (*.csv)	CSV 格式数据文件
文本文件 (*.txt, *.dat, *.csv, *.tab)	文本文件

（续表）

文件类型及扩展名	简单说明
SAS (*. sas7bdat, *. sd7, *.sd2, *.ssd01, *.ssd04, *.xpt)	SAS 数据文件
Stata(*.dta)	Stata 数据文件
dBase(*.dbf)	dBase 数据库文件
Lotus(*. w*)	Lotus 格式数据文件
SYLK(*.slk)	符号链接格式文件

关于 SPSS 数据文件、SPSS 早期版本数据文件、SPSS 便携式数据文件，用户可以直接打开，因为这些本来就是 SPSS 格式的数据文件。针对其他格式的数据文件，我们选择 Stata 数据文件、Excel 数据文件和文本文件 3 种进行逐一讲解。

1.10.1 读取 Stata 数据文件

我们以本书附带的"数据 1F"为例进行读取 Stata 数据文件的讲解。"数据 1F"是一个 Stata 数据文件，如图 1.75 所示。

首先启动 SPSS 软件或者在一个已经打开的 SPSS 数据文件的数据视图中从菜单栏选择"文件|打开|数据"命令，如图 1.76 所示。

图 1.75 数据 1F

图 1.76 选择"文件｜打开｜数据"命令

然后就会出现如图 1.77 所示的"打开数据"对话框，在该对话框中先要在"查找位置"下拉列表框中找到目标文件所在的文件夹，设置好文件路径，然后在该对话框的"文件类型"下拉列表框中选择 Stata(*.dta)，系统就会自动显示目标文件所在文件夹中所有 Stata(*.dta)格式的数据文件。

选择"数据 1F.dta"，然后单击"打开"按钮，或者直接双击"数据 1F.dta"，就会弹出如图 1.78 所示的数据文件，说明 SPSS 已经成功打开"数据 1F.dta"。可以发现，已经打开的数据文件中有两个变量，分别是 region 和 sum，各个样本观测值也已经被准确地展示出来。切换到变量视图，如图 1.79 所示。

第 1 章　SPSS 应用基础　| 41

图 1.77　"打开数据"对话框

图 1.78　用 SPSS 打开"数据 1F.dta"的数据视图

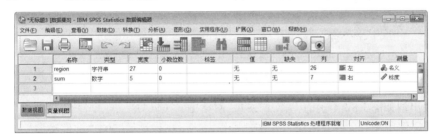
图 1.79　用 SPSS 打开"数据 1F.dta"的变量视图

用户可以对该数据进行保存，保存成 SPSS 格式或者 SPSS 能够读取的其他文件类型格式。

1.10.2　读取 Excel 数据文件

我们以本书附带的"数据 1G"为例进行读取 Excel 数据文件的讲解。"数据 1G"是一个 Excel 数据文件，如图 1.80 所示。

图 1.80　数据 1G

首先启动 SPSS 软件或者在一个已经打开的 SPSS 数据文件的数据视图中从菜单栏选择"文件|打开|数据"命令，如图 1.81 所示。

图 1.81 选择"文件 | 打开 | 数据"命令

然后就会出现如图 1.82 所示的"打开数据"对话框。在该对话框中，在"查找位置"下拉列表框中找到目标文件所在的文件夹，设置好文件路径，然后在该对话框的"文件类型"下拉列表中选择 Excel (*. xls, *. xlsx, *. xlsm)，系统就会自动显示目标文件所在文件夹中所有 Excel (*. xls, *. xlsx, *. xlsm)格式的数据文件。

选择"数据 1G.xlsx"，然后单击"打开"按钮，或者直接双击"数据 1G.xlsx"，就会弹出如图 1.83 所示的"读取 Excel 文件"对话框。

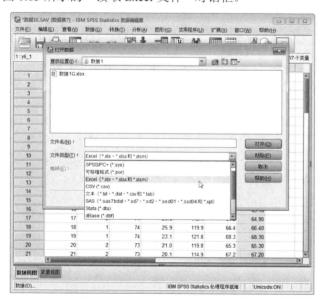

图 1.82 "打开数据"对话框

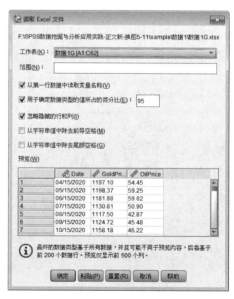

图 1.83 "读取 Excel 文件"对话框

在"读取 Excel 文件"对话框中,如果 Excel 中有多个工作表,就可以通过"工作表"下拉菜单选择想要打开的工作表,然后圈定打开数据的范围。

- "从第一行数据中读取变量名称"复选框用于设置首行数据。如果在 Excel 中的第一行是变量名称,就可以选中该复选框;如果在 Excel 中的第一行就是观测样本,而没有变量名称,就可以不选中该复选框。
- "忽略隐藏的行和列"复选框用于设置 Excel 中隐藏行和列的读取方式,如果选中该复选框,那么 SPSS 将不会读取 Excel 中隐藏的行和列;如果取消选中该复选框,那么 SPSS 会一并读取 Excel 中隐藏的行和列。
- 在"读取 Excel 文件"对话框中的预览部分,我们可以对 SPSS 读取的数据进行预览。

如果通过预览认为没有问题,就可以单击"确定"按钮进行确认,出现如图 1.84 所示的用 SPSS 打开的"数据 1G.xlsx"的数据视图。

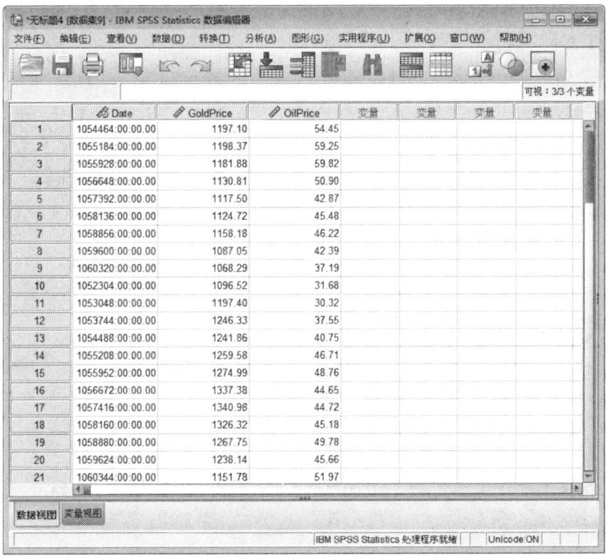

图 1.84 用 SPSS 打开的"数据 1G.xlsx"的数据视图

可以发现,已经打开的数据文件中有 3 个变量,分别是 Date、GoldPrice 和 OilPrice,但是 Date 的样本观测值不够清楚(由于格式的原因)。这时候可以对格式进行调整。切换到变量视图,如图 1.85 所示。

图 1.85 用 SPSS 打开的"数据 1G.xlsx"的变量视图

我们对 Date 变量类型进行重新设置，单击变量 Date 行、"类型"列的单元格右侧的省略号，即可弹出如图 1.86 所示的"变量类型"对话框。

我们在"变量类型"对话框中可以选择"yy/mm/dd"，然后单击"确定"按钮，切换到数据视图，如图 1.87 所示。

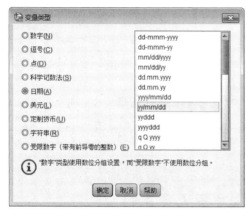

图 1.86 "变量类型"对话框

图 1.87 调整 Date 变量格式后的数据视图

可以发现，在该数据视图中，Date 变量的观测值已经调整成容易理解的格式，第一个观测值是 2003 年 1 月 29 日的观测值。用户可以对该数据进行保存，保存成 SPSS 格式或者 SPSS 能够读取的其他文件类型格式。

1.10.3 读取文本数据文件

我们以本书附带的"数据 1H"为例进行读取文本数据文件的讲解。"数据 1H"是一个文本数据文件，如图 1.88 所示。

首先启动 SPSS 软件或者在一个已经打开的 SPSS 数据文件的数据视图中从菜单栏中选择"文件 | 打开 | 数据"命令，如图 1.89 所示。

图 1.88 数据 1H

图 1.89 选择"文件 | 打开 | 数据"命令

然后就会出现如图 1.90 所示的"打开数据"对话框，在该对话框中先要在"查找位置"下拉列表框中找到目标文件所在的文件夹，设置好文件路径，然后在该对话框的"文件类型"下拉列表框中选择文本文件 (*.txt, *.dat, *.csv, *.tab)，系统就会自动显示在目标文件所在文件夹中所有的文本文件 (*.txt, *.dat, *.csv, *.tab)格式的数据文件。

选择"数据 1H.txt"，然后单击"打开"按钮，或者直接双击"数据 1H.txt"，就会弹出如图 1.91 所示的"文本导入向导-第 1/6 步"对话框。文本导入向导总共分为 6 步，每一步都比较关键，需要用户根据研究需要认真选择。

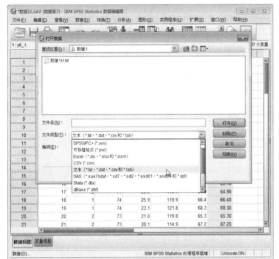 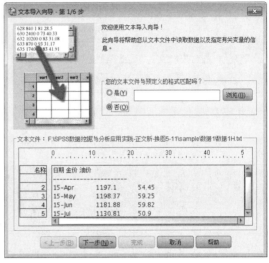

图 1.90 "打开数据"对话框　　　　　　图 1.91 "文本导入向导-第 1/6 步"对话框

"文本导入向导-第 1/6 步"对话框中有一个问题："您的文本文件与预定义的格式匹配吗？"因为我们并没有设定预定义的格式，所以在此处选择系统默认设置的"否"选项，然后单击"下一步"按钮，弹出如图 1.92 所示的"文本导入向导-第 2/6 步"对话框。

"文本导入向导-第 2/6 步"对话框有三个问题：

- 第一个问题是"变量如何排列？"有两个选择：一个是"定界"，其概念是变量由特定的字符（包括逗号或者制表符等）进行定界；另一个是"固定宽度"，其概念是变量由特定宽度进行定界。因为我们的文本数据文件是按空格进行定界的，所以此处选中"定界"单选按钮。
- 第二个问题是"文件开头是否包括变量名？"因为我们的文本数据文件的开头第一行就是变量名，所以选中"是"单选按钮，并且在"包含变量名称的行号"文本框中填写"1"。
- 第三个问题是"小数符号是什么？"因为我们的文本数据文件的小数用的都是英文状态下的句号，所以选中"句点"单选按钮。

全部选项设置完毕以后，单击"下一步"按钮，弹出如图 1.93 所示的"文本导入向导-定界，第 3/6 步"对话框。

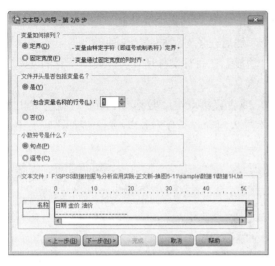 

图 1.92　"文本导入向导-第 2/6 步"对话框　　图 1.93　"文本导入向导-定界，第 3/6 步"对话框

"文本导入向导-定界，第 3/6 步"对话框有三个问题：

- 第一个问题是"第一个数据个案从哪个行号开始？"因为我们的文本数据文件的第一个数据个案从第 2 个开始，所以在"第一个数据个案从哪个行号开始？"文本框中填写"2"。
- 第二个问题是"个案的表示方式如何？"有两个选择：一个是"每一行表示一个个案"，另一个是"变量的特定编号表示一个个案"，因为我们的文本数据文件是每一行表示一个个案，所以选中"每一行表示一个个案"单选按钮。
- 第三个问题是"要导入多少个案？"有三个选项：第一个是"全部个案"，表示把文本文档数据文件中所有的样本观测值都导入 SPSS 中；第二个是"前_个个案"，表示把文本文档数据文件中"前_个"样本观测值导入 SPSS 中；第三个是"随机百分比的个案（近似值）（P）"，表示从文本文档数据文件中随机选取一定百分比的样本观测值导入 SPSS 中，此处选中"全部个案"单选按钮，把文本文档数据文件中所有的样本观测值都导入 SPSS 中。

全部选项设置完毕以后，单击"下一步"按钮，弹出如图 1.94 所示的"文本导入向导-定界，第 4/6 步"对话框。

"文本导入向导-定界，第 4/6 步"对话框有两个问题：

- 第一个问题是"变量之间存在哪些定界符？"可选项包括"制表符""空格""逗号""分号""其他"，默认设置为"制表符""空格"。因为我们的文本文档数据文件就是以"制表符""空格"作为定界符的，所以采用系统默认设置即可。
- 第二个问题是"文本限定符是什么？"可选项包括"无""单引号""双引号""其他"，默认设置为"无"。因为我们的文本文档数据文件没有文本限定符，所以采用系统默认设置即可。

全部选项设置完毕以后，单击"下一步"按钮，弹出如图 1.95 所示的"文本导入向导-第 5/6 步"对话框。

图 1.94　"文本导入向导-定界，第 4/6 步"对话框　　图 1.95　"文本导入向导-第 5/6 步"对话框

在"文本导入向导-第 5/6 步"对话框中可以设置变量名、数据格式，对数据进行预览。本例中采用系统默认设置即可，然后单击"下一步"按钮，弹出如图 1.96 所示的"文本导入向导-第 6/6 步"对话框。

在"文本导入向导-第 6/6 步"对话框中可以设置是否保存文件格式、是否粘贴此语法，并可以对数据进行预览。本例中我们采用系统默认设置即可，然后单击"完成"按钮，弹出如图 1.97 所示的用 SPSS 打开的"数据 1H"数据视图。

图 1.96　"文本导入向导-第 6/6 步"对话框　　图 1.97　用 SPSS 打开的"数据 1H"数据视图

切换到变量视图，如图 1.98 所示，可以看到"数据 1H"中包括"日期""金价""油价"3个变量。

图 1.98　用 SPSS 打开的"数据 1H"变量视图

1.11 3种典型图形绘制方法

下载资源:\video\第 1 章\1.11
下载资源:\sample\数据 1\数据 11

SPSS 中常用的 3 种典型图形绘制方法分别是图表构建器、图形画板模板选择器和旧对话框。

1.11.1 图表构建器

在数据文件的数据编辑器窗口，在菜单栏中选择"图形"|"图表构建器"命令，即可打开"图表构建器"对话框，如图 1.99 所示。

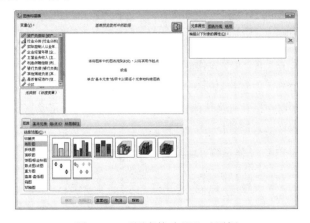

图 1.99 "图表构建器"对话框

"图表构建器"对话框左侧的"变量"列表框显示了"图表构建器"所打开的数据文件中所有的可用变量。对话框下方包括"图库""基本元素""组/点 ID""标题/脚注"4 个选项卡，右侧包括"元素属性""图表外观""选项"3 个选项卡。

1. "图库"选项卡

"图库"选项卡如图 1.100 所示，是"图表构建器"对话框中的默认选项卡。

左侧是"选择范围"列表框，列出了系统可以使用"图表构建器"绘制的各种常用图形及用户放在收藏夹中的图形。用户在"选择范围"列表框中选中相应图形后，在右侧即可出现与该图表类型对应的图库，如本例中在"选择范围"列表框中选择的是"条形图"，在右侧即可出现可供选择的 8 种具体条形图类型。

用户选中一种类型后，可以双击该图片或者将其拖动到上方的图表预览区域（其中显示：请将图库中的图表拖动到此处，以将其用作起点或者单击"基本元素"选项卡以便逐个元素地构建图表）。如果图表预览区域原来就存在图表，则新的图库图表会自动取代已有的图表。

2. "基本元素"选项卡

"基本元素"选项卡如图 1.101 所示，包括选择轴和选择元素。

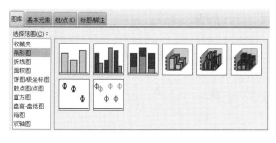

图 1.100 "图库"选项卡

图 1.101 "基本元素"选项卡

选择轴即为选择坐标轴，有 5 种可供选择，自左至右、自上而下分别为一维坐标、二维坐标、三维坐标、极距坐标、双 Y 坐标。

选择元素有 10 种可供选择，自左至右、自上而下分别为点图、条形图、折线图、面积图、箱图、盘高-盘低图、差别面积图、人口金字塔、散点图矩阵、饼图。

轴和元素都是构成图形的基本条件，用户都需要进行选择，首先选择轴，然后选择元素。

特别提示

如果用户对基本元素的选择存在困难，则可仅使用前面介绍的"图库"选项卡进行设置，因为用户在"图库"选项卡选择了相应的图表后，系统就会自动选择基本元素，从而便于操作。

---

3. "组/点 ID"选项卡

"组/点 ID"选项卡如图 1.102 所示。用户在"组/点 ID"选项卡选择任一复选框，系统就会在图表预览区域增加相应的一个放置区。当然，用户也可以通过取消选中某复选框从而删除画布中已存在的放置区。

4. "标题/脚注"选项卡

"标题/脚注"选项卡如图 1.103 所示。用户在"标题/脚注"选项卡中选择相应的复选框，选中的项将对图表添加标题和脚注，同时在"图表构建器"对话框右侧的"元素属性"选项卡中"编辑以下对象的属性"列表框中会出现相应的对象，单击该对象即可编辑文本。

图 1.102 "组/点 ID"选项卡

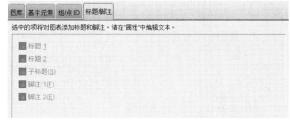

图 1.103 "标题/脚注"选项卡

5. "元素属性"选项卡

"元素属性"选项卡如图 1.104 所示。选项卡中的"编辑以下对象的属性"列表框用于显示可以进行属性设置的图形元素，本例中显示的图形元素包括 X-Axis1、Y-Axis1。需要提示的是，用户选择的图表不同，那么相应的图形元素可以设置的属性也会不同。

6. "图表外观"选项卡

"图表外观"选项卡如图 1.105 所示。用户可以通过该选项卡手工编辑图表的外观，对颜色、边框和网格线进行设置，也可以直接调用相应的模板进行设置。

7. "选项"选项卡

"选项"选项卡如图 1.106 所示。

- "用户缺失值"选项组用于设置缺失值的处理方式。"分界变量"缺失值有两种处理方式，如果选择"排除"，则表示系统绘制图形时排除缺失值；如果选择"包括"，则表示系统绘制图形时把它们作为一个单独的类别。
- "摘要统计和个案值"选项组用于设置当观测变量出现用户定义缺失值时对相应样本观测值的处理方法。
  - "以列表方式排除以确保一致的个案库"表示系统绘制图形时直接忽略这个样本，以确保所有变量的样本观测值都保持一致。
  - "逐个排除变量"表示只有包含缺失值的变量用于当前计算和分析时才忽略这个样本观测值，以便最大限度地利用数据。
- "图表大小"文本框用于设置图形显示的大小，默认值为 100%。
- "面板"选项组用于图形列过多时的显示设置，若选中"面板回绕"复选框，则表示图形列过多时允许换行显示，否则即使图形再多，也不会换行，只会使得每行上的图形自动缩小，以确保显示在同一行中。

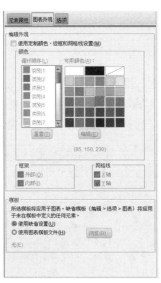
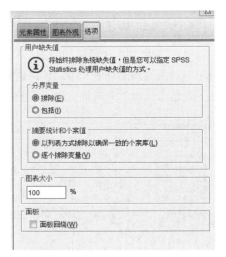

图 1.104　"元素属性"选项卡　　图 1.105　"图表外观"选项卡　　图 1.106　"选项"选项卡

1.11.2　图形画板模板选择器

图形画板模板选择器相对来说更加智能，系统会根据用户选择的变量自动推荐可用的常见图形，

用户只需做出选择就可以，大大便利了操作。在数据文件的数据编辑器窗口，在菜单栏中选择"图形"|"图形画板模板选择器"命令，即可打开"图形画板模板选择器"对话框，如图1.107所示。

"图形画板模板选择器"对话框中包括基本、详细、标题及选项4个选项卡。

1．"基本"选项卡

"基本"选项卡上端有"自然""名称""类型"3个选项，用户可以通过选择相应选项对所有变量进行排序，尤其是在变量比较多的情形下，可以快速找出绘制图形所需的变量。3个选项下方即为变量列表框，其中显示了所打开数据文件中的所有变量。用户选择其中一个或多个变量后，列表框右侧会显示可用的绘图类型。例如本例中同时选中"资产负债率"和"行业分类"两个变量，右侧就出现了饼图、带状图、二维点图等图形供选择使用。变量列表框下方是"摘要"下拉列表框，供用户选择相应的摘要统计，常用的摘要统计量包括和、平均值、极小值和极大值等。

2．"详细"选项卡

如果用户需要非常明确地绘制某一种图形，而不需要系统提供可选项辅助决策，或者需要更加精细化地设置，就可以使用"详细"选项卡，"详细"选项卡如图1.108所示。

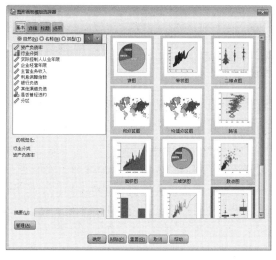

图1.107　"图形画板模板选择器"对话框　　　　图1.108　"详细"选项卡

- 上方的"可视化类型"下拉列表框供用户选择具体的图形类型，用户首先根据研究需要进行选择，选择后系统将自动预览相应的图形。此外，如果用户已经在"基本"选项卡中进行了设置，对图形类型进行了选择，那么"详细"选项卡将展示出该类型。

选择好可视化类型后，右侧会自动出现可供设置的图表元素，如本例中我们选择了饼图，右侧就会出现类别、值、摘要供用户选择设置，本例中系统自动抓取了分类变量"行业分类"，将其作为"类别"，即饼图扇形所代表的内容，自动抓取了定距变量"资产负债率"，将其作为"值"，摘要统计设置为"和"。

- "可选审美原则"选项组设置图形外观显示，用户选择的可视化类型不同，相应的可供选择的选项也会有所差异。比如本例中我们选了饼图，那么就没有任何设置选项。为了全面讲解，我们在"可视化类型"下拉列表框中选择"中位数分区图上的坐标"选项,将会显示出如图1.109所示的内容。

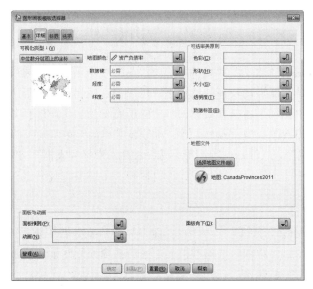

图1.109 "详细"选项卡

对话框深度解读

- "色彩":如果用户使用定距变量定义颜色,则图形颜色根据变量的值而有所不同;如果用户使用分类变量定义颜色,则每一个类别一种颜色;如果图形元素代表多个样本观测值,且一个范围变量用于颜色,则颜色根据范围变量的平均值而有所不同。
- "形状":仅可使用分类变量,如果用户使用分类变量定义形状,则每一个类别一种形状。
- "大小":如果用户使用定距变量定义大小,则图形大小根据变量的值而有所不同;如果用户使用分类变量定义大小,则每一个类别一种大小;如果图形元素代表多个样本观测值,且一个范围变量用于大小,则大小根据范围变量的平均值而有所不同。
- "透明度":如果用户使用定距变量定义透明度,则图形透明度根据变量的值而有所不同;如果用户使用分类变量定义透明度,则每一个类别一种透明度;如果图形元素代表多个样本观测值,且一个范围变量用于透明度,则透明度根据范围变量的平均值而有所不同,在最大值处完全透明,在最小值处完全不透明。
- "数据标签":仅可使用分类变量。

- "面板与动画"选项组用来选择面板变量和动画变量。
  - "面板横跨"和"面板向下"下拉列表框均用来选择面板变量,仅能为分类变量。"面板横跨"和"面板向下"输出图形中均将为每个类别生成一个图形,区别在于"面板横跨"所有面板从左至右同时显示,"面板向下"所有面板从上至下同时显示。
  - "动画"下拉列表框用于从中选择动画变量,可为分类变量或定距变量。动画与面板的区别是图形不同时显示。

3. "标题"选项卡

"标题"选项卡如图 1.110 所示。默认为"使用缺省标题",本例中显示为无任何标题和脚注。若用户选择"使用定制标题"单选按钮,则可在对应文本框中输入需要输出图形的标题、副标题和脚注。

4. "选项"选项卡

"选项"选项卡如图 1.111 所示。用户可以使用"选项"选项卡指定在结果输出窗口查看器中出现的输出标签、样式表和缺失值处理方法。

图 1.110 "标题"选项卡

图 1.111 "选项"选项卡

1.11.3 旧对话框

旧对话框是利用菜单绘制图形的另一种方法,支持绘制的图形种类包括条形图、三维条形图、线图、面积图、饼图、盘高-盘低图、箱图、误差条形图、金字塔图、散点图和直方图等。与前面介绍的两种图形绘制方法不同,使用旧对话框要求用户对于拟创建的图形种类要有明确的认知。

以创建条形图为例,在数据文件的数据编辑器窗口,在菜单栏中选择"图形"|"旧对话框"|"条形图"命令,即可打开"条形图"对话框,如图 1.112 所示。

- "条形图"对话框上部分展示了可供选择的 3 种条形图,包括"简单""簇状"和"堆积",用户根据自身研究需要选择,本例中选择"简单"。
- 下部分"图表中的数据为"选项组供用户设置条形图中数据的展示情况,包括"个案组摘要""单独变量的摘要""单个个案的值"3 种,其中选择"个案组摘要"表示将按样本观测值分组生成条形图,"单独变量的摘要"表示将按变量分组生成条形图,"单个个案的值"表示将按每个样本观测值逐一生成条形图。

本例中我们选择"个案组摘要",然后单击对话框下方的"定义"按钮,将弹出如图 1.113 所示的"定义简单条形图:个案组摘要"对话框,可在此进行图形的详细设置。

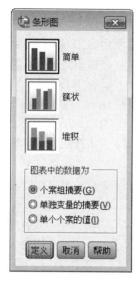 

图 1.112 "条形图"对话框　　　　图 1.113 "定义简单条形图：个案组摘要"对话框

- "定义简单条形图：个案组摘要"对话框左侧为变量列表，展示了可供选择的变量。"条形表示"用于选择条形图的条形所要代表的摘要统计量，可供选择的摘要统计量包括个案数、个案百分比、累积计数量、累积百分比、其他统计（例如平均值）。如果选择"其他统计量（例如平均值）"，用户可通过单击"变量"下方的"更改统计"按钮，从打开的对话框中选择想要输出的统计量，如图 1.114 所示，最后单击"继续"按钮即可完成设置。本例中我们将资产负债率选入"变量"框中，然后选择"其他统计量（例如平均值）"，在其中再选择"值的平均值"，即条形图中的条形代表资产负债率的平均值。

图 1.114 "统计"对话框

- "定义简单条形图：个案组摘要"对话框中的"类别轴"列表框用于从变量列表框中选入 X 轴要表示的变量。本例中我们把"行业分类"选入进来作为 X 轴，即绘制按行业分类的资产负债率平均值的简单条形图。
- "面板划分依据"选项组用于对要输出的面板图形进行设置，"行"和"列"列表框分别用于选入行或列面板变量。对于某些图表，仅可按行或列生成面板，对于另外一些图表，可同时按行和列生成面板。如果变量的含义依赖于其他变量的值，则意味着该变量是嵌套的，如果行或列中的变量嵌套,则可选中"嵌套变量(无空行/列)"复选框,表示仅针对每个嵌套而不是每个类别组合创建面板;如果未选中"嵌套变量(无空行/列)"复选框,则变量会存在交叉,这意味着将为每个变量中的每个类别组合创建一个面板,如果变量嵌套,则会导致出现空列或空行。

- "要使用的图表指定项的来源"复选框用于打开图形显示模板,选中该复选框后可单击"文件"按钮选择相应模板。本例中我们不需要设置"面板划分依据"选项组和"要使用的图表指定项的来源"复选框。

- "标题"按钮用于设置标题,单击该按钮,即可打开如图 1.115 所示的"标题"对话框,用户可以在此设置输出图形的标题和脚注,本例中我们在"标题|第 1 行"中输入"各行业资产负债率条形图",然后单击"继续"按钮返回主对话框。

- "选项"按钮用于设置对缺失值的处理及误差条形图等,单击该按钮,即可打开如图 1.116 所示的"选项"对话框,用户可以在此设置,本例中我们选中"显示误差条形图"复选框,置信区间、标准误差、标准差均采用系统默认设置。设置完毕后,单击对话框中的"确定"按钮,即生成如图 1.117 所示的条形图。

图 1.115 "标题"对话框

图 1.116 "选项"对话框

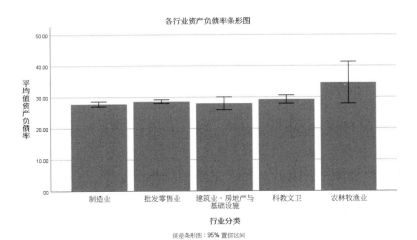

图 1.117 条形图结果

1.12 经典概念之假设检验介绍

1.12.1 假设检验的基本概念

假设检验是一种统计推断方法，用来判断样本与样本、样本与总体的差异是由抽样误差引起的还是本质差别造成的。常用的假设检验方法有 T 检验、Z 检验、F 检验、卡方检验等。SPSS 中用到假设检验的地方很多，基本上都是对估计参数的显著性检验，不论是什么类型的假设检验，基本原理都是先对总体的特征做出某种假设，然后构建检验统计量，并将检验统计量与临界值相比较，最后做出是否接受原假设的结论。

假设检验的基本思想是"小概率事件"原理，即小概率事件在一次试验中基本上不会发生，其统计推断方法是带有某种概率性质的反证法，也就是说先提出检验的原假设和备择假设，再用适当的统计方法，利用小概率原理确定原假设是否成立。简单来说，就是提出原假设后，首先假定原假设是可以接受的，然后依据样本观测值进行相应的检验，如果检验中发现"小概率事件"发生了，也就是说基本不可能发生的事件发生了，就说明原假设是不可接受的，应拒绝原假设，接受备择假设；如果检验中小概率事件没有发生，就接受原假设。

上面所提到的"小概率事件"是基于人们在实践中广泛采用的原则，但概率小到什么程度才能算作"小概率事件"？一个显而易见的事实就是"小概率事件"的概率越小，否定原假设就越有说服力，通常情况下将这个概率值记为 α（$0<\alpha<1$），称为检验的显著性水平；将基于样本观测值实际计算的容忍小概率事件发生的概率值记为 p（$0<p<1$），称为检验的显著性 p 值，如果 p 值大于 α 值，则说明实际可以容忍的小概率事件发生的概率要大于设定的 α 值，也就是要接受原假设。常用的显著性水平包括 0.1、0.05、0.01 等，其中 0.05 最为常用。

1.12.2 假设检验的步骤

假设检验的步骤如下：

01 提出原假设（$H0$）和备择假设（$H1$）。原假设的含义一般是样本与总体或样本与样本间的差异是由抽样误差引起的，不存在本质差异；备择假设的含义一般是样本与总体或样本与样本间存在本质差异，而不是由抽样误差引起的。

02 设定显著性水平 α。

03 构建合适的统计量，然后基于样本观测值按相应的公式计算出统计量的大小，如 T 检验、Z 检验、F 检验、卡方检验等。

04 根据统计量的大小计算显著性 p 值，将 p 值与显著性水平 α 作比较，如果 p 值大于 α 值，则说明实际可以容忍的小概率事件发生的概率要大于设定的 α 值，也就是要接受原假设；如果 p 值小于 α 值，则拒绝原假设。

1.12.3 假设检验的注意事项

假设检验有以下注意事项：

在对变量开展假设检验之前，应该先判断样本观测值本身是否有可比性，并且注意每种检验方法的适用条件，根据资料类型和特点选用正确的假设检验方法，根据专业及经验确定是选用单侧检验还是双侧检验。在假设检验结束之后，对结果的运用也不要绝对化，一是假设检验反映的差别仅仅是具备统计学意义，而这样的差别在实际应用中可能没有意义；二是由于样本的随机性及选择显著性水平 α 的不同，基于某次抽样或者特定范围内的样本观测值得出的检验结果与真实情况有可能不吻合，所以无论接受或拒绝检验假设，都有判断错误的可能性。

假设检验可能犯的错误有两类：

一类是拒绝为真的错误。即使原假设正确，小概率事件也有可能发生，如果我们抽取的样本观测值恰好是符合小概率事件的样本观测值，就会因为小概率事件的发生而拒绝原假设，这类错误被称为"拒绝为真"错误，也被称为第一类错误，犯第一类错误的概率恰好就是"小概率事件"发生的概率 α。

另一类是接受伪值的错误。如果原假设是不正确的，但是由于抽样的不合理，导致假设检验通过了原假设，这类错误被称为"接受伪值"错误，也被称为第二类错误，我们把犯第二类错误的概率记为 β。

对于研究人员来说，无论是哪种错误，都是不希望出现的，但是当样本容量固定时，第一类错误发生的概率 α 和第二类错误发生的概率 β 不可能同时变小，换言之，当我们倾向于使得 α 变小时，β 就会变大；同样的道理，倾向于使得 β 变小时，α 就会变大。只有当样本容量增大，能够更好地满足大样本随机原则时，才有可能使得 α 和 β 同时变小。在大多数的实际操作中，我们一般都是控制住犯第一类错误的概率，即设定好显著性水平 α，然后通过增大样本容量来降低第二类错误发生的概率 β。

注 意

本节内容非常重要，贯穿于后面各个章节，显著性水平 α、显著性 p 值等基本概念在后面章节的方差分析、相关分析、各类回归分析、时间序列数据分析、面板数据分析中也将频繁使用，需要掌握。

第 2 章

描述统计分析

本章主要学习 SPSS 的描述统计分析。用户在对数据进行统计分析的时候，在很多情况下需要先研究数据的基本特征，对变量的分布特征以及内部结构获得一个直观的感性认识，进而决定采用哪种分析方法更深入地揭示变量的统计规律。

本章教学要点：

- 清楚知晓 SPSS 的频率分析、描述分析、探索分析、交叉表分析 4 种分析方法的特色，知晓每种方法的适用条件。
- 熟练掌握 SPSS 的频率分析、描述分析、探索分析、交叉表分析的窗口功能，根据研究需要灵活进行窗口设置，开展描述性统计分析。
- 能够对各种描述性分析的结果进行解读，从中发现数据特征，得出研究结论。

2.1 频率分析

| 下载资源:\video\第 2 章\2.1 |
| 下载资源:\sample\数据 2.1 |

2.1.1 基本原理

频率分析是描述统计分析的一种，也是一种基础的分析方法，通常是我们开展数据分析的起点。通过频数分析，我们可以得到各种类型变量的统计量和统计图。其中统计量包括详细的频数表以及平均值、中位数、众数、总和、最大值、最小值、方差、标准差、范围、标准误差平均值、偏度系数和峰度系数等，统计图包括条形图、饼图和直方图等。

2.1.2 操作演示与功能详解

本小节用于分析的数据是 120 家房地产上市公司 2020 年 6 月 30 日的财务报表数据,SPSS 数据视图如图 2.1 所示。下面我们要针对这 120 家房地产上市公司开展市盈率频率分析,操作演示与功能详解如下:

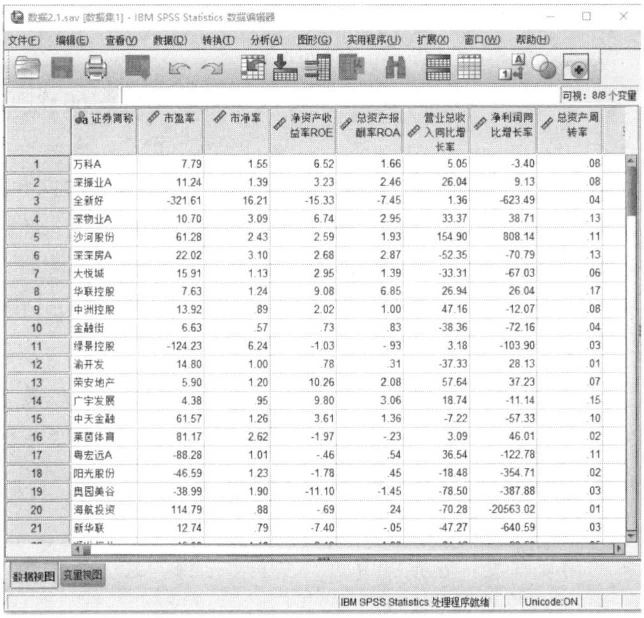

图 2.1 数据 2.1

01 打开数据 2.1,选择"分析"|"描述统计"|"频率"命令,弹出如图 2.2 所示的对话框。

02 选择进行频数分析的变量。在"频率"对话框的左侧列表框中选择"市盈率"选项,单击中间的 ➡ 按钮使之进入"变量"列表框。

03 选择是否显示频数表。选中"频率"对话框左下角的"显示频率表"复选框,要求输出频数表格。本例中我们选中此项。

04 选择输出相关描述统计量。单击"频率"对话框右上角的"统计"按钮,弹出如图 2.3 所示的对话框,在该对话框中可以设置相关描述统计量。

图 2.2 "频率"对话框

图 2.3 "频率:统计"对话框

对话框深度解读

- 百分位值用来表示数据所处的位置，包括四分位数、分割点、百分位数 3 个设置方式。
  - 四分位数：即将观察值分为 4 个大小相等的组，显示第 25、50、75 个百分位数。
  - 分割点：如果用户想让分组数不等于 4 而等于 8，则选择该选项并且在后面的文本框中输入"8"，即将观察值分为 8 个大小相等的组，显示第 12.5、25、37.5、50、62.5、75、87.5 个百分位数。
  - 百分位数：用户指定单个百分位数（比如输入 60，则显示第 60 个百分位数，有 60% 的观察值大于该值）。
- 集中趋势用来表示数据的集中趋势，具体包括平均值、中位数、众数和总和。
  - 平均值：此处计算的是算术平均值，即用所有值的总和除以样本数。
  - 中位数：按大小顺序排列位于中间的数值，大于该值和小于该值的样本数各占一半，也就是第 50 个百分位数。如果样本数为偶数，则中位数是样本在以升序或降序排列的情况下最中间的两个样本的平均值。
  - 众数：出现次数最多的值。按照统计学上的概念，如果出现次数最多的值不止一个，那么这些数都是众数。但此处 SPSS 的"频率"过程并不会全部显示所有众数，而仅显示此类多个众数中最小的那个。
  - 总和：所有非缺失值的样本值的合计。
- 离散用来表示数据的离散程度，包括标准差、方差、范围、最小值、最大值和标准误差平均值。
  - 标准差、方差：方差是各样本值与其算数平均数的离差平方的算数平均数，方差的平方根就是标准差。在正态分布中，有 68% 的个案在均值的一倍标准差范围内，95% 的个案在均值的两倍标准差范围内。例如，如果一组数据服从正态分布，且平均值为 100，标准差为 10，则 68% 的个案将处于 90~110，95% 的个案将处于 80~120。
  - 范围、最小值、最大值：最小值是一组数据中的最小值，最大值是一组数据中的最大值，范围是一组数据中最大值和最小值之间的差。
  - 标准误差平均值：标准误差平均值就是样本均值的标准差，是针对取自同一分布的样本与样本之间均值之差的测量。
- 表示后验分布包括偏度和峰度，是描述数据的分布形状和对称性的统计量，这些统计量通常与其标准误一起计算。
  - 偏度：偏度是对分布偏斜方向及程度的测度，用来度量分布的不对称性。正态分布是对称的，偏度值为 0。具有显著正偏度值的分布有很长的右尾，具有显著的负偏度的分布有很长的左尾。一般情况下，如果计算的偏度值超过其标准误的两倍，则认为该组数据不具有对称性。
  - 峰度：峰度是频数分布曲线与正态分布相比较，顶端的尖峭程度。在 SPSS 中，正态分布的峰度统计量的值为 0，正峰度值表示相对于正态分布，观测值更为集中在均值附近，体现在分布峰度更尖，尾部更薄。负峰度值表示相对于正态分布，观察值更为分散，分布峰度较低，尾部较厚。

- 值为组的中点，如果数据值被重新编码为组的中点，则采用该选项，比如针对所有体重在 50kg~60kg 的人都被统一为 55kg 时，可以选择该选项，用来估计原始未分组的数据的中位数和百分位数。

本例中我们在"百分位值"选项组中选中"四分位数"复选框，在"集中趋势"选项组中选中"平均值""中位数""众数""总和"复选框，在"离散"选项组中选中"标准差""方差""范围""最小值""最大值""标准误差平均值"复选框，在"表示后验分布"选项组中选中"偏度""峰度"复选框。设置完毕后，单击"继续"按钮返回"频率"对话框。

05 设置图表的输出。单击"频率"对话框中的"图表"按钮，弹出如图 2.4 所示的对话框，选择有关的图形输出。

图 2.4 "频率：图表"对话框

对话框深度解读

- 图表类型，包括以下几种：
  - 条形图：条形图将不同值或不同类别的计数作为单独的条显示，条形图本身所包含的信息相对较少，但是它们仍然为平均数、中位数、合计数或计数等多种概要统计提供了简单又多样化的展示，所以条形图也深受研究者的喜爱，经常出现在研究者的论文或者调查报告中。
  - 饼图：饼图是数据分析中常见的一种经典图形，因其外形类似于圆饼而得名。在数据分析中，很多时候需要分析数据总体的各个组成部分的占比，我们可以通过各个部分与总额相除来计算，但这种数学比例的表示方法相对抽象，饼图能够直接以图形的方式显示各个组成部分所占的比例，更加形象直观。
  - 直方图：直方图又称柱状图，是一种统计报告图，由一系列高度不等的纵向条纹或线段表示数据分布的情况。一般用横轴表示数据类型，纵轴表示分布情况。通过绘制直方图可以较为直观地传递有关数据的变化信息，使数据使用者能够较好地观察数据波动的状态，使数据决策者能够依据分析结果确定在什么地方需要集中力量改进工作。
  - 在直方图上显示正态曲线：选择该选项可以帮助用户判断数据是否为正态分布。
- 图表值：当用户在"图表类型"中选择"条形图"时，可以选择按频率或百分比标记刻度轴。

本例中我们选择直方图，并且"在直方图上显示正态曲线"。

06 设置相关输出的格式。单击"频率"对话框中的"格式"按钮，弹出如图 2.5 所示的对话框。

- "排序方式"选项组用于设置频数表中各个数据值的排列顺序，其中"按值的升序排序"表示按数据值的大小升序排列；"按计数的升序排列"表示按数据值的频数升序排列。本例我们选中"按值的升序排序"单选按钮。
- "多个变量"选项组是针对按多个变量进行频数输出的情形，如果用户生成多个变量的统计表，可在单个表中显示所有变量(比较变量)，或显示每个变量的独立统计量表(按变量组织输出)。

因为本例中我们进行频数分析输出依据的变量只有"市盈率",所以保持默认设置。
- "禁止显示具有多个类别的表"选项用于防止显示具有超过指定数目(最大类别数)的表,本例中也保持系统默认设置。

图 2.5 "频率:格式"对话框

07 设置完毕后,单击"确定"按钮,等待输出结果。

2.1.3 结果解读

1. 统计表

图 2.6 为统计表,从图 2.6 中可以读出以下信息:有效样本数为 119 个,缺失值为 1 个,市盈率平均值为 55.4994,标准差为 357.93866,最大值是 3853.32,最小值是-321.61 等。偏度、峰度均为正且较大,说明数据不太符合正态分布,有显著的右偏,呈尖峰分布。

2. 频数分布

图 2.7 给出了市盈率的频数分布。该表从左到右分别是有效的样本值、频率、频率占总数的百分比、有效频率占总数的百分比、累积百分比。

3. 带正态曲线的直方图

图 2.8 是市盈率的带正态曲线的直方图,从图中可以看出学生身高不太服从正态分布,右偏和尖峰较为明显。

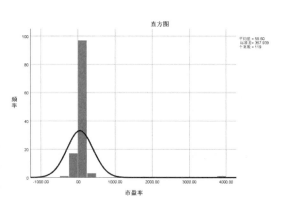

图 2.6 统计　　图 2.7 频数分布表(仅显示部分)　　图 2.8 带正态曲线的直方图

2.1.4 知识点总结与练习题

知识点总结：本节讲述了频率分析的 SPSS 操作，对涉及的窗口界面进行了深度解读，通过本节学习应该较为清晰地知晓频率分析能够输出哪些统计量、统计图，并且能够较为连贯地对分析结果进行解读。

练习题：继续使用数据 2.1，针对 120 家房地产上市公司开展市净率频率分析，求出平均值、中位数、众数、总和、最大值、最小值、方差、标准差、范围、标准误差平均值、偏度系数和峰度系数等统计量并进行分析，绘制市净率条形图、饼图和直方图。

2.2 描述分析

下载资源:\video\第 2 章\2.2
下载资源:\sample\数据 2.1

2.2.1 基本原理

本节讲述的描述分析也是描述统计分析的一种。该分析方法与上一节所讲述的频率分析具有相似性，相关描述统计量同样包括平均值、最大值、最小值、方差、标准差、极差、平均数标准误、偏度系数和峰度系数等，但除此之外也有自己的分析特色。最大的特色在于该分析方法可以为单个表中的若干变量显示单变量摘要统计量，并计算变量的标准化值（z 得分）。标准化值不仅能表明各原始数据在一组数据分布中的相对位置，而且能在不同分布的各组原始数据间进行比较，标准化的意义在于可以有效消除变量单位及量纲之间的差异，从而使得数据更加可比，有效提升分析质量，比如我们想要针对城市按照其人口数、GDP、就业率等不同类型的指标进行聚类分析，则可以先对这些变量数据进行标准化，再进行分析，就可以提升分析效率。

Z 得分的计算公式如下：

$$Z_i = \frac{X_i - \overline{X}}{\sigma}$$

Z_i 即为 X_i 的 Z 标准化得分。

2.2.2 操作演示与功能详解

本节继续沿用数据 2.1。下面针对这 120 家房地产上市公司开展市盈率描述分析，操作演示与功能详解如下：

01 打开相关数据 2.1，选择"分析"|"描述统计"|"描述"命令，弹出如图 2.9 所示的对话框。

02 选择进行描述分析的变量。在"描述"对话框的左侧列表框中选择"市盈率"，单击 按钮，使之进入"变量"列表框。

03 选择是否将标准化得分另存为变量。若选中"描述"对话框左下角的"将标准化值另存为变量"复选框，则系统会将标准化得分另存为变量；若不选中此项，则系统不会执行。此处我们选中该复选框。

04 选择输出相关描述统计量。单击"描述"对话框右上角的"选项"按钮，弹出如图 2.10 所示的对话框，在该对话框中可以设置相关描述统计量。关于各统计量的概念可参考 2.1 节中的相关介绍。本例中我们选择输出"平均值"和"总和"，在"离散"选项组中选择"标准差""方差""范围""最小值""最大值""标准误差平均值"复选框，在"表示后验分布的特征"选项组中选择"峰度""偏度"复选框。

关于"显示顺序"选项组解释如下：
- 变量列表：表示按变量列表中变量的顺序进行排序。
- 字母：表示按变量列表中变量的首字母的顺序排序。
- 按平均值的升序排序：表示按变量列表中变量的均值的升序排序。
- 按平均值的降序排序：表示按变量列表中变量的均值的降序排序。

本例中我们采用系统默认设置，即选中"变量列表"选项。设置完毕后，单击"继续"按钮返回"描述"对话框。

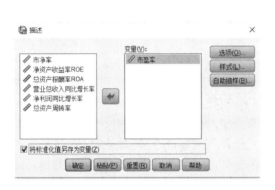 

图 2.9 "描述"对话框　　　　图 2.10 "描述：选项"对话框

05 单击"确定"按钮，等待输出结果。

2.2.3　结果分析

图 2.11 为描述分析结果，可以看出样本个数为 119 个，范围为 4174.94，最小值是-321.61，最大值是 3853.32，均值为 55.4994，标准差是 357.93866，偏度系数、峰度系数分别为 10.289、109.948，与 2.1 节中的结论完全一致。

描述统计

	N	范围	最小值	最大值	合计	均值		标准 偏差	方差	偏度		峰度	
	统计	统计	统计	统计	统计	统计	标准 错误	统计	统计	统计	标准 错误	统计	标准 错误
市盈率	119	4174.94	-321.61	3853.32	6604.43	55.4994	32.81218	357.93866	128120.086	10.289	.222	109.948	.440
有效个案数（成列）	119												

图 2.11　描述分析结果

此外，我们可以在数据编辑器的数据视图或变量视图中看到市盈率 Z 得分变量被保存进了数据文件中，如图 2.12 所示。

图 2.12 新变量"Z 市盈率"

2.2.4 知识点总结与练习题

知识点总结：本节讲述了描述分析的 SPSS 操作，对涉及的窗口界面进行了深度解读，通过本节的学习，一方面要知晓描述分析能够输出哪些统计量、统计图，并且能够较为连贯地对分析结果进行解读；另一方面要理解变量的标准化值（Z 得分）的概念，并学会使用 SPSS 计算获取。

练习题：继续使用数据 2.1，针对 120 家房地产上市公司开展市净率描述分析，求出平均值、中位数、众数、总和、最大值、最小值、方差、标准差、范围、标准误差平均值、偏度系数和峰度系数等统计量并进行分析，生成市净率的标准化值（Z 得分）变量并保存。

2.3 探索分析

| 下载资源:\video\第 2 章\2.3 |
| 下载资源:\sample\数据 2.2 |

2.3.1 基本原理

当我们需要进行数据筛选、识别极端异常值、分析各组样本之间的变量差异、探索变量变化的分布特征时，都可以用到探索分析。其一，"探索"分析既可以为参与分析的所有样本生成摘要统计量和图形显示，又可以依据分组变量分别为各组样本分别生成摘要统计量和图形显示；其二，“探索”分析可以识别极端异常值，极端异常值主要包括错误数据、与绝大多数数值相比过大或过小的数据等，数据中如果包含极端异常数据，则必然会影响分析结果，掩盖变量变化的真实规律和特征；其三，探索数据可以探索变量变化的分布特征，从而帮助用户确定用于数据分析的统计方法是否合适，比如有的分析方法要求数据呈正态分布，而通过探索分析发现实际上数据不是正态的，则很可能不会得到期望的结果。

2.3.2 操作演示与功能详解

本小节使用数据 2.2。数据 2.2 是某研究通过调查问卷获取的 C2C 电子商务顾客信任影响因素数据。数据文件中有 18 个变量，即 xingbie、nianling、pinci、xueli、pinpai1、pinpai2、fuwu1、fuwu2、fuwu3、xinxi1、xinxi2、xinxi3、baozhang1、baozhang2、baozhang3、fankui1、fankui2、xinren，分别用来表示性别、年龄、网购频次、学历、品牌知名度影响、品牌美誉度影响、卖家响应的速度影响、卖家服务的态度影响、卖家解决问题的效果影响、卖家商品展示的真实性影响、卖家商品展示的完整性影响、卖家商品展示的吸引力影响、卖方信用处罚制度影响、卖家准入与退出制度影响、资金监管账户制度影响、历史交易满意度影响、历史评价真实度影响、整体信任度评价。

针对性别变量，用 1 表示男性，用 2 表示女性；针对年龄变量，用 1 表示 25 岁以下，用 2 表示 25 岁~35 岁，用 3 表示 35 岁~45 岁，用 4 表示 45 岁以上；针对网购频次变量，用 1 表示一年 5 次以下，用 2 表示一年 5 次~10 次，用 3 表示一年 10 次~20 次，用 4 表示一年 20 次以上；针对学历变量，用 1 表示研究生及以上，用 2 表示本科与专科，用 3 表示高中与中专，用 4 表示初中及以下。下面我们针对整体信任度评价按性别分组开展探索分析。数据 2.2 的变量视图与数据视图分别如图 2.13 和图 2.14 所示。

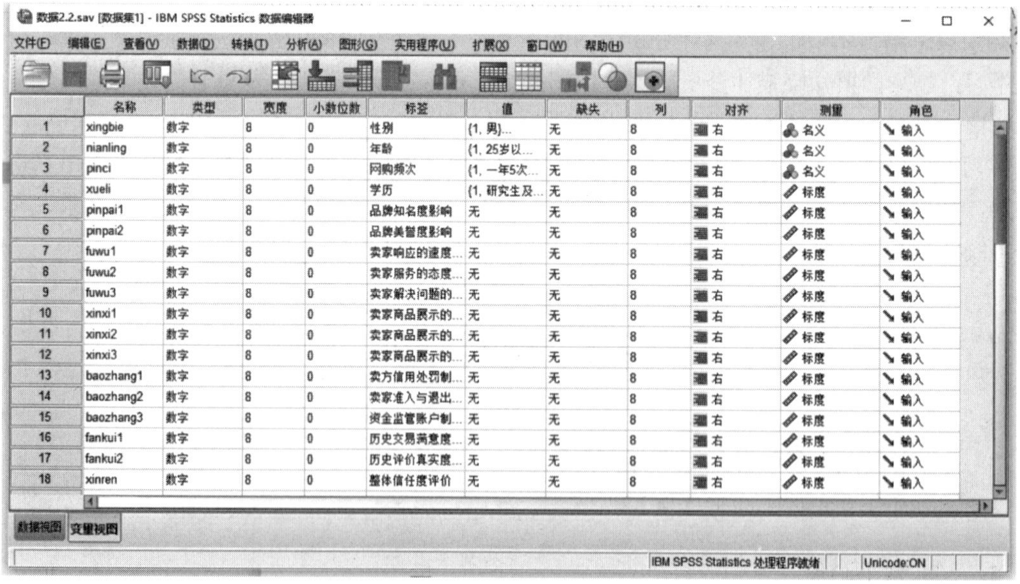

	名称	类型	宽度	小数位数	标签	值	缺失	列	对齐	测量	角色
1	xingbie	数字	8	0	性别	{1, 男}...	无	8	右	名义	输入
2	nianling	数字	8	0	年龄	{1, 25岁以...	无	8	右	名义	输入
3	pinci	数字	8	0	网购频次	{1, 一年5次...	无	8	右	名义	输入
4	xueli	数字	8	0	学历	{1, 研究生及...	无	8	右	标度	输入
5	pinpai1	数字	8	0	品牌知名度影响	无	无	8	右	标度	输入
6	pinpai2	数字	8	0	品牌美誉度影响	无	无	8	右	标度	输入
7	fuwu1	数字	8	0	卖家响应的速度...	无	无	8	右	标度	输入
8	fuwu2	数字	8	0	卖家服务的态度...	无	无	8	右	标度	输入
9	fuwu3	数字	8	0	卖家解决问题的...	无	无	8	右	标度	输入
10	xinxi1	数字	8	0	卖家商品展示的...	无	无	8	右	标度	输入
11	xinxi2	数字	8	0	卖家商品展示的...	无	无	8	右	标度	输入
12	xinxi3	数字	8	0	卖家商品展示的...	无	无	8	右	标度	输入
13	baozhang1	数字	8	0	卖方信用处罚制...	无	无	8	右	标度	输入
14	baozhang2	数字	8	0	卖家准入与退出...	无	无	8	右	标度	输入
15	baozhang3	数字	8	0	资金监管账户制...	无	无	8	右	标度	输入
16	fankui1	数字	8	0	历史交易满意度...	无	无	8	右	标度	输入
17	fankui2	数字	8	0	历史评价真实度...	无	无	8	右	标度	输入
18	xinren	数字	8	0	整体信任度评价	无	无	8	右	标度	输入

图 2.13 数据 2.2 变量视图

第 2 章 描述统计分析 | 67

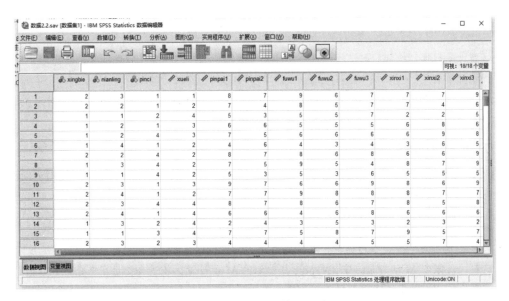

图 2.14 数据 2.2 数据视图

本例针对"整体信任度评价[xinren]"变量进行探索分析，分析步骤如下：

01 打开数据 2.2，选择"分析"|"描述统计"|"探索"命令，弹出如图 2.15 所示的对话框。

02 选择进行探索分析的变量。在"探索"对话框的左侧列表框中，选择"整体信任度评价[xinren]"并单击按钮，使之进入"因变量列表"列表框，这是因为我们要分析的变量是整体信任度评价，如果要分析多个变量，可以把要分析的所有变量都移至"因变量列表"中。然后在左侧的变量框中选择"性别 [xingbie]"，单击按钮，移入右侧的"因子列表"中，我们把性别作为因子变量是为了分析性别的差异对整体信任度评价差异的解释能力。

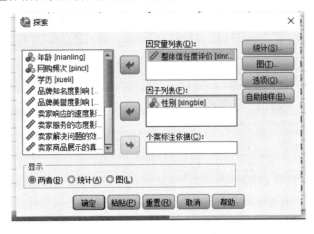

图 2.15 "探索"对话框

"探索"对话框"因子列表"下方有"标注个案"选项，用户可以从左侧的变量窗口中选择变量作为"标注个案"变量。选择"标注个案"的意义是，如果系统在数据探索时发现了极端异常值，便可利用标识变量加以标记，以便用户查找这些极端异常值，如果用户在此处不做选择，那么 SPSS 会默认以第一个变量作为"标注个案"变量。

03 在"探索"对话框下方的"显示"选项组选择是否输出统计量表或者统计图。

- 统计：选择"统计"时，"统计"功能处于激活状态（"图"按钮关闭），输出时只显示描述统计量表。
- 图：选择"图"时，"图"功能处于激活状态（"统计量"按钮关闭），输出时只显示图形。
- 两者：选择此项则两者同时显示，这是系统默认的选项。

此处我们选中"两者"单选按钮。

04 选择输出相关描述统计量。单击"探索"对话框右上角的"统计"按钮，弹出如图 2.16 所示的对话框，在该对话框中可以设置相关描述统计量。

- "描述性"复选框用于输出基本描述统计量，其中系统默认均值的置信区间为 95%。
- "M-估计量"复选框用于输出样本均值和中位数的稳健替代值，包括休伯 M 估计量、图基双权、汉佩尔 M 估计量、安德鲁波，其中休伯 M 估计量比较适合接近正态分布的数据，其余 3 种比较适合数据中有较多极端值的情况。
- "离群值"复选框用于输出 5 个最大值和最小值。
- "百分位数"复选框用于输出 5%、10%、25%、50%、75%、90%以及 95%的百分位数。

我们选中全部复选框。设置完毕后，单击"继续"按钮返回"探索"对话框。

05 设置统计图的输出。单击"探索"对话框中的"图"按钮，弹出如图 2.17 所示的对话框，可以设置有关的图形输出。

图 2.16 "探索：统计"对话框

图 2.17 "探索：图"对话框

左上角的"箱图"选项组有以下 3 个选项。

- 因子级别并置：该选项主要针对有一个因变量时，将每个因变量对于不同分组的箱图并列显示，有利于比较各组在因变量同一水平上的差异。
- 因变量并置：该选项主要针对有多个因变量时，根据因子变量每个分组单独产生箱形图，各因变量的箱形图并排排列。
- 无：将不显示任何箱形图。

这里选择"因子级别并置"，因为我们想要比较的是各组变量在同一水平上的差异。右上方的"描述图"选项组有两种图形可选："茎叶图"和"直方图"，把这两个图形都选上。"含检验的正态图"复选框可以显示正态图和去趋势正态概率图,我们也选上。

下方的"含莱文检验的分布-水平图"选项组中有以下 4 个选项。

- 无:不进行莱文检验。
- 效能估算:将产生四分位数间距的自然对数与所有单元格中位数的自然对数的散布图。
- 转换后:可以选择相应的幂次,产生转换后数据的散布图。
- 未转换:产生原始数据的散布图。

本例中我们在"含莱文检验的分布-水平图"选项组中选择"无",之所以选择"无",是因为我们要分析的变量是单变量,不需要进行莱文检验。

06 选项设置。单击"探索"对话框中的"选项"按钮,弹出如图 2.18 所示的对话框,可以设置对缺失值的处理方法。

图 2.18 "探索:选项"对话框

"缺失值"选项组用来设置缺失值的处理方法。

- 成列排除个案:在所有分析中,均剔除因变量或自变量中含有缺失值的个案。
- 成对排除个案:在分析时剔除此分析中含有缺失值的个案。
- 报告值:将因子变量中含有缺失值的样本作为一个独立的分类处理,在结果中产生一个附加分类。

选中"成列排除个案"单选按钮,单击"继续"按钮返回"探索"对话框。

07 设置完毕后,单击"确定"按钮,等待输出结果。

2.3.3 结果分析

(1)个案处理摘要

图 2.19 为个案处理摘要,列出了参与分析的样本的基本信息。可以看出,参与分析的男性、女性样本数分别为 106 个、94 个,没有缺失值。

个案处理摘要

		个案					
		有效		缺失		总计	
	性别	N	百分比	N	百分比	N	百分比
整体信任度评价	男	106	100.0%	0	0.0%	106	100.0%
	女	94	100.0%	0	0.0%	94	100.0%

图 2.19 个案处理摘要

(2)描述统计量

图 2.20 为描述统计量信息,按性别分组列出。每组的描述统计量均包括平均值、平均值的置信区间、中位数、方差、标准差、最小值、最大值、范围、偏度、峰度等信息。

(3)M 估计量

图 2.21 为 M 估计量。极端异常值会导致数据的均值和中位数有所失真,M 估计量则是样本均值和中位数的稳健替代值,非常适用数据中有较多极端异常值、需要寻找数据位置的情形。SPSS 输出的 M 估计量有 4 种,分别是休伯 M 估计量、图基双权、汉佩尔 M 估计量、安德鲁波。如图 2.21 所示,本例中 4 种估计量的值与数据的实际均值、中位数接近,在一定程度上说明了数据中存在极端异常值的概率相对较低。

描述

性别			统计	标准误差
整体信任度评价	男	平均值	5.46	.188
		平均值的95% 置信区间 下限	5.09	
		上限	5.83	
		5% 剪除后平均值	5.46	
		中位数	6.00	
		方差	3.737	
		标准偏差	1.933	
		最小值	2	
		最大值	9	
		范围	7	
		四分位距	3	
		偏度	-.034	.235
		峰度	-.989	.465
	女	平均值	5.73	.215
		平均值的95% 置信区间 下限	5.31	
		上限	6.16	
		5% 剪除后平均值	5.77	
		中位数	6.00	
		方差	4.326	
		标准偏差	2.080	
		最小值	1	
		最大值	9	
		范围	8	
		四分位距	4	
		偏度	-.179	.249
		峰度	-.931	.493

图 2.20 描述统计量

M 估计量

	性别	休伯 M 估计量[a]	图基双权[b]	汉佩尔 M 估计量[c]	安德鲁波[d]
整体信任度评价	男	5.47	5.47	5.46	5.47
	女	5.79	5.78	5.77	5.78

a. 加权常量为 1.339。
b. 加权常量为 4.685。
c. 加权常量为 1.700、3.400 和 8.500
d. 加权常量为 1.340*pi。

图 2.21 M 估计量

(4)百分位数

图 2.22 为百分位数统计指标。百分位数是一种位置指标,它将一组观察值分为两部分,如百分位数 5 代表的值就表示理论上有 5%的观察值比该值小,有 95%的观察值比该值大。从图 2.22 中可以看到分组后的各个百分位数。

百分位数

		性别	百分位数						
			5	10	25	50	75	90	95
加权平均(定义1)	整体信任度评价	男	2.00	3.00	4.00	6.00	7.00	8.00	8.65
		女	2.00	3.00	4.00	6.00	8.00	8.00	9.00
图基枢纽	整体信任度评价	男			4.00	6.00	7.00		
		女			4.00	6.00	8.00		

图 2.22 百分位数

(5)极值

图 2.23 给出了按性别分组列出的前 5 个最大值和最小值。

（6）正态分布的检验结果

图 2.24 为按性别分组的整体信任度评价的正态分布的检验结果。SPSS 对数据进行了柯尔莫戈洛夫-斯米诺夫(V)和夏皮洛-威尔克正态性检验，可以发现两组的显著性都很高（显著性列的值接近 0），说明两组数据的正态分布特征都非常显著。

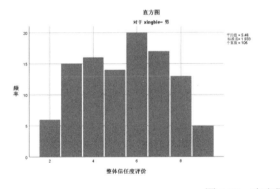

极值

	性别			个案号	值
整体信任度评价	男	最大值	1	25	9
			2	26	9
			3	37	9
			4	57	9
			5	139	9
		最小值	1	188	2
			2	168	2
			3	112	2
			4	98	2
			5	93	2[a]
	女	最大值	1	10	9
			2	39	9
			3	41	9
			4	49	9
			5	69	9[b]
		最小值	1	138	1
			2	143	2
			3	108	2
			4	107	2
			5	104	2[a]

a. 在较小极值的表中，仅显示了不完整的个案列表（这些个案的值为 2）。

b. 在较大极值的表中，仅显示了不完整的个案列表（这些个案的值为 9）。

图 2.23　极值

正态性检验

		柯尔莫戈洛夫-斯米诺夫(V)[a]			夏皮洛-威尔克		
	性别	统计	自由度	显著性	统计	自由度	显著性
整体信任度评价	男	.128	106	.000	.949	106	.000
	女	.133	94	.000	.947	94	.001

a. 里利氏显著性修正

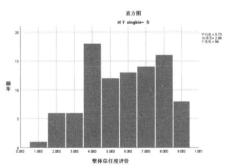

图 2.24　正态分布的检验结果

（7）直方图

按性别分组列出的直方图如图 2.25 所示。

图 2.25　直方图

（8）茎叶图

如图 2.26 所示是两组数据的茎叶图。从左往右分别是频率、茎、叶 3 部分。其中茎代表数值的整数部分，叶代表数值的小数部分，每个叶表示一个样本。例如性别为女、茎为 9 的叶片有 8 个（小数位数为 8），则表示值为 9 的频率是 8。

```
整体信任度评价 茎叶图:              整体信任度评价 茎叶图:
xingbie = 男                       xingbie = 女

频率      Stem & 叶              频率      Stem & 叶

 6.00    2 . 000000              1.00    1 . 0
  .00    2 .                     6.00    2 . 000000
15.00    3 . 000000000000000     6.00    3 . 000000
  .00    3 .                    18.00    4 . 000000000000000000
16.00    4 . 0000000000000000   12.00    5 . 000000000000
  .00    4 .                    13.00    6 . 0000000000000
14.00    5 . 00000000000000     14.00    7 . 00000000000000
  .00    5 .                    16.00    8 . 0000000000000000
20.00    6 . 00000000000000000000  8.00  9 . 00000000
  .00    6 .
17.00    7 . 00000000000000000
  .00    7 .
13.00    8 . 0000000000000
  .00    8 .
 5.00    9 . 00000

主干宽度:      1                 主干宽度:      1
每个叶:       1 个案              每个叶:       1 个案
```

图 2.26 茎叶图

（9）正态概率图

图 2.27 是按性别分组的整体信任评价的正态概率图，其中斜线表示正态分布的标准线，点表示实际数据的分布，各点越接近直线，则数据的分布越接近正态分布。本例中无论是男性还是女性的数据分布都接近直线，说明两组数据的正态分布特征非常明显。

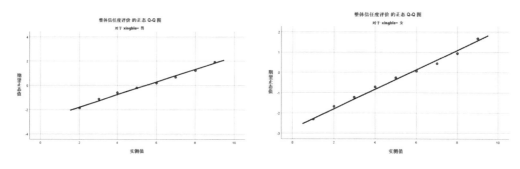

图 2.27 正态概率图

（10）去掉趋势的正态概率图

图 2.28 是按性别分组的整体信任度评价的去掉趋势的正态概率图。去掉趋势的正态概率图反映的是按正态分布计算的理论值和实际值之差（也就是残差）的分布情况。如果数据服从正态分布，数据点应该均匀地分布在中间标准线的上下。本例中，无论是男性还是女性的数据分布都比较均匀，同样说明两组数据的正态分布特征非常明显。

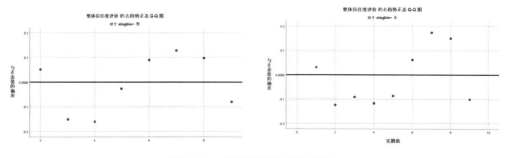

图 2.28 去掉趋势的正态概率图

(11) 箱图

图 2.29 给出了按性别分组的整体信任度评价的箱图。其中箱为四分位间距的范围，所谓四分位间距，就是百分位数 75 代表的值减去百分位数 25 代表的值。中间的粗线表示平均数，上面和下面的细线分别表示最大值和最小值。

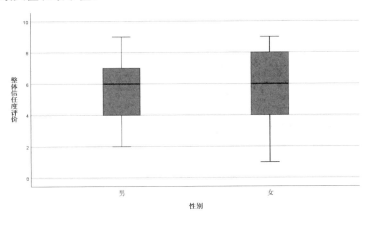

图 2.29　箱图

2.3.4　知识点总结与练习题

知识点总结：本节讲述了探索分析的 SPSS 操作，对涉及的窗口界面进行了深度解读。通过本节的学习，一方面要探索分析能够输出哪些统计量、统计图，并且能够较为连贯地对分析结果进行解读；另一方面要学会利用探索分析方法对分组数据进行正态检验。

练习题：继续使用数据 2.2，针对整体信任度评价按学历分组开展探索分析，得出分组展示的平均值、平均值的置信区间、中位数、方差、标准差、最小值、最大值、范围、偏度、峰度等统计量并进行分析，对分组数据进行正态检验，得出分组数据的直方图、茎叶图、正态概率图、去掉趋势的正态概率图、箱图。

2.4　交叉表分析

下载资源:\video\第 2 章\2.4
下载资源:\sample\数据 2.2

2.4.1　基本原理

交叉表分析是描述统计的一种，分析特色是将数据按照层变量、行变量、列变量进行描述统计，其分析结果是交叉表格，还可以对行变量、列变量进行相关性检验和度量。比如我们要针对体验结果分析高血脂和高血压情况，则可以使用交叉表分析方法将高血脂作为行变量、高血压作为列变量（当然，行列变量也可以互换），对所有被体检者生成二维交叉表格描述统计分析；如果我们想要在此基础上再按性别进行细化分析，则可以将性别作为层变量、高血脂作为行变量、高血压作为列变量，生成带有层变量的描述统计交叉表格。同时，还可以针对高血脂和高血压是否具有相关性进行度量和显著性检验。

2.4.2 操作演示与功能详解

本节继续使用数据 2.2。针对参与调查的客户性别、年龄与网购频次进行交叉表分析，操作演示与功能详解如下：

01 选择"分析"|"描述统计"|"交叉表"命令，弹出如图 2.30 所示的对话框。

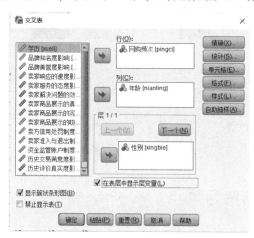

图 2.30 "交叉表"对话框

02 首先定义行变量，在对话框左侧的列表中选择"网购频次"并单击 按钮，使之进入右侧的"行"列表框。然后定义列变量，在对话框左侧的列表中选择"年龄"并单击 按钮，使之进入右侧的"列"列表框。接着定义层变量，在对话框左侧的列表中选择"性别"并单击 按钮，使之进入右侧的"层"列表框，选中下面的"在表层中显示层变量"复选框。最后选中"显示簇状条形图"复选框。

对话框深度解读

行变量最终生成交叉表格中的行，列变量最终生成交叉表格中的列。

层变量也称为控制变量，移入"层 1/1"框中，可以决定交叉表频数分布的层。用户可以选择多个层变量，通过"下一个"按钮依次移入，单击左边的"上一个"按钮可选择前面已经选定的变量，如果不选择层变量，则直接对全部数据形成一个包含行变量和列变量的交叉表。如果选择层变量，则将按照总计及各个分层变量的值分别输出交叉表。下面的"在表层中显示层变量"复选框来选择最终交叉表格的显示方式，具体情况将在结果解读部分详细解释。

对话框下面的"显示簇状条形图"将对每个层变量分类中每一个行变量和列变量的组合输出一张分簇的条形图。具体展示详见结果解读部分。

最后一行的"禁止显示表"，如果选择的话就会在结果中不显示交叉表，这里需要显示交叉表，因此不选该选项。

03 选择相关统计检验。单击"交叉表"对话框右侧的"统计"按钮,弹出如图 2.31 所示的"交叉表:统计"对话框,在该对话框中可以设置相关统计检验。选中"卡方""相关性"复选框,用于检验行变量"网购频次"和列变量"年龄"之间是否相关。

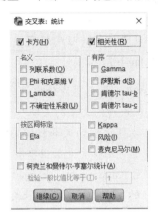

图 2.31 "交叉表:统计"对话框

对话框深度解读

"卡方"对行变量和列变量的相关性进行卡方检验,包括皮尔逊卡方检验、似然比检验、线性关联检验 3 种。对于具有任意行列数的表,皮尔逊卡方检验、似然比检验都是有意义的。当两个表变量都是定量变量时,卡方将产生线性关联检验。

"相关性"可以计算相关系数,用于检验行列两个变量的线性相关程度。对于行列都包含排序值的表,将生成斯皮尔曼相关系数;当行列两个变量都是定量变量时,将生成皮尔逊相关系数。斯皮尔曼相关系数和皮尔逊相关系数二者的取值都在-1(完全负相关)和+1(完全正相关)之间,如果取值为 0,则表示二者不存在线性相关关系。斯皮尔曼相关系数和皮尔逊相关系数二者的区别在于,斯皮尔曼相关系数是等级顺序之间的相关性测量,皮尔逊相关系数是变量之间的线性相关性测量。

"交叉表:统计"对话框左侧的"名义"选项组针对无序分类变量(如黄色、红色等):

- 列联系数:基于卡方统计量计算的相关性,取值严格大于 0、小于 1,如果这个系数的值接近 0 或接近 1,分别表示行、列变量之间无关联或高度关联,列联系数的大小与表中行列的数目有关。
- Phi 和克莱姆 V:基于卡方统计量计算的相关性,其中 Phi 系数的值等于卡方统计量除以样本数,然后取平方根。
- Lambda:反映用自变量值预测因变量值时的误差比率。Lambda 值为 1 时,意味着自变量的值可以很好地预测因变量的值;Lambda 值为 0 时,则表示自变量的值无助于预测因变量的值。
- 不确定性系数:反映当用一个变量值预测另一个变量值时的误差比率。

右侧的"有序"选项组用于处理有序分类变量(如不喜欢、比较喜欢、喜欢等):

- Gamma:即伽马系数,反映两个有序分类变量的对称相关性,其值在-1 与 1 之间,伽马系数绝对值接近 1 表明两个变量之间具有高度线性关系，接近 0 表明变量之间有较弱或无线性关系。
- 萨默斯：其作用与伽马系数基本相同，也反映两个有序分类变量的对称相关性。
- 肯德尔 tau-b：反映有序分类变量的非参数关联程度，其值在-1 与 1 之间，系数的符号反映相关方向，其绝对值越大，表明变量的相关程度越高。
- 肯德尔 tau-c：其作用与肯德尔 tau-b 基本相同。

"按区间标定"选项适用于行列变量中一个变量为分类变量（如性别），另一个变量为定量变量（如购物金额）的情形。Eta 系数反映行列变量的关联程度，其值在 0 与 1 之间，值越接近 1 表明变量的关联程度越高，越接近 0 表明变量的关联程度越低。

Kappa 用来检验两个模型对同一对象进行评估时是否具有相同的判断。其值为 1 表明二者判断完全相同，0 表明二者没有共同点。注意 Kappa 系数只用于两个变量有相等数量分类时的情形。

"风险"反映某因子的存在与某事件的发生之间关联性强度的测量。

麦克尼马尔用于两个相关二分变量的非参数检验。

"柯克兰和曼特尔-亨赛尔统计"用于检验二值因变量与二值自变量之间的条件独立性。

04 选择交叉表单元格中需要计算的指标，单击"交叉表"对话框右侧的"单元格"按钮，弹出如图 2.32 所示的对话框，在该对话框中可以设置相关输出内容。本例中我们在"计数"选项组中选中"实测"复选框，在"百分比"选项组中选择"总计"复选框。设置完毕后，单击"继续"按钮返回"交叉表"对话框。

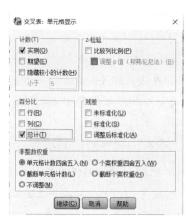

图 2.32 "交叉表：单元格显示"对话框

对话框深度解读

"计数"下可以选择列联表单元格中频数的显示格式，有以下 3 个选项。
- 实测：表示显示观测值频数，这是系统默认的选项。
- 期望：如果行、列变量在统计意义上相互独立或不相关，显示期望的或预测的观测值频数。
- 隐藏较小的计数：如果数值小于下方的框中所设置的值，则不予显示。

"百分比"用于选择列联表单元格中百分比的显示格式，各选项含义如下。

- 行：显示观测值数占该行观测值总数的百分比。
- 列：显示观测值数占该列观测值总数的百分比。
- 总计：显示观测值数占全部观测值总数的百分比。

"残差"用于选择列联表单元格中残差的显示格式，各选项含义如下。

- 未标准化：指的是单元格中的观测值与预测值之差。如果两个变量之间没有关系，那么期望值是期望在单元格中出现的个案数。如果行变量和列变量独立，那么正的残差表示单元格中的实际个案数多于期望的个案数。
- 标准化：标准化残差也称为皮尔逊残差，它的均值为 0，标准差为 1。
- 调整后标准化：指的是观测值与期望值之差除以标准误的估计值。生成的标准化残差表示为均值上下的标准差单位。

"非整数权重"：由于单元格计数表示每个单元格的例数，在一般情况下为整数，如果数据文件的加权变量含有小数，那么单元格计数也为小数，读者可在计算单元格之前或之后截去或舍入小数点后的数字，也可以在列联表中显示含小数的单元格计数并且参与统计量的计算。有如下 5 种方式。

- 单元格计数四舍五入：对单元格的累计权重进行四舍五入后才进行统计量的计算。
- 截断单元格计数：对单元格的累计权重进行舍位（截去小数点后的数字）后才进行统计量的计算。
- 个案权重四舍五入：在加权前对个案权重重新进行四舍五入。
- 截断个案权重：在加权前对个案权重重新进行舍位。
- 不调整：选择该项将会使个案权重及单元格计数均使用小数，然而若选择了精确概率统计量，则在计算精确概率检验统计量之前仍会对单元格的累计加权进行舍入或舍位。

05 最后选择行变量是升序排列还是降序排列。单击"交叉表格"对话框右侧的"格式"按钮，弹出如图 2.33 所示的对话框，在该对话框中可以设置行变量的排序方式。本例采用系统默认设置。

06 设置完毕后，单击"确定"按钮，等待输出结果。

图 2.33　"交叉表格：表格格式"对话框

2.4.3　结果分析

（1）个案处理摘要

图 2.34 为个案处理摘要，参与分析的样本个数为 200，没有缺失值。

个案处理摘要

	个案					
	有效		缺失		总计	
	N	百分比	N	百分比	N	百分比
网购频次 * 年龄 * 性别	200	100.0%	0	0.0%	200	100.0%

图 2.34　个案处理摘要

（2）交叉表

图 2.35 为交叉表分析的核心部分，即交叉表格。可以发现标题命名为网购频次*年龄*性别交叉表，网购频次为一年 5 次以下且年龄为 25 岁以下的样本有 5 个，在全部样本中占比为 2.5%。需要特别说明的是，因为我们当时在"交叉表"对话框中设置时，选中了下面的"在表层中显示层变量"复选框，其中的"性别：总计"选项是可以选择的，在结果输出窗口双击此处，则可出现如图 2.36 所示的样本为男性的交叉表。在这里我们可以按照"男""女""总计"分别生成交叉表。

网购频次 * 年龄 * 性别 交叉表

性别：总计

			年龄				总计
			25岁以下	25岁至35岁	35岁-45岁	45岁以上	
网购频次	一年5次以下	计数	5	8	17	15	45
		占总计的百分比	2.5%	4.0%	8.5%	7.5%	22.5%
	一年5次-10次	计数	8	13	13	15	49
		占总计的百分比	4.0%	6.5%	6.5%	7.5%	24.5%
	一年10次-20次	计数	17	11	9	9	46
		占总计的百分比	8.5%	5.5%	4.5%	4.5%	23.0%
	一年20次以上	计数	15	19	13	13	60
		占总计的百分比	7.5%	9.5%	6.5%	6.5%	30.0%
总计		计数	45	51	52	52	200
		占总计的百分比	22.5%	25.5%	26.0%	26.0%	100.0%

图 2.35　交叉表 1

网购频次 * 年龄 * 性别 交叉表

性别：男

			年龄				总计
			25岁以下	25岁至35岁	35岁-45岁	45岁以上	
网购频次	一年5次以下	计数	2	3	10	7	22
		占总计的百分比	1.9%	2.8%	9.4%	6.6%	20.8%
	一年5次-10次	计数	4	7	8	10	29
		占总计的百分比	3.8%	6.6%	7.5%	9.4%	27.4%
	一年10次-20次	计数	10	5	6	2	23
		占总计的百分比	9.4%	4.7%	5.7%	1.9%	21.7%
	一年20次以上	计数	5	12	6	9	32
		占总计的百分比	4.7%	11.3%	5.7%	8.5%	30.2%
总计		计数	21	27	30	28	106
		占总计的百分比	19.8%	25.5%	28.3%	26.4%	100.0%

图 2.36　交叉表 2

读者可以自行尝试在"交叉表"对话框中设置时不选中"在表层中显示层变量"复选框，观测一下两种设置情况下输出结果的区别。

（3）卡方检验结果

如图 2.37 所示，基于全体样本数据开展的卡方检验（看图中“总计”包括的行），皮尔逊卡方检验和似然比检验都接受了原假设，原假设是行列两个变量呈统计独立性，即网购频次变量和年龄变量之间是独立的，不存在相关性。

（4）相关性对称测量结果

因为我们在“交叉表：统计”对话框中选中了“相关性”复选框，所以生成了如图 2.38 所示的相关性对称测量结果。从结果中可以看出，基于全体样本数据（看图中“总计”包括的行）计算的皮尔逊相关系数为-0.204，斯皮尔曼相关系数为-0.201，渐进显著性水平均为 0.004，显著拒绝了行列变量存在相关关系的原假设，与卡方检验的结果一致。

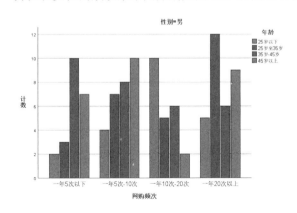

卡方检验

性别		值	自由度	渐进显著性（双侧）
男	皮尔逊卡方	18.856[b]	9	.026
	似然比	18.297	9	.032
	线性关联	3.646	1	.056
	有效个案数	106		
女	皮尔逊卡方	7.260[c]	9	.610
	似然比	7.781	9	.556
	线性关联	4.690	1	.030
	有效个案数	94		
总计	皮尔逊卡方	15.946[a]	9	.068
	似然比	15.785	9	.072
	线性关联	8.299	1	.004
	有效个案数	200		

a. 0 个单元格 (0.0%) 的期望计数小于 5。最小期望计数为 10.13。

b. 2 个单元格 (12.5%) 的期望计数小于 5。最小期望计数为 4.36。

c. 1 个单元格 (6.3%) 的期望计数小于 5。最小期望计数为 4.68。

图 2.37　卡方检验

对称测量

性别			值	渐近标准误差[a]	近似 T[b]	渐进显著性
男	区间到区间	皮尔逊 R	-.186	.091	-1.934	.056[c]
	有序到有序	斯皮尔曼相关性	-.184	.093	-1.909	.059[c]
	有效个案数		106			
女	区间到区间	皮尔逊 R	-.225	.096	-2.210	.030[c]
	有序到有序	斯皮尔曼相关性	-.225	.096	-2.214	.029[c]
	有效个案数		94			
总计	区间到区间	皮尔逊 R	-.204	.066	-2.935	.004[c]
	有序到有序	斯皮尔曼相关性	-.201	.067	-2.881	.004[c]
	有效个案数		200			

a. 未假定原假设。

b. 在假定原假设的情况下使用渐近标准误差。

c. 基于正态近似值。

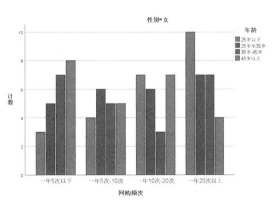

图 2.38　相关性对称测量结果

（5）簇状条形图

由于本例中我们把性别设置为层变量（控制变量），所以系统输出了按性别分类的簇状条形图，男性和女性的簇状条形图分别如图 2.39 和图 2.40 所示。

图 2.39　男性簇状条形图

图 2.40　女性簇状条形图

2.4.4 知识点总结与练习题

知识点总结：本节讲述了交叉表分析的 SPSS 操作，对涉及的窗口界面进行了深度解读。通过本节的学习，一方面要知晓交叉表分析的概念，能够输出哪些统计量、统计图，并且能够较为连贯地对分析结果进行解读；另一方面要学会运用交叉表分析方法对行变量、列变量之间的相关关系进行分析和检验，并且要做到充分考虑数据类型，选用正确的分析方法。

练习题：继续使用数据 2.2，针对参与调查的客户学历、年龄与网购频次进行交叉表分析。要求一是把网购频次作为行变量，把年龄作为列变量，把客户学历作为层变量，求出交叉表格并进行结果解读；二是运用卡方检验和相关性检验分析行变量和列变量之间的相关关系。

第 3 章

比较平均值分析

本章主要学习 SPSS 的比较平均值分析,包括平均值分析、单样本 T 检验、独立样本 T 检验、成对样本 T 检验、单因素 ANOVA 检验 5 种分析方法。如果样本数据只有一组,通常用到均值比较过程和单样本 T 检验;如果样本数据有两组且两组样本是随机独立的,则通常用到独立样本 T 检验;如果样本数据有两组且两组样本不是随机独立的,则通常用到成对样本 T 检验;如果样本数据有两组以上,则需要用到 ANOVA 检验。

本章教学要点:

- 清楚知晓 SPSS 的平均值分析、单样本 T 检验、独立样本 T 检验、成对样本 T 检验、单因素 ANOVA 检验 5 种分析方法的特色,并知晓每种方法的适用条件。
- 熟练掌握 SPSS 的均值分析、单样本 T 检验、独立样本 T 检验、成对样本 T 检验、单因素 ANOVA 检验的窗口功能,根据研究需要灵活进行窗口设置,开展比较平均值分析。
- 能够对各种比较平均值分析的结果进行解读,从中发现数据特征,得出研究结论。

3.1 平均值分析

下载资源:\video\第 3 章\3.1
下载资源:\sample\数据 3.1

3.1.1 基本原理

平均值分析的特色在于将因变量按因子变量分组输出均值及其他统计量,还可以获得单因素方差分析和相关性测量。

3.1.2 操作演示与功能详解

本节我们用于分析的数据是《中国 2019 年部分行业城镇私营单位就业人员平均工资》，数据摘编自《中国统计年鉴 2020》。SPSS 变量视图和数据视图分别如图 3.1 和图 3.2 所示。在变量视图中可以看到数据文件包括 3 个变量，分别是省市、行业和平均工资，其中针对行业变量进行值标签操作，用 1 表示制造业，2 表示批发和零售业，3 表示建筑业。

下面我们针对就业人员平均工资分行业维度开展平均值分析，并探索不同行业的平均工资是否存在显著不同，操作演示与功能详解如下：

01 打开数据 3.1，选择"分析"|"比较平均值"|"平均值"命令，弹出如图 3.3 所示的对话框。

02 选择进行平均值分析的变量。在"平均值"对话框的左侧列表框中选择"平均工资"并单击 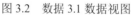 按钮，使之进入"因变量列表"列表框，选择"行业"并单击 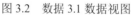 按钮，使之进入"层 1/1"列表框。

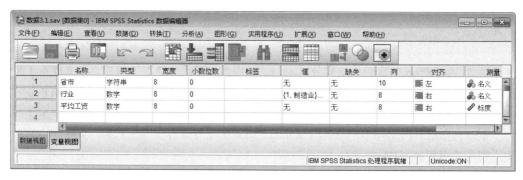

图 3.1 数据 3.1 变量视图

图 3.2 数据 3.1 数据视图

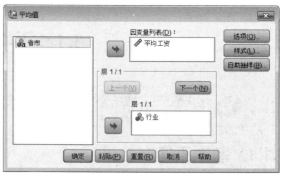

图 3.3 "平均值"对话框

对话框深度解读

- 因变量列表：该列表框中的变量为要进行均值比较的目标变量，一般为连续变量。比如本例中研究的是不同行业的平均工资是否存在显著不同，所以"平均工资"就是目标变量（因变量）。

- 层 1/1：该列表框中的变量为分组变量，也被称为因子或自变量。自变量为分类变量，其取值可以为数字，也可以为字符串。用户指定了一个自变量后，对话框中的"下一个"按钮就会被激活，此时单击该按钮可以在原分层基础上进一步再细分层次，也可以利用"上一个"按钮回到上一个层次。如果在层 1 中有一个自变量，层 2 中也有一个自变量，结果就显示为一个交叉的表，而不是对每个自变量显示一个独立的表。

03 选择输出相关描述统计量。单击"平均值"对话框右上角的"选项"按钮，弹出如图 3.4 所示的对话框，在该对话框中可以选择输出的单元格统计量。我们在"统计"列表框中依次选择"平均值""个案数""标准差"并单击 ➡ 按钮，使之进入"单元格统计"列表框，单击"继续"按钮返回"平均值"对话框。

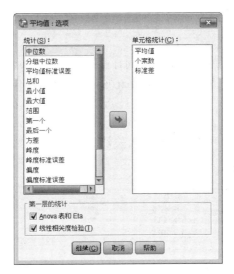

图 3.4 "平均值：选项"对话框

对话框深度解读

关于各统计量的基本概念不再赘述。针对"第一层的统计"选项组说明如下：

该选项组主要用于检验第一层自变量对因变量的影响是否显著，比如本例中检验的就是行业对于平均工资的影响是否显著。主要包括两个复选框："Anova 表和 Eta"复选框，表示对第一层自变量和因变量进行单因素方差分析，然后输出 Anova 表和 Eta 的值；"线性相关度检验"复选框，表示对各组平均数进行线性相关度检验，实际上是通过因变量的均值对自变量进行线性回归，并计算该回归的可决系数和线性度量，该检验仅在自变量有 3 个以上层次时才能进行。

04 设置完毕后，单击“确定”按钮，等待输出结果。

3.1.3 结果解读

1. 个案处理摘要

图 3.5 为个案处理摘要。参与分析的样本数为 90 个，没有被排除的样本。

2. 描述性分析报告

图 3.6 给出了描述性分析报告。该表展示了按行业分组的平均工资水平，比如制造业的平均工资为 48806.87，样本数为 30，标准差为 9543.969。

个案处理摘要

	个案					
	包括		排除		总计	
	个案数	百分比	个案数	百分比	个案数	百分比
平均工资 * 行业	90	100.0%	0	0.0%	90	100.0%

图 3.5　个案处理摘要

报告

平均工资

行业	平均值	个案数	标准 偏差
制造业	48806.87	30	9543.969
批发和零售业	44770.23	30	9199.320
建筑业	49812.07	30	7614.877
总计	47796.39	90	8997.243

图 3.6　描述性分析报告

3. 方差分析表

图 3.7 是方差分析表。从表中可以看出不同行业的平均工资水平差别不够显著（体现为组间显著性水平为 0.07，大于通常意义上的显著性 P 值 0.05，组间即代表不同分组，本例中为不同行业）。

4. 相关性测量

图 3.8 是相关性测量结果。可以看出有复相关系数 R、可决系数 R 方、Eta、Eta 平方。

ANOVA 表

			平方和	自由度	均方	F	显著性
平均工资 * 行业	组间	（组合）	427249190.7	2	213624595.3	2.742	.070
		线性相关度	15156405.60	1	15156405.60	.195	.660
		偏离线性度	412092785.1	1	412092785.1	5.290	.024
	组内		6777334679	87	77900398.61		
	总计		7204583869	89			

图 3.7　方差分析表

相关性测量

	R	R 方	Eta	Eta 平方
平均工资 * 行业	.046	.002	.244	.059

图 3.8　相关性测量

复相关系数是测量一个变量（因变量 Y）与其他多个变量（自变量 X_1、X_2……）之间线性相关程度的指标。

具体计算方式是先将因变量对自变量开展回归分析，求出回归方程，再根据各个自变量 X 的实际值和回归系数求出因变量的拟合值。

$$\hat{y} = \hat{\beta}_0 + \hat{\beta}_1 X_1 + \text{L} + \hat{\beta}_K X_k$$

然后计算因变量实际值与拟合值之间的简单相关系数，即为复相关系数。

$$R = \frac{\sum (y - \overline{y})(\hat{y} - \overline{y})}{\sqrt{\sum (y - \overline{y})^2 \sum (\hat{y} - \overline{y})^2}}$$

复相关系数的平方（即 R 方）被称为可决系数，也被称为拟合优度，用来衡量自变量对于因变量的解释程度或者说模型的解释能力，可决系数越大，模型的解释能力就越强。

$$R^2 = \frac{\left[\sum(y-\bar{y})(\hat{y}-\bar{y})\right]^2}{\sum(y-\bar{y})^2 \sum(\hat{y}-\bar{y})^2}$$

Eta 是指 Eta 系数，用于衡量分类变量与连续变量的相关性程度，以连续变量作为因变量 Y，分类变量作为自变量 X，Eta 系数介于 0~1，值越大，说明 X 无法解释 Y 差异的程度越小，也就说明变量之间的相关性越强。Eta 平方的概念是分类变量对连续变量的削减误差比例（PRE），或者说分类自变量对于连续因变量的解释力，或者说效应量。

本例中复相关系数 R 为 0.046，可决系数 R 方为 0.002，Eta 为 0.244，Eta 平方为 0.059。这些值都相对较小，说明行业分类与平均工资之间的相关性比较弱，或者说不同行业的平均工资水平差别不够显著。

3.1.4　知识点总结与练习题

知识点总结：本节讲述了平均值分析的 SPSS 操作，对涉及的窗口界面进行了深度解读。通过本节的学习，应该较为清晰地知晓平均值分析能够输出哪些统计量、统计图，并且能够较为连贯地对分析结果进行解读。

练习题：用于分析的数据是习题 3.1，数据为《中国 2019 年部分行业城镇私营单位就业人员平均工资》，数据摘编自《中国统计年鉴 2020》，与数据 3.1 的差别在于选取的行业不同。针对就业人员平均工资分行业维度（包括农、林、牧、渔业，电力、热力、燃气及水生产和供应业，交通运输、仓储和邮政业）开展平均值分析，并探索不同行业的平均工资是否存在显著不同。

3.2　单样本 T 检验

| 下载资源:\video\第 3 章\3.2 |
| 下载资源:\sample\数据 3.2 |

3.2.1　基本原理

单样本 T 检验的基本原理是将单个变量的样本平均值与特定值相比较，检验单个变量的均值是否与指定的常数不同。比如检验某个班高三学生的高考数学成绩均值是否显著为 125 分。"单样本 T 检验"一般要求数据服从正态分布，但是对于偏离正态性的数据也是相当稳健的。

3.2.2　操作演示与功能详解

本节我们用于分析的数据是《中国 2019 年主要城市平均气温统计》，数据摘编自《中国统计年鉴 2020》。SPSS 变量视图和数据视图分别如图 3.9 和图 3.10 所示。在变量视图中可以看到数据文件包括 14 个变量，分别是城市、一月~十二月和年平均。其中一月~十二月分别表示具体月份的平均气温，年平均表示全年的平均气温。

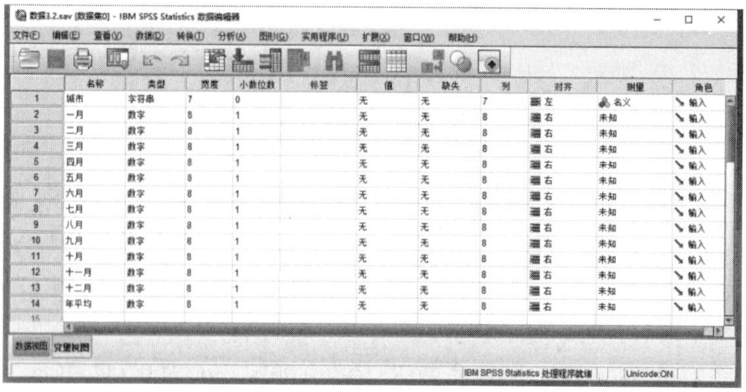

图 3.9　数据 3.2 变量视图

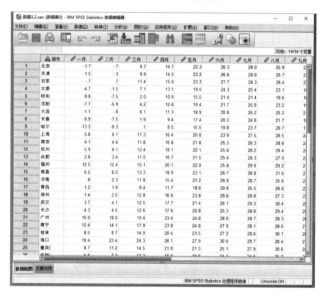

图 3.10　数据 3.2 数据视图

下面我们针对中国 2019 年主要城市平均气温开展单样本 T 检验，检验平均气温是否为 15 摄氏度，操作演示与功能详解如下：

01 打开数据 3.2，选择"分析"|"比较平均值"|"单样本 T 检验"命令，弹出如图 3.11 所示的对话框。

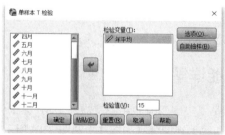

图 3.11　"单样本 T 检验"对话框

02 选择进行单样本 T 检验分析的变量。在"单样本 T 检验"对话框的左侧列表框中选择"年平均"并单击 ➡ 按钮，使之进入"检验变量"列表框。在"检验值"列表框中输入待检验的平均气温"15"。

03 设置置信区间和缺失值的处理方法。单击"单样本 T 检验"对话框中的"选项"按钮，弹出如图 3.12 所示的对话框。我们在"置信区间百分比"文本框中输入"95"，即设置显著性水平为 5%。在"缺失值"选项组中选中"按具体分析顺序排除个案"。设置完毕后，单击"继续"按钮返回"单样本 T 检验"对话框。

图 3.12 "单样本 T 检验：选项"对话框

对话框深度解读

"缺失值"选项组用于用户检验多个变量，并且一个或多个变量的数据缺失时，设置分析包含（或排除）哪些样本。

- 按具体分析排除个案：每个变量的 T 检验，均使用对于检验的该变量具有有效数据的全部样本，这种情况下参与分析的样本大小可能随 T 检验的不同而不同。
- 成列排除个案：每个变量的 T 检验，只使用对于在所有请求的 T 检验中使用的所有变量都具有有效数据的样本，这种情况下参与分析的样本大小在各个 T 检验之间恒定。

---

04 设置完毕后，单击"确定"按钮，等待输出结果。

3.2.3 结果解读

1. 单样本统计量

图 3.13 为单样本统计量结果。参与分析的样本数为 34 个，样本的平均值为 14.809，标准偏差为 4.9918，标准误差平均值为 0.8561。

2. 单样本 T 检验

图 3.14 给出了单样本 T 检验结果。T 值为 -0.223，自由度为 33，双侧检验显著性 P 值为 0.825，远远大于 0.05（对应 95% 的置信区间），说明显著接受了不存在差异的原假设，即年平均气温与 15 摄氏度之间没有什么显著不同。

图 3.13　单样本统计量　　　　　　图 3.14　单样本 T 检验

3.2.4　知识点总结与练习题

知识点总结：本节讲述了单样本 T 检验的 SPSS 操作，对涉及的窗口界面进行了深度解读。通过本节的学习，应该较为清晰地知晓单样本 T 检验分析适用于什么情况，并且能够较为连贯地对分析结果进行解读。

练习题：继续使用数据 3.2，针对中国 2019 年主要城市 6 月平均气温开展单样本 T 检验，检验平均气温是否为 15 摄氏度。

3.3　独立样本 T 检验

下载资源:\video\第 3 章\3.3
下载资源:\sample\数据 3.3

3.3.1　基本原理

独立样本 T 检验用于比较两组独立样本中某一变量的均值是否显著相同。该检验方法输出的结果是每组样本的描述统计量和莱文方差相等性检验，以及按相等方差和不等方差分组列示的 T 值、均值差分的 95%置信区间。

3.3.2　操作演示与功能详解

本节我们用于分析的数据是数据 3.3，记录的是不同性别的两组儿童在某次测试中的得分情况。SPSS 变量视图和数据视图分别如图 3.15 和图 3.16 所示。

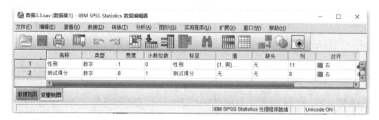

图 3.15　数据 3.3 变量视图

第 3 章　比较平均值分析 | 89

图 3.16　数据 3.3 数据视图

下面我们使用独立样本 T 检验方法检验不同性别儿童的测试得分是否存在显著不同，操作演示与功能详解如下：

01 打开数据 3.3，选择"分析"|"比较平均值"|"独立样本 T 检验"命令，弹出如图 3.17 所示的对话框。

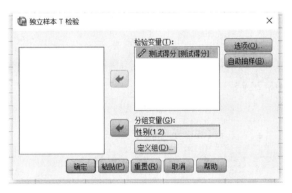

图 3.17　"独立样本 T 检验"对话框

02 选择进行独立样本 T 检验的变量。在"独立样本 T 检验"对话框的左侧列表框中选择"测试得分"并单击➡按钮，使之进入"检验变量"列表框。

03 选择分组变量。在"独立样本 T 检验"对话框的左侧列表框中选择"性别"并单击➡按钮，使之进入"分组变量"列表框。然后单击"定义组"按钮，弹出如图 3.18 所示的对话框。其中"组1""组 2"分别表示第一、二组类别变量的取值。我们在"组 1"中输入 1，在"组 2"中输入 2。

04 设置置信区间和缺失值的处理方法。单击"独立样本 T 检验"对话框中的"选项"按钮，弹出如图 3.19 所示的对话框。同样，在"置信区间百分比"文本框中输入"95"，即设置显著性水平为 5%。在"缺失值"选项组中选中"按具体分析顺序排除个案"，单击"继续"按钮，返回"独立样本 T 检验"对话框。

图 3.18　"定义组"对话框　　　　　图 3.19　"独立样本 T 检验：选项"对话框

对话框深度解读

"定义组"对话框包括两种选择，一是"使用指定的值"，二是"分割点"。

- 使用指定的值：如果分组变量是名义变量，在"组 1"中输入一个字符串，在"组 2"中输入另一个字符串，具有其他字符串的个案将从分析中排除；如果分组变量是连续变量，在"组 1"中输入一个值，在"组 2"中输入另一个值，具有任何其他值的个案将从分析中排除。
- 分割点：如果使用"分割点"设置，则需要输入一个分组变量的值，值小于分割点的样本组成一个组，值大于等于分割点的样本组成另一个组。

05 设置完毕后，单击"确定"按钮，等待输出结果。

3.3.3　结果解读

1. 组统计量

图 3.20 为组统计量结果。可以看出，参与分析的男、女两组样本数分别为 34 个，男、女两组样本的平均值分别为 26.003、24.132，标准偏差分别为 3.5155、3.4149，标准误差平均值分别为 0.6029、0.5857。

	性别	个案数	平均值	标准 偏差	标准 误差平均值
测试得分	男	34	26.003	3.5155	.6029
	女	34	24.132	3.4149	.5857

图 3.20　组统计量

2. 独立样本 T 检验

图 3.21 给出了独立样本 T 检验结果。其中左侧是莱文方差等同性检验，可以发现检验的显著性 P 值为 0.914，显著接受了等方差的原假设。在等方差情形下，平均值等同性 T 检验的双尾显著性水平为 0.029，显著拒绝了平均值等同的原假设，也就是说不同性别样本的测试得分有着显著不同。

图 3.21　独立样本 T 检验

3.3.4　知识点总结与练习题

知识点总结：本节讲述了独立样本 T 检验的 SPSS 操作，对涉及的窗口界面进行了深度解读。通过本节的学习，应该较为清晰地知晓独立样本 T 检验适用于什么情况，并且能够较为连贯地对分析结果进行解读。

练习题：使用习题 3.3 数据。该数据记录的是不同分组受试者的谷丙转氨酶数据，其中一组为服用了药物组，另一组为服用了安慰剂组，请使用独立样本 T 检验方法检验两组的均值是否有显著不同。

3.4　成对样本 T 检验

下载资源:\video\第 3 章\3.4
下载资源:\sample\数据 3.4

3.4.1　基本原理

成对样本 T 检验用来比较具有关联关系的两个变量的均值是否显著相同，比如针对某患者服药前后身体相关指标的变化等。检验原理是计算两个变量的值之差，并检验平均差值是否为 0。该检验方法输出的结果是检验变量的描述统计量、两个变量之间的相关性、配对差值的描述统计量、T 检验和 95% 置信区间。

3.4.2　操作演示与功能详解

本节我们用于分析的数据是同一组劳动者在培训前后分别参加绩效考核的成绩。SPSS 变量视图和数据视图分别如图 3.22 和图 3.23 所示。

图 3.22　数据 3.4 变量视图

下面我们使用成对样本 T 检验方法检验同一组劳动者在培训前后分别参加绩效考核的成绩是否存在显著不同，操作演示与功能详解如下：

01 打开数据 3.4，选择"分析"|"比较平均值"|"成对样本 T 检验"命令，弹出如图 3.24 所示的对话框。

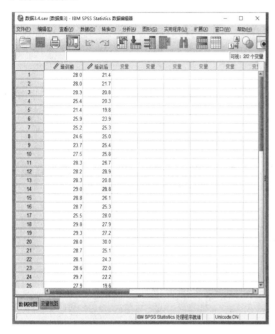

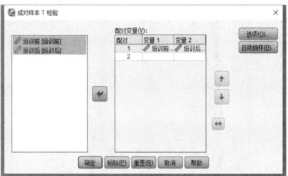

图 3.23　数据 3.4 数据视图　　　　　　图 3.24　"成对样本 T 检验"对话框

02 选择进行成对样本 T 检验的变量。在"成对样本 T 检验"对话框的左侧列表框中同时选中"培训前[培训前]"和"培训后[培训后]"并单击 按钮，使之进入"配对变量"列表框。

03 设置置信区间和缺失值的处理方法。单击"成对样本 T 检验"对话框中的"选项"按钮，弹出如图 3.25 所示的对话框。本例中采用系统默认设置即可，设置完毕后，单击"确定"按钮确认。

图 3.25　"成对样本 T 检验：选项"对话框

3.4.3　结果解读

1. 配对样本统计量

图 3.26 为配对样本统计量结果。可以看出，共有 30 个样本参与了分析，培训前后样本的平均值分别为 26.560、23.853，标准偏差分别为 3.0888、3.5182，标准误差平均值分别为 0.5639、0.6423。

2. 配对样本相关性

图 3.27 为配对样本相关性结果。可以看出，共有 30 个样本参与了分析，两组样本的相关系数为 0.420，显著性 P 值为 0.021，说明相关关系比较显著。

配对样本统计					
		平均值	个案数	标准 偏差	标准 误差平均值
配对 1	培训前	26.560	30	3.0888	.5639
	培训后	23.853	30	3.5182	.6423

配对样本相关性				
		个案数	相关性	显著性
配对 1	培训前 & 培训后	30	.420	.021

图 3.26 配对样本统计量　　　　图 3.27 配对样本相关性

3. 配对样本 T 检验

图 3.28 给出了配对样本 T 检验结果。从结果中可以看出配对差值的平均值、标准偏差、标准误差平均值以及差值 95% 的置信区间。最终配对样本 T 检验的显著性 P 值为 0.000，显著拒绝了差值为 0 的原假设，说明培训前后的考核成绩是有着显著差异的，结合"培训前-培训后"的平均值为 2.7067，说明培训后的考核成绩要显著低于培训前，培训起到的效果是负面的。

配对样本检验									
		配对差值							
		平均值	标准 偏差	标准 误差平均值	差值 95% 置信区间		t	自由度	Sig. (双尾)
					下限	上限			
配对 1	培训前 - 培训后	2.7067	3.5749	.6527	1.3718	4.0416	4.147	29	.000

图 3.28 配对样本 T 检验

3.4.4 知识点总结与练习题

知识点总结：本节讲述了成对样本 T 检验的 SPSS 操作，对涉及的窗口界面进行了深度解读。通过本节的学习，应该较为清晰地知晓配对样本 T 检验适用于什么情况，并且能够较为连贯地对分析结果进行解读。

练习题：使用习题 3.3 数据。该数据记录的是 25 名患者在服用一种药物前后身体健康指数的变化，请使用成对样本 T 检验方法检验该药物是否有效。

3.5 单因素 ANOVA 检验

下载资源:\video\第 3 章\3.5

下载资源:\sample\数据 3.5

3.5.1 基本原理

单因素 ANOVA 检验也就是单因素方差分析，用来检验多组变量的均值是否相等，本质上是前面介绍的两个独立样本 T 检验的拓展。单因素方差分析按照单因子变量（只有一个自变量）生成对单一定量因变量（因变量也只有一个）的方差分析，对数据的要求是因变量应为定量连续变量，自变量取值应为整数。单因素方差分析除了可以确定不同组变量之间的均值是否相等之外，还可以检验发现具体是哪些组之间存在显著差异，检验方法包括先验对比和两两比较检验，两种检验方法的差异在于先验对比是在试验开始前进行的检验，两两比较检验是在试验结束后进行的检验。

3.5.2 操作演示与功能详解

本节我们用于分析的数据是《中国历年农村居民按东、中、西部及东北地区分组的人均可支配收入统计（2013-2019）》，数据摘编自《中国统计年鉴 2020》。SPSS 变量视图和数据视图分别如图 3.29 和图 3.30 所示。在变量视图中可以看到数据文件包括 3 个变量，分别是年份、地区和人均可支配收入。其中针对地区变量进行值标签操作，1 表示东部地区，2 表示中部地区，3 表示西部地区，4 表示东北地区。

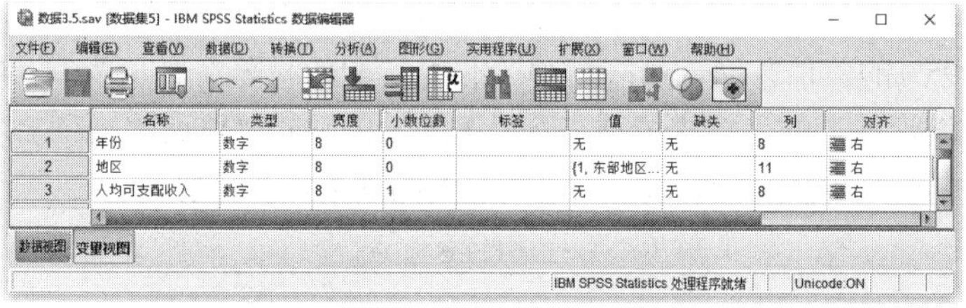

图 3.29　数据 3.5 变量视图

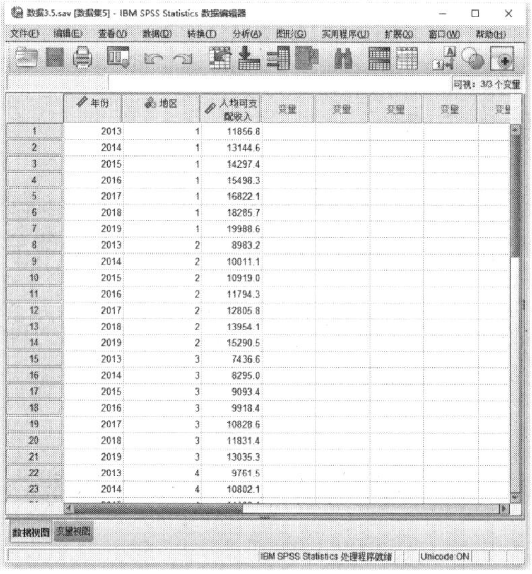

图 3.30　数据 3.5 数据视图

下面我们使用单因素 ANOVA 检验方法检验中国农村居民按东、中、西部及东北地区分组的人均可支配收入是否存在显著不同，操作演示与功能详解如下：

01 打开数据 3.5，选择"分析"|"比较平均值"|"单因素 ANOVA 检验"命令，弹出如图 3.31 所示的对话框。"因变量列表"列表框中的变量为要进行方差分析的目标变量，要求为连续数值变量。"因子"列表框中的变量为因子变量，又称自变量，也是分类变量，主要用来分组，取值可以为数字，也可以为字符串，但变量值应为整数，并且为有限个类别。本例中我们在"单因素 ANOVA

检验"对话框的左侧列表框中选择"人均可支配收入"并单击按钮，使之进入"因变量列表"列表框，选择"地区"并单击按钮，使之进入"因子"列表框。

02 设置先验对比检验，也就是在试验开始前进行的检验。单击"单因素 ANOVA 检验"对话框右上角的"对比"按钮，弹出如图 3.32 所示的对话框。本例中我们勾选"多项式"复选框，其他采用系统默认设置。

图 3.31 "单因素 ANOVA 检验"对话框　　图 3.32 "单因素 ANOVA：对比"对话框

对话框深度解读

在"单因素 ANOVA：对比"对话框中，用户可以开展趋势检验，也可以开展先验对比检验。

- 趋势检验：趋势检验针对因子变量（控制变量）为定序变量时的情形（本例中不满足这一条件，各个地区之间不存在明确顺序），判断因变量随因子变量（控制变量）的变化趋势，比如是线性变化还是一阶、二阶变化等。如果用户想开展趋势检验，则勾选"多项式"复选框，并且在后面的"度"下拉菜单中选择多项式的阶数，可以选择的阶次包括线性、二次、三次、四次、五次，多项式的阶数需要由读者自己根据研究的需要选择。系统将在输出中给出指定阶次和低于指定阶次的各阶的平方和分解结果以及各阶次的自由度、F 值和 F 检验的概率值。

- 先验对比检验：事先指定各均值的系数，再对其线性组合进行检验。比如我们针对 $X1$、$X2$、$X3$、$X4$ 四个变量指定一组系数（0.7，0.3，-0.5，-0.5），则系统将会对（$0.7*X1+0.3*X2$）和（$0.5*X3+0.5*X4$）两者的均值进行检验。

指定系数的具体操作为：首先在"系数"框中输入一个系数，单击"添加"按钮，则"系数"框中的系数进入下面的大方框中。然后按照同样的操作方式依次输入其他各组均值的系数，因子变量有几个分组，就输入几个系数，最终在方形框中形成一列系数。注意，不参与比较的分组系数应该为 0。通常情况下，设置的各系数的和应为 0，如果系数和不是 0，也可以使用，但是会出现一条警告消息。一组系数输入结束后，激活"下一页"按钮，单击该按钮后"系数"框被清空，准备接收下一组系数数据。最多可以输入 10 组系数，如果认为前面输入的几组系数有误，可视情况单击"上一页"或"下一页"按钮找出具体项进行更改，并单击"更改"按钮确认。

03 设置事后多重比较方法。单因素方差分析的基本分析只能判断自变量是否对因变量产生了显著影响，如果自变量确实对因变量产生了显著影响，那么还应该进一步确定自变量的不同水平对因变量的影响程度，包括哪个水平的作用是显著的，哪个水平的作用是不显著的，等等。单击"单因素 ANOVA 检验"对话框右上角的"事后比较"按钮，弹出如图 3.33 所示的对话框。"假定等方差"选项组提供了 14 种方法，"不假定等方差"选项组提供了 4 种方法，各种方法各有优劣，具体统计量的计算公式可参阅相关统计学教材。本例中我们在"假定等方差"选项组选择最为常用的"LSD"，在"不假定等方差"选项组选择"塔姆黑尼 T2"。

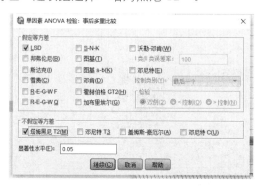

图 3.33 "单因素 ANOVA 检验：两两比较"对话框

04 定义相关统计选项以及缺失值处理方法。单击"单因素 ANOVA 检验"对话框右侧的"选项"按钮，弹出如图 3.34 所示的对话框。我们在"统计"选项组中选中"描述""方差齐性检验""布朗-福塞斯""韦尔奇"复选框，然后选中"平均值图"复选框，对"缺失值"选项组采用系统默认设置。设置完毕后，单击"继续"按钮返回"单因素方差分析"对话框。设置完毕后，单击"确定"按钮确认。

图 3.34 "单因素 ANOVA 检验：选项"对话框

对话框深度解读

- "统计"选项组可以设置需要输出的统计量：
  - 描述：计算并输出各组中每个因变量的个案数、平均值、标准偏差、标准错误、最小值、最大值、95％置信区间。
  - 固定和随机效应：输出固定效应模型的标准偏差、标准错误和95％置信区间，以及随机效应模型的标准错误、95％置信区间和方差成分间估测值。
  - 方差齐性检验：使用莱文统计量进行方差齐性检验。

> 平均值相等性稳健检验：包括布朗-福塞斯统计量和韦尔奇统计量，检验各组平均值是否显著相等，当不能确定方差齐性假设时，该统计量优于 F 统计量。
- "平均值图"：绘制平均值分布图，反映因变量随自变量分组的均值分布情况。

3.5.3 结果解读

1. 描述统计量

图 3.35 为描述统计量结果，按东、中、西部和东北地区以及总计分别展示了参与分析的样本个数、平均值、标准偏差、标准错误、平均值的 95%的置信区间、最小值、最大值等统计量。

描述

人均可支配收入

		个案数	平均值	标准 偏差	标准 错误	平均值的 95% 置信区间		最小值	最大值	成分间方差
						下限	上限			
东部地区		7	15699.071	2876.4927	1087.2121	13038.759	18359.383	11856.8	19988.6	
中部地区		7	11965.429	2219.4039	838.8558	9912.822	14018.035	8983.2	15290.5	
西部地区		7	10062.671	1980.4369	748.5348	8231.073	11894.270	7436.6	13035.3	
东北地区		7	12411.600	1933.7294	730.8810	10623.199	14200.001	9761.5	15356.7	
总计		28	12534.693	2983.9831	563.9198	11377.625	13691.761	7436.6	19988.6	
模型	固定效应			2283.7143	431.5814	11643.953	13425.433			
	随机效应				1171.3025	8807.085	16262.300			4742748.309

图 3.35 描述统计量

2. 方差齐性检验

图 3.36 为方差齐性检验结果。基于平均值、中位数、中位数并具有调整后自由度、剪除后平均值 4 种方法进行方差齐性检验，显著性 P 值分别为 0.613、0.654、0.655、0.618，都远远大于通常意义上的显著性 P 值 0.05，所以非常显著地接受了方差齐性的原假设。

方差齐性检验

		莱文统计	自由度 1	自由度 2	显著性
人均可支配收入	基于平均值	.613	3	24	.613
	基于中位数	.548	3	24	.654
	基于中位数并具有调整后自由度	.548	3	21.589	.655
	基于剪除后平均值	.606	3	24	.618

图 3.36 方差齐性检验

3. 方差分析结果

图 3.37 给出了方差分析结果。方差分析的基本原理是将因变量差异分为组间差异和组内差异，分别计算组间平方和和组内平方和，组间差异表示的是由于自变量分组带来的差异，组内差异则是由于同一自变量分组内部随机因素造成的差异，组间差异才衡量自变量对于因变量的影响关系。从结果中可以看出，本例中方差检验的 F 值为 7.366，显著性 P 值为 0.001，组间影响是非常显著的，或者说不同地区的人均可支配收入有着显著不同。

4. 平均值相等性稳健检验

图 3.38 给出了平均值相等性稳健检验结果。与方差分析使用 F 检验不同，平均值相等性稳健检

验使用的是渐近 F 分布，韦尔奇检验和布朗-福塞斯检验的显著性 P 值分别是 0.010 和 0.000，非常显著地拒绝了原假设（原假设为差异不显著），也就是说不同地区的人均可支配收入有着显著不同，与方差分析的结论一致。

ANOVA

人均可支配收入

	平方和	自由度	均方	F	显著性
组间	115243767.6	3	38414589.19	7.366	.001
组内	125168424.6	24	5215351.023		
总计	240412192.1	27			

图 3.37 方差分析结果

平均值相等性稳健检验

人均可支配收入

	统计[a]	自由度1	自由度2	显著性
韦尔奇	5.622	3	13.224	.010
布朗-福塞斯	7.366	3	21.387	.001

a. 渐近 F 分布。

图 3.38 平均值相等性稳健检验

5. 多重比较结果

图 3.39 给出了多重比较结果。多重比较结果包括等方差假设下的 LSD 法和不等方差假设下的塔姆黑尼 T2 法。根据前面的方差齐性检验结果，由于方差是齐性（等方差）的，所以我们只分析 LSD 法即可。可以看到东部地区与中部地区、西部地区、东北地区的人均可支配收入差异都非常显著（显著性 P 值分别为 0.005、0.000、0.013），中部地区的人均可支配收入只有与东部地区有显著差异（显著性 P 值为 0.005），与西部地区（显著性 P 值为 0.132）、东北地区（显著性 P 值为 0.718）没有显著差异；西部地区的人均可支配收入也是只与东部地区有显著差异（显著性 P 值为 0.000），与中部地区（显著性 P 值为 0.132）、东北地区（显著性 P 值为 0.066）没有显著差异；东北地区的人均可支配收入也是只与东部地区有显著差异（显著性 P 值为 0.013），与中部地区（显著性 P 值为 0.718）、西部地区（显著性 P 值为 0.066）没有显著差异。

多重比较

因变量：人均可支配收入

	(I) 地区	(J) 地区	平均值差值 (I-J)	标准 错误	显著性	95% 置信区间 下限	95% 置信区间 上限
LSD	东部地区	中部地区	3733.6429*	1220.6966	.005	1214.249	6253.037
		西部地区	5636.4000*	1220.6966	.000	3117.006	8155.794
		东北地区	3287.4714*	1220.6966	.013	768.077	5806.865
	中部地区	东部地区	-3733.6429*	1220.6966	.005	-6253.037	-1214.249
		西部地区	1902.7571	1220.6966	.132	-616.637	4422.151
		东北地区	-446.1714	1220.6966	.718	-2965.565	2073.223
	西部地区	东部地区	-5636.4000*	1220.6966	.000	-8155.794	-3117.006
		中部地区	-1902.7571	1220.6966	.132	-4422.151	616.637
		东北地区	-2348.9286	1220.6966	.066	-4868.323	170.465
	东北地区	东部地区	-3287.4714*	1220.6966	.013	-5806.865	-768.077
		中部地区	446.1714	1220.6966	.718	-2073.223	2965.565
		西部地区	2348.9286	1220.6966	.066	-170.465	4868.323
塔姆黑尼	东部地区	中部地区	3733.6429	1373.2113	.112	-633.108	8100.394
		西部地区	5636.4000*	1319.9751	.008	1387.872	9884.928
		东北地区	3287.4714	1310.0447	.167	-941.450	7516.393
	中部地区	东部地区	-3733.6429	1373.2113	.112	-8100.394	633.108
		西部地区	1902.7571	1124.2702	.525	-1637.468	5442.982
		东北地区	-446.1714	1112.5944	.999	-3953.547	3061.204
	西部地区	东部地区	-5636.4000*	1319.9751	.008	-9884.928	-1387.872
		中部地区	-1902.7571	1124.2702	.525	-5442.982	1637.468
		东北地区	-2348.9286	1046.1794	.238	-5635.574	937.717
	东北地区	东部地区	-3287.4714	1310.0447	.167	-7516.393	941.450
		中部地区	446.1714	1112.5944	.999	-3061.204	3953.547
		西部地区	2348.9286	1046.1794	.238	-937.717	5635.574

*. 平均值差值的显著性水平为 0.05。

图 3.39 多重比较结果

6. 平均值图

图 3.40 给出了平均值图。从结果中可以比较直观地看出 4 个地区的人均可支配收入平均值对比情况。可以看到东部地区的人均可支配收入平均值明显偏高，西部地区的人均可支配收入平均值明显偏低，中部地区和东北地区没有明显差异。但是正如前面的多重比较分析结果，西部地区与中部地区、东北地区在平均值图中的差异基于 5%的显著性水平并不显著。

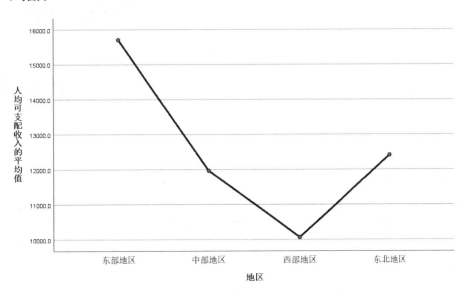

图 3.40　平均值图

3.5.4　知识点总结与练习题

知识点总结：本节讲述了单因素 ANOVA 检验的 SPSS 操作，对涉及的窗口界面进行了深度解读。通过本节的学习，应该较为清晰地知晓单因素 ANOVA 检验适用于什么情况，并且能够较为连贯地对分析结果进行解读。

练习题：习题 3.4 数据记录的是某公司山东、河南、浙江、江苏 4 个省份 2020 年的销售额，请使用单因素 ANOVA 检验方法检验不同省份的销售额是否存在显著不同。

第 4 章

非参数检验

本章主要学习 SPSS 的非参数检验，包括卡方检验、二项检验、游程检验、单样本 K-S 检验、两个独立样本检验、两个相关样本检验、K 个独立样本检验、K 个相关样本检验 8 种分析方法。上一章中介绍的各类 T 检验方法本质上都是参数检验，参数检验一般假设统计总体的具体分布为已知，但是我们往往会遇到一些总体分布不能用有限个实参数来描述或者不考虑被研究对象为何种分布，以及无法合理假设总体分布等情形，这时就需要放弃对总体分布参数的依赖，去寻求更多的来自样本的信息，基于这种思路的统计检验方法被称为非参数检验。

本章教学要点：

- 清楚知晓卡方检验、二项检验、游程检验、单样本 K-S 检验、两个独立样本检验、两个相关样本检验、K 个独立样本检验、K 个相关样本检验 8 种分析方法的特色，知晓每种方法的适用条件。
- 熟练掌握卡方检验、二项检验、游程检验、单样本 K-S 检验、两个独立样本检验、两个相关样本检验、K 个独立样本检验、K 个相关样本检验的窗口功能，根据研究需要灵活进行窗口设置，开展非参数检验。
- 能够对各种比较非参数检验的结果进行解读，从中发现数据特征，得出研究结论。

4.1 卡方检验

下载资源:\video\第 4 章\4.1
下载资源:\sample\数据 2.2

4.1.1 基本原理

卡方检验的基本原理是通过样本的频数分布来推断总体是否服从某种理论分布。这种检验过程是通过分析实际频数与理论频数之间的差别或者说吻合程度来完成的,该检验可以将一个变量以表格形式列在不同的类别中,检验所有类别是否包含相同比例的值,或检验每个类别是否包含用户指定比例的值。比如卡方检验可用于确定一盒积木是否包含相等比例的三角形、长方形、正方形、圆形,也可以检验一盒积木是否包含35%三角形、35%长方形、15%正方形、15%圆形。

卡方检验的原假设是:样本所属总体的分布与理论分布之间不存在显著差异。卡方检验的检验统计量公式为:

$$\chi^2 = \sum_{i=1}^{k} \frac{(M_{oi} - M_{ei})^2}{M_{ei}}$$

在公式中,χ^2统计量在大样本条件下渐进服从自由度为$k-1$的卡方分布,M_{oi}表示观测频数,M_{ei}表示理论频数。χ^2统计量越小,表示观测频数与理论频数越接近,如果小于由显著性水平和自由度确定的临界值,则认为样本所属的总体分布与理论分布无显著差异。

4.1.2 操作演示与功能详解

本节我们用于分析的数据是第2章介绍的数据2.2,即某研究通过调查问卷获取的C2C电子商务顾客信任影响因素数据。下面我们针对参与调查的样本年龄结构开展卡方检验,探索样本年龄分布是否均匀(各年龄段人数是否大致相等),操作演示与功能详解如下:

01 打开数据2.2,选择"分析"|"非参数检验"|"旧对话框"|"卡方"命令,弹出如图4.1所示的对话框。因为本例检验的是年龄分布,所以在"卡方检验"对话框的左侧列表框中选择"年龄"并单击 ➡ 按钮,使之进入"检验变量列表"列表框,在"期望范围"选项组中选中"从数据中获取"单选按钮,在"期望值"选项组中选中"所有类别相等"单选按钮。

图4.1 "卡方检验"对话框

对话框深度解读

- 期望范围:如果选择"从数据中获取",则系统将为检验变量的每个不同的值均定义一个类别。如果选择"使用指定范围",并在"下限"和"上限"文本框中输入整数值,则系统仅为上下限范围内的每个整数值建立类别,并在执行检验时排除不在上下限范围内的样本。以本例进行说明，如果指定下限值为 2，上限值为 3，则对卡方检验仅使用 2 和 3 的整数值，针对年龄段为 2 和 3 进行分析，检验两个年龄段的样本数是否相等。

- 期望值：如果选择"所有类别相等"，则卡方检验的是所有类别都具有相等的期望值，即是否服从均匀分布。如果选择"值"，则卡方检验将检验用户指定的比例，比如本例中如果输入一组值（1,2,3,4），则系统将检验 1~4 四个年龄段的样本占比是否分别为 1/10、2/10、3/10、4/10。具体操作方式是，在"值"文本框中输入一个大于 0 的值，然后单击"添加"按钮，每次添加值时，该值就会出现在值列表的底部。注意值的顺序很重要，该顺序与检验变量的类别值的升序相对应，即列表中的第一个值与检验变量的最低组值（本例中为 1）相对应，而列表中的最后一个值与最高值（本例中为 4）相对应，系统将对值列表框中的所有值进行求和（本例中为 1+2+3+4=10），然后每个值除以该和，就是相应类别中所期望的样本占比。

02 单击"卡方检验"对话框中的"选项"按钮，弹出如图 4.2 所示的对话框。我们在"统计"选项组中选中"描述"复选框，也就是输出变量的描述性统计量，包括平均值、标准偏差、最小值、最大值、非缺失样本个数，选中"四分位数"复选框，也就是输出变量对应第 25 个、第 50 个和第 75 个百分位数的值。"缺失值"选项组采用系统默认设置，相关选项的含义不再赘述。设置完毕后，单击"继续"按钮返回"卡方检验"对话框，并单击"确定"按钮确认。

图 4.2 "卡方检验：选项"对话框

4.1.3 结果解读

1. 描述统计结果

图 4.3 为描述统计结果。参与分析的非缺失样本数为 200 个，平均值为 2.58，标准偏差为 1.106，最小值为 1，最大值为 4，年龄变量第 25 个、第 50 个、第 75 个百分位数的值分别为 2、3、4。

2. 卡方检验结果

图 4.4 是卡方检验结果，从图中上半部分的"频率"结果中可以看出 4 个年龄组的实际样本数、期望样本数以及两者之间的差；从图中下半部分的"检验统计"结果中可以看出卡方统计量、自由度以及渐近显著性 P 值，可以看到渐近显著性 P 值为 0.878，远远大于通常意义上的显著性水平 0.05，所以非常显著地接受了原假设，即不同年龄组的样本个数并不存在显著不同，从年龄维度来看，参与调查的样本是均匀的。

| | 图 4.3 描述统计结果 | | 图 4.4 卡方检验结果 |

4.1.4 知识点总结与练习题

知识点总结：本节讲述了卡方检验的 SPSS 操作，对涉及的窗口界面进行了深度解读。通过本节的学习，应该较为清晰地知晓卡方检验的适用情形，并且能够较为连贯地对分析结果进行解读。

练习题：用于分析的数据还是数据 2.2，请针对参与调查的样本网购频次结构开展卡方检验，探索样本网购频次分布是否均匀（各网购频次人数是否大致相等）。

4.2 二项检验

下载资源:\video\第 4 章\4.2
下载资源:\sample\数据 2.2

4.2.1 基本原理

二项检验是用于检验样本是否来自二项分布总体的一种检验方法，基本原理是检验二分类变量的两个类别的实际频率与指定概率参数的二项分布下的期望频率是否相同。二分变量是只能取两个值的变量，比如是或否、0 或 1 等。SPSS 默认把数据集中遇到的第一个值定义为第一组，另一个值定义为第二组。如果参与分析的变量不是二分变量，则用户需要指定分割点。通过设置分割点的方式将具有小于或等于分割点的值的样本分到第一组，其他样本分到第二组。

4.2.2 操作演示与功能详解

本节我们继续使用数据 2.2。下面针对 C2C 电子商务顾客整体信任度开展二项检验。检验信任程度在 5 分以上的样本是否占比为 50%，操作演示与功能详解如下：

01 打开数据 2.2，选择"分析"|"非参数检验"|"旧对话框"|"二项"命令，弹出如图 4.5 所示的对话框。因为本例检验的是整体信任度评价，所以在"二项检验"对话框的左侧列表框中选择"整体信任度评价"并单击 ▶ 按钮，使之进入"检验变量列表"列表框。在"二项检验"对话框的"定义二分法"选项组中，选中"分割点"单选按钮，并在后面的文本框中输入"5"，在"检验比例"文本框中输入"0.50"。

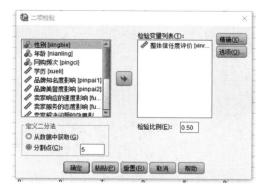

图 4.5 "二项检验"对话框

对话框深度解读

- 定义二分法：只有检验变量存在两种取值时才可以选择"从数据中获取"，并且 SPSS 默认在数据集中遇到的第一个值定义为第一组，另一个值定义为第二组。如本例，由于检验变量有 1~9 多种取值，所以不能选择此选项，如果选择，则系统会提示"存在两个以上用于整体信任度评价的值，无法计算二项检验"。"分割点"选项适用于本例，本例指定分割点 5 后，小于或等于 5 的值的样本将分到第一组，其他样本分到第二组。
- 检验比例：用于设置检验概率，系统默认为 0.5，即均匀分布，用户可根据研究需要在其中输入合适的值。需要注意的是，此处设定的检验比例是针对第一组的。

---

02 关于"精确"和"选项"两个按钮设置与卡方检验类似，在此不再讲解。最后单击"确定"按钮确认。

4.2.3 结果解读

图 4.6 为二项检验结果。组 1 为小于等于 5 的样本组，共有 84 个样本，在全部样本中的实际占比为 0.47，设定的检验比例为 0.50，双尾精确显著性 P 值为 0.437，远大于 0.05，说明显著接受了原假设，即组 1 的实测比例与检验比例并无显著不同，或者说信任程度在 5 分以上的样本占比为 50% 这一假设检验被通过了。

二项检验

		类别	个案数	实测比例	检验比例	精确显著性（双尾）
整体信任度评价	组 1	<= 5	94	.47	.50	.437
	组 2	> 5	106	.53		
	总计		200	1.00		

图 4.6 二项检验

4.2.4 知识点总结与练习题

知识点总结：本节讲述了二项检验的 SPSS 操作，对涉及的窗口界面进行了深度解读。通过本节的学习，应该较为清晰地知晓二项检验适用于什么情况，并且能够较为连贯地对分析结果进行解读。

练习题：继续使用数据 2.2，针对卖家响应的速度影响（fuwu1）开展二项检验，检验卖家响应的速度影响评价在 4 分以上的样本是否占比为 60%。

4.3 游程检验

	下载资源:\video\第 4 章\4.3
	下载资源:\sample\数据 4.1

4.3.1 基本原理

游程检验是为了检验某一变量的取值是否随机，以判断相关调查研究的可信性。如果序列是随机序列，那么游程的总数应当不太多，也不太少，游程过多或过少均可以认为相应变量值的出现并不是随机的。

4.3.2 操作演示与功能详解

本节我们用于分析的数据是数据 4.1，记录的是某公司 170 天的饮料销售量情况。SPSS 数据视图如图 4.7 所示。

下面我们使用游程检验方法检验该公司饮料销售量是否为随机，操作演示与功能详解如下：

01 打开数据 4.1，选择"分析"|"非参数检验"|"旧对话框"|"游程"命令，弹出如图 4.8 所示的对话框。在"游程检验"对话框的左侧列表框中选择"饮料销售量"并单击 按钮，使之进入"检验变量列表"列表框。在"游程检验"对话框内的"分割点"选项组中，选中"中位数""众数""平均值"选项。

图 4.7 数据 4.1 数据视图

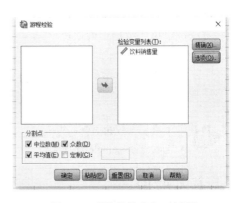

图 4.8 "游程检验"对话框

> **对话框深度解读**
>
> **分割点**：用户指定一个分割点以分割检验变量各观测样本，小于分割点的样本观测值被分配到一组，大于或等于分割点的样本观测值分配到另一组。用户可以使用检验变量数据的平均值、中位数或众数作为分割点，也可以使用指定的值作为分割点。如果用户有多个选择，系统将为用户每个选择的分割点都执行一次游程检验。

02 关于"精确"和"选项"两个按钮的设置与卡方检验类似，在此不再讲解。最后单击"确定"按钮确认。

4.3.3 结果解读

图4.9为分别使用中位数、平均值和众数作为分割点的游程检验的结果。可以发现所有游程检验的双尾渐近显著性P值均为0.000，都非常显著地拒绝了原假设，也就是说该公司的饮料销售量不是随机的。

	游程检验	游程检验 2	游程检验 3
	饮料销售量	饮料销售量	饮料销售量
检验值[a]	25.5	24.748	28.3
个案数 < 检验值	85	71	132
个案数 >= 检验值	85	99	38
总个案数	170	170	170
游程数	37	41	39
Z	-7.539	-6.753	-4.669
渐近显著性（双尾）	.000	.000	.000
	a. 中位数	a. 平均值	a. 众数

图 4.9 游程检验结果

4.3.4 知识点总结与练习题

知识点总结：本节讲述了游程检验的 SPSS 操作，对涉及的窗口界面进行了深度解读。通过本节的学习，应该较为清晰地知晓游程检验适用于什么情况，并且能够较为连贯地对分析结果进行解读。

练习题：使用习题 4.1 数据。该数据记录的是某牛奶商一定时期每天的牛奶产量数据，请使用游程检验方法检验该产量是否为随机。

4.4 单样本 K-S 检验

下载资源:\video\第 4 章\4.4
下载资源:\sample\数据 4.1

4.4.1 基本原理

单样本 K-S 检验的基本功能是判断一组样本观测结果的经验分布是否服从特定的理论分布，该理论分布可以是正态分布、均匀分布、泊松分布或指数分布。这种检验过程通过将变量的观察累积分布函数与指定的理论分布进行比较（计算观察累积分布函数和理论累积分布函数之间的最大差分）来实现。

4.4.2 操作演示与功能详解

本节继续使用数据 4.1，使用单样本 K-S 检验方法判断数据的分布特征，操作演示与功能详解如下：

01 打开数据 4.1，选择"分析"|"非参数检验"|"旧对话框"|"单样本 K-S"命令，弹出如图 4.10 所示的"单样本柯尔莫戈洛夫-斯米诺夫检验"对话框。在该对话框的左侧列表框中选择"饮料销售量"并单击 ➡ 按钮，使之进入"检验变量列表"列表框。在该对话框的"检验分布"选项组中选中"正态""均匀""泊松""指数"复选框。

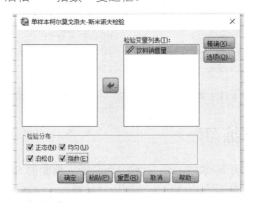

图 4.10 "单样本柯尔莫戈洛夫-斯米诺夫检验"对话框

对话框深度解读

检验分布：用户选择相关检验分布选项以判断检验变量是否服从相应的分布特征。检验分布选项包括正态分布、均匀分布、泊松分布和指数分布。如果用户有多个选择，系统将为用户选择的每种检验分布选项都执行一次单样本柯尔莫戈洛夫-斯米诺夫检验。

---

02 关于"精确"和"选项"两个按钮的设置与卡方检验类似，在此不再讲解。最后单击"确定"按钮确认。

4.4.3 结果解读

图 4.11 为分别指定正态分布、均匀分布、泊松分布和指数分布选项执行单样本柯尔莫戈洛夫-斯米诺夫检验的结果。可以发现除了泊松分布直接不适用、无须检验之外（系统提示：泊松变量是非负整数，数据中出现值 12.3，无法执行单样本柯尔莫戈洛夫-斯米诺夫检验），其他所有检验的双尾渐近显著性 P 值均为 0.000，都非常显著地拒绝了原假设，也就是说该公司的饮料销售量不服从正态分布、均匀分布和指数分布中的任何一种分布。

图 4.11 单样本柯尔莫戈洛夫-斯米诺夫检验结果

4.4.4 知识点总结与练习题

知识点总结：本节讲述了单样本柯尔莫戈洛夫-斯米诺夫检验的 SPSS 操作，对涉及的窗口界面进行了深度解读。通过本节的学习，应该较为清晰地知晓单样本 K-S 检验适用于什么情况，并且能够较为连贯地对分析结果进行解读。

练习题：使用习题 4.1 数据。该数据记录的是某牛奶商一定时期每天的牛奶产量数据，请使用单样本柯尔莫戈洛夫-斯米诺夫检验方法检验该产量是否服从正态分布、均匀分布、泊松分布或指数分布。

4.5　2 个独立样本检验

下载资源:\video\第 4 章\4.5
下载资源:\sample\数据 3.3

4.5.1 基本原理

2 个独立样本检验用于在总体分布未知的情况下，通过对两个独立样本的集中趋势、离中趋势、偏度等指标进行差异性检验，判断两个样本是否来自于相同分布的总体。SPSS 非参数检验模块有 4 种"2 个独立样本检验"方法，分别是曼-惠特尼 U、柯尔莫戈洛夫-斯米诺夫 Z、莫斯极端反应和瓦尔德-沃尔福威茨游程检验。

4.5.2 操作演示与功能详解

本节我们使用数据 3.3，记录的是不同性别的两组儿童在某次测试中的得分情况，使用 2 个独立样本检验方法判断不同性别的两组儿童来自的总体分布是否存在显著差异，操作演示与功能详解如下：

01 打开数据 3.3，选择"分析"|"非参数检验"|"旧对话框"|"2 个独立样本"命令，弹出如图 4.12 所示的"双独立样本检验"对话框。在该对话框的左侧列表框中选择"测试得分"并单击 ➡ 按钮，使之进入"检验变量列表"列表框。

02 选择检验类型。在"双独立样本检验"对话框的"检验类型"列表框中选择曼-惠特尼 U、柯尔莫戈洛夫-斯米诺夫 Z、莫斯极端反应和瓦尔德-沃尔福威茨游程 4 种方法。

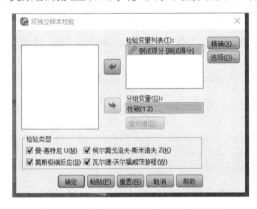

图 4.12 "双独立样本检验"对话框

对话框深度解读

- **曼-惠特尼 U 检验法**：最常用的双独立样本检验方法等同于对两个组进行的 Wilcoxon 秩和检验和 Kruskal-Wallis 检验，在检验的同时将一并输出 Wilcoxon 秩和 W 统计量。原假设是两个独立样本来自的总体分布不存在显著差异。当检验两个独立样本是否来自同一个总体，但样本量小于 30，或数据不符合正态分布，不适合用 2 个独立样本 T 检验时，可选用曼-惠特尼 U 检验法。
- **柯尔莫戈洛夫-斯米诺夫 Z 检验法**：计算两个样本的实际累积分布函数之间的最大绝对差，当这个差很大时，就将两个分布视为不同的分布。原假设是两个独立样本来自的总体分布不存在显著差异。
- **莫斯极端反应检验法**：将一个样本作为实验样本，另一个样本作为控制样本，再将两个样本合并按升序排列，得出每个数据的等级并计算控制组的跨度（即控制组样本中最大等级和最小等级之间包含的样本个数），如果跨度较大，则认为两个样本存在极限反应，具有显著性差异。因为极端异常值可能轻易使跨度范围变形，所以系统还会修剪取值极高和极低的各 5% 数据，生成另一个跨度辅助检验。原假设是两个独立样本来自的总体分布不存在显著差异。
- **瓦尔德-沃尔福威茨游程检验法**：对来自两个组的样本观测值进行组合和排秩。如果两个样本来自同一总体，则两个组应随机散布在整个秩次中。原假设是两个独立样本来自的总体分布不存在显著差异。

03 选择分组变量。在“双独立样本检验”对话框的左侧列表框中选择“性别”并单击➡按钮，使之进入“分组变量”列表框。然后单击“定义组”按钮，弹出如图 4.13 所示的对话框。其中“组 1”“组 2”分别表示第一、二组类别变量的取值。我们在“组 1”中输入 1，在“组 2”中输入 2。

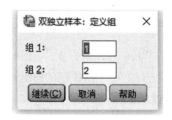

图 4.13 “双独立样本：定义组”对话框

对话框深度解读

定义组：如果分组变量是名义变量，在“组 1”中输入一个字符串，在“组 2”中输入另一个字符串，具有其他字符串的个案将从分析中排除；如果分组变量是连续变量，在“组 1”中输入一个值，在“组 2”中输入另一个值，具有任何其他值的个案将从分析中排除。

04 关于“精确”和“选项”两个按钮的设置与卡方检验类似，在此不再讲解。最后单击“确定”按钮确认。

4.5.3 结果解读

图 4.14 为曼-惠特尼 U、柯尔莫戈洛夫-斯米诺夫 Z、莫斯极端反应和瓦尔德-沃尔福威茨游程 4 种检验的结果。可以发现曼-惠特尼 U（渐近显著性 P 值为 0.010）、柯尔莫戈洛夫-斯米诺夫 Z（渐近显著性 P 值为 0.014）、瓦尔德-沃尔福威茨游程（渐近显著性 P 值为 0.025）3 种检验都显著拒绝了原假设，不同性别的两组儿童来自的总体分布存在显著差异，而莫斯极端反应（显著性 P 值为 0.500、0.822）显著接受了原假设。从本例的分析对比中可以看出，不同的检验方法会导致不同的结论，我们需要结合各种检验结果综合判断。

曼-惠特尼检验

秩

	性别	个案数	秩平均值	秩的总和
测试得分	男	34	40.68	1383.00
	女	34	28.32	963.00
	总计	68		

检验统计[a]

	测试得分
曼-惠特尼 U	368.000
威尔科克森 W	963.000
Z	-2.576
渐近显著性（双尾）	.010

a. 分组变量：性别

莫斯检验

频率

	性别	个案数
测试得分	男（控制）	34
	女（实验）	34
	总计	68

检验统计[a,b]

		测试得分
实测控制组范围		66
	Sig.（单尾）	.500
剪除后控制组跨度		64
	Sig.（单尾）	.822
在两端剪除了离群值		1

a. 莫斯检验

b. 分组变量：性别

图 4.14 2 个独立样本检验结果

图 4.14 2 个独立样本检验结果（续）

4.5.4 知识点总结与练习题

知识点总结：本节讲述了双独立样本检验的 SPSS 操作，对涉及的窗口界面进行了深度解读。通过本节的学习，应该较为清晰地知晓双独立样本检验适用于什么情况，并且能够较为连贯地对分析结果进行解读。

练习题：使用习题 3.2 数据。该数据记录的是不同分组受试者的谷丙转氨酶数据，其中一组为服用了药物组，另一组为服用了安慰剂组，请使用双独立样本检验方法检验两组样本来自的总体分布存在显著差异。

4.6　2 个相关样本检验

下载资源:\video\第 4 章\4.6
下载资源:\sample\数据 3.4

4.6.1 基本原理

两个相关样本的非参数检验一般用于对研究对象试验前后是否具有显著性差异的分析。SPSS 非参数检验模块有 4 种方法可用于 2 个相关样本检验，分别是威尔科克森、符号、麦克尼马尔和边际齐性。

4.6.2 操作演示与功能详解

本节我们使用数据 3.4，记录的是同一组劳动者在培训前后分别参加绩效考核的成绩。下面使用 2 个相关样本检验方法检验培训前后绩效考核成绩的差异，操作演示与功能详解如下：

01 打开数据 3.4，选择"分析"|"非参数检验"|"旧对话框"|"2 个相关样本"命令，弹出如图 4.15 所示的"双关联样本检验"对话框。从源变量列表框中选择"培训前"和"培训后"变量

并单击 按钮，使之选入"检验对"列表框中。

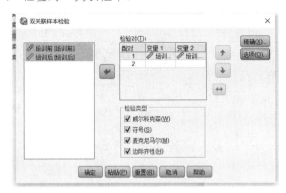

图 4.15 "双关联样本检验"对话框

02 选择检验类型。在"双关联样本检验"对话框的"检验类型"列表框中选择威尔科克森、符号、麦克尼马尔和边际齐性 4 种方法。

> **对话框深度解读**
>
> 威尔科克森、符号、麦克尼马尔和边际齐性 4 种方法的具体选取依赖于数据类型。
>
> 如果数据是连续的，可使用威尔科克森、符号检验。符号检验计算所有样本的两个变量（如本例中培训前、培训后）之间的差，并将差分类为正、负或 0。如果两个变量分布相似，则正和负的数目不会有很大的差别。威尔科克森检验除了考虑两个变量之间差的正负方向之外，还考虑差的幅度，比符号检验更强大。
>
> 如果数据为二值分类数据（取值只有两个），则使用麦克尼马尔检验，此检验通常用于测量由实验引起的响应变化（如服药前、服药后），每个样本有两次响应数据，一次在指定事件发生之前，一次在指定事件发生之后。麦克尼马尔检验确定初始响应率（事件前）是否等于最终响应率（事件后）。
>
> 如果数据为分类数据（不局限于二值，也有可能是多个取值，但是是分类数据），则使用边际齐性检验。边际齐性检验本质上是麦克尼马尔检验从二值响应到多项响应的扩展。

03 关于"精确"和"选项"两个按钮的设置与卡方检验类似，在此不再讲解。最后单击"确定"按钮确认。

4.6.3 结果解读

由于本例中参与分析的两个变量不是二值分类数据，因此未执行麦克尼马尔检验。图 4.16 为威尔科克森、符号和边际齐性 3 种检验的结果。可以发现威尔科克森（渐近显著性 P 值为 0.001）、符号（渐近显著性 P 值为 0.018）和边际齐性（渐近显著性 P 值为 0.001）3 种检验都显著拒绝了原假设，即培训前后绩效考核成绩的差异是显著的。

图 4.16 2 个相关样本检验结果

4.6.4 知识点总结与练习题

知识点总结：本节讲述 2 个相关样本检验的 SPSS 操作，对涉及的窗口界面进行了深度解读。通过本节的学习，应该较为清晰地知晓 2 个相关样本检验适用于什么情况，并且能够较为连贯地对分析结果进行解读。

练习题：使用习题 3.3 数据。该数据记录的是 25 名患者在服用一种药物前后身体健康指数的变化，请使用两个相关样本检验该药物是否有效。

4.7 K 个独立样本检验

下载资源:\video\第 4 章\4.7
下载资源:\sample\数据 3.5

4.7.1 基本原理

K 个独立样本检验的基本原理与 2 个独立样本检验相同，2 个独立样本检验是 K 个独立样本检验的特殊情况。SPSS 提供了克鲁斯卡尔-沃利斯 H、约克海尔-塔帕斯特拉和中位数 3 种检验方法进行 K 个独立样本检验。

4.7.2 操作演示与功能详解

本节我们使用数据 3.5，即《中国历年农村居民按东、中、西部及东北地区分组的人均可支配收入统计（2013-2019）》，请使用 K 个独立样本检验方法检验中国农村居民按东、中、西部及东北地区分组的人均可支配收入是否存在显著不同，操作演示与功能详解如下：

01 打开数据 3.5，选择"分析"|"非参数检验"|"旧对话框"|"K 个独立样本"命令，弹出如图 4.17 所示的"针对多个独立样本的检验"对话框。在该对话框的左侧列表框中选择"人均可支配收入"并单击➡按钮，使之进入"检验变量列表"列表框。

02 在"针对多个独立样本的检验"对话框的左侧列表框中选择"地区"并单击➡按钮，使之进入"分组变量"列表框。然后单击"定义范围"按钮，弹出如图 4.18 所示的对话框，针对分组变量的范围进行设置。其中"最小值""最大值"分别表示分组变量的取值下限和上限。我们在"最小值"中输入 1，在"最大值"中输入 4。

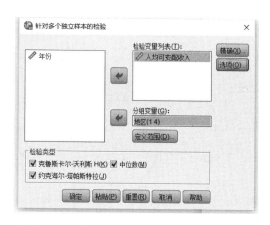 

图 4.17 "针对多个独立样本的检验"对话框   图 4.18 "针对多个独立样本的检验：定义范围"对话框

对话框深度解读

定义组：如果分组变量是名义变量，在"组 1"中输入一个字符串，在"组 2"中输入另一个字符串，具有其他字符串的个案将从分析中排除；如果分组变量是连续变量，在"组 1"中输入一个值，在"组 2"中输入另一个值，具有任何其他值的个案将从分析中排除。

---

03 选择检验类型。在"针对多个独立样本的检验"对话框的"检验类型"选项组中，选择克鲁斯卡尔-沃利斯 H、约克海尔-塔帕斯特拉和中位数 3 种方法。

对话框深度解读

- 克鲁斯卡尔-沃利斯 H 检验：曼-惠特尼 U 检验法的扩展，是单因素方差分析的非参数模拟，用于检测分布位置的差别。
- 中位数检验：首先将所有样本合并并计算中位数，然后计算各组样本中大于或小于这个中位数的样本的个数。如果这些数据差距过大，则认为两组样本所属的总体有显著差异。
- 约克海尔-塔帕斯特拉检验：在 K 个总体已进行自然先验排序（升序或降序）的情况下，该检验性能更优。

---

04 关于"精确"和"选项"两个按钮的设置与卡方检验类似，在此不再讲解。最后单击"确定"按钮确认。

4.7.3 结果解读

图 4.19 为克鲁斯卡尔-沃利斯 H、约克海尔-塔帕斯特拉和中位数 3 种检验的结果。可以发现克鲁斯卡尔-沃利斯 H（渐近显著性 P 值为 0.005）、约克海尔-塔帕斯特拉（渐近显著性 P 值为 0.030）两种检验都显著拒绝了原假设，中位数检验（渐近显著性 P 值为 0.059）显著程度不高。我们综合 3 种检验方法的结论，可以合理认为中国农村居民按东、中、西部及东北地区分组的人均可支配收入存在显著不同。

克鲁斯卡尔-沃利斯检验

秩

地区	个案数	秩平均值
人均可支配收入 东部地区	7	23.00
中部地区	7	13.00
西部地区	7	7.43
东北地区	7	14.57
总计	28	

检验统计[a,b]

	人均可支配收入
克鲁斯卡尔-沃利斯 H(K)	12.880
自由度	3
渐近显著性	.005

a. 克鲁斯卡尔-沃利斯检验
b. 分组变量：地区

中位数检验

频率

	地区			
	东部地区	中部地区	西部地区	东北地区
人均可支配收入 > 中位数	6	3	1	4
<= 中位数	1	4	6	3

检验统计[a]

	人均可支配收入
个案数	28
中位数	12065.700
卡方	7.429[b]
自由度	3
渐近显著性	.059

a. 分组变量：地区
b. 8 个单元格 (100.0%) 的期望频率低于 5。期望的最低单元格频率为 3.5。

约克海尔-塔帕斯特拉检验[a]

	人均可支配收入
地区 中的级别数	4
个案数	28
实测 J-T 统计	94.000
平均值 J-T 统计	147.000
J-T 统计的标准差	24.417
标准 J-T 统计	-2.171
渐近显著性（双尾）	.030

a. 分组变量：地区

图 4.19 K 个独立样本检验结果

4.7.4 知识点总结与练习题

知识点总结：本节讲述了 K 个独立样本检验的 SPSS 操作，对涉及的窗口界面进行了深度解读。通过本节的学习，应该较为清晰地知晓 K 个独立样本检验适用于什么情况，并且能够较为连贯地对分析结果进行解读。

练习题：习题 3.4 数据记录的是某公司山东、河南、浙江、江苏 4 个省份 2020 年的销售额，请使用 K 个独立样本检验方法检验不同省份的销售额是否存在显著不同。

4.8 K 个相关样本检验

下载资源:\video\第 4 章\4.8
下载资源:\sample\数据 4.2

4.8.1 基本原理

K 个相关样本检验用于在总体分布未知的情况下检验多个相关样本是否来自于相同分布的总体。K 个相关样本检验的基本原理与 2 个相关样本检验相同，2 个相关样本检验是 K 个相关样本检验的特殊情况。SPSS 提供了傅莱德曼、肯德尔 W 和柯克兰 Q 三种方法进行 K 个相关样本检验。

4.8.2 操作演示与功能详解

本节我们使用数据 4.2，为《中国 2018 年主要城市日照时数统计》（摘编自《中国统计年鉴 2019》），请使用 K 个相关样本检验方法检验 6 月、7 月、8 月的日照时数是否存在显著不同，操作演示与功能详解如下：

01 打开数据 4.2，选择"分析"|"非参数检验"|"旧对话框"|"K 个相关样本"命令，弹出如图 4.20 所示的"针对多个相关样本的检验"对话框。从源变量列表框中选择"6 月""7 月"和"8 月"变量，单击 按钮使之选入"检验变量"列表框中。

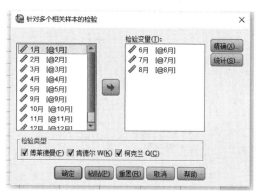

图 4.20 "针对多个相关样本的检验"对话框

02 选择检验类型。在"针对多个相关样本的检验"对话框的"检验类型"选项组中，选择傅莱德曼、肯德尔 W 和柯克兰 Q 三种方法。

对话框深度解读

- 傅莱德曼检验：首先对所有样本合并并按升序排列，然后求各观测量在各自行中的等级，并对各组样本求平均等级及等级和。如果平均等级或等级和相差很大，则认为两组样本所属的总体有显著差异。
- 肯德尔 W 检验：傅莱德曼的标准化形式。该方法将每个样本观测值视为一名评分者，每个变量视为评价的一项，计算协调系数 W，作为评分者之间一致程度的测量，W 取值范围为 0（完全不一致）~1（完全一致）。

- 柯克兰 Q 检验：等同于傅莱德曼检验，但仅用于处理二值数据的情况。

---

03 关于“精确”和“统计”两个按钮的设置与卡方检验类似，在此不再讲解。最后单击“确定”按钮确认。

4.8.3　结果解读

由于本例中参与分析的 3 个变量不是二值分类数据，因此未执行柯克兰 Q 检验。图 4.21 为傅莱德曼、肯德尔 W 两种检验的结果。可以发现傅莱德曼（渐近显著性 P 值 1.000）和肯德尔 W（渐近显著性 P 值为 1.000）两种检验都显著接受了原假设，即 6 月、7 月、8 月的日照时数不存在显著不同。

傅莱德曼检验

秩

	秩平均值
6月	2.00
7月	2.00
8月	2.00

检验统计[a]

个案数	34
卡方	.000
自由度	2
渐近显著性	1.000

a. 傅莱德曼检验

肯德尔 W 检验

秩

	秩平均值
6月	2.00
7月	2.00
8月	2.00

检验统计

个案数	34
肯德尔 W[a]	.000
卡方	.000
自由度	2
渐近显著性	1.000

a. 肯德尔协同系数

图 4.21　K 个相关样本检验结果

4.8.4　知识点总结与练习题

知识点总结：本节讲述了 K 个相关样本检验的 SPSS 操作，对涉及的窗口界面进行了深度解读。通过本节的学习，应该较为清晰地知晓 K 个相关样本检验适用于什么情况，并且能够较为连贯地对分析结果进行解读。

练习题：继续使用数据 4.2，使用 K 个相关样本检验方法检验 9 月、10 月、11 月的日照时数是否存在显著不同。

第 5 章 相关分析

本章主要学习 SPSS 的相关分析，包括双变量相关分析、偏相关分析、距离相关分析 3 种分析方法。相关分析是不考虑变量之间的因果关系而只研究分析变量之间的相关关系的一种统计分析方法。按相关的程度划分，变量之间的相关关系可以划分为完全相关、不相关和不完全相关 3 种。按相关的方向划分，变量之间的相关关系可划分为正相关和负相关。按相关的形式划分，变量之间的相关关系可划分为线性相关和非线性相关。

本章教学要点：

- 清楚知晓 SPSS 的双变量相关分析、偏相关分析、距离相关分析 3 种分析方法的特色，知晓每种方法的适用条件。
- 熟练掌握 SPSS 的双变量相关分析、偏相关分析、距离相关分析的窗口功能，根据研究需要灵活进行窗口设置，开展相关分析。
- 能够对各种相关分析的结果进行解读，从中发现数据特征，得出研究结论。

5.1 双变量相关分析

下载资源:\video\第 5 章\5.1
下载资源:\sample\数据 5.1

5.1.1 基本原理

双变量相关分析通过计算皮尔逊简单相关系数、斯皮尔曼等级相关系数、肯德尔等级相关系数及其显著性水平展开。其中皮尔逊简单相关系数是一种线性关联度量，适用于变量为定量连续变量且服从正态分布、相关关系为线性时的情形。如果变量不是正态分布的，或具有已排序的类别，相互之间的相关关系不是线性的，则更适合采用斯皮尔曼等级相关系数和肯德尔等级相关系数。

相关系数 r 有如下性质：

① $-1 \leqslant r \leqslant 1$，$r$ 绝对值越大，表明两个变量之间的相关程度越强。
② $0 < r \leqslant 1$，表明两个变量之间存在正相关。若 $r=1$，则表明变量间存在着完全正相关的关系。
③ $-1 \leqslant r < 0$，表明两个变量之间存在负相关。$r = -1$ 表明变量间存在着完全负相关的关系。
④ $r = 0$，表明两个变量之间无线性相关。

应该注意的是，相关系数所反映的并不是一种必然的、确定的关系，也不能说明变量之间的因果关系，而仅仅是关联关系。

5.1.2 操作演示与功能详解

本节我们用于分析的数据是《中国 2020 年 1-12 月货币供应量统计》，数据摘编自《中国经济统计快报 202101》。SPSS 变量视图和数据视图分别如图 5.1 和图 5.2 所示。在变量视图中可以看到数据文件包括 4 个变量，分别是月份、流通中现金、狭义货币、广义货币。

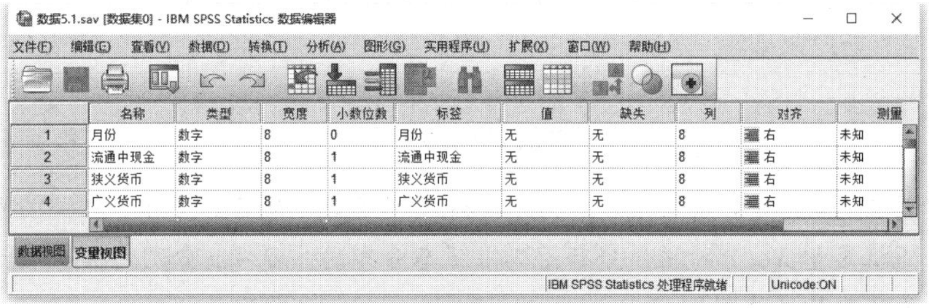

图 5.1　数据 5.1 变量视图

图 5.2　数据 5.1 数据视图

下面针对中国 2020 年 1-12 月的流通中现金和狭义货币开展双变量相关分析，操作演示与功能详解如下：

01 打开数据 5.1，选择"分析"|"相关"|"双变量"命令，弹出如图 5.3 所示的"双变量相

关性"对话框。在该对话框的左侧列表框中同时选中"流通中现金"和"狭义货币"并单击 按钮，使之进入"变量"列表框。

图 5.3 "双变量相关性"对话框

02 设置相关系数类型。在"双变量相关性"对话框内的"相关系数"选项组中选择"皮尔逊""肯德尔 tau-b""斯皮尔曼"3 个选项。

对话框深度解读

- 皮尔逊：线性关联度量，适用于变量为定量连续变量且服从正态分布、相关关系为线性时的情形。若随机变量 X、Y 的联合分布是二维正态分布的，x_i 和 y_i 分别为 n 次独立观测值，则皮尔逊相关系数公式为：

$$r = \frac{\sum_{i=1}^{n}(x_i - \bar{x})(y_i - \bar{y})}{\sqrt{\sum_{i=1}^{n}(x_i - \bar{x})^2}\sqrt{\sum_{i=1}^{n}(y_i - \bar{y})^2}}$$

- "肯德尔 tau-b""斯皮尔曼"均为等级相关系数，当数据资料不服从双变量正态分布、总体分布未知或原始数据用等级表示时，宜选择肯德尔 tau-b 或斯皮尔曼。

---

03 设定显著性检验选项。在"显著性检验"选项组中，选择"双侧检验"单选按钮（如果预先已知相关的方向，也就是已经毋庸置疑地确定是正相关或负相关，才可以选择单尾，否则需要选择双尾）。选中"标记显著性相关性"复选框，选择了该选项后，输出结果中把有统计学意义的结果用"*"表示出来，其中用一个星号来标识显著性水平为 0.05 的相关系数，用两个星号来标识显著性水平为 0.01 的相关系数。

04 选择相关统计量的输出和缺失值的处理方法。单击"双变量相关性"对话框中的"选项"按钮，弹出如图 5.4 所示的"双变量相关性：选项"对话框。我们在"统计"选项组中选中"平均值和标准差""叉积偏差和协方差"，在"缺失值"选项组中选中"成对排除个案"。设置完毕后，单击"继续"按钮返回"双变量相关性"对话框并单击"确定"按钮完成设置。

图 5.4 "双变量相关性：选项"对话框

对话框深度解读

- 平均值和标准差：选择该项，系统为每个变量输出平均值、标准偏差以及非缺失样本个数。
- 叉积偏差和协方差：选择该项，系统为每对变量输出叉积偏差、协方差。
  - ➤ 叉积偏差是皮尔逊相关系数的分子，即 $\sum_{i=1}^{n}(x_i-\bar{x})(y_i-\bar{y})$。
  - ➤ 协方差是有关两个变量之间关系的一种非标准化度量，等于叉积偏差除以 N-1。

---

05 设置完毕后，单击"确定"按钮，等待输出结果。

5.1.3 结果解读

1. 描述统计量

图 5.5 为描述统计量。参与分析的样本数为 12，流通中现金和狭义货币的平均值分别是 82861.258、589754.333，标准偏差分别是 4088.9614、25232.8744。

2. 皮尔逊相关性分析结果

图 5.6 给出了皮尔逊相关性分析结果。可以发现中国 2020 年 1-12 月流通中现金和狭义货币的皮尔逊相关系数为-0.632，显著性 P 值为 0.027，在 0.05 的显著性水平上非常显著，也就是说两者呈现较为显著的负相关关系。

描述统计

	平均值	标准 偏差	个案数
流通中现金	82861.258	4088.9614	12
狭义货币	589754.333	25232.8744	12

图 5.5 描述统计量

相关性

		流通中现金	狭义货币
流通中现金	皮尔逊相关性	1	-.632*
	Sig.（双尾）		.027
	平方和与叉积	183915658.9	-717368553
	协方差	16719605.36	-65215323.0
	个案数	12	12
狭义货币	皮尔逊相关性	-.632*	1
	Sig.（双尾）	.027	
	平方和与叉积	-717368553	7003677476
	协方差	-65215323.0	636697952.3
	个案数	12	12

*. 在 0.05 级别（双尾），相关性显著。

图 5.6 皮尔逊相关性分析结果

3. 肯德尔 tau-b、斯皮尔曼相关性分析结果

图 5.7 是肯德尔 tau-b、斯皮尔曼相关性分析结果,从图中可以看出中国 2020 年 1-12 月流通中现金和狭义货币的肯德尔 tau-b 相关系数为-0.182,显著性 P 值为 0.411。中国 2020 年 1-12 月流通中现金和狭义货币的斯皮尔曼相关系数为-0.301,显著性 P 值为 0.342。两个等级相关系数虽然都证明了流通中现金和狭义货币是负相关的,但是在 0.05 的显著性水平上都不够显著。

非参数相关性

相关性

			流通中现金	狭义货币
肯德尔 tau_b	流通中现金	相关系数	1.000	-.182
		Sig.(双尾)		.411
		N	12	12
	狭义货币	相关系数	-.182	1.000
		Sig.(双尾)	.411	
		N	12	12
斯皮尔曼 Rho	流通中现金	相关系数	1.000	-.301
		Sig.(双尾)		.342
		N	12	12
	狭义货币	相关系数	-.301	1.000
		Sig.(双尾)	.342	
		N	12	12

图 5.7 肯德尔 tau-b、斯皮尔曼相关性分析结果

5.1.4 知识点总结与练习题

知识点总结:本节讲述了双变量相关分析的 SPSS 操作,对涉及的窗口界面进行了深度解读。通过本节的学习,应该较为清晰地知晓双变量相关分析能够输出哪些统计量,并且能够较为连贯的对分析结果进行解读。

练习题:继续使用数据 5.1,针对中国 2020 年 1-12 月的广义货币和狭义货币开展双变量相关分析。

5.2 偏相关分析

下载资源:\video\第 5 章\5.1
下载资源:\sample\数据 5.2

5.2.1 基本原理

在很多时候,我们需要进行相关分析的变量取值会同时受到其他变量的影响,这时候就需要把其他变量控制住,然后输出控制其他变量影响后的相关系数。比如在分析学生各科学习成绩之间的相关性时,各科学习成绩同受 IQ 值的影响等。SPSS 的偏相关分析将计算偏相关系数,该系数在控制一个或多个其他变量效应的同时,分析两个变量之间的线性相关关系。

偏相关分析通过计算偏相关系数来完成。假如有 x 个控制变量,则称为 x 阶偏相关。一般情况下,假设有 n($n>2$)个变量 $X_1, X_2, \cdots, X_n$,则 X_i 和 X_j 的 x 阶样本偏相关系数公式为:

$$r_{ij-l_1l_2\cdots l_x}=\frac{r_{ij-l_1l_2\cdots l_{x-1}}-r_{il_x-l_1l_2\cdots l_{x-1}}r_{jl_x-l_1l_2\cdots l_{x-1}}}{\sqrt{(1-r^2_{il_x-l_1l_2\cdots l_{x-1}})(1-r^2_{jl_x-l_1l_2\cdots l_{x-1}})}}$$

式中右边均为$x-1$阶的偏相关系数，其中$l_1,l_2,\cdots,l_x$为自然数从 1 到n除去i和j的不同组合。

5.2.2 操作演示与功能详解

本节我们用于分析的数据是某商业银行分支机构 2003 年至 2019 年历年公司存款增长、零售存款增长、公司贷款增长、零售贷款增长和市场营销费用的数据。SPSS 变量视图和数据视图分别如图 5.8 和图 5.9 所示。在变量视图中可以看到数据文件包括 6 个变量，分别是年份、公司存款增长、零售存款增长、公司贷款增长、零售贷款增长和市场营销费用。

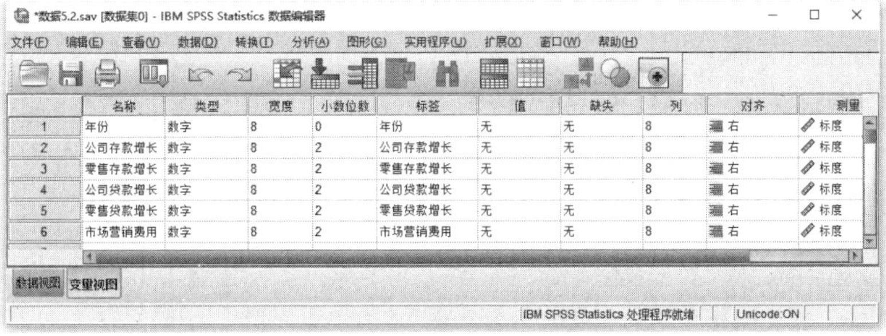

	名称	类型	宽度	小数位数	标签	值	缺失	列	对齐	测量
1	年份	数字	8	0	年份	无	无	8	右	标度
2	公司存款增长	数字	8	2	公司存款增长	无	无	8	右	标度
3	零售存款增长	数字	8	2	零售存款增长	无	无	8	右	标度
4	公司贷款增长	数字	8	2	公司贷款增长	无	无	8	右	标度
5	零售贷款增长	数字	8	2	零售贷款增长	无	无	8	右	标度
6	市场营销费用	数字	8	2	市场营销费用	无	无	8	右	标度

图 5.8 数据 5.2 变量视图

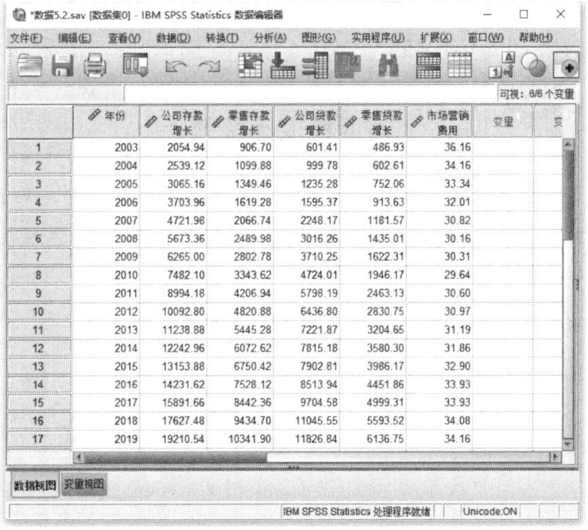

	年份	公司存款增长	零售存款增长	公司贷款增长	零售贷款增长	市场营销费用
1	2003	2054.94	906.70	601.41	486.93	36.16
2	2004	2539.12	1099.88	999.78	602.61	34.16
3	2005	3065.16	1349.46	1235.28	752.06	33.34
4	2006	3703.96	1619.28	1595.37	913.63	32.01
5	2007	4721.98	2066.74	2248.17	1181.57	30.82
6	2008	5673.36	2489.98	3016.26	1435.01	30.16
7	2009	6265.00	2802.78	3710.25	1622.31	30.31
8	2010	7482.10	3343.62	4724.01	1946.17	29.64
9	2011	8994.18	4206.94	5798.19	2463.13	30.60
10	2012	10092.80	4820.88	6436.80	2830.75	30.97
11	2013	11238.88	5445.28	7221.87	3204.65	31.19
12	2014	12242.96	6072.62	7815.18	3580.30	31.86
13	2015	13153.88	6750.42	7902.81	3986.17	32.90
14	2016	14231.62	7528.12	8513.94	4451.86	33.93
15	2017	15891.66	8442.36	9704.58	4999.31	33.93
16	2018	17627.48	9434.70	11045.55	5593.52	34.08
17	2019	19210.54	10341.90	11826.84	6136.75	34.16

图 5.9 数据 5.2 数据视图

下面针对该分支机构 2003 年至 2019 年历年公司存款增长、零售存款增长的相关关系进行分析，但是存款的增长会受到市场营销费用配置的影响，所以将市场营销费用作为控制变量进行偏相关分析，操作演示与功能详解如下：

01 打开数据 5.2，选择“分析”|“相关”|“偏相关”命令，打开如图 5.10 所示的“偏相关性”对话框。在该对话框的左侧列表框中，同时选中“公司存款增长”和“零售存款增长”并单

击 按钮，使之进入"变量"列表框，选中"市场营销费用"并单击 按钮，使之进入"控制"列表框。

02 设定显著性检验选项。在"显著性检验"选项组中，选择"双侧检验"单选按钮，同时选中下方的"显示实际显著性水平"复选框。选中该复选框将显示每个相关系数的 P 值和自由度，如果取消选择此项，则不显示自由度，使用单个星号标识显著性水平为 0.05 的系数，使用两个星号标识显著性水平为 0.01 的系数，这一设置将同时影响偏相关矩阵和零阶相关矩阵。

03 "选项"按钮设置方法。单击"偏相关性"对话框中的"选项"按钮，弹出如图 5.11 所示的"偏相关性：选项"对话框。我们在"统计"选项组中选中"平均值和标准差""零阶相关性"，在"缺失值"选项组中选中"成对排除个案"。设置完毕后，单击"继续"按钮返回"偏相关性"对话框，并单击"确定"按钮完成设置。

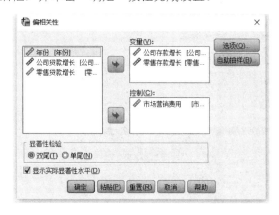
图 5.10 "偏相关性"对话框

图 5.11 "偏相关性：选项"对话框

对话框深度解读

- 平均值和标准差：选择该项，系统为每个变量输出平均值、标准偏差以及非缺失样本个数。
- 零阶相关性：选择该项，系统输出所有变量（包括控制变量）之间简单相关系数的矩阵。

---

04 设置完毕后，单击"确定"按钮，等待输出结果。

5.2.3 结果解读

1. 描述统计

图 5.12 为描述统计结果。参与分析的样本数为 17 个，结果中还包括"公司存款增长""零售存款增长""市场营销费用" 3 个变量的平均值、标准偏差。

2. 偏相关性分析结果

图 5.13 给出了偏相关性分析结果。该结果包括两部分，上半部分是没有设置控制变量时，"公司存款增长""零售存款增长""市场营销费用" 3 个变量的简单相关系数矩阵，即本例中设置的"零阶相关性"。可以发现"公司存款增长""零售存款增长"之间的相关系数达到了 0.998，显著性 P 值为 0.000，说明两者之间具有非常显著的正相关关系。"市场营销费用"与"公司存款增长"

"零售存款增长"之间的相关系数分别为 0.187（显著性 P 值为 0.473）、0.246（显著性 P 值为 0.342），说明相关特征并不明显，在一定程度上也说明我们找的控制变量是不够好的。

下半部分是设置"市场营销费用"为控制变量时，"公司存款增长""零售存款增长"之间的偏相关性，可以发现设置了以后，"公司存款增长""零售存款增长"之间的偏相关系数达到了 1.000，显著性 P 值为 0.000，说明两者之间具有非常显著的正相关关系。

图 5.12　描述统计　　　　　　　　图 5.13　偏相关性分析结果

5.2.4　知识点总结与练习题

知识点总结：本节讲述了偏相关性分析的 SPSS 操作，对涉及的窗口界面进行了深度解读。通过本节的学习，应该较为清晰地知晓偏相关性分析适用于什么情况，并且能够较为连贯地对分析结果进行解读。

练习题：继续使用数据 5.2，以市场营销费用作为控制变量，运用偏相关分析方法，对该分支机构 2003 年至 2019 年历年公司贷款增长、零售贷款增长的相关关系进行分析。

5.3　距离相关分析

下载资源:\video\第 5 章\5.3

下载资源:\sample\数据 5.3

5.3.1　基本原理

距离相关分析计算变量或样本观测值之间的相似性或不相似性（距离）的程度。在很多情况下，变量或样本观测值会比较多，我们有必要按照变量或者观测值进行聚类，也就是聚类分析；也有的情况下，变量比较多，但是相互之间的信息有所重叠，我们有必要从多个变量中提取出少数因子再进行分析，即进行降维分析。本节介绍的距离分析可为因子分析、聚类分析或多维尺度分析等提供一些相似性或不相似性（距离）的各种统计量，以帮助分析复杂的数据。

5.3.2 操作演示与功能详解

本节我们用于分析的数据是数据 5.3，数据为《中国 2019 年分地区连锁餐饮企业基本情况统计》（摘编自《中国统计年鉴 2020》）。SPSS 变量视图和数据视图分别如图 5.14 和图 5.15 所示。数据文件中共有 8 个变量，分别是省市、门店总数、年末从业人数、年末餐饮营业面积、餐位数、营业额、商品购进总额、统一配送商品购进额。

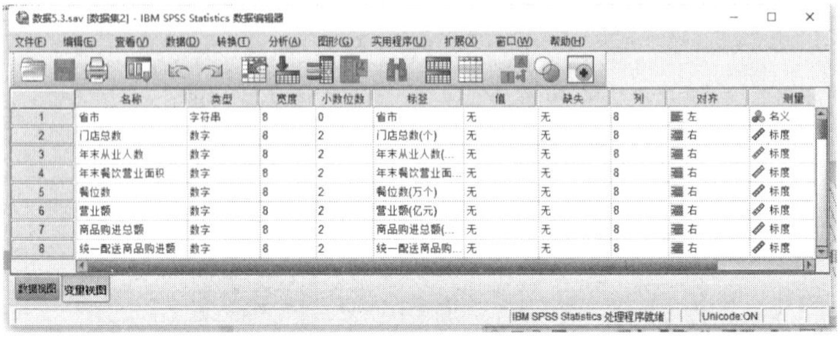

	名称	类型	宽度	小数位数	标签	值	缺失	列	对齐	测量
1	省市	字符串	8	0	省市	无	无	8	左	名义
2	门店总数	数字	8	2	门店总数(个)	无	无	8	右	标度
3	年末从业人数	数字	8	2	年末从业人数(...	无	无	8	右	标度
4	年末餐饮营业面积	数字	8	2	年末餐饮营业面...	无	无	8	右	标度
5	餐位数	数字	8	2	餐位数(万个)	无	无	8	右	标度
6	营业额	数字	8	2	营业额(亿元)	无	无	8	右	标度
7	商品购进总额	数字	8	2	商品购进总额(...	无	无	8	右	标度
8	统一配送商品购进额	数字	8	2	统一配送商品购...	无	无	8	右	标度

图 5.14 数据 5.3 变量视图

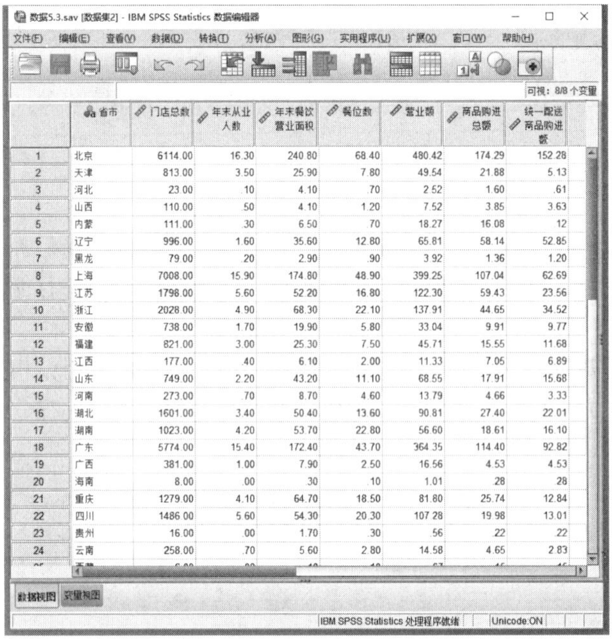

	省市	门店总数	年末从业人数	年末餐饮营业面积	餐位数	营业额	商品购进总额	统一配送商品购进额
1	北京	6114.00	16.30	240.80	68.40	480.42	174.29	152.28
2	天津	813.00	3.50	25.90	7.80	49.54	21.88	5.13
3	河北	23.00	.10	4.10	.70	2.52	1.60	.61
4	山西	110.00	.50	4.10	1.20	7.52	3.85	3.63
5	内蒙	111.00	.30	6.50	.70	18.27	16.08	12
6	辽宁	996.00	1.60	35.60	12.80	65.81	58.14	52.85
7	黑龙	79.00	.20	2.90	.90	3.92	1.36	1.20
8	上海	7008.00	15.90	174.80	48.90	399.25	107.04	62.69
9	江苏	1798.00	5.60	52.20	16.80	122.30	59.43	23.56
10	浙江	2028.00	4.90	68.30	22.10	137.91	44.65	34.52
11	安徽	738.00	1.70	19.90	5.80	33.04	9.91	9.77
12	福建	821.00	3.00	25.30	7.50	45.71	15.55	11.68
13	江西	177.00	.40	6.10	2.00	11.33	7.05	6.89
14	山东	749.00	2.20	43.20	11.10	68.55	17.91	15.68
15	河南	273.00	.70	8.70	4.60	13.79	4.66	3.33
16	湖北	1601.00	3.40	50.40	13.60	90.81	27.40	22.01
17	湖南	1023.00	4.20	53.70	22.80	56.60	18.61	16.10
18	广东	5774.00	15.40	172.40	43.70	364.35	114.40	92.82
19	广西	381.00	1.00	7.90	2.50	16.56	4.53	4.53
20	海南	8.00	.00	30	.10	1.01	28	28
21	重庆	1279.00	4.10	64.70	18.50	81.80	25.74	12.84
22	四川	1486.00	5.60	54.30	20.30	107.28	19.98	13.01
23	贵州	16.00	.00	1.70	.30	56	.22	.22
24	云南	258.00	.70	5.60	2.80	14.58	4.65	2.83

图 5.15 数据 5.3 数据视图

下面我们要使用距离相关分析检验门店总数、年末从业人数、年末餐饮营业面积、餐位数 4 个变量之间的相关情况，操作演示与功能详解如下：

01 打开数据 5.3，选择“分析”|“相关”|“距离”命令，打开如图 5.16 所示的“距离”对话框。从该对话框左侧源变量列表框中选择需要进行距离分析的 4 个变量：门店总数、年末从业人数、年末餐饮营业面积、餐位数，然后单击 ➡ 按钮将选中的变量选入“变量”列表框中，将“省市”变量选入“个案标注依据”列表框中，在“计算距离”选项组中选择“变量间”，在“测量”选项组中选择“相似性”，单击“确定”按钮，等待输出结果。

图 5.16 "距离"对话框

对话框深度解读

- 个案标注依据:用来标识样本观测值,本例中选择"省市",即使用"省市"作为数据视图中各样本观测值(体现在每一行)的标识。
- "计算距离"选项组:用于选择是测量变量(数据视图中的每一列)之间的距离还是样本观测值(数据视图中的每一行)之间的距离(相似性或非相似性)。用户可以选择至少一个数值变量来计算各个样本观测值之间的距离,也可以选择至少两个数值变量来计算各个变量间的距离。
- "测量"选项组:包括"非相似性"和"相似性"两个选项,不同选项对应的下面"测量"按钮的内容不同。选择"非相似性",将会出现如图 5.17 所示的"距离:非相似性测量"对话框;选择"相似性",将会出现如图 5.19 所示的"距离:相似性测量"对话框。

图 5.17 "距离:非相似性测量"对话框

针对"距离:非相似性测量"对话框中的各种测量方法简要介绍如表 5.1 所示。

表5.1 "距离：非相似性测量"对话框中的各种测量方法

测量	测量方法	具体含义
区间	欧氏距离	各项值之间平方差之和的平方根 $\mathrm{dist}(X,Y) = \sqrt{\sum_{i=1}^{n}(x_i - y_i)^2}$
	平方欧氏距离	欧氏距离的平方
	切比雪夫	各项值之间的最大绝对差
	块	各项值之间绝对差之和，又称为曼哈顿距离
	明可夫斯基	各项值之间 p 次幂绝对差之和的 p 次根。$D(x,y) = \left(\sum_{u=1}^{n}|x_u - y_u|^p\right)^{\frac{1}{p}}$ 选择此项还需要在"幂"下拉列表中选择 p 值，其取值范围为 1~7。当 p=1 时，就是上面的"块"（曼哈顿距离）；当 p=2 时，就是上面的欧氏距离；当 p 趋近于无穷大时，就是上面的"切比雪夫"距离
	定制	各项值之间 p 次幂绝对差之和的 r 次根。选择此项还需要在"幂"和"根"下拉列表中选择 p 值和 r 值，其取值范围均为 1~7
计数	卡方测量	基于对两组频率等同性的卡方检验
	Phi 平方测量	等于由组合频率平方根标准化的卡方测量
二元	欧氏距离	根据四重表计算 SQRT($b+c$) 得到，其中 b 和 c 代表对应在一项上存在但在另一项上不存在的个案的对角单元
	平方欧氏距离	计算非协调的个案的数目。它的最小值为 0，没有上限
	大小差	非对称性指数，取值范围为 0~1
	模式差	根据四重表计算 $bc/(n^{**}2)$ 得到，其中 b 和 c 代表对应在一项上存在但在另一项上不存在的个案的对角单元，n 为观察值的总数，取值范围为 0~1
	方差	根据四重表计算 $(b+c)/7n$ 得到，其中 b 和 c 代表对应在一项上存在但在另一项上不存在的个案的对角单元，n 为观察值的总数，取值范围为 0~1
	形状	对不匹配项的非对称性加以惩罚，取值范围为 0~1
	兰斯-威廉姆斯	根据四重表计算 $(b+c)/(2a+b+c)$ 得到，其中 a 代表对应于两项上都存在的个案的单元，b 和 c 代表对应在一项上存在但在另一项上不存在的个案的对角单元，取值范围为 0~1

此外，若选择"二元"单选按钮，用户可以更改"存在"和"不存在"字段以指定可指示某个特征存在或不存在的值，存在的默认值为 1，不存在的默认值为 0。该过程将忽略所有其他值。当"测量"方法选择"区间"或"计数"时，"距离：非相似性测量"对话框中的"转换值"标准化下拉列表会被激活，如图 5.18 所示。

- 无：不进行标准化。
- Z 得分：将每个样本观测值或变量值标准化到均值为 0、标准差为 1 的 Z 得分。
- 范围-1 到 1：将每个样本观测值或变量值都除以样本观测值或变量值的全距，将它们标准化到-1~1。

图 5.18 "转换值"标准化下拉列表

- 范围0到1：将每个样本观测值或变量值减去它们的最小值，然后除以极差，将它们标准化到0~1。
- 最大量级为1：将每个样本观测值或变量值除以最大值，然后将它们标准化到最大值1。
- 平均值为1：将每个样本观测值或变量值除以它们的均值，将它们标准化到1。
- 标准差为1：将每个样本观测值或变量值都除以它们的标准差，然后将它们标准化到1。
- 除"无"外，以上各种标准化方法均需指定标准化的对象。若勾选"按变量"复选框，则表示对变量进行标准化，若勾选"按个案"复选框，则表示对每个样本观测值进行标准化。

针对"距离：非相似性测量"对话框右下角的"转换测量"选项组介绍如下：

"转换测量"选项组用于设置对距离测度的结果进行转换的方法，可用的选项有绝对值、变化量符号和重新标度到0~1范围。当仅对相关性的大小感兴趣时，则可勾选"绝对值"复选框；若勾选"变化量符号"复选框，则表示改变距离的符号，如此可以把非相似性测度转换成相似性测度，反之亦然；若勾选"重新标度到0~1范围"复选框，则表示转换后的取值范围是0~1。

"距离：相似性测量"对话框如图5.19所示。针对"距离：相似性测量"对话框种的各种测量方法简要介绍如表5.2所示。

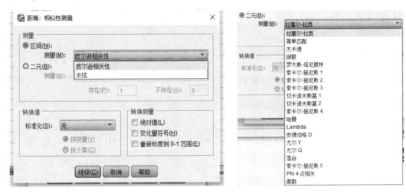

图5.19 "距离：相似性测量"对话框

表5.2 "距离：相似性测量"对话框种的各种测量方法

测 量	测量方法	具体含义
区间	皮尔逊相关性	两个值向量之间的皮尔逊相关性
	余弦	两个值向量之间夹角的余弦
二元	拉塞尔-拉奥	内积的二分类版本，对匹配项和不匹配项给予相等的权重
	简单匹配	匹配项与值总数的比率，对匹配项和不匹配项给予相等的权重
	杰卡德	又称相似率，对匹配项和不匹配项给予相等的权重
	掷骰	又称Czekanowski或Sorensen度量，对匹配项给予双倍权重
	罗杰斯-塔尼莫特	对不匹配项给予双倍权重
	索卡尔-施尼斯1	对匹配项给予双倍权重
	索卡尔-施尼斯2	对不匹配项给予双倍权重，不考虑联合不存在项
	索卡尔-施尼斯3	这是匹配项与不匹配项的比率，此指数有下限0，无上限。
	切卡诺夫斯基1	联合存在项与所有不匹配项的比率，此指数有下限0，无上限
	切卡诺夫斯基2	基于特征在一个项中存在的情况下也在另一个项中存在的条件概率
	索卡尔-施尼斯4	基于一个项中的特征与另一个项中的值相匹配的条件概率

(续表)

测量	测量方法	具体含义
二元	哈曼	匹配数减去不匹配数，再除以总项数，其范围为-1~1
	Lambda	使用一个项来预测另一个项（双向预测），从而与误差降低比例（PRE）相对应。值范围为0~1
	安德伯格 D	类似于 Lambda，通过使用一个项来预测另一个项（双向预测），值范围为0~1
	尤尔 Y	又称捆绑系数，为2*2表的交比函数，其范围为-1~1
	尤尔 Q	一个交比函数，独立于边际总计，其范围为-1~1
	落合	余弦相似性测量的二元形式，其范围为0~1
	索卡尔-施尼斯 5	正匹配和负匹配的条件概率的几何平均数的平方，独立于项目编码，取值范围为0~1
	Phi 4 点相关	Pearson 相关系数的二分类模拟，取值范围为-1~1
	离散	此指数的取值范围为-1~1

02 设置完毕后，单击"确定"按钮，等待输出结果。

5.3.3 结果解读

1. 个案处理摘要

图 5.20 为个案处理摘要。参与分析的样本共有 28 个，没有缺失值。

2. 近似值矩阵

图 5.21 给出了近似值矩阵结果。根据我们前面的设置，系统输出的是门店总数、年末从业人数、年末餐饮营业面积、餐位数 4 个变量的皮尔逊相关系数，可以发现相互之间的皮尔逊相关系数都很高，且为正向，说明变量间存在着较为明显的正向相关关系，相似程度比较高。

个案处理摘要

	个案					
	有效		缺失		总计	
	个案数	百分比	个案数	百分比	个案数	百分比
	28	100.0%	0	0.0%	28	100.0%

图 5.20 个案处理摘要

近似值矩阵

值 的向量之间的相关性

	门店总数(个)	年末从业人数(万人)	年末餐饮营业面积(万平方米)	餐位数(万个)
门店总数(个)	1.000	.987	.969	.951
年末从业人数(万人)	.987	1.000	.978	.967
年末餐饮营业面积(万平方米)	.969	.978	1.000	.991
餐位数(万个)	.951	.967	.991	1.000

这是相似性矩阵

图 5.21 近似值矩阵

5.3.4 知识点总结与练习题

知识点总结：本节讲述了距离相关分析的 SPSS 操作，对涉及的窗口界面进行了深度解读。通过本节的学习，应该较为清晰地知晓距离相关分析适用于什么情况，并且能够较为连贯地对分析结果进行解读。

练习题：继续使用数据 5.3，使用多种距离相关分析方法研究营业额、商品购进总额、统一配送商品购进额 3 个变量的相似性和不相似性程度。

第 6 章

一般线性模型

本章主要学习 SPSS 的一般线性模型，包括单变量分析、多变量分析。

本章教学要点：

- 清楚知晓 SPSS 的单变量分析、多变量分析的特色，知晓每种方法的适用条件。
- 熟练掌握 SPSS 的单变量分析、多变量分析的窗口功能，根据研究需要灵活进行窗口设置，开展一般线性模型分析。
- 能够对各种一般线性模型分析的结果进行解读，从中发现数据特征，得出研究结论。

6.1 单变量分析

下载资源:\video\第 6 章\6.1
下载资源:\sample\数据 6.1

6.1.1 基本原理

SPSS 单变量分析的基本原理是通过一个或多个因子或协变量（解释变量）为一个因变量（被解释变量）提供回归分析和方差分析。之所以称为单变量分析，是因为因子（包括固定因子和随机因子）或协变量可以有一个或多个，但因变量只有一个。用户可以研究个别因子对因变量的影响，也可以研究因子之间的交互效应对因变量的影响，还可以研究协变量对因变量的影响以及协变量与因子之间的交互效应对因变量的影响。

关键点 1：因子和协变量的区别是什么？SPSS 单变量分析要求因变量是定量连续变量，对于因子要求必须是分类变量，当然分类变量可以是最多 8 个字符的字符串值，也可以是用 1、2、3、4 分组的数字值。除了分类变量的因子外，如果还有定量连续变量可以影响因变量怎么办？这就需要通过设置协变量的形式来实现，协变量是对因变量有影响的定量连续变量。

关键点 2：固定因子和随机因子的区别是什么？如果因变量为单变量，同时因子之间属于同级并列关系，就应该把因子都作为固定因子处理，而如果因子之间有着较为明确的从属关系，则应该把最为主要的因子作为固定因子，把其他因子作为随机因子处理；如果因变量为多变量，不论因子之间的从属关系如何，都应该把因子作为固定因子处理。

6.1.2 操作演示与功能详解

本节我们使用数据 6.1。数据 6.1 是某研究通过调查问卷获取的 C2C 电子商务顾客信任影响因素数据（与数据 2.2 有差异）。限于篇幅不再展示数据文件的数据视图和变量视图，读者可自行打开相关源文件观察。下面以整体接受度评价作为因变量，以性别、年龄、网购频次作为固定因子，开展单变量分析。操作演示与功能详解如下：

01 打开数据 6.1，选择"分析｜一般线性模型｜单变量"命令，弹出"单变量"对话框。在左侧变量框中选择"整体接受度评价"变量，单击 按钮，选入右侧的"因变量"框，选择"性别""年龄""网购频次"变量，单击 按钮，选入右侧的"固定因子"框，如图 6.1 所示。

02 单击"模型"按钮，弹出"单变量：模型"对话框，如图 6.2 所示。本例中采用系统默认设置的"全因子"模型。

图 6.1 "单变量"对话框

图 6.2 "单变量：模型"对话框

对话框深度解读

- "指定模型"选项组用来设置模型的类型，即最终进入模型的自变量（因子）。
  - 全因子：系统默认选项。全因子模型包括所有因子变量的主效应、所有协变量主效应、所有因子与因子的交互效应，但不包括多个协变量之间或协变量与因子之间的交互效应。该对话框如果选择"全因子"，则无须进行其他设置。
  - 构建项：若用户不需要使用全因子模型，而仅需指定其中一部分因子的主效应、一部分因子之间的交互或一部分因子与协变量之间的交互，可选择该选项，系统将在"因子与协变量"框中自动列出可以作为因子变量的变量名，这些变量都是由用户在前面的"单变量"对话框指定过的，用户根据表中列出的变量名自行建立模型即可。

构建项中包括交互、主效应、所有二阶、所有三阶、所有四阶、所有五阶等类型。在同时选中因子与协变量列表框中的各个因子以后，若选择主效应，则创建各个因子本身变量，本例中将为 xingbie、nianling、pinci，若选择交互，则创建所有选定变量的最高级交互项，本例中将为 xingbie*nianling*pinci，若选择二阶交互，则创建所有选定变量的所有可能的二阶交互，本例中将为 xingbie*nianling、nianling*pinci、xingbie*pinci，若选择三阶交互，则创建所有选定变量的所有可能的三阶交互，本例中将为 xingbie*nianling*pinci，若选择四阶交互，则创建所有选定变量的所有可能的四阶交互，若选择五阶交互，则创建所有选定变量的所有可能的五阶交互，因为本例中只有 3 个因子，所以即使选择四阶交互、五阶交互，也仅会出现三阶交互的结果，即 xingbie*nianling*pinci。

> 构建定制项：如果要包含嵌套项，或者想要按变量显式构建任何项，才使用该选项。

- 在对话框的左下方有"平方和"下拉框，可以进行四项选择来确定平方和的分解方法，包括 I 类、II 类、III 类和 IV 类 4 种，其中 III 类是系统默认的，也是常用的一种。

  > I 类：平方和分层解构法，仅对模型主效应之前的每项进行调整，一般适用于以下模型：
  >   ◇ 平衡的 ANOVA 模型。在这个模型中一阶交互效应前指定主效应，二阶交互效应前指定一阶交互效应，以此类推。
  >   ◇ 多项式回归模型。在该模型中任何低阶项都在较高阶项前面指定。
  >   ◇ 纯嵌套模型。在模型中第一个被指定的效应嵌套在第二个被指定的效应中，第二个被指定的效应嵌套在第三个被指定的效应中，嵌套模型只能使用语句指定。

  > II 类：该方法计算一个效应的平方和时，对其他所有的效应进行调整，一般适用于平衡的 ANOVA 模型、仅有主效应的模型、任何回归模型、纯嵌套模型。

  > III 类：为系统默认的处理方法，对其他任何效应均进行调整。它的优势是把所估计剩余常量都考虑到单元频数中。一般适用于 I 类、II 类所列的模型和没有空单元格的平衡或不平衡模型。

  > IV 类：该方法是为有缺失单元格的情况设计的，使用此方法时任何效应 F 计算平方和，如果 F 不包含在其他效应中，IV 类=III 类=II 类；如果 F 包含在其他效应中，则 IV 类只对 F 的较高水平效应参数作对比，一般适用于 I 类、II 类所列模型和带有空单元格的平衡或不平衡模型。

- 右下角的"在模型中包括截距"项，系统默认截距包括在回归模型中，如果假设数据通过原点，则可以不包括截距，即不选择此项，这里保持默认选项。

03 单击"继续"按钮，回到"单变量"对话框，单击"对比"按钮，弹出"单变量：对比"对话框，如图 6.3 所示。本例中采用系统默认设置。

图 6.3　"单变量：对比"对话框

对话框深度解读

"因子"框中显示了所有在主对话框中选中的因子变量,因子变量名后的括号中是当前的对比方法。在"更改对比"栏中可以改变变量对比方法。

对比用来检验因子的水平之间的差值,我们可以对模型中的每个因子指定一种对比方法,对比结果描述的是参数的线性组合。操作方法如下:

① 在"因子"框中选择想要改变对比方法的因子,这一操作使"更改对比"选项组中的各项被激活。

② 单击"对比"参数框后的下拉箭头,在展开的对比方法表中选择对比方法,可供选择的对比方法及其含义如下。需要提示的是,对于"偏差"对比和"简单"对比,用户可以自主选择参考类别是最后一个类别还是第一个类别。

- 无:不进行均值比较。
- 偏差:将因子的每个水平(参考类别除外)的平均值与所有水平的平均值(总平均值)进行比较。
- 简单:将因子的每个水平的平均值与指定水平的平均值进行比较。当存在控制组时,此类对比很有用。
- 差值:将因子的每个水平的平均值(第一个水平除外)与前面水平的平均值进行比较,也称逆赫尔默特对比。
- 赫尔默特:将因子的每个水平的平均值(最后一个水平除外)与后面水平的平均值进行比较。
- 重复:将因子的每个水平的平均值(最后一个水平除外)与后一个水平的平均值进行比较。
- 多项式:比较线性效应、二次效应、三次效应等。第一自由度包含跨所有类别的线性效应,第二自由度包含二次效应,以此类推。这些对比常用来估计多项式趋势。

③ 单击"更改"按钮,选中的(或改变了的)对比方法将显示在步骤①选中的因子变量后面的括号中。

④ 选择对比的参考水平,只有选择了"偏差"或"简单"方法时才需要选择参考水平。共有两种可能的选择:"最后一个"或"第一个"选项,系统默认的参考水平是"最后一个"。

04 单击"继续"按钮,回到"单变量"对话框,单击"图"按钮,弹出"单变量:轮廓图"对话框,如图 6.4 所示。这里我们把"xingbie"变量选为水平轴变量,把"nianling"变量选为单独的线条变量,把"pinci"选为单独的图变量,然后单击"添加"按钮,将其生成到"图"列表框。

图 6.4 "单变量：轮廓图"对话框

对话框深度解读

轮廓图对于比较模型中的边际平均值是有用的，单因子的轮廓图显示估计边际平均值是沿水平增加还是减小。所有固定和随机因子（如果存在）都可用于绘制轮廓图，图表可以是折线图或条形图。第一个因子对应"水平轴"，反映因子的每个水平（每个取值）上的估计因变量边际平均值；第二个因子对应"单独的线条"，变量的每个水平将在图中是一条线；第三个因子对应"单独的图"，每个水平可用来创建分离图，分图变量的每个水平生成一张线图。具体设置如下：

① 从左侧"因子"列表框中把因子变量分别选入"水平轴""单独的线条""单独的图"中，单击"添加"，即在"图"列表框中生成图形表达式，生成图形表达式后如发现有错误，可以单击"更改"或"除去"分别进行修改和删除。
② 选择图表类型，可为折线图或条形图。
③ 选择是否输出误差条形图：用户可选择"包括误差条形图"并且设定置信区间或标准误差。
④ 选择是否包含总平均值的参考线：选择是否包含一个参考线来表示总体平均值。
⑤ Y 轴从 0 开始：若选择该选项，对于仅包含整数值或仅包含负数值的折线图，强制 Y 轴从 0 开始。条形图始终从（或包含）0 开始。

05 单击"继续"按钮，回到"单变量"对话框，单击"事后比较"按钮，弹出"单变量：实测平均值的事后多重比较"对话框，如图 6.5 所示。我们从"因子"栏中选择全部因子变量，单击 按钮，选入右侧的"下列各项的事后检验"框，然后在下面的多个复选框中选择需要的多重比较方法"LSD"。

对话框深度解读

单变量方差分析的基本分析只能判断自变量是否对因变量产生了显著影响，如果自变量确实对因变量产生了显著影响，那么还应该进一步确定自变量的不同水平对因变量的影响程度，包括哪个水平的作用是显著的，哪个水平的作用是不显著的，等等。

"假定等方差"选项组提供了 14 种方法，"不假定等方差"选项组提供了 4 种方法，各种方法各有优劣，具体统计量的计算公式可参阅相关统计学教材。本例中我们在"假定等方差"选项组选择最为常用的"LSD"。

06 单击"继续"按钮，回到"单变量"对话框，单击"保存"按钮，弹出"单变量：保存"对话框，如图 6.6 所示。通过在对话框中的选择，系统使用默认变量名将所计算的预测值、残差和诊断等作为新的变量保存在编辑数据文件中，以便在其他统计分析中使用这些值，在数据编辑窗口中，使用鼠标指向变量名，会给出对新生成变量含义的解释。本例中我们采用系统默认设置。单击"继续"按钮，回到"单变量"对话框。

图 6.5 "单变量：实测平均值的事后多重比较"对话框

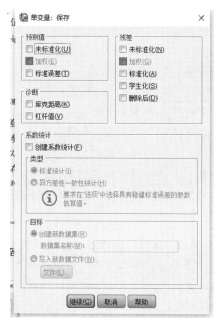

图 6.6 "单变量：保存"对话框

对话框选项设置/说明

- 设置"预测值"，系统对每个样本观测值给出根据模型计算的预测值，有以下 3 个选项：
  - 未标准化：选择该项将输出非标准化预测值。
  - 加权：只有在"单变量"主对话框中选择了"WLS 权重"该选项才会被激活，选中这个选项将保存加权非标准化预测值。
  - 标准误差：选择该项将给出预测值标准误差。
- "诊断"可以测量并标识对模型影响较大的观测量或自变量，包括两个选项：库克距离和杠

- "残差"选项组的各选项含义如下：
  - 未标准化：给出非标准化残差值，即观测值与预测值之差。
  - 加权：只有在"单变量"主对话框中选择了"WLS 权重"该选项才会被激活，选中这个选项将保存加权的非标准化残差。
  - 标准化：给出标准化残差，又称皮尔逊残差。
  - 学生化：给出学生化残差。
  - 删除后：给出剔除残差，也就是因变量值与校正预测值之差。
- 如果选中"创建系数统计"复选框，将模型参数估计的方差-协方差矩阵保存到一个新文件中。对因变量将产生三行数据，一行是参数估计值，一行是与参数估计值相对应的显著性检验的 T 统计量，还有一行是残差自由度。所生成的新数据文件可以作为另外分析的输入数据文件，单击"写入新数据文件"下方的"文件"按钮，打开相应的保存对话框，指定文件的保存位置和文件名。这里我们选择按系统默认方式设置，因为保存设置对我们的分析结果没有任何影响。

07 单击"选项"按钮，弹出"单变量：选项"对话框，如图 6.7 所示。本例中我们选择系统默认选项。最后单击"继续"按钮，回到"单变量"对话框，单击"确定"按钮，进入计算分析。

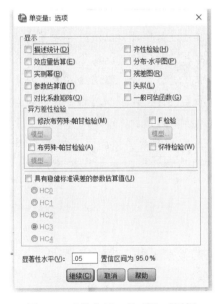

图 6.7 "单变量：选项"对话框

对话框深度解读

- "显示"选项组可以指定要输出的统计量，有以下选项：
  - 描述统计：输出的描述统计量有样本观测值的平均值、标准差和每个单元格中的样本观测值数。
  - 效应量估算：它反映了每个效应与每个参数估计值可以归于因子的总变异的大小。

- 实测幂：给出各种检验假设的功效，计算功效的显著性水平，系统默认的临界值是 0.05。
- 参数估算值：给出各因素变量的模型参数估计、标准误差、T 检验的 T 值、显著性概率和 95% 的置信区间。
- 对比系数矩阵：显示变换系数矩阵或 L 矩阵。
- 齐性检验：表示进行方差齐性检验。
- 分布-水平图：绘制观测量均值—标准差图、观测量均值—方差图。
- 残差图：表示绘制残差图，给出观测值、预测值散点图和观测量数目对标准化残差的散点图，以及正态和标准化残差的正态概率图。
- 失拟：检查独立变量和非独立变量间的关系是否被充分描述。
- 一般可估函数：可以根据一般估计函数自定义假设检验，对比系数矩阵的行与一般估计函数是线性组合的。
- "异方差性检验"选项组可以指定要进行异方差性检验的方法，有以下选项：
  - 布劳殊-帕甘检验：也就是统计学上常说的 BP 检验。
  - 修改布劳殊-帕甘检验：也就是统计学上的改进的 BP 检验。
  - F 检验：使用 F 联合检验异方差。
  - 怀特检验：相对于布劳殊-帕甘检验，怀特检验在对条件方差函数一阶近似的基础上，加入了条件方差函数的二次项，包括平方项和交互项。
- "具有稳健标准误差的参数估算值"选项组，有以下选项：
  - HC0：使用 0 阶稳健标准差进行估计，以消除异方差因素带来的影响。
  - HC1：使用 1 阶稳健标准差进行估计，以消除异方差因素带来的影响。
  - HC2：使用 2 阶稳健标准差进行估计，以消除异方差因素带来的影响。
  - HC3：使用 3 阶稳健标准差进行估计，以消除异方差因素带来的影响。
  - HC4：使用 4 阶稳健标准差进行估计，以消除异方差因素带来的影响。
- 最下面的"显著性水平"框中可以改变置信区间框内多重比较的显著性水平。

6.1.3 结果解读

1. 主体间因子

图 6.8 为主体间因子展示。可以发现各个因子变量包括性别、年龄、网购频次的具体因子水平，以及各个因子水平下的样本观测值数。比如性别这一因子变量共有男、女两个水平，样本观测值数分别是 106 个、94 个。

2. 主体间效应检验

图 6.9 为主体间效应检验结果，也是方差分析的主要结果。可以看到因变量为整体接受度评价，对表中各列含义解释如下：

- 源：进入模型的因子变量情况，除了截距常数项以及误差项之外，还有性别、年龄、网购频次 3 个因子变量的主效应以及 3 个因子变量之间的交互效应（含 3 个因子两两交互效应和一个三阶交互效应）。

- III 类平方和：用默认的 III 类方法计算的各效应的偏差平方和。修正模型的偏差平方和为 691.923，修整后总计偏差平方和为 888.620，两者之差为误差偏差平方和 196.697。
- 自由度：各效应的自由度。总计自由度 200 等于修正模型自由度 31、截距项自由度 1、误差项自由度 168 之和。
- 均方：各效应的均方，数值上等于各效应的偏差平方和除以相应的自由度。
- F：该值是各效应在进行 F 检验时的 F 值，数值上等于各自的均方除以误差均方。
- 显著性：为显著性 P 值，小于 0.05 说明相应的变量效应比较显著。本例中性别（P=0.000）、年龄（P=0.022）、年龄*网购频次（P=0.002）、性别*年龄*网购频次（P=0.001）4 个效应是比较显著的，其他的不够显著。说明性别、年龄会对整体接受度评价产生显著影响，年龄与网购频次的二阶交互相应、性别年龄与网购频次的三阶交互相应也会对整体接受度评价产生显著影响，其他主效应或交互效应不够显著。

表的下端为 R 方以及调整后 R 方，R 方就是可决系数，调整后 R 方就是调整后的可决系数，表明因变量的变异有多少可以由指定的方差模型所解释，其值应该在 0 和 1 之间，越大表示模型的解释能力越强，拟合得越充分。本例中 R 方为 0.779，调整后 R 方为 0.738，模型的解释能力还是很不错的。

主体间因子

		值标签	个案数
性别	1	男	106
	2	女	94
年龄	1	25岁以下	45
	2	25岁至35岁	51
	3	35岁-45岁	52
	4	45岁以上	52
网购频次	1	一年5次以下	45
	2	一年5次-10次	49
	3	一年10次-20次	46
	4	一年20次以上	60

图 6.8　主体间因子表

主体间效应检验

因变量：整体接受度评价

源	III 类平方和	自由度	均方	F	显著性
修正模型	691.923[a]	31	22.320	19.064	.000
截距	4318.712	1	4318.712	3688.645	.000
xingbie	277.812	1	277.812	237.281	.000
nianling	11.558	3	3.853	3.291	.022
pinci	5.367	3	1.789	1.528	.209
xingbie * nianling	3.379	3	1.126	.962	.412
xingbie * pinci	2.377	3	.792	.677	.567
nianling * pinci	33.233	9	3.693	3.154	.002
xingbie * nianling * pinci	34.782	9	3.865	3.301	.001
误差	196.697	168	1.171		
总计	6656.000	200			
修正后总计	888.620	199			

a. R 方 = .779（调整后 R 方 = .738）

图 6.9　主体间效应检验

3. 事后多重比较检验结果

图 6.10、图 6.11 分别为年龄、网购频次两个因子变量的事后多重比较检验结果（LSD 法），用来观察同一因子内部不同水平的差异性。需要说明的是，接受事后多重比较检验的因子至少需要有 3 个水平（也可以理解为有 3 种取值），本例中由于性别因子不足三个组，因此没有对性别因子执行事后检验。

针对年龄事后多重比较检验的结果解释如下：

- 25 岁以下的整体接受度评价要显著高于 25 岁至 35 岁（体现在平均值差值为 0.68>0，且显著性 P 值为 0.003）；25 岁以下的整体接受度评价高于 35 岁至 45 岁，但这种差异不够显著（体现在平均值差值虽然为 0.27>0，但显著性 P 值为 0.222，远大于通常意义上的显著性水平 0.05）；

25 岁以下的整体接受度评价低于 45 岁以上，但这种差异不够显著（体现在平均值差值虽然为 −0.13<0，但显著性 P 值为 0.545，远大于通常意义上的显著性水平 0.05）。

- 25 岁至 35 岁的整体接受度评价要显著低于 25 岁以下，低于 35 岁至 45 岁但不够显著，显著低于 45 岁以上。
- 35 岁至 45 岁的整体接受度评价要低于 25 岁以下，高于 25 岁至 35 岁，低于 45 岁以上，但这些差异都不够显著。
- 45 岁以上的整体接受度评价要高于其他所有组，但仅与 25 岁至 35 岁的差异比较显著。

针对网购频次事后多重比较检验的结果解释如下：

- 一年 5 次以下的整体接受度评价要显著低于一年 5 次-10 次（体现在平均值差值为-1.16<0，且显著性 P 值为 0.000），显著低于一年 10 次-20 次（体现在平均值差值为-1.16<0，且显著性 P 值为 0.000），显著低于一年 20 次以上（体现在平均值差值为−0.88<0，且显著性 P 值为 0.000）。
- 一年 5 次-10 次的整体接受度评价与一年 10 次-20 次基本一样，除此之外要高于其他两组，但仅与一年 5 次以下的差异比较显著。
- 一年 10 次-20 次的整体接受度评价与一年 5 次-10 次基本一样，除此之外要高于其他两组，但仅与一年 5 次以下的差异比较显著。
- 一年 20 次以上的整体接受度评价要显著高于一年 5 次以下，同时低于其他两组，但这种差异并不显著。

事后检验

年龄

多重比较

因变量：整体接受度评价
LSD

(I) 年龄	(J) 年龄	平均值差值 (I-J)	标准误差	显著性	95% 置信区间 下限	95% 置信区间 上限
25岁以下	25岁至35岁	.68*	.221	.003	.24	1.11
	35岁-45岁	.27	.220	.222	-.16	.71
	45岁以上	-.13	.220	.545	-.57	.30
25岁至35岁	25岁以下	-.68*	.221	.003	-1.11	-.24
	35岁-45岁	-.41	.213	.059	-.83	.02
	45岁以上	-.81*	.213	.000	-1.23	-.39
35岁-45岁	25岁以下	-.27	.220	.222	-.71	.16
	25岁至35岁	.41	.213	.059	-.02	.83
	45岁以上	-.40	.212	.059	-.82	.02
45岁以上	25岁以下	.13	.220	.545	-.30	.57
	25岁至35岁	.81*	.213	.000	.39	1.23
	35岁-45岁	.40	.212	.059	-.02	.82

基于实测平均值。
误差项是均方（误差）= 1.171。
*. 平均值差值的显著性水平为 0.05。

图 6.10　年龄事后多重比较检验结果

网购频次

多重比较

因变量：整体接受度评价
LSD

(I) 网购频次	(J) 网购频次	平均值差值 (I-J)	标准误差	显著性	95% 置信区间 下限	95% 置信区间 上限
一年5次以下	一年5次-10次	-1.16*	.223	.000	-1.60	-.72
	一年10次-20次	-1.16*	.227	.000	-1.61	-.71
	一年20次以上	-.88*	.213	.000	-1.30	-.46
一年5次-10次	一年5次以下	1.16*	.223	.000	.72	1.60
	一年10次-20次	.00	.222	.989	-.44	.44
	一年20次以上	.28	.208	.179	-.13	.69
一年10次-20次	一年5次以下	1.16*	.227	.000	.71	1.61
	一年5次-10次	.00	.222	.989	-.44	.44
	一年20次以上	.28	.212	.182	-.13	.70
一年20次以上	一年5次以下	.88*	.213	.000	.46	1.30
	一年5次-10次	-.28	.208	.179	-.69	.13
	一年10次-20次	-.28	.212	.182	-.70	.13

基于实测平均值。
误差项是均方（误差）= 1.171。
*. 平均值差值的显著性水平为 0.05。

图 6.11　网购频次事后多重比较检验结果

4. 估算边际平均值图

系统会输出估算边际平均值图的信息。其中网购频次是“单独的图”变量，此处以“网购频次在 1 年 5 次以下时”介绍，如图 6.12 所示，每个年龄段都有一条单独的线条。“性别”是“水平轴”变量，展示了从男到女的估算边际平均值的变化，各个年龄段从男到女的估算边际平均值图都呈上升趋势。

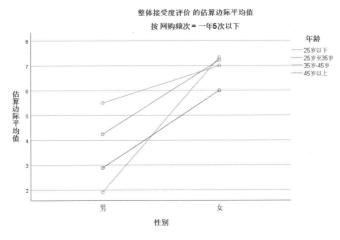

图 6.12 估算边际平均值图

6.1.4 知识点总结与练习题

知识点总结：本节讲述了单变量分析的 SPSS 操作，对涉及的窗口界面进行了深度解读。通过本节的学习，应该较为清晰地知晓单变量分析的适用情形，知晓固定因子、随机因子、协变量的区别，知晓事后多重比较的含义以及估算边际平均值图的绘制方法，并且能够较为连贯地对分析结果进行解读。

练习题：继续使用数据 6.1，以整体信任度评价作为因变量，以性别、年龄作为固定因子，以网购频次、学历作为随机因子，适当选取数据文件中的其他变量作为协变量，开展单变量分析。

6.2 多变量分析

下载资源:\video\第 6 章\6.2
下载资源:\sample\数据 6.1

6.2.1 基本原理

多因变量分析过程通过一个或多个因子或协变量为多个连续因变量提供回归分析和方差分析，其与其他分析方法的核心差异在于因变量是多个而非一个，且为连续变量类型。多因变量分析过程中因子均为固定因子，因子与协变量的差异在于因子为分类变量，协变量为连续变量。多因变量分析过程通过固定因子将总体划分成组，检验不同分组的因变量的均值是否有显著差异，与前面的多因素方差分析相同，用户可以研究个别因子对因变量的影响，也可以研究因子之间的交互效应对因变量的影响，还可以研究协变量对因变量的影响，以及协变量与因子之间的交互效应对因变量的影响。

平衡与非平衡模型均可通过多变量分析过程进行检验。平衡与非平衡模型的区别在于，如果模型中的每个单元包含相同的样本观测值数，则模型是平衡的。在多变量模型中，模型中的效应引起的平方和以及误差平方和以矩阵形式表示，而不是以单变量分析中的标量形式表示。这些矩阵称为 SSCP（平方和与叉积）矩阵。如果指定了多个因变量，则多变量分析过程提供使用比莱轨迹、威尔克 Lambda、霍特林轨迹以及罗伊最大根的多变量方差分析，同时还提供每个因变量的单变量方差分析。而且除了检验假设外，多变量分析过程还会生成参数估计。此外，单变量分析中介绍的先验对比、事后多重比较、估算边际平均值图、保存残差、预测值、库克距离以及杠杆值为新变量等功能在多变量分析过程中也都存在。

6.2.2 操作演示与功能详解

本节我们继续使用数据 6.1。以整体接受度评价、整体信任度评价作为因变量，以性别、年龄、网购频次作为固定因子，开展多变量分析，操作演示与功能详解如下：

01 打开数据 6.1，选择"分析｜一般线性模型｜多变量"命令，弹出"多变量"对话框。在左侧变量框中选择"整体接受度评价""整体信任度评价"变量，单击 ➡ 按钮，选入右侧的"因变量"框，在左侧变量框中选择"性别""年龄""网购频次"变量，单击 ➡ 按钮，选入右侧的"固定因子"框，如图 6.13 所示。

02 单击"模型"按钮，弹出"多变量：模型"对话框，如图 6.14 所示。本例中采用系统默认设置的"全因子"模型。该对话框中的选项与前面介绍的"单变量：模型"对话框一致，含义相同，在此不再赘述。

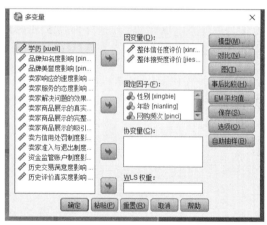

图 6.13 "多变量"对话框　　　　　　图 6.14 "多变量：模型"对话框

03 单击"继续"按钮，回到"多变量"对话框，单击"对比"按钮，弹出"多变量：对比"对话框，如图 6.15 所示。本例中采用系统默认设置。该对话框中的选项与前面介绍的"单变量：对比"对话框一致，含义相同，在此不再赘述。

04 单击"继续"按钮，回到"单变量"对话框，单击"图"按钮，弹出"多变量：轮廓图"对话框，如图 6.16 所示。这里我们把"xingbie"变量选为水平轴变量，把"nianling"变量选为单独的线条变量，把"pinci"选为单独的图变量。该对话框中的选项与前面介绍的"单变量：轮廓图"对话框一致，含义相同，在此不再赘述。

第 6 章　一般线性模型 | 143

图 6.15　"多变量：对比"对话框　　　　图 6.16　"多变量：轮廓图"对话框

05　单击"继续"按钮，回到"多变量"对话框，单击"事后比较"按钮，弹出"多变量：实测平均值的事后多重比较"对话框，如图 6.17 所示。我们从"因子"栏中选择全部因子变量，单击按钮，选入右侧的"下列各项的事后检验"框，然后在下面的多个复选框中选择需要的多重比较方法"LSD"。该对话框中的选项与前面介绍的"单变量：实测平均值的事后多重比较"对话框一致，含义相同，在此不再赘述。

06　单击"继续"按钮，回到"多变量"对话框，单击"保存"按钮，弹出"多变量：保存"对话框，如图 6.18 所示。该对话框中的选项与前面介绍的"单变量：保存"对话框一致，含义相同，在此不再赘述。本例中我们采用系统默认设置。单击"继续"按钮，回到"单变量"对话框。

图 6.17　"多变量：实测平均值的事后多重比较"对话框　　　图 6.18　"多变量：保存"对话框

07　单击"选项"按钮，弹出"多变量：选项"对话框，如图 6.19 所示。本例中我们在"显示"选项组中选择"描述统计""效应量估算""齐性检验""参数估算值""SSCP 矩阵"选项。单击"继续"按钮，回到"多变量"对话框，然后单击"确定"按钮确认。

图 6.19 "多变量：选项"对话框

对话框深度解读

- "多变量：选项"对话框"显示"选项组中可以选择输出以下选项：
  - 描述统计：输出按因变量、因子分组统计的描述统计量，统计指标包括样本观测值的平均值、标准差和总数。
  - 效应量估算：基于方差分析，在主体间效应检验中输出偏 Eta 方值，用于描述总可变性中可归因于某个因子的部分。
  - 实测幂：给出 F 检验的显著性 P 值。
  - 参数估算值：基于回归分析，输出各因子变量的模型参数估计值、标准误差、T 检验的 T 值。显著性 P 值、95％的置信区间、偏 Eta 方值。
  - SSCP 矩阵：在多变量模型中，模型中的效应引起的平方和以及误差平方和以矩阵形式表示，而不是以单变量分析中的标量形式表示。选择 SSCP 矩阵，系统将输出 SSCP 平方和与叉积矩阵。
  - 残差 SSCP 矩阵：给出 SSCP 残差的 SSCP 矩阵，残差 SSCP 矩阵的维度与模型中的因变量数相同，残差的协方差矩阵为 SSCP 除以残差自由度，残差相关矩阵是由残差协方差矩阵标准化得来的。
  - 转换矩阵：显示对因变量的转换系数矩阵或 M 矩阵。
  - 齐性检验：生成误差方差的莱文等同性检验，还包含对因变量协方差矩阵的博克斯等同性检验。
  - 分布-水平图：给出各因变量标准差与平均值的分布-水平图，以及各因变量方差与平均值的分布-水平图。
  - 残差图：给出实测*预测*标准化残差图。
  - 失拟：执行拟合优度检验（它要求对一个或几个自变量重复观测），如果检验被拒绝，就意味着当前的模型不能充分说明因子与因变量之间的关系，可能有因子变量被忽略，或者模型中需要其他项。
  - 一般可估函数：产生表明估计函数一般形式的表格。
- 在"多变量：选项"对话框最下面的"显著性水平"框中可以改变多重比较的显著性水平。检验的显著性水平使用默认的水平 0.05。

6.2.3 结果解读

1. 主体间因子

图 6.20 为主体间因子展示。与 6.1 节单变量分析中的结果一致，此处不再赘述。

主体间因子

		值标签	个案数
性别	1	男	106
	2	女	94
年龄	1	25岁以下	45
	2	25岁至35岁	51
	3	35岁-45岁	52
	4	45岁以上	52
网购频次	1	一年5次以下	45
	2	一年5次-10次	49
	3	一年10次-20次	46
	4	一年20次以上	60

图 6.20　主体间因子表

2. 描述统计

图 6.21 为描述统计结果，因结果界面过大，仅摘取部分。描述统计是按因变量、因子分组统计的描述统计量，统计指标包括样本观测值的平均值、标准差和个案数。

3. 因变量协方差矩阵的博克斯等同性检验

图 6.22 为因变量协方差矩阵的博克斯等同性检验，原假设是“各个组的因变量实测协方差矩阵相等”，显著性 P 值为 0.039，显著拒绝了原假设，即各个组的因变量实测协方差矩阵不相同。

描述统计

	性别	年龄	网购频次	平均值	标准偏差	个案数
整体信任度评价	男	25岁以下	一年5次以下	2.42	1.311	12
			一年5次-10次	5.33	.577	3
			一年10次-20次	5.50	.707	2
			一年20次以上	5.00	.000	2
			总计	3.47	1.775	19
		25岁至35岁	一年5次以下	3.22	1.302	9
			一年5次-10次	4.00	1.414	11
			一年10次-20次	3.60	.894	5
			一年20次以上	5.17	.408	6
			总计	3.94	1.315	31
		35岁-45岁	一年5次以下	4.25	.500	4
			一年5次-10次	5.00	.894	6
			一年10次-20次	3.30	.675	10
			一年20次以上	4.13	.354	8
			总计	4.04	.881	28
		45岁以上	一年5次以下	5.50	.707	2
			一年5次-10次	4.50	.577	4
			一年10次-20次	5.00	.816	4
			一年20次以上	4.22	.428	18
			总计	4.46	.637	28
		总计	一年5次以下	3.19	1.469	27
			一年5次-10次	4.50	1.180	24
			一年10次-20次	3.90	1.091	21
			一年20次以上	4.41	.557	34
			总计	4.02	1.203	106

图 6.21　描述统计

协方差矩阵的博克斯等同性检验[a]

博克斯 M	78.830
F	1.391
自由度 1	48
自由度 2	4320.410
显著性	.039

检验“各个组的因变量实测协方差矩阵相等”这一原假设。

a. 设计：截距 + xingbie + nianling + pinci + xingbie * nianling + xingbie * pinci + nianling * pinci + xingbie * nianling * pinci

图 6.22　因变量协方差矩阵的博克斯等同性检验

4. 多变量检验

图 6.23 为多变量检验结果，多变量检验使用比莱轨迹、威尔克 Lambda、霍特林轨迹以及罗伊最大根 4 种方法，判断固定因子对因变量的贡献度。比莱轨迹、霍特林轨迹、罗伊最大根都是一个正值统计量，其越大对模型贡献的效应越多；威尔克 Lambda 是一个介于 0～1 的统计量，其值越小对模型贡献的效应越多。在本例中，性别的贡献是最大的，然后是交互项性别*年龄*网购频次、年龄*网购频次，其他的项均贡献相对较小。

多变量检验[a]

效应		值	F	假设自由度	误差自由度	显著性	偏 Eta 平方
截距	比莱轨迹	.968	2554.046[b]	2.000	167.000	.000	.968
	威尔克 Lambda	.032	2554.046[b]	2.000	167.000	.000	.968
	霍特林轨迹	30.587	2554.046[b]	2.000	167.000	.000	.968
	罗伊最大根	30.587	2554.046[b]	2.000	167.000	.000	.968
xingbie	比莱轨迹	.645	151.538[b]	2.000	167.000	.000	.645
	威尔克 Lambda	.355	151.538[b]	2.000	167.000	.000	.645
	霍特林轨迹	1.815	151.538[b]	2.000	167.000	.000	.645
	罗伊最大根	1.815	151.538[b]	2.000	167.000	.000	.645
nianling	比莱轨迹	.063	1.813	6.000	336.000	.096	.031
	威尔克 Lambda	.938	1.821[b]	6.000	334.000	.094	.032
	霍特林轨迹	.066	1.828	6.000	332.000	.093	.032
	罗伊最大根	.059	3.328[c]	3.000	168.000	.021	.056
pinci	比莱轨迹	.061	1.769	6.000	336.000	.105	.031
	威尔克 Lambda	.940	1.763[b]	6.000	334.000	.106	.031
	霍特林轨迹	.064	1.758	6.000	332.000	.107	.031
	罗伊最大根	.046	2.558[c]	3.000	168.000	.057	.044
xingbie * nianling	比莱轨迹	.040	1.148	6.000	336.000	.334	.020
	威尔克 Lambda	.960	1.143[b]	6.000	334.000	.337	.020
	霍特林轨迹	.041	1.138	6.000	332.000	.340	.020
	罗伊最大根	.030	1.658[c]	3.000	168.000	.178	.029
xingbie * pinci	比莱轨迹	.012	.341	6.000	336.000	.915	.006
	威尔克 Lambda	.988	.340[b]	6.000	334.000	.916	.006
	霍特林轨迹	.012	.339	6.000	332.000	.916	.006
	罗伊最大根	.012	.678[c]	3.000	168.000	.567	.012
nianling * pinci	比莱轨迹	.232	2.444	18.000	336.000	.001	.116
	威尔克 Lambda	.779	2.471[b]	18.000	334.000	.001	.118
	霍特林轨迹	.271	2.497	18.000	332.000	.001	.119
	罗伊最大根	.206	3.848[c]	9.000	168.000	.000	.171
xingbie * nianling * pinci	比莱轨迹	.236	2.495	18.000	336.000	.001	.118
	威尔克 Lambda	.777	2.501[b]	18.000	334.000	.001	.119
	霍特林轨迹	.272	2.507	18.000	332.000	.001	.120
	罗伊最大根	.186	3.478[c]	9.000	168.000	.001	.157

a. 设计：截距 + xingbie + nianling + pinci + xingbie * nianling + xingbie * pinci + nianling * pinci + xingbie * nianling * pinci
b. 精确统计
c. 此统计是生成显著性水平下限的 F 的上限。

图 6.23　多变量检验结果

5. 误差方差的莱文等同性检验

图 6.24 为误差方差的莱文等同性检验，检验"各个组中的因变量误差方差相等"这一原假设。可以发现对于整体信任度评价和整体接受度评价两个因变量，如果是基于平均值或者基于剪除后平均值，显著性 P 值均小于 0.05，拒绝原假设；而如果是基于中位数或者基于中位数并具有调整后自由度，显著性 P 值均大于 0.05，接受原假设。

误差方差的莱文等同性检验[a]

		莱文统计	自由度1	自由度2	显著性
整体信任度评价	基于平均值	1.688	30	168	.021
	基于中位数	.688	30	168	.886
	基于中位数并具有调整后自由度	.688	30	100.131	.879
	基于剪除后平均值	1.562	30	168	.042
整体接受度评价	基于平均值	2.373	30	168	.000
	基于中位数	.696	30	168	.879
	基于中位数并具有调整后自由度	.696	30	78.744	.867
	基于剪除后平均值	2.164	30	168	.001

检验"各个组中的因变量误差方差相等"这一原假设。
a. 设计：截距 + xingbie + nianling + pinci + xingbie * nianling + xingbie * pinci + nianling * pinci + xingbie * nianling * pinci

图 6.24　误差方差的莱文等同性检验

6. 主体间效应检验

图 6.25 为主体间效应检验结果,对表中各列含义解释如下:

- 源、因变量、III 类平方和、自由度、均方、F、显著性均与前面 6.1 节单变量分析中的结果类似,不再讲解。可以发现针对整体信任度评价和整体接受度评价两个因变量,模型中所有项的显著性没有差别(如 xingbie 对于整体信任度评价的显著性 P 值为 0.000,对于整体接受度评价的显著性 P 值为 0.000)。本例中性别、年龄、年龄*网购频次、性别*年龄*网购频次 4 个效应是比较显著的,其他的不够显著。

- 偏 Eta 平方:用于描述因变量总可变性中可归因于某个因子(或交互项)的部分,数值越大说明解释能力越强。在本例中,性别的偏 Eta 平方是最大的(0.640、0.585),说明该因子主效应对于因变量的影响作用是最大的,然后是交互项性别*年龄*网购频次(0.157、0.150)、年龄*网购频次(0.108、0.145),其他的项均贡献相对较小,这与前面 4 种多变量检验结果以及显著性 P 值的检验结果也是一致的。

主体间效应检验

源	因变量	III 类平方和	自由度	均方	F	显著性	偏 Eta 平方
修正模型	整体信任度评价	641.356a	31	20.689	22.135	.000	.803
	整体接受度评价	691.923b	31	22.320	19.064	.000	.779
截距	整体信任度评价	4598.031	1	4598.031	4919.446	.000	.967
	整体接受度评价	4318.712	1	4318.712	3688.645	.000	.956
xingbie	整体信任度评价	279.551	1	279.551	299.093	.000	.640
	整体接受度评价	277.812	1	277.812	237.281	.000	.585
nianling	整体信任度评价	7.669	3	2.556	2.735	.045	.047
	整体接受度评价	11.558	3	3.853	3.291	.022	.056
pinci	整体信任度评价	5.789	3	1.930	2.065	.107	.036
	整体接受度评价	5.367	3	1.789	1.528	.209	.027
xingbie * nianling	整体信任度评价	1.974	3	.658	.704	.551	.012
	整体接受度评价	3.379	3	1.126	.962	.412	.017
xingbie * pinci	整体信任度评价	1.631	3	.544	.582	.628	.010
	整体接受度评价	2.377	3	.792	.677	.567	.012
nianling * pinci	整体信任度评价	18.943	9	2.105	2.252	.021	.108
	整体接受度评价	33.233	9	3.693	3.154	.002	.145
xingbie * nianling * pinci	整体信任度评价	29.233	9	3.248	3.475	.001	.157
	整体接受度评价	34.782	9	3.865	3.301	.001	.150
误差	整体信任度评价	157.024	168	.935			
	整体接受度评价	196.697	168	1.171			
总计	整体信任度评价	7048.000	200				
	整体接受度评价	6656.000	200				
修正后总计	整体信任度评价	798.380	199				
	整体接受度评价	888.620	199				

a. R 方 = .803(调整后 R 方 = .767)
b. R 方 = .779(调整后 R 方 = .738)

图 6.25 主体间效应检验

表的下端为 R 方以及调整后 R 方。本例中整体信任度评价 R 方为 0.803,调整后 R 方为 0.767;整体接受度评价 R 方为 0.779,调整后 R 方为 0.738,模型的解释能力还是很不错的。

7. 参数估算值

图 6.26 为参数估算值结果,因结果界面过大,仅摘取部分。图中 B 列为 0 且上标为 a 的项是因为"此参数冗余,因此设置为零"。参数估算值结果实质上是一种回归分析结果,针对不同的因变量分别列出了回归分析模型中各自变量(含截距、因子的不同水平以及因子不同水平之间的交互效应)的系数、标准误差、t 值、显著性 P 值、95%的置信区间以及偏 Eta 平方。读者可据此写出回归

方程。关于回归分析的详细介绍可参考后续章节。

参数估算值

因变量	参数	B	标准误差	t	显著性	95% 置信区间 下限	95% 置信区间 上限	偏 Eta 平方
整体信任度评价	截距	7.667	.395	19.425	.000	6.887	8.446	.692
	[xingbie=1]	-3.444	.456	-7.558	.000	-4.344	-2.545	.254
	[xingbie=2]	0ª						
	[nianling=1]	-.222	.510	-.436	.663	-1.228	.784	.001
	[nianling=2]	-.500	.558	-.896	.372	-1.602	.602	.005
	[nianling=3]	-.667	.585	-1.139	.256	-1.822	.489	.008
	[nianling=4]	0ª						
	[pinci=1]	-.467	.585	-.797	.426	-1.622	.689	.004
	[pinci=2]	-.167	.499	-.334	.739	-1.152	.819	.001
	[pinci=3]	-.667	.684	-.975	.331	-2.016	.683	.006
	[pinci=4]	0ª						
	[xingbie=1] * [nianling=1]	1.000	.883	1.133	.259	-.742	2.742	.008
	[xingbie=1] * [nianling=2]	1.444	.721	2.005	.047	.022	2.867	.023
	[xingbie=1] * [nianling=3]	.569	.715	.796	.427	-.842	1.981	.004
	[xingbie=1] * [nianling=4]	0ª						
	[xingbie=2] * [nianling=1]	0ª						
	[xingbie=2] * [nianling=2]	0ª						
	[xingbie=2] * [nianling=3]	0ª						
	[xingbie=2] * [nianling=4]	0ª						
	[xingbie=1] * [pinci=1]	1.744	.928	1.879	.062	-.088	3.577	.021
	[xingbie=1] * [pinci=2]	.444	.731	.608	.544	-.999	1.888	.002
	[xingbie=1] * [pinci=3]	1.444	.868	1.665	.098	-.269	3.157	.016
	[xingbie=1] * [pinci=4]	0ª						
	[xingbie=2] * [pinci=1]	0ª						
	[xingbie=2] * [pinci=2]	0ª						
	[xingbie=2] * [pinci=3]	0ª						
	[xingbie=2] * [pinci=4]	0ª						
	[nianling=1] * [pinci=1]	.689	.871	.791	.430	-1.030	2.408	.004
	[nianling=1] * [pinci=2]	-.278	.815	-.341	.734	-1.887	1.332	.001
	[nianling=1] * [pinci=3]	.859	.810	1.060	.291	-.741	2.458	.007

图 6.26　参数估算值

8. 主体间 SSCP 矩阵

图 6.27 为主体间 SSCP 矩阵结果,用默认的 III 类方法计算的各效应的偏差平方和。

主体间 SSCP 矩阵

			整体信任度评价	整体接受度评价
假设	截距	整体信任度评价	4598.031	4456.184
		整体接受度评价	4456.184	4318.712
	xingbie	整体信任度评价	279.551	278.680
		整体接受度评价	278.680	277.812
	nianling	整体信任度评价	7.669	9.338
		整体接受度评价	9.338	11.558
	pinci	整体信任度评价	5.789	5.299
		整体接受度评价	5.299	5.367
	xingbie * nianling	整体信任度评价	1.974	2.327
		整体接受度评价	2.327	3.379
	xingbie * pinci	整体信任度评价	1.631	1.968
		整体接受度评价	1.968	2.377
	nianling * pinci	整体信任度评价	18.943	24.097
		整体接受度评价	24.097	33.233
	xingbie * nianling * pinci	整体信任度评价	29.233	30.956
		整体接受度评价	30.956	34.782
误差		整体信任度评价	157.024	164.970
		整体接受度评价	164.970	196.697

基于 III 类平方和

图 6.27　主体间 SSCP 矩阵

9. 事后多重比较检验结果

图 6.28、图 6.29 分别为年龄、网购频次两个因子变量的事后多重比较检验结果（LSD 法），用来观察同一因子内部不同水平的差异性。需要说明的是，接受事后多重比较检验的因子至少需要有 3 个水平（也可以理解为有 3 种取值），本例中由于性别因子不足 3 个组，因此没有对性别因子执行事后检验。针对结果的解释与 6.1 节单变量分析中类似，不再赘述。

事后检验

年龄

多重比较

LSD

因变量	(I) 年龄	(J) 年龄	平均值差值 (I-J)	标准误差	显著性	95% 置信区间	
						下限	上限
整体信任度评价	25岁以下	25岁至35岁	.60*	.198	.003	.21	.99
		35岁-45岁	.24	.197	.220	-.15	.63
		45岁以上	-.03	.197	.891	-.42	.36
	25岁至35岁	25岁以下	-.60*	.198	.003	-.99	-.21
		35岁-45岁	-.36	.191	.059	-.74	.01
		45岁以上	-.63*	.191	.001	-1.01	-.25
	35岁-45岁	25岁以下	-.24	.197	.220	-.63	.15
		25岁至35岁	.36	.191	.059	-.01	.74
		45岁以上	-.27	.190	.157	-.64	.11
	45岁以上	25岁以下	.03	.197	.891	-.36	.42
		25岁至35岁	.63*	.191	.001	.25	1.01
		35岁-45岁	.27	.190	.157	-.11	.64
整体接受度评价	25岁以下	25岁至35岁	.68*	.221	.003	.24	1.11
		35岁-45岁	.27	.220	.222	-.16	.71
		45岁以上	-.13	.220	.545	-.57	.30
	25岁至35岁	25岁以下	-.68*	.221	.003	-1.11	-.24
		35岁-45岁	-.41	.213	.059	-.83	.02
		45岁以上	-.81*	.213	.000	-1.23	-.39
	35岁-45岁	25岁以下	-.27	.220	.222	-.71	.16
		25岁至35岁	.41	.213	.059	-.02	.83
		45岁以上	-.40	.212	.059	-.82	.02
	45岁以上	25岁以下	.13	.220	.545	-.30	.57
		25岁至35岁	.81*	.213	.000	.39	1.23
		35岁-45岁	.40	.212	.059	-.02	.82

基于实测平均值。
误差项是均方（误差）= 1.171。
*. 平均值差值的显著性水平为 .05。

图 6.28　年龄事后多重比较检验结果

网购频次

多重比较

LSD

因变量	(I) 网购频次	(J) 网购频次	平均值差值 (I-J)	标准误差	显著性	95% 置信区间	
						下限	上限
整体信任度评价	一年5次以下	一年5次-10次	-1.16*	.200	.000	-1.55	-.76
		一年10次-20次	-.98*	.203	.000	-1.38	-.58
		一年20次以上	-.86*	.191	.000	-1.24	-.48
	一年5次-10次	一年5次以下	1.16*	.200	.000	.76	1.55
		一年10次-20次	.18	.198	.379	-.22	.57
		一年20次以上	.30	.186	.113	-.07	.66
	一年10次-20次	一年5次以下	.98*	.203	.000	.58	1.38
		一年5次-10次	-.18	.198	.379	-.57	.22
		一年20次以上	.12	.189	.524	-.25	.50
	一年20次以上	一年5次以下	.86*	.191	.000	.48	1.24
		一年5次-10次	-.30	.186	.113	-.66	.07
		一年10次-20次	-.12	.189	.524	-.50	.25
整体接受度评价	一年5次以下	一年5次-10次	-1.16*	.223	.000	-1.60	-.72
		一年10次-20次	-1.16*	.227	.000	-1.61	-.71
		一年20次以上	-.88*	.213	.000	-1.30	-.46
	一年5次-10次	一年5次以下	1.16*	.223	.000	.72	1.60
		一年10次-20次	.00	.222	.989	-.44	.44
		一年20次以上	.28	.208	.179	-.13	.69
	一年10次-20次	一年5次以下	1.16*	.227	.000	.71	1.61
		一年5次-10次	.00	.222	.989	-.44	.44
		一年20次以上	.28	.212	.182	-.13	.70
	一年20次以上	一年5次以下	.88*	.213	.000	.46	1.30
		一年5次-10次	-.28	.208	.179	-.69	.13
		一年10次-20次	-.28	.212	.182	-.70	.13

基于实测平均值。
误差项是均方（误差）= 1.171。
*. 平均值差值的显著性水平为 .05。

图 6.29　网购频次事后多重比较检验结果

6.2.4　知识点总结与练习题

知识点总结：本节讲述了多变量分析的 SPSS 操作，对涉及的窗口界面进行了深度解读。通过本节的学习，应该较为清晰地知晓多变量分析的适用情形，尤其是与单变量分析的差异，并且能够较为连贯地对分析结果进行解读。

练习题：继续使用数据 6.1，以整体接受度评价、整体信任度评价作为因变量，以性别、学历、网购频次作为固定因子，适当选取数据文件中的其他变量作为协变量，开展多变量分析。

第 7 章

回归分析

本章主要学习 SPSS 的回归分析，包括线性回归分析、加权最小二乘回归分析、曲线估算回归分析、二元 Logistic 回归分析、多元 Logistic 回归分析、有序回归分析、概率回归分析、非线性回归分析、最优标度回归分析 9 种分析方法。回归分析是研究一个因变量与一个或多个自变量之间因果关系的一种统计分析方法，通过建立回归方程，使用各自变量来拟合因变量，并可使用回归方程进行预测。使用回归分析还可以得到很多统计量，其中对于每个变量（包括因变量和自变量），可以得到有效个案数、平均值和标准偏差；对于每个回归模型，可以得到回归系数、相关性矩阵、部分相关和偏相关、复相关系数、可决系数、修正的可决系数、可决系数的变化、估计值的标准误差、方差分析表、预测值和残差，此外还可以灵活设置输出每个回归系数的 95% 置信区间、方差-协方差矩阵、方差膨胀因子、容差、Durbin-Watson 检验、距离测量（Mahalanobis、Cook 和杠杆值）、DfBeta、DfFit、预测区间和个案诊断信息以及散点图、部分图、直方图和正态概率图等信息。

本章教学要点：

- 清楚知晓线性回归分析、加权最小二乘回归分析、曲线估算回归分析、二元 Logistic 回归分析、多元 Logistic 回归分析、有序回归分析、概率回归分析、非线性回归分析、最优标度回归分析 9 种分析方法的特色，知晓每种方法的适用条件。
- 熟练掌握线性回归分析、加权最小二乘回归分析、曲线估算回归分析、二元 Logistic 回归分析、多元 Logistic 回归分析、有序回归分析、概率回归分析、非线性回归分析、最优标度回归分析 9 种分析的窗口功能，根据研究需要灵活进行窗口设置，开展回归分析。
- 能够对各种回归分析的结果进行解读，从中发现数据特征，得出研究结论。

7.1 线性回归分析

| 下载资源:\video\第 7 章\7.1 |
| 下载资源:\sample\数据 7.1 |

7.1.1 基本原理

线性回归分析法是非常基础、常用的回归分析方法，基于自变量和因变量之间存在的线性关系，线性回归的数学模型为：

$$y = \alpha + \beta_1 x_1 + \beta_2 x_2 + \cdots + \beta_n x_n + \varepsilon$$

矩阵形式为：

$$y = \alpha + X\beta + \varepsilon$$

其中，$y = \begin{pmatrix} y_1 \\ y_2 \\ \vdots \\ y_n \end{pmatrix}$ 为因变量，$\alpha = \begin{pmatrix} \alpha_1 \\ \alpha_2 \\ \vdots \\ \alpha_n \end{pmatrix}$ 为截距项，$\beta = \begin{pmatrix} \beta_1 \\ \beta_2 \\ \vdots \\ \beta_n \end{pmatrix}$ 为待估计系数，$X = \begin{pmatrix} x_{11} & x_{12} & \cdots & x_{1k} \\ x_{21} & x_{22} & \cdots & x_{2k} \\ \vdots & \vdots & \ddots & \vdots \\ x_{n1} & x_{n2} & \cdots & x_{nk} \end{pmatrix}$ 为自变量，$\varepsilon = \begin{pmatrix} \varepsilon_1 \\ \varepsilon_2 \\ \vdots \\ \varepsilon_n \end{pmatrix}$ 为误差项。

并且假定自变量之间无多重共线性，误差项 ε_i（i=1,2,⋯,n）之间相互独立，且均服从同一正态分布 $N(0,\sigma^2)$，σ^2 是未知参数，误差项满足与自变量之间的严格外生性假定，以及自身的同方差、无自相关假定。

因变量的变化可以由 $\alpha + X\beta$ 组成的线性部分和随机误差项 ε_i 两部分解释。对于线性模型，一般采用最小二乘估计法来估计相关的参数，统计学原理是使残差平方和最小。残差就是因变量的实际值与拟合值之间的差值。

所以，采用最小二乘估计法来估计参数 α、β，也就是求解如下最优化问题：

$$\arg\min \sum_{i=1}^{n} e_i^2 = \arg\min \sum_{i=1}^{n} (y - \hat{\alpha} - \hat{\beta} \boldsymbol{X})^2$$

7.1.2　操作演示与功能详解

本节我们用于分析的数据是数据 7.1，记录的是 XX 生产制造企业 1997—2021 年营业利润水平（profit）、固定资产投资（invest）、平均职工人数（labor）、研究开发支出（rd）等数据。数据 7.1 的数据视图与变量视图分别如图 7.1 和图 7.2 所示。

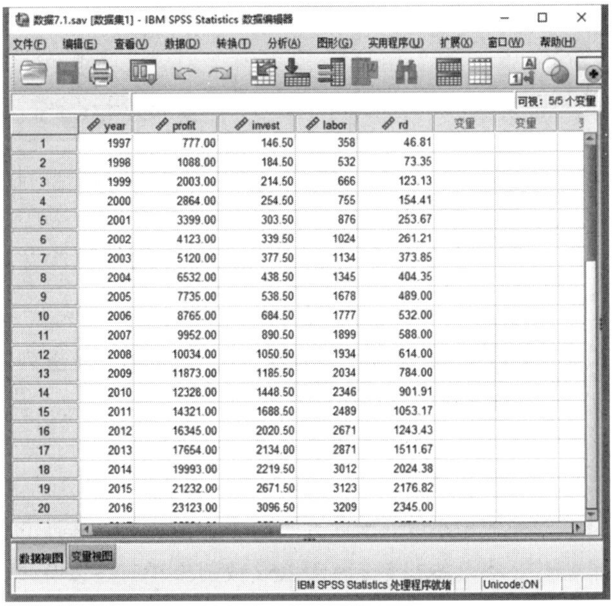

	year	profit	invest	labor	rd	变量	变量
1	1997	777.00	146.50	358	46.81		
2	1998	1088.00	184.50	532	73.35		
3	1999	2003.00	214.50	666	123.13		
4	2000	2864.00	254.50	755	154.41		
5	2001	3399.00	303.50	876	253.67		
6	2002	4123.00	339.50	1024	261.21		
7	2003	5120.00	377.50	1134	373.85		
8	2004	6532.00	438.50	1345	404.35		
9	2005	7735.00	538.50	1678	489.00		
10	2006	8765.00	684.50	1777	532.00		
11	2007	9952.00	890.50	1899	588.00		
12	2008	10034.00	1050.50	1934	614.00		
13	2009	11873.00	1185.50	2034	784.00		
14	2010	12328.00	1448.50	2346	901.91		
15	2011	14321.00	1688.50	2489	1053.17		
16	2012	16345.00	2020.50	2671	1243.43		
17	2013	17654.00	2134.00	2871	1511.67		
18	2014	19993.00	2219.50	3012	2024.38		
19	2015	21232.00	2671.50	3123	2176.82		
20	2016	23123.00	3096.50	3209	2345.00		

图 7.1　数据 7.1 数据视图

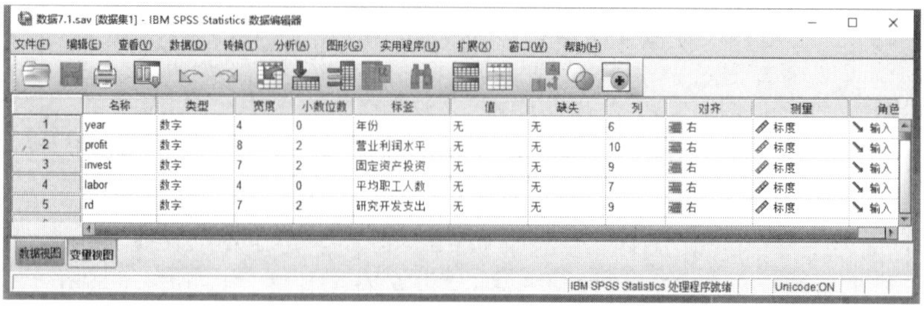

图 7.2 数据 7.1 变量视图

下面我们以营业利润水平作为因变量,以固定资产投资、平均职工人数、研究开发支出作为自变量,开展线性回归分析,操作演示与功能详解如下:

01 打开数据 7.1,选择"分析丨回归丨线性"命令,弹出如图 7.3 所示的对话框。在"线性回归"对话框左侧的列表框中选中"营业利润水平"并单击 按钮,使之进入"因变量"列表框,选中"固定资产投资""平均职工人数""研究开发支出"并单击 按钮,使之进入"自变量"列表框。在"方法"下拉列表中,指定自变量进入分析的方式,本例中保持系统默认的"输入"方法。

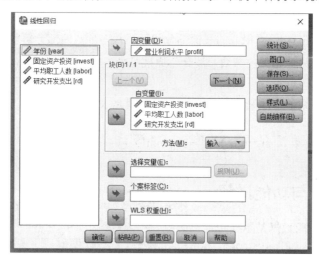

图 7.3 "线性回归"对话框

对话框深度解读

- "方法"下拉菜单,包括以下选项:
    - 输入:如果用户选择该方法,则进入自变量列表框中的全部变量将一次性进入回归模型,并且成为最终回归模型。
    - 步进:如果用户选择该方法,则系统将产生多个回归模型,在每一步中,一个系数显著性最强(当然前提是显著性 P 值小于设定的显著性水平如 0.05)的变量将引入回归方程。若已经引入回归方程的变量系数的显著性 P 值大于设定的显著性水平,则从回归方程除去,若无变量被引入或被剔除,则终止回归过程。
    - 除去:如果用户选择该方法,则将所有不进入方程模型的备选变量一次剔除。
    - 后退:如果用户选择该方法,则一次性将所有变量引入方程,并依次进行除去。首先剔除与因变量最小相关且符合剔除标准的变量，然后剔除第二个与因变量最小相关并且符合剔除标准的变量，以此类推。若方程中的变量均不满足剔除标准，则终止回归过程。

➢ **前进**：如果用户选择该方法，则被选变量依次进入回归模型。首先引入与因变量最大相关且符合引入标准的变量，引入第一个变量后，再引入第二个与因变量最大偏相关并且符合引入标准的变量，以此类推。若无变量符合引入标准，则回归过程终止。

需要注意的是，无论选择哪种方法，进入方程的变量必须符合容许偏差，默认的容许偏差是 0.0001。

- "选择变量"文本框：用于指定进入回归分析样本的选择规则，如果用户进行了设置，那么参与回归分析的样本将仅限于按照该变量相关规则筛选的样本子集。
- "个案标签"文本框：用于标识样本观测值。
- "WLS 权重"文本框：用于加权最小二乘回归分析（下一节详细介绍），基本原理是利用加权最小平方法给观测值不同的权重值，可用来补偿或减少采用不同测量方式所产生的误差。需要注意的是，因变量与自变量不能再作为加权变量使用（系统将会提示"目标列表只接受未在另一目标列表中出现的变量"），如果加权变量的值是零、负数或缺失值，那么相对应的观测值将被删除。

02 单击"统计"按钮，弹出"线性回归：统计"对话框，如图 7.4 所示。"线性回归：统计"对话框包括"回归系数"和"残差"两个选项组，以及"模型拟合""R 方变化量""描述""部分相关性和偏相关性""共线性诊断"选项。在本例中，为了讲解比较充分，我们选择上述全部选项组及选项。

图 7.4　"线性回归：统计"对话框

对话框深度解读

- "回归系数"选项组，包括以下选项：
  ➢ **估算值**：输出回归系数、回归系数的标准错误、标准化回归系数 Beta、对回归系数进行检验的 T 值、T 值的双尾检验的显著性水平。
  ➢ **置信区间**：输出每一个非标准化回归系数 95% 的置信区间。
  ➢ **协方差矩阵**：输出非标准化回归系数的协方差矩阵、各变量的相关系数矩阵。

- "残差"选项组，包括"德宾-沃森"和"个案诊断"两个选项：
  - 德宾-沃森：即 DW 统计量，该统计量的作用是检验残差是否存在自相关。
  - 个案诊断：输出观测值诊断表。选择该项后将激活下面两个单选按钮。
    - 离群值：后面紧跟着标准差 n 的设置，用来设置异常值的判断依据，超出 n 倍标准差以上的个案为异常值，默认 n 为 3。
    - 所有个案：表示输出所有观测值的残差值。
- 模型拟合：输出复相关系数 R、可决系数及修正的可决系数、估计值的标准错误、方差分析表等。
- R 方变化量：输出当回归方程中引入或剔除一个自变量后 R 平方的变化量，如果较大，就说明从回归方程引入或剔除的可能是一个较好的回归自变量。
- 描述：输出有效样本观测值的数量、变量的平均值、标准偏差、相关系数矩阵及其单侧检验显著性水平矩阵。
- 部分相关性和偏相关性：输出部分相关系数、偏相关系数与零阶相关系数。部分相关性是指对于因变量与某个自变量，当已移去模型中的其他自变量对该自变量的线性效应之后，因变量与该自变量之间的相关性。当变量添加到方程时，其与 R 方的更改有关。偏相关性是指两个变量之间剩余的相关性，对于因变量与某个自变量，当已移去模型中的其他自变量对上述两者的线性效应之后，这两者之间的相关性。
- 共线性诊断：输出用来诊断多重共线性问题的各种统计量。

03 单击"继续"按钮，回到"线性回归"对话框，单击"图"按钮，打开"线性回归：图"对话框，如图 7.5 所示。我们把"DEPENDNT：因变量"选入散点图的"Y 轴"列表框，把"ZRESID：标准化残差"选入散点图的"X 轴"列表框，通过观察因变量和残差之间的散点图来观察回归模型是否符合经典回归模型的基本假设。"线性回归：图"对话框左下方的"标准化残差图"选项组可以决定是否输出标准化残差图，这里我们把"直方图"和"正态概率图"复选框都勾选上。"生成所有局部图"复选框将输出每一个自变量对于因变量残差的散点图，因为本例中我们并不需要分析所有自变量的残差与因变量残差的关系，所以不勾选该复选框。

图 7.5 "线性回归：图"对话框

对话框深度解读

"线性回归：图"对话框提供绘制散点图、直方图、正态概率图等功能，通过观察这些图形既有助于确认样本的正态性、线性和等方差性，也有助于发现和察觉那些异常观测值和离群值。用户从左边变量框中可以选择变量，并决定绘制何种散点图，针对各个变量的解释如下：DEPENDNT：因变量；ADJPRED：经调整的预测值；ZPRED：标准化预测值；SRESID：学生化残差；ZRESID：标准化残差；SDRESID：学生化剔除残差；DRESID：剔除残差。

04 单击"继续"按钮，回到"线性回归"对话框，单击"保存"按钮，打开"线性回归：保存"对话框，如图 7.6 所示。在"线性回归：保存"对话框中，用户可以通过选择该对话框中的选项决定将预测值、残差或其他诊断结果值作为新变量保存于当前工作文件或新文件中。本例中我们采用系统默认设置。

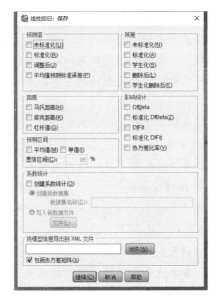

图 7.6 "线性回归：保存"对话框

对话框深度解读

- "预测值"选项组：用户在"预测值"选项组中可以选择输出回归模型中每一个观测值的预测值，包括以下选项：
  - 未标准化：保存模型中因变量的未标准化预测值。
  - 标准化：保存每个预测值的标准化形式，即用预测值与平均预测值之差除以预测值的标准差。
  - 调整后：保存在回归系数的计算中除去当前个案时当前个案的预测值。
  - 平均值预测标准误差：保存与自变量相同数值的因变量均值的标准误差。
- "距离"选项组："距离"选项组可以将自变量的异常观测值和对回归模型产生较大影响的观测值区分出来，有以下选项：
  - 马氏距离：也就是马哈拉诺比斯距离，是一个测量自变量观测值中有多少观测值与所有观测值均值显著不同的测度，把马氏距离数值大的观测值视为极端值。
  - 库克距离：若一个特殊的观测值被排除在回归系数的计算之外，则库克距离用于测量所有观测值的残差变化；若库克距离数值大的观测值被排除在回归分析的计算之外，则会导致回归系数发生实质性变化。
  - 杠杆值：用于测度回归拟合中一个点的影响。若拟合中没有影响，则杠杆值为 0。
- "预测区间"选项组，包括以下选项：
  - 平均值：平均值预测区间的上下限。

- 单值：因变量的单个观测值预测区间的上下限。
- 置信区间：在文本框中输入 1～99.99 的一个数值，作为预测区间的置信概率，通常选用的置信概率为 90%、95% 或 99%，系统默认值为 95%。
- "残差"选项组，包括以下选项：
  - 未标准化：因变量的实际值与预测值之差。
  - 标准化：标准化之后的残差，即所谓的皮尔逊残差，其均值为 0，标准差为 1。
  - 学生化：从一个观测值到另一个观测值的残差被估计标准差除后的数值。
  - 删除后：从回归系数的计算中除去的观测值的残差，等于因变量的值与经调整的预测值之差。
  - 学生化删除后：一个观测值的剔除残差被它的标准错误差除后的数值。
- "影响统计"选项组，包括以下选项：
  - DfBeta：Beta 值之差，是排除一个特定观测值所引起的回归系数的变化。
  - 标准化 DfBeta：DfBeta 的标准化形式。
  - DfFit：拟合值之差，是由于排除一个特定观测值所引起的预测值的变化。
  - 标准化 DfFit：DfFit 的标准化形式。
  - 协方差比率：一个被从回归系数计算中剔除的特定观测值的协方差矩阵与包括全部观测值的协方差矩阵的比率。如果这个比率接近 1，就说明这个特定观测值对于协方差矩阵的变更没有显著的影响。
- "系数统计"选项组：如果用户选择"系数统计"选项组中的"写入新数据文件"选项，然后单击"文件"按钮，系统就会弹出"线性回归：保存到文件"对话框，在该对话框中用户可以将回归系数或参数估算的值保存到指定的新文件中。
- "将模型信息导出到 XML 文件"选项组：用户在保存回归模型时，单击"将模型信息导出到 XML 文件"选项组旁边的"浏览"按钮可以指定文件名及路径。

05 单击"继续"按钮，回到"线性回归"对话框，单击"选项"按钮，打开"线性回归：选项"对话框，如图 7.7 所示。"线性回归：选项"对话框包括"步进法条件"选项组、"在方程中包括常量"选项和"缺失值"选项组。本例中我们采用系统默认设置。设置完毕后单击"继续"按钮，回到"线性回归"对话框，然后单击"确定"按钮确认。

图 7.7 "线性回归：选项"对话框

对话框深度解读

- "步进法条件"选项组，包括以下选项：
  - "使用 F 的概率"选项：将使用 F 的概率作为决定变量进入或移出回归方程的标准。如果变量的 F 值的显著性水平小于"进入"值，则该变量将被选入模型中；如果该变量的显著性水平大于"除去"值，则将该变量从模型中移去。"进入"值必须小于"除去"值，且两者均必须为正数。如果用户想要将更多的变量选入模型中，则需要增加"进入"值；如果用户想要将更多的变量从模型中移去，则需要降低"除去"值。

> "使用 F 值"选项：系统将使用 F 统计量值本身作为决定变量进入或移出回归方程的标准。如果变量的 F 值大于"进入"值，则该变量将进入模型；如果变量的 F 值小于"除去"值，则该变量将从模型中移去。"进入"值必须大于"除去"值，且两者均必须为正数。如果用户想要将更多的变量选入模型中，则需要降低"进入"值；如果用户想要将更多的变量从模型中移去，则需要增大"除去"值。

- "在方程中包括常量"选项："在方程中包括常量"选项为系统默认的选项。取消选择此选项可强制使回归通过原点，也就是在最终模型中不包括常数项，实际上很少这样做，因为某些通过原点的回归结果无法与包含常数的回归结果相比较，比如不能以常用的方式解释可决系数等。

- "缺失值"选项组，是对含有缺失值的个案的处理方式，有 3 种方式：
  > 成列排除个案：系统将剔除有缺失值的观测值。
  > 成对排除个案：系统将成对剔除计算相关系数的变量中含有缺失值的观测值。
  > 替换为平均值：系统将用变量的均值替代缺失值。

7.1.3 结果解读

1. 描述统计结果

图 7.8 给出了描述统计结果，显示了因变量及各个自变量全部样本观测值的平均值、标准偏差和个案数，比如营业利润水平全部样本观测值的平均值是 14376.7400，标准偏差是 11115.46606，个案数是 25 个。

描述统计

	平均值	标准偏差	个案数
营业利润水平	14376.7400	11115.46606	25
固定资产投资	1746.5000	1581.64538	25
平均职工人数	2150.00	1108.545	25
研究开发支出	1295.3664	1217.76005	25

图 7.8 描述统计

2. 相关性

图 7.9 给出了相关系数矩阵，显示了因变量及各个自变量两两间的皮尔逊相关系数，以及关于相关系数等于零假设的单尾显著性 P 值，可以发现因变量及各个自变量两两间的皮尔逊相关系数非常高，而且全部呈现正相关关系。

相关性

		营业利润水平	固定资产投资	平均职工人数	研究开发支出
皮尔逊相关性	营业利润水平	1.000	.993	.963	.991
	固定资产投资	.993	1.000	.939	.994
	平均职工人数	.963	.939	1.000	.931
	研究开发支出	.991	.994	.931	1.000
显著性（单尾）	营业利润水平	.	.000	.000	.000
	固定资产投资	.000	.	.000	.000
	平均职工人数	.000	.000	.	.000
	研究开发支出	.000	.000	.000	.
个案数	营业利润水平	25	25	25	25
	固定资产投资	25	25	25	25
	平均职工人数	25	25	25	25
	研究开发支出	25	25	25	25

图 7.9 相关系数矩阵

3. 输入/除去的变量

图 7.10 给出了输入模型和被除去的变量信息，从中可以看出，因为我们采用的是输入法，所以所有自变量都进入模型。

输入/除去的变量[a]

模型	输入的变量	除去的变量	方法
1	研究开发支出，平均职工人数，固定资产投资[b]		输入

a. 因变量：营业利润水平
b. 已输入所请求的所有变量。

图 7.10 输入/除去的变量

4. 模型摘要

图 7.11 给出了模型摘要，模型的复相关系数（R）为 0.998，可决系数（R 方）为 0.996，修正的可决系数（调整后 R 方）为 0.995，说明模型的解释能力非常好。另外，图中还给出了其他统计量，其中德宾-沃森检验值 DW=0.875。DW 是一个用于检验一阶变量自回归形式的序列相关问题的统计量，DW 在数值 2 附近说明模型变量无序列相关，越趋近于 0 说明正的自相关性越强，越趋近于 4 说明负的自相关性越强。本例中说明模型变量可能有一定的正自相关。

模型摘要[b]

模型	R	R 方	调整后 R 方	标准估算的错误	更改统计					德宾-沃森
					R 方变化量	F 变化量	自由度 1	自由度 2	显著性 F 变化量	
1	.998[a]	.996	.995	772.13815	.996	1650.889	3	21	.000	.875

a. 预测变量：(常量)，研究开发支出，平均职工人数，固定资产投资
b. 因变量：营业利润水平

图 7.11 模型摘要

5. ANOVA 分析

图 7.12 给出了 ANOVA 分析，从中可以看到模型的设定检验 F 统计量的值为 1650.889，显著性水平几乎为零，于是我们的模型通过了设定检验，也就是说，因变量与自变量之间的线性关系明显。

ANOVA[a]

模型		平方和	自由度	均方	F	显著性
1	回归	2952765912	3	984255304.0	1650.889	.000[b]
	残差	12520143.65	21	596197.317		
	总计	2965286056	24			

a. 因变量：营业利润水平
b. 预测变量：(常量)，研究开发支出，平均职工人数，固定资产投资

图 7.12 ANOVA 分析

6. 回归系数

图 7.13 为回归系数结果，包括未标准化系数及其标准错误、标准化系数、t 值、显著性 P 值、未标准化系数 95%的置信区间等统计量，结合未标准化系数结果，最终线性回归方程的表达式为：

营业利润水平=2.859*固定资产投资+2.627*平均职工人数+3.127*研究开发支出-315.637

系数^a

模型		未标准化系数 B	标准错误	标准化系数 Beta	t	显著性	B 的 95.0% 置信区间 下限	上限	相关性 零阶	偏	部分	共线性统计 容差	VIF
1	(常量)	-315.637	474.847		-.665	.513	-1303.134	671.861					
	固定资产投资	2.859	.940	.407	3.043	.006	.905	4.813	.993	.553	.043	.011	88.919
	平均职工人数	2.627	.413	.262	6.357	.000	1.768	3.486	.963	.811	.090	.118	8.446
	研究开发支出	3.127	1.151	.343	2.716	.013	.733	5.522	.991	.510	.039	.013	79.134

a. 因变量：营业利润水平

图 7.13　回归系数

如果是基于通用的 0.05 的显著性水平，可以发现各个自变量系数包括固定资产投资（P=0.006）、平均职工人数（P=0.000）、研究开发支出（P=0.013）等都是比较显著的，而且都是正向作用关系（系数值均大于 0）。

针对回归系数结果，后面的"共线性统计"解释如下：

容差和 VIF（方差膨胀因子）都是衡量回归模型多重共线性的指标。多重共线性是指线性回归模型中的解释变量之间由于存在高度相关关系而使模型估计失真或难以估计准确，产生原因包括经济变量相关的共同趋势、滞后变量的引入、样本资料的限制等。多重共线性会造成以下影响：完全共线性下参数估计量不存在；近似共线性下 OLS 估计量非有效；参数估计量经济含义不合理；变量的显著性检验失去意义，可能将重要的解释变量排除在模型之外；模型的预测功能失效。解决办法包括排除引起共线性的变量、将原模型变换为差分模型、使用岭回归法减小参数估计量的方差等。

一般情况下，如果容差小于 0.1（小于 0.2 更好）或 VIF 大于 10，则说明自变量之间存在多重共线性的问题。本例中，固定资产投资和研究开发支出两个变量的容差分别为 0.011、0.013，均显著小于 0.1；VIF 分别为 88.919、79.134，均显著大于 10，说明自变量之间的多重共线性还是比较明显的。

7. 系数相关性

图 7.14 为各个自变量回归系数之间的相关性结果，可以发现固定资产投资和研究开发支出两个自变量回归系数之间的相关系数为-0.951，呈现比较高的负相关关系，平均职工人数和研究开发支出两个自变量回归系数之间的相关系数为 0.049，呈现微弱的正相关关系，平均职工人数和固定资产投资两个自变量回归系数之间的相关系数为-0.335，呈现较低的负相关关系。

8. 共线性诊断

图 7.15 为共线性诊断结果，在共线性诊断结果表中，主要通过观察"特征值"和"条件指标"两列进行共线性诊断：多个维度的特征值约为 0 证明存在多重共线性，条件指标大于 10 时提示我们可能存在多重共线性。本例中，随着往模型中逐步添加自变量，特征值逐渐减少而接近 0，条件指标的值则随着自变量的加入而逐渐增大，尤其是在加入自变量 3 后，特征值接近 0，条件指标超过 10，说明自变量间存在多重共线性，与前面通过容差和 VIF 分析得到的结论一致。

系数相关性^a				

(图 7.14 及 图 7.15 表格略)

图 7.14　系数相关性　　　　　　　图 7.15　共线性诊断

9. 残差统计

图 7.16 给出了残差统计，显示了预测值、残差、标准预测值、标准残差等的最小值、最大值、平均值、标准偏差及个案数。

图 7.16　残差统计

10. 直方图和正态 P-P 图

图 7.17 和图 7.18 给出了模型残差的直方图和正态 P-P 图，由于在模型中始终假设残差服从正态分布，因此可以从这两张图中直观地看出回归后的实际残差是否符合假设。从回归残差的直方图与附于图上的正态分布曲线相比较，可以认为残差分布近似地服从正态分布。从正态概率 P-P 图来看，该图也是用于比较残差分布与正态分布差异的图形，图的纵坐标为期望的累计概率，横坐标为观测的累计概率，图中的斜线对应着一个平均值为 0 的正态分布。如果图中的散点密切地散布在这条斜线附近，就说明随机变量残差服从正态分布，从而证明样本确实来自于正态总体；如果偏离这条直线太远，就应该怀疑随机变量的正态性。基于以上认识，从图中的散点分布状况来看，散点大致散布于斜线附近，可以认为残差分布基本上是正态的。

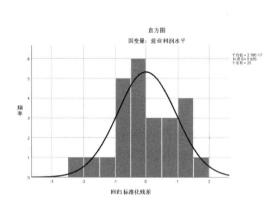

图 7.17　残差分布直方图

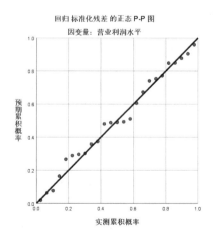

图 7.18　正态概率 P-P 图

11. 散点图

图 7.19 为因变量和回归标准化残差的散点图。正常情况下，回归标准化残差应该较为均匀地分布在 0 周围，不论因变量大小如何。从本图中可以看出，随着因变量的增大，残差分布有一定的分散倾向，说明变量可能存在一定程度的异方差。

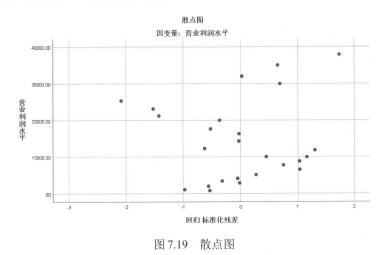

图 7.19　散点图

7.1.4　知识点总结与练习题

知识点总结：本节讲述了线性回归分析的 SPSS 操作，对涉及的窗口界面进行了深度解读。通过本节的学习，应该较为清晰地知晓线性回归分析的适用情形，并且能够较为连贯地对分析结果进行解读。

练习题：用于分析的数据还是数据 7.1，请以研究开发支出作为因变量，以营业利润水平、固定资产投资、平均职工人数作为自变量，开展线性回归分析。

7.2　加权最小二乘回归分析

7.2.1　基本原理

上一节讲述的线性回归分析本质上采用的是普通最小二乘法，基本原理是使得残差的平方和最小，但普通最小二乘法有着种种假设条件，实际往往不能满足要求。其中之一是误差项的同方差性。如果误差项存在异方差，继续采用普通最小二乘法，就会导致参数估计量非有效、变量的显著性检验失去意义、模型的预测失效等后果。

从公式的角度来说，如果对于回归模型 $y_i = a + X\beta + \varepsilon_i$ 出现 $\text{Var}(\varepsilon_i) = \delta_i^2$ 的情况，即对于不同的样本点，随机误差项的方差不再是常数，而互不相同，则认为出现了异方差性。

模型存在异方差性，可用加权最小二乘法（WLS）进行估计。加权最小二乘法是对原模型加权，使之变成一个新的不存在异方差性的模型，然后采用 OLS 估计其参数。

7.2.2 操作演示与功能详解

本节我们继续使用数据 7.1。下面以营业利润水平作为因变量，以固定资产投资、平均职工人数、研究开发支出作为自变量，以研究开发支出作为权重变量，开展加权最小二乘回归分析，操作演示与功能详解如下：

01 打开数据 7.1，选择"分析|回归|权重估算"命令，弹出"权重估算"对话框，如图 7.20 所示。从源变量列表中选择"营业利润水平"并单击 ➡ 按钮，使之进入"因变量"列表框，选中"固定资产投资""平均职工人数""研究开发支出"并单击 ➡ 按钮，使之进入"自变量"列表框。选中"研究开发支出"并单击 ➡ 按钮，使之进入"权重变量"列表框，然后选择幂的范围，我们把范围设置为-2 到 2 并以 0.5 步进。对话框左下角的"在方程中包括常量"保持系统默认设置。

对话框深度解读

- **权重变量**：选入权重变量，权重函数是此权重变量取幂后的倒数，为指定范围内的每个幂值分别计算回归方程，系统将标识出使对数似然函数最大的幂作为最优解。
- **幂的范围**：输入幂的初始值与结束值，在"按"输入框中输入幂的步长。系统要求幂的范围在 -6.5 和 7.5 之间，且满足"（结束值-初始值）/步长<=150"的条件。

---

02 单击"选项"按钮，弹出"权重估算：选项"对话框，如图 7.21 所示。本例中我们采用系统默认设置，设置完毕后单击"继续"按钮，回到"权重估算"对话框，单击"确定"按钮确认。

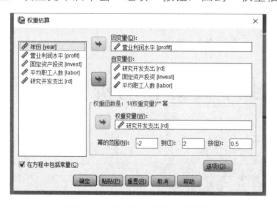

图 7.20 "权重估算"对话框

图 7.21 "权重估算：选项"对话框

对话框深度解读

- "将最优权重保存为新变量"复选框：若勾选该复选框，则系统将得到的最优权重作为一个新变量保存在数据文件中。
- "显示 ANOVA 和估算值"选项组：该选项组用于设置方差与估计值的输出方式。
  - 若选择"对于最佳幂"，则系统将只输出最终的估计值与方差分析表。

> 若选择"对于每个幂值",则系统将输出设定的幂的范围内的所有权重的估计值与方差分析表。

7.2.3 结果解读

1. 幂摘要及最佳模型统计

图 7.22 为幂摘要及最佳模型统计结果。幂摘要展示的是从【-2,2】并且按照 0.5 步长前进的各个回归模型的对数似然值,可以发现当幂为 1 的时候对数似然值最大,即最佳幂为 1。最佳模型统计则展示了幂为 1 时的回归模型具体情况。

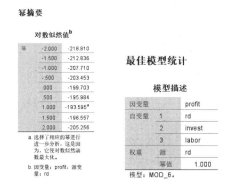

图 7.22 幂摘要及最佳模型统计

2. 模型摘要及 ANOVA

图 7.23 给出了模型摘要及 ANOVA 结果,从模型摘要中可以看出,复相关系数为 0.998,可决系数为 0.996,调整后可决系数为 0.996,说明模型的拟合优度很高,解释能力很强。对数似然函数值为-193.595,与前述幂摘要结果中幂为 1 时的对数似然函数值相同。从 ANOVA 来看,加权回归分析模型的 F 值为 1776.752,对应的显著性 P 值为 0.000,远远小于统计意义上常用的显著性 P 值 0.05,说明模型整体非常显著。

模型摘要	
复 R	.998
R 方	.996
调整后 R 方	.996
标准 估算的错误	22.460
对数似然函数值	-193.595

ANOVA	平方和	自由度	均方	F	显著性
回归	2688892.260	3	896297.420	1776.752	.000
残差	10593.624	21	504.458		
总计	2699485.884	24			

图 7.23 模型摘要及 ANOVA

3. 系数

图 7.24 给出了模型的系数结果,我们可以写出回归方程:

营业利润水平=3.933*研究开发支出+1.552*固定资产投资+3.535*平均职工人数-1029.984

图 7.24　系数

从加权最小二乘回归的结果可以看出，研究开发支出和平均职工人数对于营业利润水平的正向影响作用依然显著（显著性 P 值分别为 0.002、0.000），但固定资产投资的正向影响作用已不再显著（显著性 P 值为 0.079），由于该回归方程消除了原模型中存在的异方差性，保证了参数检验的有效性，该结论相对于 7.1 节使用最小二乘回归分析得到的结论更加稳健。

7.2.4　知识点总结与练习题

知识点总结：本节讲述了加权最小二乘回归分析的 SPSS 操作，对涉及的窗口界面进行了深度解读。通过本节的学习，应该较为清晰地知晓加权最小二乘回归分析的适用情形，并且能够较为连贯地对分析结果进行解读。

练习题：用于分析的数据还是数据 7.1，请以营业利润水平作为因变量，以固定资产投资、平均职工人数、研究开发支出作为自变量，以固定资产投资作为权重变量，开展加权最小二乘回归分析。

7.3　曲线估算回归分析

下载资源:\video\第 7 章\7.3
下载资源:\sample\数据 7.2

7.3.1　基本原理

前面不论是线性回归分析还是加权最小二乘回归分析，本质上描述的都是因变量与自变量之间的线性关系。但是在很多时候，变量之间的关系并非线性关系，这时候仍然建立线性回归模型就不合适了。为了解决这一问题，可以通过变量的转化将非线性关系转化为线性关系，这就需要用到曲线估算回归分析方法。曲线估算回归分析的基本原理就是通过变量替换的方法将不满足线性关系的数据转化为符合线性回归模型的数据，再利用线性回归进行估计。SPSS 26.0 的曲线估算回归分析过程提供了线性曲线、二次项曲线、复合曲线、增长曲线、对数曲线、立方曲线、S 曲线、指数曲线、逆模型、幂函数模型、Logistic 模型共 11 种曲线回归模型。需要特别说明的是，这 11 种模型之间并不是互斥的，而且可以同时选择多个，系统将对每个因变量生成一个单独的模型，对于每个模型系统都将输出回归系数、复相关系数 R、可决系数 R 方、修整的可决系数、估计值的标准误差、方差分析表、预测值、残差和预测区间等统计量，用户可以结合各种曲线估计结果选择最为恰当的模型。

7.3.2 操作演示与功能详解

本节我们用于分析的数据是数据 7.2，记录的是某生产制造企业营销费用投入、销售额和营业利润等数据。数据 7.2 的变量视图与数据视图分别如图 7.25 和图 7.26 所示。

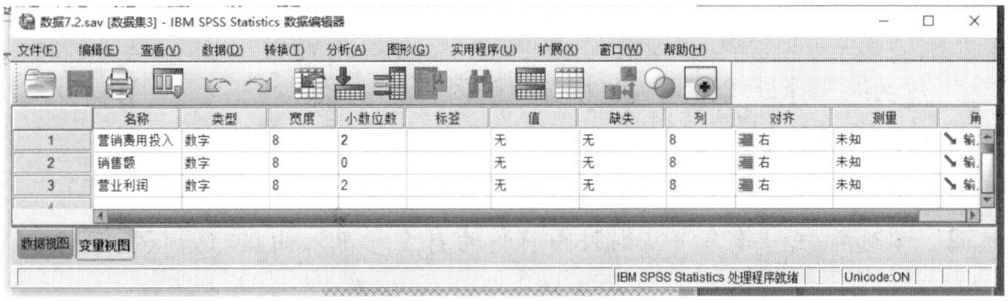

图 7.25 数据 7.2 变量视图

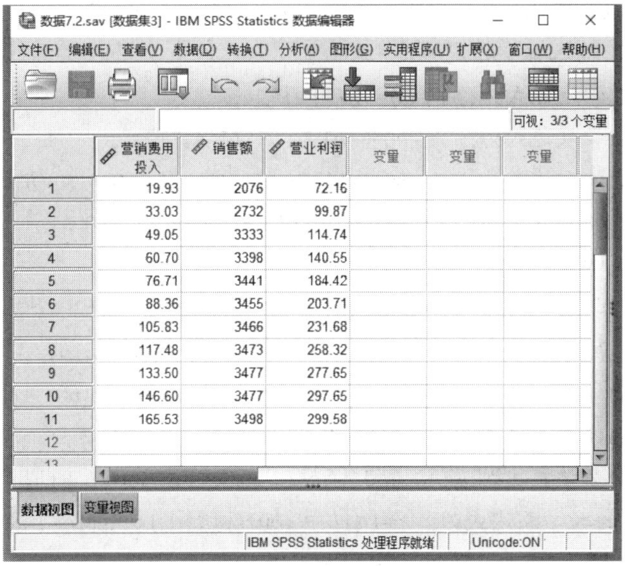

	营销费用投入	销售额	营业利润
1	19.93	2076	72.16
2	33.03	2732	99.87
3	49.05	3333	114.74
4	60.70	3398	140.55
5	76.71	3441	184.42
6	88.36	3455	203.71
7	105.83	3466	231.68
8	117.48	3473	258.32
9	133.50	3477	277.65
10	146.60	3477	297.65
11	165.53	3498	299.58

图 7.26 数据 7.2 数据视图

下面我们以销售额作为因变量，以营销费用投入作为自变量，开展曲线估算回归分析，操作演示与功能详解如下：

图 7.27 “曲线估算”对话框

01 打开数据 7.2，选择“分析 | 回归 | 曲线估算”命令，弹出“曲线估算”对话框，如图 7.27 所示。从左侧变量框中选择需要进行曲线回归分析的因变量，然后单击➡按钮，将选中的变量选入“因变量”列表中；从左侧变量框中选择需要进行曲线回归分析的自变量，然后单击➡按钮，将选中的变量选入“变量”列表中。本例中，我们在左侧变量框中选择“销售额”变量，单击➡按

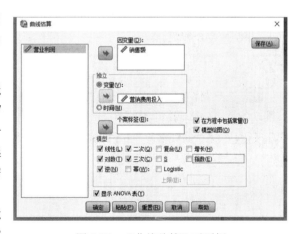

钮，选入右侧上方的"因变量"框；在左侧变量框中选择"营销费用投入"变量，单击按钮，选入右侧独立选项组中的"变量"框。在"曲线估计"对话框选中"线性""对数""逆""二次""三次"复选框，然后勾选"在方程中包括常量""模型绘图""显示 ANOVA 表"等选项。

对话框深度解读

- "因变量"列表：选择进入曲线回归模型中的因变量。
- "独立"选项组，包括以下选项：
  - ➢ "变量"单选按钮：选择进入曲线回归模型中的自变量。
  - ➢ "时间"单选按钮：若选中，则时间将作为自变量进入曲线回归模型。
- "个案标签"列表：用于指定个案标签的变量，作为模型绘图中点的标记。
- "模型"选项组：用于指定具体的曲线模型，共有 11 种曲线回归模型，分别是线性、二次、复合、增长、对数、三次、S、指数、逆、幂函数、Logistic。其中，如果选择 Logistic 复选框，可在"上限"输入框中指定模型上限。
  - ➢ 线性曲线的数学表达式为：$Y = b0 + (b1 * t)$。
  - ➢ 二次曲线的数学表达式为：$Y = b0 + (b1 * t) + (b2 * t**2)$。
  - ➢ 复合曲线的数学表达式为：$Y = b0 * (b1**t)$ 或 $\ln(Y) = \ln(b0) + (\ln(b1) * t)$。
  - ➢ 增长曲线的数学表达式为：$Y = e**(b0 + (b1 * t))$ 或 $\ln(Y) = b0 + (b1 * t)$。
  - ➢ 对数曲线的数学表达式为：$Y = b0 + (b1 * \ln(t))$。
  - ➢ 三次曲线的数学表达式为：$Y = b0 + (b1 * t) + (b2 * t**2) + (b3 * t**3)$。
  - ➢ S 曲线的数学表达式为：$Y = e**(b0 + (b1/t))$ 或 $\ln(Y) = b0 + (b1/t)$。
  - ➢ 指数曲线的数学表达式为：$Y = b0 * (e**(b1 * t))$ or $\ln(Y) = \ln(b0) + (b1 * t)$。
  - ➢ 逆模型曲线的数学表达式为：$Y = b0 + (b1 / t)$。
  - ➢ 幂函数模型的数学表达式为：$Y = b0 * (t**b1)$ 或 $\ln(Y) = \ln(b0) + (b1 * \ln(t))$。
  - ➢ Logistic 模型的数学表达式为：$Y = 1/(1/u + (b0*(b1**t)))$ 或 $\ln(1/y-1/u) = \ln(b0) + (\ln(b1)*t)$。
- "显示 ANOVA 表"复选框：输出方差分析结果。
- "在方程中包括常量"复选框：在回归模型中含有常数项。
- "模型绘图"复选框：输出所估计曲线模型的拟合图及观察点的散点图，用于直观评价曲线模型的拟合程度。

02 单击"保存"按钮，弹出"曲线估算：保存"对话框，如图 7.28 所示。本例中我们采用系统默认设置，然后单击"继续"按钮，回到"曲线估算"对话框，单击"确定"按钮确认。

图 7.28 "曲线估算：保存"对话框

对话框深度解读

- “保存变量”选项组，包括以下选项：
  - “预测值”：保存曲线模型对因变量的预测值。
  - “残差”：保存曲线模型回归的原始残差。
  - “预测区间”：保存预测区间的上下限，在“置信区间”下拉列表框中选择置信区间的范围。
- “预测个案”选项组，该选项组只有在“曲线估计”对话框中选择“时间”单选按钮时才会被激活，主要用于对个案进行预测。
  - “从估计期到最后一个个案的预测”：保存所有因变量个案的预测值，显示在对话框底端的估计期可通过“数据”菜单上的“选择个案”选项的“范围”子对话框来定义。如果未定义任何估计期，那么使用所有个案来预测值。
  - “预测范围”：保存用户指定预测范围的预测值，在“观测值”文本框中输入要预测的观测值。根据估计期中的个案预测指定日期、时间或观察值范围内的值。

7.3.3　结果解读

1. 模型描述、个案处理摘要、变量处理摘要

图 7.29 为模型描述。从该图中可以看到，模型的因变量和自变量的名称、是否含有常数项、是否指定用于在图中标注观测值的变量、有关在方程中输入项的容差以及我们设置的 5 个回归模型的类型。

图 7.30 给出了个案处理的摘要。从该图可以得到参与曲线回归的个案数总共有 11 个。

图 7.31 给出了变量处理摘要。从该图中可以得到因变量和自变量的正负值情况，如本实验中因变量和自变量都含有 11 个正值，没有零和负值。

模型描述

模型名称		MOD_2
因变量	1	销售额
方程	1	线性
	2	对数
	3	逆
	4	二次
	5	三次
自变量		营销费用投入
常量		包括
值用于在图中标注观测值的变量		未指定
有关在方程中输入项的容差		.0001

图 7.29　模型描述

个案处理摘要

	个案数
总个案数	11
排除个案数[a]	0
预测的个案	0
新创建的个案	0

a. 在分析中，将排除那些在任何变量中具有缺失值的个案。

图 7.30　个案处理摘要

变量处理摘要

		变量	
		因变量	自变量
		销售额	营销费用投入
正值的数目		11	11
零的数目		0	0
负值的数目		0	0
缺失值的数目	用户缺失值	0	0
	系统缺失值	0	0

图 7.31　变量处理摘要

2. 5 个模型摘要、ANOVA 表和系数

图 7.32~图 7.36 给出了“线性”“对数”“逆”“二次”“三次”5 个回归模型的模型摘要、ANOVA 表和系数。可以看出，在 5 个回归模型中，自变量的系数都是非常显著的，说明营销费用投入确实可以显著地影响销售额。但是 5 个回归模型的拟合优度不同，其中“三次”回归模型的拟

合优度最高（负相关系数为 0.986，可决系数为 0.972，修正后可决系数为 0.960），所以"三次"回归模型的解释能力最好。

线性

模型摘要

R	R方	调整后R方	标准 估算的错误
.712	.507	.452	332.113

自变量为 营销费用投入。

ANOVA

	平方和	自由度	均方	F	显著性
回归	1021070.937	1	1021070.937	9.257	.014
残差	992691.565	9	110299.063		
总计	2013762.502	10			

自变量为 营销费用投入。

系数

	未标准化系数 B	标准 错误	标准化系数 Beta	t	显著性
营销费用投入	6.711	2.206	.712	3.043	.014
(常量)	2648.796	223.539		11.849	.000

图 7.32　回归模型 1

对数

模型摘要

R	R方	调整后R方	标准 估算的错误
.874	.765	.739	229.452

自变量为 营销费用投入。

ANOVA

	平方和	自由度	均方	F	显著性
回归	1539930.489	1	1539930.489	29.250	.000
残差	473832.013	9	52648.001		
总计	2013762.502	10			

自变量为 营销费用投入。

系数

	未标准化系数 B	标准 错误	标准化系数 Beta	t	显著性
ln(营销费用投入)	591.273	109.327	.874	5.408	.000
(常量)	691.351	479.387		1.442	.183

图 7.33　回归模型 2

逆

模型摘要

R	R方	调整后R方	标准 估算的错误
.973	.947	.942	108.393

自变量为 营销费用投入。

ANOVA

	平方和	自由度	均方	F	显著性
回归	1908020.832	1	1908020.832	162.398	.000
残差	105741.670	9	11749.074		
总计	2013762.502	10			

自变量为 营销费用投入。

系数

	未标准化系数 B	标准 错误	标准化系数 Beta	t	显著性
1 / 营销费用投入	-32780.549	2572.329	-.973	-12.744	.000
(常量)	3793.239	53.288		71.184	.000

图 7.34　回归模型 3

二次

模型摘要

R	R方	调整后R方	标准 估算的错误
.915	.838	.797	202.136

自变量为 营销费用投入。

ANOVA

	平方和	自由度	均方	F	显著性
回归	1686891.167	2	843445.583	20.643	.001
残差	326871.335	8	40858.917		
总计	2013762.502	10			

自变量为 营销费用投入。

系数

	未标准化系数 B	标准 错误	标准化系数 Beta	t	显著性
营销费用投入	30.939	6.150	3.283	5.031	.001
营销费用投入 ** 2	-.132	.033	-2.634	-4.037	.004
(常量)	1809.348	248.503		7.281	.000

图 7.35　回归模型 4

三次

模型摘要

R	R方	调整后R方	标准 估算的错误
.986	.972	.960	90.007

自变量为 营销费用投入。

ANOVA

	平方和	自由度	均方	F	显著性
回归	1957054.169	3	652351.390	80.525	.000
残差	56708.333	7	8101.190		
总计	2013762.502	10			

自变量为 营销费用投入。

系数

	未标准化系数 B	标准 错误	标准化系数 Beta	t	显著性
营销费用投入	77.243	8.473	8.196	9.116	.000
营销费用投入 ** 2	-.718	.103	-14.329	-7.004	.000
营销费用投入 ** 3	.002	.000	6.992	5.775	.001
(常量)	869.329	196.827		4.417	.003

图 7.36　回归模型 5

3. 拟合曲线及实测值的散点图

图 7.37 给出了 5 个曲线模型拟合曲线及实测值的散点图。从图中可以很直观地看出，在 5 个曲线模型拟合的曲线中，三次模型拟合的曲线与实测值拟合得最好。

所以我们可以得出畅销书价格和销售量之间的关系为：

Y（销售额）$=869.329+77.243*X$（营销费用投入）$-0.718X^2+0.002X^3$

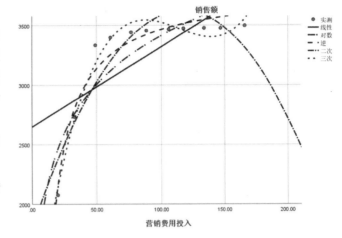

图 7.37　5 个曲线模型拟合曲线及实测值的散点图

7.3.4 知识点总结与练习题

知识点总结：本节讲述了曲线估算回归分析的 SPSS 操作，对涉及的窗口界面进行了深度解读。通过本节的学习，应该较为清晰地知晓曲线估算回归分析的适用情形，并且能够较为连贯地对分析结果进行解读，尤其是要学会对比多种曲线回归分析的结果，能够从其中找到最优模型，并写出最优模型的回归方程。

练习题：继续使用数据 7.2，以营业利润作为因变量，以营销费用投入作为自变量，开展曲线估算回归分析。

7.4　二元 Logistic 回归分析

下载资源:\video\第 7 章\7.4
下载资源:\sample\数据 7.3

7.4.1 基本原理

在前面几节的分析中，我们都假定因变量为连续定量变量，但在很多情况下，因变量只能取二值（0,1），比如是否满足某一特征等。因为一般回归分析要求因变量呈现正态分布，并且各组中具有相同的方差—协方差矩阵，所以直接用来为二值因变量进行回归估计是不恰当的。这时候就可以用到本节介绍的二元 Logistic 回归分析。二元 Logistic 回归分析的基本原理是考虑因变量（0,1）发生的概率，用发生概率除以没有发生概率再取对数。通过这一变换改变了"回归方程左侧因变量估计值取值范围为 0~1，而右侧取值范围是无穷大或者无穷小"这一取值区间的矛盾，也使得因变量和自变量之间呈线性关系。当然，正是由于这一变换，使得 Logistic 回归自变量系数不同于一般回归分析自变量系数，而是模型中每个自变量概率比的概念。

Logistic 回归系数的估计通常采用最大似然法，最大似然法的基本思想是先建立似然函数与对数似然函数，再通过使对数似然函数最大，求解相应的系数值，所得到的估计值称为系数的最大似然估计值。Logistic 模型的公式如下：

$$\ln\frac{p}{1-p}=\alpha+X\beta+\varepsilon$$

其中，p 为发生的概率，$\alpha=\begin{pmatrix}\alpha_1\\ \alpha_2\\ \vdots\\ \alpha_n\end{pmatrix}$ 为模型的截距项，$\beta=\begin{pmatrix}\beta_1\\ \beta_2\\ \vdots\\ \beta_n\end{pmatrix}$ 为待估计系数，

$X=\begin{pmatrix}x_{11} & x_{12} & \cdots & x_{1k}\\ x_{21} & x_{22} & \cdots & x_{2k}\\ \vdots & \vdots & \ddots & \vdots\\ x_{n1} & x_{n2} & \cdots & x_{nk}\end{pmatrix}$ 为自变量，$\varepsilon=\begin{pmatrix}\varepsilon_1\\ \varepsilon_2\\ \vdots\\ \varepsilon_n\end{pmatrix}$ 为误差项。通过公式也可以看出，Logistic 模型实质上是建立了因变量发生的概率和自变量之间的关系，回归系数是模型中每个自变量概率比的概念。

当然，二元 Logistic 回归分析也有自身的适用条件：一是因变量需为二分类的分类变量，自变量可以是区间级别的变量或分类变量；二是残差和因变量都要服从二项分布；三是自变量和 Logistic 概率是线性关系；四是各样本观测值相互独立。

7.4.2 操作演示与功能详解

本节我们使用数据 7.3，记录的是 20 名癌患者的相关数据。数据 7.3 中有 6 个变量，分别是细胞癌转移情况、年龄、细胞癌血管内皮生长因子、癌细胞核组织学分级、细胞癌组织内微血管数和细胞癌分期。数据 7.3 的数据视图与变量视图分别如图 7.38 和图 7.39 所示。

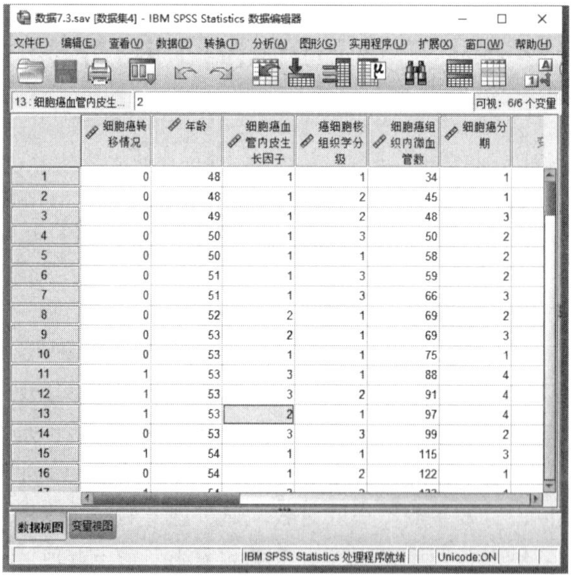

	细胞癌转移情况	年龄	细胞癌血管内皮生长因子	癌细胞核组织学分级	细胞癌组织内微血管数	细胞癌分期
1	0	48	1	1	34	1
2	0	48	1	2	45	1
3	0	49	1	2	48	3
4	0	50	1	3	50	2
5	0	50	1	1	58	2
6	0	51	1	3	59	2
7	0	51	1	3	66	3
8	0	52	2	1	69	2
9	0	53	2	1	69	3
10	0	53	1	1	75	1
11	1	53	3	1	88	4
12	1	53	3	2	91	4
13	1	53	2	1	97	4
14	0	53	3	3	99	2
15	1	54	1	1	115	3
16	0	54	1	2	122	1

图 7.38 数据 7.3 数据视图

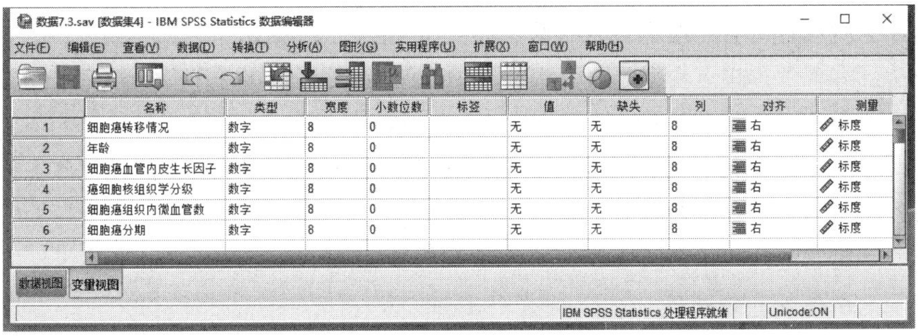

图 7.39 数据 7.3 变量视图

下面将使用二元 Logistic 回归分析方法分析患者细胞癌转移情况（有转移 y=1、无转移 y=0）与患者年龄、细胞癌血管内皮生长因子（其阳性表述由低到高共 3 个等级）、癌细胞核组织学分级（由低到高共 4 级）、细胞癌组织内微血管数、细胞癌分期（由低到高共 4 期）之间的关系。操作演示与功能详解如下：

01 打开数据 7.3，选择"分析｜回归｜二元 Logistic"命令，弹出"Logistic 回归"对话框，如图 7.40 所示。在"Logistic 回归"对话框的左侧列表框中选中"细胞癌转移情况"并单击➡按钮，使之进入"因变量"列表框，同时选中"年龄""细胞癌血管内皮生长因子""癌细胞核组织学分级""细胞癌组织内微血管数"和"细胞癌分期"并单击➡按钮，使之进入"块（B）1/1"列表框，其他采用系统默认设置。

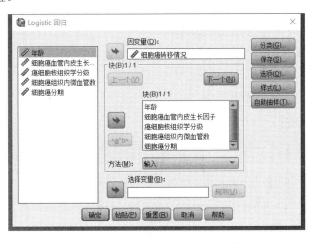

图 7.40 "Logistic 回归"对话框

对话框深度解读

- "块（B）1/1"列表框可以设置多个块，也就是建立多个模型，针对每一个块都会输出一个模型，通过单击"下一个"按钮进行新增，"上一个"或"下一个"按钮进行编辑修改。在选择模型中的变量时，不仅可以选择单个变量，也可以设置交互项，具体操作方法是，同时选择具有交互作用的变量，然后单击">a*b>"按钮，选中到"块"列表中。
- "方法"下拉列表框中可以确定各自变量进入模型的方式，有以下几种方式：

- 输入：所有自变量将全部进入模型。
- 向前：有条件：逐步向前选择，其中进入检验是基于得分统计量的显著性，移去检验是基于在条件参数估计基础上的似然比统计的概率。
- 向前：LR：逐步向前选择，其中进入检验是基于得分统计量的显著性，移去检验是基于在最大局部似然估计的似然比统计的概率。
- 向前：瓦尔德：逐步向前选择，其中进入检验是基于得分统计量的显著性，移去检验是基于瓦尔德统计的概率。
- 向后：有条件：逐步向后选择，移去检验是基于在条件参数估计基础上的似然比统计的概率。
- 向后：LR：逐步向后选择，移去检验是基于在最大局部似然估计的似然比统计的概率。
- 向后：瓦尔德：逐步向后选择，移去检验是基于瓦尔德统计的概率。

无论选择哪种引入方法，进入方程的变量必须符合容许偏差，默认的容许偏差是 0.0001，一个变量若使模型中的变量的容许偏差低于默认的容许偏差，则不进入方程。

- "选择变量"文本框根据指定变量的取值范围选择参与分析的观测样本，这里不使用这个功能，因为我们将分析全部的观测样本。

02 单击"分类"按钮，弹出"Logistic 回归：定义分类变量"对话框，如图 7.41 所示。本例中采用系统默认设置。

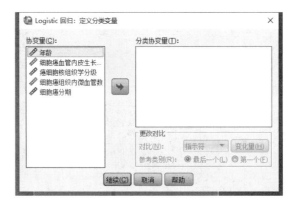

图 7.41 "Logistic 回归：定义分类变量"对话框

对话框深度解读

- "协变量"列表框中已经包含 Logistic 回归对话框中设置完毕的全部变量，如果其中含有字符串变量，将自动进入"分类协变量"框，如果没有字符串变量而有其他分类变量，则用户可自行选择合适的分类变量作为"分类协变量"。
- "更改对比"选项组用于设置分类协变量中各类水平的对比方式。单击"对比"右侧的下拉按钮进行选择，有以下几种对比方式：
    - 指示符：指示是否属于参考分类，参考分类在对比矩阵中表示为一排 0。

> 简单：除参考类别外，预测变量的每个类别都与参考类别相比较。
> 差值：除第一个类别外，预测变量的每个类别都与前面类别的平均效应相比较，也称作逆赫尔默特对比。
> 赫尔默特：除最后一类外，预测变量的每个类别都与后面类别的平均效应相比较。
> 重复：除第一个类别外，预测变量的每个类别都与它前面的那个类别进行比较。
> 多项式：正交多项式对比，假设类别均匀分布。多项式对比仅适用于数值变量。
> 偏差：除参考类别外，预测变量的每个类别都与总体效应相比较。

对于"参考类别"，如果选择了偏差、简单、指示符对比方式，可选择"最后一个"或"第一个"，指定分类变量的第一类或最后一类作为参考类。

03 单击"继续"按钮，回到"Logistic 回归"对话框，单击"保存"按钮，进入"Logistic 回归：保存"对话框，如图 7.42 所示。本例中采用系统默认设置。

图 7.42　"Logistic 回归：保存"对话框

对话框深度解读

- "预测值"选项组，包括以下选项：
  > 概率：即每个样本观测值发生特定事件的预测概率。此处所指的"事件"是值较大的因变量类别，比如因变量取 0 和 1，那么将保存该样本观测值属于类别 1 的预测概率。
  > 组成员：根据预测概率得到每个样本观测值的预测分组。此处所指的预测分组是基于判别分数，具有最大后验概率的组。比如某样本观测值对应的因变量取 0 和 1 的概率分别为 70% 和 30%，那么该样本观测值将会被分到因变量取 0 的组。
- "影响"选项组，包括以下选项：
  > 库克距离：在回归系数计算中排除特定样本观测值的影响，引起的所有样本观测值的残差变化幅度。
  > 杠杆值：每个样本观测值对模型拟合度的相对影响。
  > DfBeta(s)：即 Beta 值的差分，排除某个特定样本观测值而导致的回归系数的改变。将为模型中的每一项自变量（包括常数项）均计算一个值。
- "残差"选项组，包括以下选项：

- 非标准化：实际样本观测值与模型预测值之间的差。
- 分对数：使用 Logit 模型对样本观测值进行预测时的残差。Logit 是一个商，分子是残差，分母是"预测概率"乘以 "1-预测概率"。
- 学生化：排除了某个样本观测值的情况下，模型离差的改变。
- 标准化：残差除以其标准差的估计。标准化残差也称为皮尔逊残差，它的平均值为 0，标准差为 1。
- 偏差：基于模型偏差的残差。

04 单击"继续"按钮，回到"Logistic 回归"对话框，单击"选项"按钮，弹出"Logistic 回归：选项"对话框，如图 7.43 所示。在"统计和图"选项组中选择"霍斯默-莱梅肖拟合优度"，其他采用系统默认设置。单击"继续"按钮，回到"Logistic 回归"对话框，单击"确定"按钮确认。

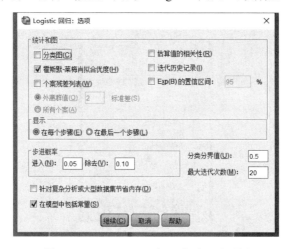

图 7.43 "Logistic 回归：选项"对话框

对话框深度解读

- "统计和图"选项组，包括以下选项：
  - 分类图：因变量的预测值与实际值的分类直方图。
  - 霍斯默-莱梅肖拟合优度：一种常用的拟合优度统计量，将样本观测值分组为不同的风险度十分位数并比较每个十分位数中已观察到的概率与期望概率，比 Logistic 回归中所用的传统拟合度统计更稳健，特别是对于具有连续协变量的模型和使用小样本的研究。
  - 个案残差列表：输出非标准化残差、预测概率、样本观测值的实际与预测分组水平。
  - 估算值的相关性：输出回归方程中各变量系数的相关系数矩阵。
  - 迭代历史记录：给出每一步迭代输出的相关系数和对数似然比值。
  - exp(B)的置信区间：输入 1~99 的数值，可以得到不同置信度的置信区间。
- "显示"选项组，包括以下选项：
  - 在每个步骤：对每步计算过程都输出表格、统计量和图形。
  - 在最后一个步骤：只输出最终回归模型的表格、统计量和图形。

- “步进概率”选项组：设置变量进入模型及从模型中剔除的判别依据，如果变量的概率值小于“进入”框中设置的值，那么此变量进入模型中；如果变量的概率值大于“除去”框的设置值，则变量会被从模型中除去。“进入”框的默认值为 0.05，“除去”框的默认值为 0.10。注意此处设置的值必须为正数，而且进入值必须小于除去值。
- 右下方的“分类分界值”可以指定样本分类的节点，预测值大于分类节点的样本为阳性，小于分类节点的样本为阴性，默认值为 0.5，取值范围为 0.01~0.09。
- “最大迭代次数”用来设置最大的迭代步数。
- “在模型中包括常量”意味着模型将包含常数项。

7.4.3　结果解读

1. 个案处理摘要、因变量编码

图 7.44 为 Logistic 回归的个案处理摘要、因变量编码。从该图中可以看到，共有 100 个样本观测值参与了分析过程，没有缺失值。因变量编码原值和内部值是统一的，取值都是 0 和 1。

2. 块 0：起始块情况

图 7.45 为块 0：起始块情况。从“分类表”中可以看到，起始块模型预测的总体正确百分比为 53%，其中针对因变量细胞癌转移情况实测为 0 的情形全部预测错误，针对实测为 1 的情况全部预测正确，说明该模型只是将全部样本观测值都简单预测为 1，没有价值。从“方程中的变量”中可以看到，起始块模型中只有常数项，而且显著性 P 值达到了 0.549，并不显著；从“未包括在方程中的变量”中可以看到，年龄、细胞癌血管内皮生长因子、癌细胞核组织学分级、细胞癌组织内微血管数和细胞癌分期 5 个自变量都没有进入回归方程。

Logistic 回归

个案处理摘要

未加权个案数[a]		个案数	百分比
选定的个案	包括在分析中的个案数	100	100.0
	缺失个案数	0	.0
	总计	100	100.0
未选定的个案		0	.0
总计		100	100.0

a. 如果权重为生效状态，请参阅分类表以了解个案总数。

因变量编码

原值	内部值
0	0
1	1

图 7.44　Logistic 回归个案处理摘要、因变量编码

块 0：起始块

分类表[a,b]

			预测		
			细胞癌转移情况		
实测			0	1	正确百分比
步骤 0	细胞癌转移情况	0	0	47	.0
		1	0	53	100.0
	总体百分比				53.0

a. 常量包括在模型中。

b. 分界值为 .500

方程中的变量

		B	标准误差	瓦尔德	自由度	显著性	Exp(B)
步骤 0	常量	.120	.200	.360	1	.549	1.128

未包括在方程中的变量

			得分	自由度	显著性
步骤 0	变量	年龄	37.298	1	.000
		细胞癌血管内皮生长因子	13.071	1	.000
		癌细胞核组织学分级	3.917	1	.048
		细胞癌组织内微血管数	31.507	1	.000
		细胞癌分期	20.536	1	.000
	总体统计		56.650	5	.000

图 7.45　块 0：起始块情况

3. 块 1 模型系数的 Omnibus 检验、模型摘要

图 7.46 为块 1 模型系数的 Omnibus 检验、模型摘要情况（本例中因为没有设置多个模型，所以块 1 模型也就是最终模型）。模型系数的 Omnibus 检验是针对模型整体的检验，是一种似然比校验，其中步骤是每一步与前一步的似然比检验结果，块是指将块 N 与块 N-1 相比的似然比检验结果，模型是指 Logistic 回归模型中所有参数是否都为 0 的似然比检验结果，也是总体评价的关键检验，可以发现本例中步骤、块、模型整体上都是非常显著的。

模型摘要显示了模型的量化评价拟合优度效果。所谓拟合优度（Goodness of Fit），是指模型的拟合效果如何，或者通过构建的模型，自变量对因变量的解释能力如何。在线性回归分析中，我们用的是可决系数 R 方或者修正的可决系数，而在 Logistic 回归模型中则用到两类，一类是模型的量化评价拟合优度效果，另一类是质性评价拟合优度效果。

从模型的量化评价拟合优度效果可以看出，-2 对数似然值（由于参数估算值的变化不足 0.001，因此估算在第 7 次迭代时终止）为 53.806，这是模型评价的重要指标，该值越小越好，可用于不同模型拟合优度的比较。考克斯-斯奈尔 R 方和内戈尔科 R 方又被称为伪 R 方，越大（越接近 1）越好，本例中分别为 0.570 和 0.761，还是可以的。

块 1：方法 = 输入

模型系数的 Omnibus 检验

		卡方	自由度	显著性
步骤 1	步骤	84.463	5	.000
	块	84.463	5	.000
	模型	84.463	5	.000

模型摘要

步骤	-2 对数似然	考克斯-斯奈尔 R 方	内戈尔科 R 方
1	53.806[a]	.570	.761

a. 由于参数估算值的变化不足 .001，因此估算在第 7 次迭代时终止。

图 7.46 模型系数的 Omnibus 检验、模型摘要情况

4. 块 1 模型的霍斯默-莱梅肖检验、霍斯默-莱梅肖检验的列联表

图 7.47 为模型的霍斯默-莱梅肖检验、霍斯默-莱梅肖检验的列联表。霍斯默-莱梅肖检验是质性评价拟合优度效果，用来评价模型是否充分利用了现有自变量的信息以拟合因变量。如果检验显著性 P 值大于 0.05，则说明拟合效果比较好，如果小于 0.05，则说明拟合效果欠佳。本例中显著性 P 值为 0.899，说明模型拟合效果非常好。

霍斯默-莱梅肖检验的列联表的基本原理是将样本观测值分组为不同的风险度十分位数并比较每个十分位数中的实测概率与期望概率，比 Logistic 回归中所用的传统拟合度统计更稳健，特别是对于具有连续协变量的模型和使用小样本的研究。本例中，可以看到第 1 组 10 个样本（即第一个十分位数内的样本）细胞癌转移情况为 0，实测概率和为 10（说明这 10 个样本因变量的实际值都是 0，每一个样本为 0 的概率都是 1），通过模型拟合的期望概率和为 9.967（10 个样本的期望概率加起来），非常接近；同时细胞癌转移情况为 1，实测概率和为 0（说明这 10 个样本因变量的实际值都是 0，每一个样本为 1 的概率都是 0），通过模型拟合的期望概率和为 0.033（10 个样本的期望概率加起来），也非常接近。以此类推，可以发现 10 个区间实测概率和期望概率都比较接近，模型拟合优度很好。

5. 块 1 模型的分类表

图 7.48 为块 1 模型的分类表。可以发现该模型针对因变量的预测正确百分比较块 0 有了显著提高，总体正确百分比达到了 91%。其中针对因变量细胞癌转移情况实际为 0 的样本（41+6=47 个）预测正确 41 个（预测值同时为 0），正确百分比为 87.2%；针对因变量细胞癌转移情况实际为 1 的样本（3+50=53 个）预测正确 50 个（预测值同时为 1），正确百分比为 94.3%。

霍斯默-莱梅肖检验

步骤	卡方	自由度	显著性
1	3.496	8	.899

霍斯默-莱梅肖检验的列联表

		细胞癌转移情况 = 0		细胞癌转移情况 = 1		
		实测	期望	实测	期望	总计
步骤 1	1	10	9.967	0	.033	10
	2	10	9.867	0	.133	10
	3	9	9.342	1	.658	10
	4	8	7.952	2	2.048	10
	5	4	4.978	6	5.022	10
	6	3	3.104	7	6.896	10
	7	3	1.357	7	8.643	10
	8	0	.371	10	9.629	10
	9	0	.053	10	9.947	10
	10	0	.010	10	9.990	10

图 7.47 模型的霍斯默-莱梅肖检验、霍斯默-莱梅肖检验的列联表

分类表[a]

实测			预测：细胞癌转移情况 0	1	正确百分比
步骤 1	细胞癌转移情况	0	41	6	87.2
		1	3	50	94.3
	总体百分比				91.0

a. 分界值为 .500

图 7.48 分类表

6. 块 1 模型方程中的变量

图 7.49 为块 1 模型方程中的变量，包括年龄、细胞癌血管内皮生长因子、癌细胞核组织学分级、细胞癌组织内微血管数、细胞癌分期及常数项。可以发现年龄、细胞癌血管内皮生长因子、癌细胞核组织学分级、细胞癌组织内微血管数、细胞癌分期 5 个变量对因变量都是正向影响关系（体现在 5 个变量 B 系数列所有的值均为正），但是细胞癌血管内皮生长因子、癌细胞核组织学分级两个变量影响并不显著（显著性 P 值分别为 0.545、0.414，均远大于 0.05）。

方程中的变量

		B	标准误差	瓦尔德	自由度	显著性	Exp(B)
步骤 1[a]	年龄	.182	.058	9.999	1	.002	1.200
	细胞癌血管内皮生长因子	.288	.476	.366	1	.545	1.334
	癌细胞核组织学分级	.320	.392	.666	1	.414	1.377
	细胞癌组织内微血管数	.044	.012	13.267	1	.000	1.045
	细胞癌分期	1.718	.520	10.905	1	.001	5.576
	常量	-21.274	4.944	18.517	1	.000	.000

a. 在步骤 1 输入的变量：年龄, 细胞癌血管内皮生长因子, 癌细胞核组织学分级, 细胞癌组织内微血管数, 细胞癌分期。

图 7.49 方程中的变量

最终的回归方程为：

logit（P|y=转移）=0.182*年龄+0.288*细胞癌血管内皮生长因子+0.320*癌细胞核组织学分级+0.044*细胞癌组织内微血管数+1.718*细胞癌分期及常数项-21.274

或者，设 T=0.182*年龄+0.288*细胞癌血管内皮生长因子+0.320*癌细胞核组织学分级+0.044*细胞癌组织内微血管数+1.718*细胞癌分期及常数项-21.274

$$\mathrm{Prob}(Y=\text{转移})=\frac{\mathrm{e}^{T}}{1+\mathrm{e}^{T}}$$

7.4.4 知识点总结与练习题

知识点总结： 本节讲述了二元 Logistic 回归分析的 SPSS 操作，对涉及的窗口界面进行了深度解读。通过本节的学习，应该较为清晰地知晓二元 Logistic 回归分析的适用情形，并且能够较为连

贯地对分析结果进行解读，并写出模型的回归方程。

练习题：继续使用数据 7.3，以患者细胞癌转移情况（有转移 y=1、无转移 y=0）为因变量，以患者年龄、细胞癌组织内微血管数、细胞癌分期（由低到高共 4 期）为自变量，开展二元 Logistic 回归分析。

7.5 多元 Logistic 回归分析

下载资源:\video\第 7 章\7.5
下载资源:\sample\数据 7.4

7.5.1 基本原理

多元 Logistic 回归分析是二元 Logistic 回归分析的拓展，用于因变量取多个单值且无先后顺序时的情形，如偏好选择、考核等级等。多元 Logistic 回归分析的基本原理同样是考虑因变量（0,1）发生的概率，用发生概率除以没有发生概率再取对数。回归自变量系数也是模型中每个自变量概率比的概念，回归系数的估计同样采用迭代最大似然法。多元 Logistic 模型的公式为：

$$\ln \frac{p}{1-p} = \alpha + X\beta + \varepsilon$$

其中，p 为事件发生的概率，$\alpha = \begin{pmatrix} \alpha_1 \\ \alpha_2 \\ \vdots \\ \alpha_n \end{pmatrix}$ 为模型的截距项，$\beta = \begin{pmatrix} \beta_1 \\ \beta_2 \\ \vdots \\ \beta_n \end{pmatrix}$ 为自变量系数，$X = \begin{pmatrix} x_{11} & x_{12} & \cdots & x_{1k} \\ x_{21} & x_{22} & \cdots & x_{2k} \\ \vdots & \vdots & \ddots & \vdots \\ x_{n1} & x_{n2} & \cdots & x_{nk} \end{pmatrix}$ 为自变量，$\varepsilon = \begin{pmatrix} \varepsilon_1 \\ \varepsilon_2 \\ \vdots \\ \varepsilon_n \end{pmatrix}$ 为误差项。

需要说明和强调的是，二元 Logistic 回归过程和多项 Logistic 回归过程这两个过程都可以拟合用于二分类数据的模型，该模型是使用二项式分布和 logit 关联函数的广义线性模型。但在其他关联函数更适合用户数据的情况下，用户应该不再局限于"回归分析"模块，而是使用更加优良的"广义线性模型"过程。此外，如果用户具有二分类数据的重复测量或者以其他方式相关联的记录，那么也应该考虑更为合适的"广义线性混合模型"或"广义估计方程"过程。

7.5.2 操作演示与功能详解

本节我们使用数据 7.4，记录的是某商业银行全体员工收入档次（1 为高收入，2 为中收入，3 为低收入）、职称情况、工作年限、绩效考核得分和违规操作积分数据。数据 7.4 的数据视图与变量视图分别如图 7.50 和图 7.51 所示。

图 7.50 数据 7.4 数据视图

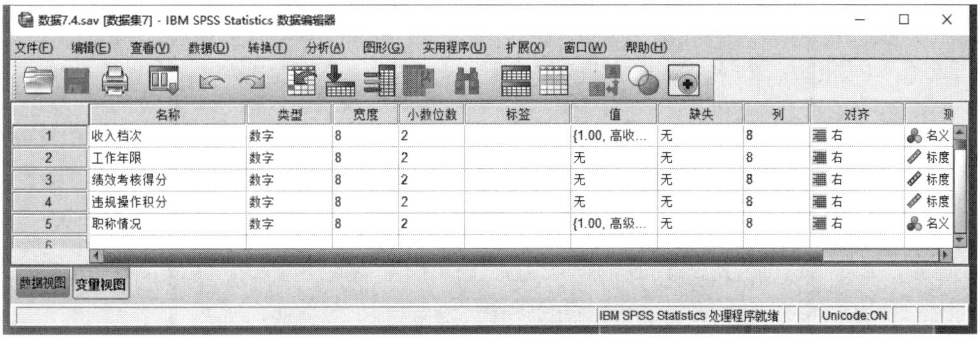

图 7.51 数据 7.4 变量视图

下面以收入档次为因变量,工作年限、绩效考核得分和违规操作积分为自变量,开展多元 Logistic 回归分析。操作演示与功能详解如下:

01 打开数据 7.4,选择"分析|回归|多元 Logistic"命令,弹出"多元 Logistic 回归"对话框,如图 7.52 所示。在该对话框左侧的列表中选中"收入档次"并单击 按钮,使之进入"因变量"列表框,选中"工作年限""绩效考核得分"和"违规操作积分"并单击 按钮,使之进入"协变量"列表框。

图 7.52 "多元 Logistic 回归"对话框

对话框深度解读

从源变量列表中选择需要进行多元 Logistic 回归分析的因变量，然后单击按钮将选中的变量选入"因变量"列表中。自变量分因子和协变量两种，其中因子为分类变量（字符串变量或者已编码的数值变量），协变量为连续定量变量。如本例中，"工作年限""绩效考核得分"和"违规操作积分"均为连续定量变量，所以选入"协变量"列表；如果在此基础上还有"性别""学历"等分类变量，则需要选入"因子"列表。

02 单击"模型"按钮，弹出"多元 Logistic 回归：模型"对话框，如图 7.53 所示。本例中采用系统默认设置。

图 7.53 "多元 Logistic 回归：模型"对话框

对话框深度解读

- "指定模型"选项组包括以下选项：
  - 主效应：系统默认选项，表示仅包含因子和协变量的主效应，不包含交互效应。
  - 全因子：建立全模型，包括所有因子和协变量的主效应、所有因子与因子之间的交互效应，但不包括因子和协变量之间的交互效应。
  - 定制/步进：用户自定义模型。如果选中"定制/步进"，则"强制进入项""步进项"和"步进法"会被激活。
- "构建项"选项组：用于选择模型效应，包括"主效应""交互""所有二阶""所有三阶""所有四阶""所有五阶"。具体含义与 6.1 节单变量分析中介绍的"单变量：模型"对话框相同，不再赘述。
- 关于"强制进入项"和"步进项"的区别：如果选择"强制进入项"，则模型中会包含所有添加到"强制进入项"列表中的项；如果选择"步进项"，则添加到"步进项"列表中的项将按照用户选择的步进方法之一包含在模型中。

> 向前进入：开始时模型中没有步进项，然后下面每一步都会将最显著的项添加到模型中，直到留在模型之外的任何项在添加到模型中之后都不再具有显著性为止。

> 向后去除：开始时将"步进项"列表中的所有项输入模型中，然后每一步都从模型中移去最不显著的项，直到剩余所有步进项都具有显著性。

> 前向逐步：从向前进入方法选定的模型开始，在此基础上，算法交替执行模型中步进项的向后去除和模型外剩余项的向前进入。此操作持续执行，直到不再有项满足输入或移去标准。

> 向后步进：从向后去除方法选定的模型开始，在此基础上，算法交替执行模型外剩余项的向前进入和模型中步进项的向后去除。此操作持续执行，直到不再有项满足输入或移去标准。

- 左下角的"在模型中包括截距"项表示常数项将包括在回归模型中。

03 单击"统计"按钮，进入"多元 Logistic 回归：统计"对话框，如图 7.54 所示。本例中在系统默认设置基础上，增加"分类表""拟合优度"两个选项。

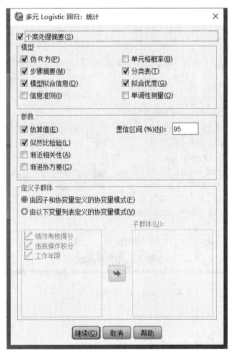

图 7.54 "多元 Logistic 回归：统计"对话框

对话框深度解读

- "个案处理摘要"选项框，提供了样本观测值的基本信息，包括参与分析的样本个数、缺失的样本个数。

- "模型"选项组，包括以下选项：
  - 伪 R 方：输出考克斯-斯奈尔、内戈尔科、麦克法登 3 个统计量。
  - 步骤摘要：只有在"多元 Logistic 回归：模型"对话框中指定"定制/步进"的情况下，才会生成该表，该表汇总了步进法中每一步中进入或移去的效应。
  - 模型拟合信息：将拟合模型与仅截距或空模型进行比较。
  - 信息准则：输出 AIC 和 BIC 信息标准。
  - 单元格概率：输出实测频率与预测频率透视表。
  - 分类表：实测因变量分组和预测因变量分组对照的表。
  - 拟合优度：皮尔逊和似然比卡方统计量。
  - 单调性测量：显示包含有关协调对、非协调对和相等对的信息表。
- "参数"选项组，包括以下选项：
  - 估算值：使用用户指定的置信度输出模型参数的估计值。
  - 似然比检验：输出模型偏效应的似然比检验。
  - 渐进相关性：输出参数估计的渐近相关性矩阵。
  - 渐进协方差：输出参数估计的渐近协方差矩阵。
  - 置信区间：输出参数估计的置信区间。
- "定义子群体"选项组：用户可选择因子和协变量的子集，以便定义单元格概率和拟合度检验所用的协变量模式。

04 单击"条件"按钮，弹出"多元 Logistic 回归：收敛条件"对话框，如图 7.55 所示。本例中采用系统默认设置。

图 7.55 "多元 Logistic 回归：收敛条件"对话框

对话框深度解读

"迭代"选项组：用来设定多元 Logistic 回归的收敛条件。

- 最大迭代次数：设置多元 Logistic 回归计算的最大迭代次数，当系统计算次数达到最大迭代次数时将会强制停止迭代。
- 最大逐步二分次数：设置多元 Logistic 回归计算的最大逐步二分次数，系统默认为 5。
- 对数似然收敛：设置多元 Logistic 回归模型计算的收敛精度，其下拉列表中包括 0、0.1、0.01、

0.001、0.0001、0.00001、0.000001 六个选项。
- 参数收敛：设置多元Logistic回归参数计算的收敛精度，其下拉列表中包括0、0.0001、0.00001、0.000001、0.0000001、0.00000001 六个选项。
- "每次达到以下步数打印一次迭代历史记录"复选框：用于设置结果输出中的迭代历史记录打印频次，系统默认为1。
- "在迭代中检查数据点分离__向前"复选框：用于在迭代中检查数据点分离向前点数，系统默认为20。

05 单击"选项"按钮，弹出"多元Logistic回归：选项"对话框，如图7.56所示。本例中采用系统默认设置。

图7.56 "多元Logistic回归：选项"对话框

对话框深度解读

- "离散标度"选项组：设置多元Logistic回归的离散标度，包括以下选项：
  - 无：不设置离散标度。
  - 由用户定义：选中该操作时，后面的值列表框将会被激活，用户需要自行确定并输入离散标度值。
  - 皮尔逊：设置皮尔逊离散标度。
  - 偏差：设置偏差离散标度。
- "步进选项"选项组：可以设置检验方法的相关参数，包括以下选项：
  - 进入概率：用于变量输入的似然比统计的概率。用户指定的概率越大，变量就越容易进入模型。除非选择向前进入、向前步进或向后步进法，否则此准则将被忽略。
  - 进入检验：用于在步进法中输入项，用户将在似然比检验和得分检验间选择。除非用户在操作中选择向前进入、向前步进或向后步进法，否则此准则将被忽略。
  - 除去概率：用于变量剔除的似然比统计的概率。用户指定的概率越大，变量就越容易保留在模型中。除非选择向后去除、向前步进或向后步进法，否则此准则将被忽略。

> 除去检验：用于在步进法中移去项。用户将在似然比检验和沃尔德检验间选择。除非用户在操作中选择向后去除、向前步进或向后步进法，否则此准则将被忽略。
> 模型中的最小分步效应（对于后退法）：使用向后去除或向后步进法时，指定将包含在模型中的最小项数。截距不算作模型项。
> 模型中的最大分步效应（对于前进法）：使用向前进入或向前步进法时，指定将包含在模型中的最大项数。截距不算作模型项。

- "以分层方式约束项的进入和移除"复选框：设置多元 Logistic 回归的约束项和移除项，包括 3 种选择：将协变量作为因子处理以确定层次结构；仅考虑因子项以确定层次结构，任何具有协变量的项都可以随时输入；在协变量效应内，仅考虑因子项以确定层次结构。默认选项为将协变量作为因子处理以确定层次结构，一般不需要特别处理。

06 单击"保存"按钮，弹出"多元 Logistic 回归：保存"对话框，如图 7.57 所示。本例中在"保存的变量"选项组中选择"估算响应概率"，其他采用系统默认设置。单击"继续"按钮回到"多元 Logistic 回归"对话框，单击"确定"按钮确认。

图 7.57 "多元 Logistic 回归：保存"对话框

对话框深度解读

"多元 Logistic 回归：保存"对话框允许用户将变量保存到工作文件，或将模型信息导出到一个外部文件中。

- "保存的变量"选项组，包括以下选项：
  > 估算响应概率：保存每个样本观测值的预测因变量概率，保存概率的数目与因变量的类别数目相当，最多保存 25 个概率。
  > 预测类别：保存每个样本观测值的预测因变量具有最大期望概率的响应类别。
  > 预测类别概率：保存每个样本观测值的预测因变量预测类别对应的概率。
  > 实际类别概率：保存将每个样本观测值分类为实际类别的估计概率，也可以理解为预测分类恰好为实际分类的概率。
- 将模型信息输出到 XML 文件。将参数估计值及其协方差矩阵（勾选下方的"包括协方差矩阵"）导出到指定的 XML 文件。用户可以使用该模型文件以应用模型信息到其他数据文件用于评分或预测。

7.5.3 结果解读

1. 个案处理摘要

图 7.58 为个案处理摘要。可以看出共有 1034 个样本参与了分析，其中收入档次为高收入的样本数为 407 个，中收入样本数为 417 个，低收入样本数为 210 个，没有缺失值。

2. 模型拟合信息、拟合优度和伪 R 方

在图 7.59 中，第一部分是模型拟合信息，包括仅含截距项的情况和最终模型的情况，最终模型的显著性 P 值为 0.000，所以最终模型还是很显著的；第二部分为拟合优度，给出了皮尔逊和似然比卡方统计量；第三部分是 3 个伪决定系数，这些值都比较高，考克斯-斯奈尔伪 R 方为 0.794，内戈尔科伪 R 方为 0.903，麦克法登伪 R 方为 0.747。如果从模型解释能力的角度去看待分析结果的话，不难认为模型解释能力较高。

个案处理摘要

		个案数	边际百分比
收入档次	高收入	407	39.4%
	中收入	417	40.3%
	低收入	210	20.3%
有效		1034	100.0%
缺失		0	
总计		1034	
子群体		1034[a]	

a. 因变量在 1034 (100.0%) 子群体中只有一个实测值。

图 7.58 个案处理摘要

模型拟合信息

模型	模型拟合条件 -2 对数似然	似然比检验 卡方	自由度	显著性
仅截距	2185.828			
最终	553.759	1632.069	6	.000

拟合优度

	卡方	自由度	显著性
皮尔逊	961087.559	2060	.000
偏差	553.759	2060	1.000

伪 R 方

考克斯-斯奈尔	.794
内戈尔科	.903
麦克法登	.747

图 7.59 模型拟合信息、拟合优度和伪 R 方

3. 似然比检验结果

图 7.60 给出了模型的似然比检验结果。可以非常清晰地看出工作年限、绩效考核得分和违规操作积分的显著性 P 值均为 0.000，所以 3 个变量在似然比检验中都是显著的。

似然比检验

效应	模型拟合条件 简化模型的 -2 对数似然	似然比检验 卡方	自由度	显著性
截距	1335.690	781.931	2	.000
绩效考核得分	591.819	38.060	2	.000
违规操作积分	569.160	15.402	2	.000
工作年限	1979.181	1425.422	2	.000

卡方统计是最终模型与简化模型之间的 -2 对数似然之差。简化模型是通过在最终模型中省略某个效应而形成。原假设是，该效应的所有参数均为 0。

图 7.60 似然比检验结果

4. 参数估算值结果

图 7.61 给出了模型的参数估算值结果，得到最终模型为：

$Y1=\text{LOG}$【$P(高收入)/P(低收入)$】$=29.879-0.042*$绩效考核得分$+0.034*$违规操作积分$-1.466*$工作年限

$Y2=\text{LOG}$【$P(中收入)/P(低收入)$】$=22.763-0.036*$绩效考核得分$+0.023*$违规操作积分$-0.824*$工作年限

$Y3=0$

因为低收入本来就是因变量中的参考类别，其所有系数均为0。

参数估算值

收入档次[a]		B	标准 错误	瓦尔德	自由度	显著性	Exp(B)	Exp(B) 的 95% 置信区间	
								下限	上限
高收入	截距	29.879	2.229	179.752	1	.000			
	绩效考核得分	-.042	.009	22.538	1	.000	.959	.942	.976
	违规操作积分	.034	.010	12.157	1	.000	1.034	1.015	1.054
	工作年限	-1.466	.095	238.109	1	.000	.231	.192	.278
中收入	截距	22.763	2.110	116.414	1	.000			
	绩效考核得分	-.036	.007	27.516	1	.000	.964	.952	.978
	违规操作积分	.023	.007	11.116	1	.001	1.023	1.010	1.037
	工作年限	-.824	.081	103.115	1	.000	.439	.374	.514

a. 参考类别为：^1.

图 7.61　参数估算值结果

多元 Logistic 回归分析不仅可以对现有数据样本进行合理解释，其更为重要的意义在于统计推断，或者说合理预测。通过分析结果建立的模型，我们可以根据新样本观测值的自变量合理推断其因变量的概率。这一功能是非常具有实用性的。在本例中我们就可以合理估算出某个员工收入档次的概率。

比如对一个绩效考核得分为 200 分、违规操作积分为 100 分、工作年限为 10 年的员工来说：

$Y1=\text{LOG}$【$P(高收入)/P(低收入)$】$=29.879-0.042*200+0.034*100-1.466*10$

$Y2=\text{LOG}$【$P(中收入)/P(低收入)$】$=22.763-0.036*200+0.023*100-0.824*10$

$Y3=0$

根据公式：$P(高收入)=\exp(Y1)/$【$\exp(Y1)+\exp(Y2)+\exp(Y3)$】

$P(中收入)=\exp(Y2)/$【$\exp(Y1)+\exp(Y2)+\exp(Y3)$】

$P(低收入)=\exp(Y3)/$【$\exp(Y1)+\exp(Y2)+\exp(Y3)$】

便可计算出该员工收入档次为高收入、中收入、低收入的概率。

5. 分类表

图 7.62 给出了模型的分类表，在实测为高收入的样本中，预测准确（预测也是高收入）的概率是 95.1%；中收入的样本中，预测准确（预测也是中收入）的概率是 94.2%；低收入的样本中，预测准确（预测也是低收入）的概率是 94.1%。

分类

实测	预测			
	高收入	中收入	低收入	正确百分比
高收入	387	17	3	95.1%
中收入	13	393	11	94.2%
低收入	2	15	193	91.9%
总体百分比	38.9%	41.1%	20.0%	94.1%

图 7.62　参数估算值结果

6. 估算响应概率

由于前面我们在"多元 Logistic 回归：保存"对话框中选择了保存"估算响应概率"，所以系统保存了每一个样本观测值针对因变量每种分类的预测概率。以第一个样本观测值为例，其因变量取 1（高收入）的预测概率为 0.00，取 2（中收入）的预测概率为 0.10，取 3（低收入）的预测概率为 0.90，如图 7.63 所示。

7.5.4 知识点总结与练习题

知识点总结：本节讲述了多元 Logistic 回归分析的 SPSS 操作，对涉及的窗口界面进行了深度解读。通过本节的学习，应该较

图 7.63　估算响应概率

为清晰地知晓多元 Logistic 回归分析的适用情形，并且能够较为连贯地对分析结果进行解读，并写出模型的回归方程。

练习题：继续使用数据 7.4，以职称情况为因变量，工作年限、绩效考核得分和违规操作积分为自变量，开展多元 Logistic 回归分析。

7.6　有序回归分析

下载资源:\video\第 7 章\7.6
下载资源:\sample\数据 7.4

7.6.1　基本原理

如果因变量不是单纯的名义分类变量，而是有顺序的分类变量，比如在银行信贷资产的分类中，按照监管部门的规定要求将授信资产划分为正常、关注、次级、可疑、损失，又比如在债券发行市场对债券发行主体进行信用评级，评级为 AAA、AA、A、BBB、……、D 等，在这种情况下，我们应该使用有序回归分析方法。序数回归的设计基于 McCullagh (1980, 1998) 的方法论。

7.6.2　操作演示与功能详解

本节继续使用数据 7.4，以收入档次为因变量，工作年限、绩效考核得分和违规操作积分为自变量，开展有序回归分析。操作演示与功能详解如下：

01 打开数据 7.4，选择"分析｜回归｜有序"命令，弹出"有序回归"对话框，如图 7.64 所示。该对话框中因变量、因子、协变量的含义与上一节介绍的"多元 Logistic 回归"对话框中一致，

不再赘述。本例中在"有序回归"对话框左侧的列表中将"收入档次"选入"因变量"列表框,将"工作年限""绩效考核得分"和"违规操作积分"选入"协变量"列表框。

02 单击"选项"按钮,弹出"有序回归:选项"对话框,如图 7.65 所示。该对话框中相关选项的含义与上节介绍的"多元 Logistic 回归:收敛条件"对话框中一致,仅针对"联接"下拉列表进行详解。本例中采用系统默认设置。

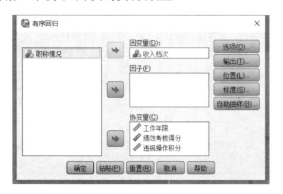

图 7.64 "有序回归"对话框　　　　图 7.65 "有序回归:选项"对话框

对话框深度解读

"联接"下拉列表用于指定对模型累积概率转换的链接函数,共有 5 种函数选择:

- 逆柯西:$f(x)=\tan(\pi(x-0.5))$,主要适用于潜变量含有较多极端值的情况。
- 互补双对数:$f(x)=\log(-\log(1-x))$,主要适用于因变量可能存在更多较高类别的情况。
- 分对数:$f(x)=\log(x/(1-x))$,主要适用于因变量为均匀分布的情况。
- 负双对数:$f(x)=-\log(-\log(x))$,主要适用于因变量可能存在更多较低类别的情况。
- 概率:$f(x)=\Phi-1(x)$,主要适用于因变量为正态分布的情况。

03 单击"输出"按钮,弹出"有序回归:输出"对话框,用于设置输出的统计量和表及保存变量,如图 7.66 所示。本例中我们在"显示"选项组中选择"拟合优度统计""摘要统计""参数估计值",在"保存的变量"选项组中选择"估算响应概率"。

图 7.66 "有序回归:输出"对话框

对话框深度解读

- "显示"选项组：用于指定要输出的统计摘要表，包括以下选项：
  - 每次达到以下步数打印一次迭代历史记录：打印迭代历史记录，在"步骤数"中输入正整数值，表示输出每隔该值的迭代历史记录，同时输出第一步和最后一步的迭代记录。
  - 拟合优度统计：输出皮尔逊和卡方统计量。
  - 摘要统计：输出摘要统计表，该统计表中含有考克斯-斯奈尔、内戈尔科和麦克法登伪 R2 统计量。
  - 参数估算值：输出参数估计表。
  - 参数估算值的渐进相关性：输出参数估计值的渐进相关性矩阵。
  - 参数估算值的渐进协方差：输出参数估计值的渐进协方差矩阵。
  - 单元格信息：输出观测值和预测值的频率和累积频率、频率和累积频率的皮尔逊残差、观察到的和期望的概率以及以协变量模式表示的观察到的和期望的每个响应类别的累积概率。对于具有许多协变量模式的模型（例如本例中具有连续协变量的模型），该选项可能会生成非常大的、很难处理的表。
  - 平行线检验：输出平行线检验统计量，该检验的原假设是位置参数在多个因变量水平上都相等，但该项仅适用于位置模型。
- "保存的变量"选项组：用于设置保存变量，相关选项含义与"多元 Logistic 回归：保存"对话框中一致。
- "打印对数似然"选项组：用于设置输出似然对数统计量，包括以下选项：
  - 包含多项常量：输出包含常数的似然对数统计量。
  - 排除多项常量：输出不包含常数的似然对数统计量。

04 单击"位置"按钮，弹出"有序回归：位置"对话框，用于指定回归模型中的效应，如图 7.67 所示。相关选项含义与上一节介绍的"多元 Logistic 回归：模型"对话框类似，不再赘述，本例采取系统默认设置。单击"继续"按钮，回到"有序回归"对话框，单击"确定"按钮确认。

图 7.67 "有序回归：位置"对话框

7.6.3 结果解读

1. 个案处理摘要

图 7.68 为个案处理摘要。可以看出共有 1034 个样本参与了分析，其中收入档次为高收入的样本数为 407 个，中收入样本数为 417 个，低收入样本数为 210 个，没有缺失值。

2. 模型拟合信息、拟合优度和伪 R 方

在图 7.69 中，第一部分是模型拟合信息，包括仅含截距项的情况和最终模型的情况，最终模型的显著性 P 值为 0.000，所以最终模型还是很显著的；第二部分为拟合优度，给出了皮尔逊和似然比

卡方统计量；第三部分是 3 个伪决定系数，这些值都比较高，考克斯-斯奈尔伪 R 方为 0.792，内戈尔科伪 R 方为 0.901，麦克法登伪 R 方为 0.743。如果从模型解释能力的角度去看待分析结果的话，不难认为模型解释能力较高。

个案处理摘要

		个案数	边际百分比
收入档次	高收入	407	39.4%
	中收入	417	40.3%
	低收入	210	20.3%
有效		1034	100.0%
缺失		0	
总计		1034	

图 7.68　个案处理摘要

模型拟合信息

模型	-2 对数似然	卡方	自由度	显著性
仅截距	2185.828			
最终	561.689	1624.139	3	.000

关联函数：分对数。

拟合优度

	卡方	自由度	显著性
皮尔逊	263200.607	2063	.000
偏差	561.689	2063	1.000

关联函数：分对数。

伪 R 方

考克斯-斯奈尔	.792
内戈尔科	.901
麦克法登	.743

关联函数：分对数。

图 7.69　模型拟合信息、拟合优度和伪 R 方

3. 参数估算值结果

图 7.70 给出的是参数估算值结果，可以发现针对因变量的不同类别（高收入、中收入、低收入），所有的自变量系数都是一样的（包括系数值、标准错误、瓦尔德统计量、自由度、显著性、95%的置信区间等），差别在于阈值不同。

参数估算值

		估算	标准 错误	瓦尔德	自由度	显著性	95% 置信区间 下限	95% 置信区间 上限
阈值	[收入档次 = 1.00]	9.223	.641	207.123	1	.000	7.967	10.479
	[收入档次 = 2.00]	18.309	1.122	266.259	1	.000	16.110	20.508
位置	工作年限	.738	.044	276.464	1	.000	.651	.825
	绩效考核得分	.017	.004	19.009	1	.000	.009	.025
	违规操作积分	-.016	.005	13.180	1	.000	-.025	-.008

关联函数：分对数。

图 7.70　参数估算值结果

工作年限、绩效考核得分的系数值均为正（分别为 0.738、0.017），违规操作积分的系数值为负（-0.016），3 个自变量的显著性水平都很高（均为 0.000），说明对于因变量都是显著影响的。由于我们在数据文件中设置的是 1 为高收入、2 为中收入、3 为低收入，因此工作年限、绩效考核得分越大，因变量取较大值的概率越大，即收入越低；同理，违规操作积分的值越高，因变量取较大值的概率越小，即收入越低。虽然实际结论与常理相悖，但也在很大程度上说明了该单位亟需改革薪酬体系的现实情况。

4. 估算响应概率

由于前面在“有序回归：输出”对话框中选择了保存“估算响应概率”，因此系统保存了每一个样本观测值针对因变量每种分类的预测概率，如图 7.71 所示。以第一个样本观测值为例，其因变量取 1（高收入）的预测概率为 0.00，取 2（中收入）的预测概率为 0.11，取 3（低收入）的预测概率为 0.89。

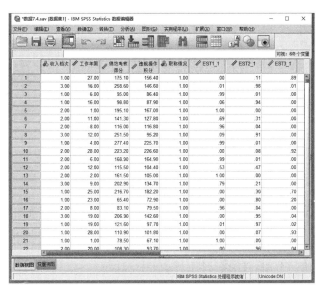

图 7.71　估算响应概率

7.6.4　知识点总结与练习题

知识点总结：本节讲述了有序回归分析的 SPSS 操作，对涉及的窗口界面进行了深度解读。通过本节的学习，应该较为清晰地知晓有序回归分析的适用情形，并且能够较为连贯地对分析结果进行解读，并写出模型的回归方程。

练习题：继续使用数据 7.4，以职称情况为因变量，工作年限、绩效考核得分和违规操作积分为自变量，开展有序回归分析。

7.7　概率回归分析

下载资源:\video\第 7 章\7.7
下载资源:\sample\数据 7.5

7.7.1　基本原理

概率回归分析适用于分析刺激作用与响应比例之间的关系。如果因变量是二分类变量，并且研究者有合理理由认为该因变量的取值受某些自变量取值的影响，则此分析方法将非常有用。一个典型的例子是，研究一款新型毒鼠剂对于杀灭老鼠的有效性如何，适用浓度多大，就可以执行一项实验，对老鼠样本施用不同浓度的毒鼠剂，然后记录杀灭的老鼠数量以及被施用毒鼠剂的老鼠数量，通过对这些数据应用概率回归分析，可以确定毒鼠剂浓度和杀灭效力之间的关系紧密度，并且可以确定在希望确保杀灭一定比例（例如 90%）的老鼠时毒鼠剂的适当浓度。

与 Logistic 回归一样，概率回归分析同样要求将取值在实数范围内的值累计概率函数变换转化为目标概率值，然后进行回归分析。常见的累积概率分布函数有 logit 概率函数和标准正态累积概率函数，公式如下：

- logit 概率函数：

$$\pi = \frac{1}{1+e-(\beta_0+\beta_1X_1+\cdots+\beta_pX_p)}$$

- 标准正态累积概率函数：

$$\pi = \int e^{-t^2/2}dx$$

概率回归分析与 Logistic 回归紧密相关。实际上，如果选择 Logit 转换（logit 概率函数），则此过程最终计算的是 Logistic 回归。总的来说，概率回归分析更适用于设计的实验，而 Logistic 回归分析更适用于观察研究。两种回归过程输出结果的差异也反映了这些不同：概率回归分析过程输出结果是不同响应频率下有效值的估计值，而 Logistic 回归过程输出结果是因变量概率比的估计值。

7.7.2 操作演示与功能详解

本节使用数据 7.5，记录的是某保险公司推出的一款新产品，在北京、上海、广州、深圳 4 个一线城市的不同地区进行促销，统计其促销数据。限于篇幅不再展示数据文件的数据视图和变量视图，读者可自行打开相关源文件观察。数据文件中共有 5 个变量，分别是促销地点、促销费用、目标客户数量、成交客户数量、促销人天投入。其中，"促销地点"变量为分类变量，分别将北京、上海、广州、深圳 4 个城市赋值为 1、2、3 和 4。

下面将使用概率回归分析方法验证本次促销活动的促销效果，操作演示与功能详解如下：

01 选择"文件｜打开｜数据"命令，打开数据 7.5。选择"分析｜回归｜概率"命令，弹出"概率分析"对话框。在"概率分析"对话框左侧的列表中，将"成交客户数量"变量选入"响应频率"列表，将"促销地点"选入"因子"列表，将"目标客户数量"选入"实测值总数"，将"促销费用"选入"协变量"列表，然后单击"定义范围"按钮，打开"概率分析：定义范围"对话框，在该对话框中的"最小值"中输入"1"，在"最大值"中输入"4"。在"转换"下拉列表中选择"自然对数"。全部设置完成后如图 7.72 所示。

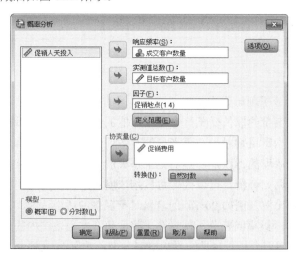

图 7.72 "概率分析"对话框

对话框深度解读

- "响应频率"列表：概率回归模型中的响应变量，数值类型为数值型，为响应值的样本数。
- "实测值总数"列表：总观测样本数。
- "因子"列表：列表中的变量为分类变量，因子变量可以是字符型，但必须用连续整数进行赋值。一旦选定因子变量后，"定义范围"按钮被激活。单击"定义范围"按钮，弹出如图7.73所示的"概率分析：定义范围"对话框。在该对话框的"最小值"中输入因子变量的最小整数值，在"最大值"中输入因子变量中的最大整数值。

图7.73　"概率分析：定义范围"对话框

- "协变量"列表：概率回归模型的自变量或者控制变量，数值类型一般为数值型。如果解释变量为分类变量或定性变量，则可以用虚拟变量（哑变量）表示。
- "转换"下拉列表框：设置对协变量进行函数转换的具体形式。
  - "无"，表示不进行任何形式的转换，在回归中用协变量的原始形式。
  - "以10为底的对数"，表示对协变量取对数进行转换，其中对数底为10。
  - "自然对数"，表示对协变量取对数进行转换，但对数底为e。
- "模型"选项组：设定概率回归模型的响应概率算法。
  - "概率"，选中该单选按钮表示用标准正态累积概率函数来计算响应概率。
  - "分对数"，选中该单选按钮表示利用Logit模型计算响应概率。

02 单击"选项"按钮，弹出"概率分析：选项"对话框，如图7.74所示。选中"统计"选项组中的"频率""相对中位数""平行检验""信仰置信区间"复选框，在"自然响应率"选项组中选择"根据数据计算"单选按钮，其他采用系统默认设置，然后单击"继续"按钮，回到"概率分析"对话框，单击"确定"按钮确认。

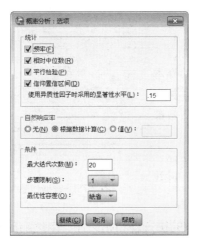

图7.74　"概率分析：选项"对话框

对话框深度解读

“概率分析：选项”对话框主要用于对概率回归分析中的统计量、自然响应率和迭代条件进行设置，包括：

- “统计”选项组：设置输出的模型统计量，包括以下选项：
  - 频率：输出样本观测值的频数、残差等信息。
  - 相对中位数：输出因子变量各个水平的中位数强度比值，以及 95%置信区间和对数转换的 95%置信区间，但是如果在“概率分析”对话框中没有指定因子变量，则该复选框不可用。
  - 平行检验：输出平行检验结果，该检验的原假设是因子变量的所有水平具有相同的斜率，但如果在“概率分析”对话框中没有指定因子变量，则该复选框不可用。
  - 信仰置信区间，选中该复选框表示输出响应概率所需的协变量取值的置信区间，在“使用异质性因子时采用的显著性水平”文本框中指定显著水平。
- “自然响应率”选项组：用于设置自然响应率，表示在没有进行干预时自然响应的概率，如本例中的自然响应率就是在没有开展促销活动时（没有投入促销费用时）目标客户自然转化为成交客户的概率。如果自然响应率为 0，表示响应的发生全部归功于外生的刺激作用。
  - 无：不定义任何自然响应率。
  - 根据数据计算：从样本数据中估计自然响应率。
  - 值：用户自己在文本框中输入指定的自然响应率，但取值范围必须小于 1。
- “条件”选项组：设置概率回归的最大似然迭代估计的参数。
  - 最大迭代次数：用于输入最大迭代次数。
  - 步骤限制：用于选择迭代的步长，可供选择的有“.1”“.01”和“.001”。
  - 最优性容差：用于选择最优容差。

7.7.3 结果解读

1. 数据信息和收敛信息

图 7.75 给出了模型的数据信息。从该图可以得到参与概率回归分析的样本观测值有 32 个，没有设置控制组，按促销地点分类的每个组的样本观测值数都是 8。

图 7.76 给出了回归模型收敛信息。从该图可以得到迭代次数为 17 次，并找到了模型的最优解。

数据信息

		个案数
有效		32
已拒绝	超出范围[a]	0
	缺失	0
	无法执行对数转换	0
	响应数 > 主体数	0
控制组		0
促销地点	北京	8
	上海	8
	广州	8
	深圳	8

a. 由于组值超出范围，因此个案被拒绝。

图 7.75 数据信息

收敛信息

	迭代次数	找到的最佳解
PROBIT	17	是

图 7.76 收敛信息

2. 参数估算值、参数估算值的协方差和相关性、自然响应率估算值

图 7.77 给出了参数估算值信息，从图中客户看出概率回归模型为：

PROBIT(p)=截距+1.410*ln（促销费用）

参数估算值

参数		估算	标准 错误	Z	显著性	95% 置信区间 下限	上限
PROBIT[a]	促销费用	1.410	.020	71.383	.000	1.371	1.448
截距[b]	北京	-4.854	.081	-60.136	.000	-4.935	-4.774
	上海	-5.330	.085	-62.632	.000	-5.415	-5.245
	广州	-5.672	.088	-64.188	.000	-5.761	-5.584
	深圳	-5.686	.093	-60.913	.000	-5.779	-5.592

a. PROBIT 模型：PROBIT(p) = 截距 + BX（协变量 X 使用底数为 2.718 的对数进行转换。）
b. 对应于分组变量 促销地点。

图 7.77　参数估算值

其中截距对应分组变量促销地点，4 个回归方程对应的斜率即为促销费用的系数 1.410，各个回归方程共享这一共同的斜率。具体为：

北京：PROBIT(p) = -4.854 + 1.410*ln（促销费用）
上海：PROBIT(p) = -5.330 + 1.410*ln（促销费用）
广州：PROBIT(p) = -5.672 + 1.410*ln（促销费用）
深圳：PROBIT(p) = -5.686 + 1.410*ln（促销费用）

还可以看到，无论是协变量系数还是各个截距项都是非常显著的（显著性 P 值均为 0.000）。通过结果可以看出，促销费用的投入对于目标客户的转化有着显著的促进作用，促销起到了应有的效果。此外，针对 4 个截距项，由于都非常显著，说明促销地点的选择对于促销效果的影响也是非常显著的，截距项的值从大到小分别是北京、上海、广州、深圳，这意味着促销效果从大到小分别是北京、上海、广州、深圳。

图 7.78 给出了参数估算值的协方差和相关性。图 7.79 给出了自然响应率估算值信息，可以发现在没有开展促销活动的时候，目标客户自然转化为成交客户的概率为 17.9%。

3. 卡方检验

图 7.80 给出了模型回归的两个卡方检验统计量值。皮尔逊拟合优度检验结果是 0.000，远远小于统计意义上常用的显著性 P 值 0.05，拒绝了模型拟合良好的原假设。此外，由于显著性水平小于 0.150，因此在置信限度的计算中使用了异质性因子。平行检验统计量值为 0.000，拒绝了自变量各个水平下的概率回归方程具有相同斜率的原假设（在一定程度上说明模型是不够成功的，因为我们的模型是基于具有相同斜率原假设建立的）。综上所述，模型质量不够好。

参数估算值的协方差和相关性

		促销费用	自然响应
PROBIT	促销费用	.000	.783
	自然响应	.000	.000

协方差（下方）和相关性（上方）。

自然响应率估算值[a]

	估算	标准 错误
PROBIT	.179	.006

a. 未提供控制组。

卡方检验

		卡方	自由度[b]	显著性
PROBIT	皮尔逊拟合优度检验	9886.834	26	.000[a]
	平行检验	1308.573	3	.000

a. 由于显著性水平小于 .150，因此在置信限度的计算中使用了异质性因子。
b. 基于单个个案的统计与基于汇总个案的统计不同。

图 7.78　参数估算值的协方差和相关性　　图 7.79　自然响应率估算值　　图 7.80　卡方检验

4. 单元格计数和残差

图 7.81 给出了单元格计数和残差的信息。“数字”表示对样本观测值进行编号，“促销地点”表示自变量的各个分组，“促销费用”为该样本观测值对应的促销费用，“主体数”在本例中表示样本观测值对应的目标客户数，“实测响应”表示实际的交易客户数，“期望响应”表示根据回归得到的概率回归模型进行预测的交易客户数，“残差”表示实际的交易客户数与根据回归得到的概率回归模型进行预测的交易客户数之差，“概率”表示在给定促销费用下目标客户向交易客户转化的概率值。

单元格计数和残差

	数字	促销地点	促销费用	主体数	实测响应	期望响应	残差	概率
PROBIT	1	1	4.625	3872	3655	3719.689	-64.689	.961
	2	1	4.466	3432	2820	3221.587	-401.587	.939
	3	1	3.971	5016	4820	4074.566	745.434	.812
	4	1	3.804	5632	4815	4218.174	596.826	.749
	5	1	3.675	3960	2270	2749.483	-479.483	.694
	6	1	3.640	3344	2325	2269.990	55.010	.679
	7	1	3.603	2640	2325	1749.125	575.875	.663
	8	1	3.252	4488	1160	2252.536	-1092.536	.502
	9	2	4.497	3080	2160	2684.455	-524.455	.872
	10	2	4.315	2640	2325	2150.230	174.770	.814
	11	2	3.709	4224	3325	2348.368	976.632	.556
	12	2	3.399	2464	885	1036.909	-151.909	.421
	13	2	3.303	3168	775	1217.163	-442.163	.384
	14	2	3.252	2552	830	933.490	-103.490	.366
	15	2	3.198	1848	830	642.033	187.967	.347
	16	2	2.610	3696	665	810.112	-145.112	.219
	17	3	4.542	3344	3325	2704.912	620.088	.809
	18	3	4.368	2904	2090	2155.612	-65.612	.742
	19	3	3.804	4488	1490	2196.450	-706.450	.489
	20	3	3.603	5104	1985	2071.703	-86.703	.406
	21	3	3.443	3432	940	1195.071	-255.071	.348
	22	3	3.399	2816	995	940.280	54.720	.334
	23	3	3.352	2112	995	675.324	319.676	.320
	24	3	2.872	3960	830	877.392	-47.392	.222
	25	4	4.512	3168	2815	2518.030	296.970	.795
	26	4	4.333	2728	1380	1974.251	-594.251	.724
	27	4	3.741	4312	1380	1975.885	-595.885	.458
	28	4	3.526	4928	1875	1841.302	33.698	.374
	29	4	3.352	3256	1830	1032.033	797.967	.317
	30	4	3.303	2640	885	800.504	84.496	.303
	31	4	3.252	1936	885	561.026	323.974	.290
	32	4	2.705	3784	720	770.991	-50.991	.204

图 7.81 单元格计数和残差

5. 相对中位数强度估计值

图 7.82 给出了相对中位数强度估计值及 95%的置信限度。从该图可以得到因子（促销地点）各个水平间的相对中位数强度对比值及 95%的置信区间。例如 1（北京）与 2（上海）的相对中位数强度对比值为 0.714<1，置信区间为 0.283~1.106。这说明北京的促销效果更为理想，因为它能以较少的促销费用促使 50%的目标客户发生转化，同理可以推断其他促销地点之间的相互比较结果，与前面参数估算值得到的结论是一致的。

相对中位数强度估算值

			95% 置信限度			进行对数转换情况下的 95% 置信限度[a]		
	(I) 促销地点	(J) 促销地点	估算	下限	上限	估算	下限	上限
PROBIT	1	2	.714	.283	1.106	-.338	-1.264	.101
		3	.560	.144	.918	-.580	-1.941	-.085
		4	.554	.104	.996	-.590	-2.264	-.004
	2	1	1.402	.904	3.538	.338	-.101	1.264
		3	.784	.338	1.247	-.243	-1.085	.221
		4	.777	.258	1.285	-.252	-1.356	.251
	3	2	1.275	.802	2.959	.243	-.221	1.085
		1	1.787	1.089	6.967	.580	.085	1.941
		4	.991	.481	1.634	-.010	-.732	.491
	4	2	1.287	.778	3.883	.252	-.251	1.356
		1	1.804	1.004	9.619	.590	.004	2.264
		3	1.010	.612	2.080	.010	-.491	.732

a. 对数底数 = 2.718。

图 7.82 相对中位数强度估计值

6. 目标客户转化概率与促销费用的对数值构成的散点图

图 7.83 给出了目标客户转化概率与促销费用的对数值构成的散点图。从该图可以直观地看到经过对数转换的促销费用与目标客户转化概率之间呈非线性关系，促销费用越高，目标客户转化概率越大，且北京散点大多位于上方，因此可以判断在相同的促销费用下，北京地区的促销效果最好。

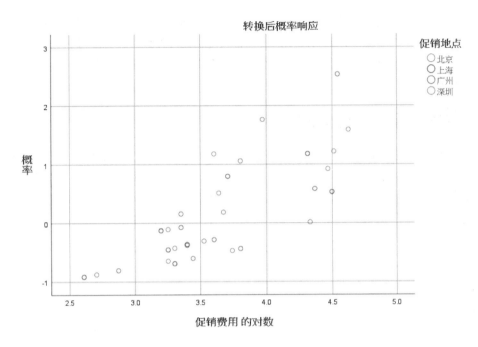

图 7.83 目标客户转化概率与促销费用的对数值构成的散点图

7.7.4 知识点总结与练习题

知识点总结：本节讲述了概率回归分析的 SPSS 操作，对涉及的窗口界面进行了深度解读。通过本节的学习，应该较为清晰地知晓概率回归分析的适用情形，并且能够较为连贯地对分析结果进行解读，并写出模型的回归方程。

练习题：继续使用数据 7.5，以"成交客户数量"作为"响应频率"变量，"促销地点"作为"因子"变量，"目标客户数量"作为"实测值总数"变量，"促销费用"作为"协变量"变量，开展概率回归分析。

7.8 非线性回归分析

下载资源:\video\第 7 章\7.8
下载资源:\sample\数据 7.6

7.8.1 基本原理

非线性回归分析是针对因变量与一个或多个自变量之间建立非线性模型的统计方法。与我们之前讲解的线性回归模型不同，非线性回归可以估计因变量与自变量之间的任意关系，非线性回归分析中参数的估计是通过迭代的方法获得的。需要注意的是，建立非线性模型时，需要指定一个描述因变量与自变量之间关系的准确的函数，在迭代计算中选定一个好的初始值也是非常重要的，初始值选择得不合适可能导致迭代迟迟不能收敛，或者可能得到一个局部的最优解，而不是整体的最优解。此外，对许多呈现非线性关系的模型，如果可以转化成线性模型，应尽量选择线性回归进行分析，如果不能确定一个恰当的模型，可以借助散点图直观地观察变量的变化，这将有助于确定一个恰当的函数关系。

7.8.2 操作演示与功能详解

本节我们使用数据 7.6，记录的是某集团公司 2021 年 1~9 月各个月份累计增长额数据。限于篇幅不再展示数据文件的数据视图和变量视图，读者可自行打开相关源文件观察。

下面以累计增长额为因变量、月份为自变量开展非线性回归分析。操作演示与功能详解如下：

01 打开数据 7.6。选择"分析 | 回归 | 非线性"命令，弹出"非线性回归"对话框，如图 7.84 所示。在左侧变量框中选择"累计增长额"变量，单击 ➡ 按钮，选入右侧上方的"因变量"框，在"模型表达式"框中建立回归模型，即因变量与自变量关系的数学表达式，模型中可以包含未知参数，也可以引用"函数"中的函数。本例建立 Gompertz（龚伯兹）曲线回归模型，即累计增长额=a*b**(c**月份)，将此模型输入"模型表达式"框中。

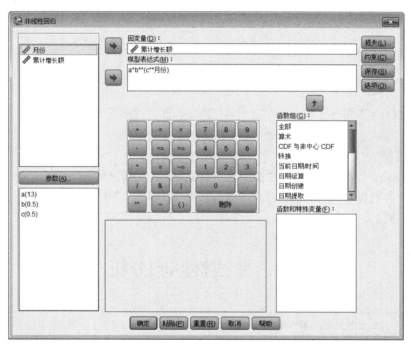

图 7.84 "非线性回归"对话框

对话框深度解读

我们在设置模型（即撰写模型表达式）时要具有针对性，最好有理论基础或者实践经验作为支撑，泛泛的、随机选择的模型很可能不能较好地拟合数据，而且参数起始值的选择也比较重要，有些模型还要求使用约束才能实现收敛性。常用的非线性回归模型的模型表达式如下：

- 渐近回归：$b_1+b_2*\exp(b_3*x)$。

- 密度：$(b1+b2*x)**(-1/b3)$。
- Gauss：$b1*(1-b3*\exp(-b2*x**2))$。
- Gompertz：$b1*\exp(-b2*\exp(-b3*x))$。
- Johnson-Schumacher：$b1*\exp(-b2/(x+b3))$。
- 对数修改：$(b1+b3*x)**b2$。
- 对数：Logistic$b1-\ln(1+b2*\exp(-b3*x))$。
- Metcherlich 的收益递减规律：$b1+b2*\exp(-b3*x)$。
- MichaelisMenten：$b1*x/(x+b2)$。
- Morgan-Mercer-Florin：$(b1*b2+b3*x**b4)/(b2+x**b4)$。
- Peal-Reed：$b1/(1+b2*\exp(-(b3*x+b4*x**2+b5*x**3)))$。
- 三次比：$(b1+b2*x+b3*x**2+b4*x**3)/(b5*x**3)$。
- 四次比：$(b1+b2*x+b3*x**2)/(b4*x**2)$。
- Richards：$b1/((1+b3*\exp(-b2*x))**(1/b4))$。
- Verhulst：$b1/(1+b3*\exp(-b2*x))$。
- VonBertalanffy：$(b1**(1-b4)-b2*\exp(-b3*x))**(1/(1-b4))$。
- 韦伯：$b1-b2*\exp(-b3*x**b4)$。
- 产量密度：$(b1+b2*x+b3*x**2)**(-1)$。

需要注意的是，在使用时需要将此处示例模型表达式中的 x 换成实际的自变量。比如本例中使用的模型表达式是 Gompertz，自变量是"月份"，最终输入模型表达式列表中的公式就是：a*b**(c**月份)。

02 单击"参数"按钮，弹出"非线性回归：参数"对话框，如图 7.85 所示。单击"继续"按钮，回到"非线性回归"对话框。

图 7.85 "非线性回归：参数"对话框

对话框深度解读

参数是非线性回归过程模型的重要组成部分，参数可以是加在模型中的常数、系数、指数等。非线性回归过程需要为每个参数都指定一个初始值，即在"名称"框中输入参数名，这个参数名必须是"非线性回归"对话框"模型表达式"列表中的有效参数。

具体操作方式是：在"开始值"框中为参数指定一个初始值，这个值应该尽可能地接近最终期望值,单击"添加"按钮加以确认,定义好的参数便显示在参数清单框中,如本例中在"名称"中输入"a",在"开始值"中输入"13"。接下来再为第二个参数命名和设初值,以此类推。用户还可以单击"更改"或者"除去"按钮来更正或删除已设置的参数开始值。最下面的"使用上一分析的开始值"表示使用上一分析确定的初始值。当算法的收敛速度减慢时,可选择它继续进行搜索,需要注意的是主对话框的参数清单栏中的参数在以后的分析中一直有效,直到更换了模型,它的作用才被取消。

我们的模型中有 3 个参数,因此可以设定 3 个参数的初始值,在这里分别设定 a、b、c 的初始值为 13、0.5、0.5。

03 单击"损失"按钮,弹出"非线性回归:损失函数"对话框,如图 7.86 所示。本例中采取系统默认设置,单击"继续"按钮,回到"非线性回归"对话框。

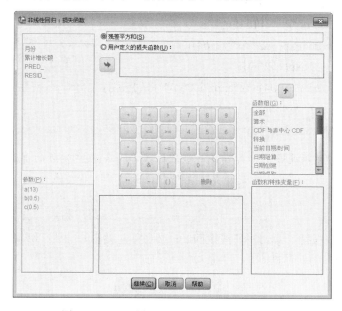

图 7.86 "非线性回归:损失函数"对话框

对话框深度解读

非线性回归的损失函数用来定义算法。系统默认将残差平方和作为统计量并使之最小化,如果用户需要将其他统计量最小化,就需要自定义损失函数。

残差平方和:将残差平方和作为统计量并使之最小化。

用户定义的损失函数:用户自定义损失函数,将其他统计量最小化。用户可利用计算板、工作文件中的变量、参数和函数在表达式文本框中编辑损失函数表达式。在"非线性回归:损失函数"对话框左侧列表中,除了自变量之外,还有预测值 PRED_,它等于因变量实际值减去残差;残差 RESID_,它等于因变量实际值减去预测值(默认损失函数残差平方和就是 RESID_**2)。

04 单击"约束"按钮,弹出"非线性回归:参数约束"对话框,如图 7.87 所示。本例中采取系统默认设置,单击"继续"按钮,回到"非线性回归"对话框。

图 7.87 "非线性回归:参数约束"对话框

对话框深度解读

参数约束条件是指在非线性回归的迭代过程中对模型参数取值范围的限制,在迭代开始之初线性约束首先被使用,用以防止结果溢出,非线性约束条件则在第一步迭代之后使用。线性约束是单个参数或者常数与参数的积,或者是参数的线性组合,非线性约束是其中至少有一个参数被其他参数相乘、相除或者进行幂运算。

- 未约束:为系统默认的选项。
- 定义参数约束:在被激活的约束条件文本框进行约束编辑,编辑方法如下:

每一个约束等式或者不等式中都必须至少包括一个模型参数,利用键盘或计算板将运算符、数字、括号等输入表达式,利用框边的箭头按钮选择逻辑运算符"<=" "="或">="连接,并在右边的小框中输入适当的数值常数。建立好约束等式或者不等式后,单击"添加"按钮加以确认。接下来编辑另一个约束,以此类推,需要注意的是约束中不得包含任何变量。

05 单击"保存"按钮,弹出"非线性回归:保存新变量"对话框,如图 7.88 所示。本例中采取系统默认设置,单击"继续"按钮,回到"非线性回归"对话框。

图 7.88 "非线性回归:保存新变量"对话框

对话框深度解读

"非线性回归:保存新变量"对话框主要用来帮助用户将模型生产的预测值、残差等统计量作为新变量保存在当前文件中。

- 预测值:新变量名为 Pred_。

- 残差：新变量名为 Resid。
- 导数：关于预测模型各个参数的一阶导函数在自变量各取值处的导数值，新变量名由相应参数名的前 6 个字符之前加上前缀"d."构成。
- 损失函数值：该选项只有当用户自定义了损失函数的时候才有效，新变量名为 loss_。

06 单击"选项"按钮，弹出"非线性回归：选项"对话框，如图 7.89 所示。本例中采取系统默认设置，单击"继续"按钮，回到"非线性回归"对话框，单击"确定"按钮确认。

图 7.89 "非线性回归：选项"对话框

对话框深度解读

"非线性回归：选项"对话框用于控制非线性回归分析的各种特征。

- "标准误差的自助抽样估算"是一种依据原始数据集使用重复抽样估算标准误差的方法，基本思路是用重复抽样的方法得到许多相同容量的样本作为原始数据集，对其中的每一个样本都估计非线性方程，然后计算每一个参数的估计标准误差作为自引导估计的标准差，原始数据的参数估计值都作为每一个自引导样本的初始值，选择此选项需要序列二次规划算法的支持（也就是说，如果勾选了"标准误差的自助抽样估算"复选框，则系统自动在下面的"估算方法"中选择"序列二次规划"）。
- "估算方法"选项组用于选择估计方法，包括以下选项：
  - 序列二次规划：这种估计法对约束模型和无约束模型均有效，如果指定了约束模型、自定义了损失函数或选择了"标准误差的自助抽样估算"选项，序列二次规划算法将被自动运用。选择这个选项后，用户可以在下面的"序列二次规划"选项组中确定一些参数。
    - 最大迭代次数：可以指定算法的最大迭代步数。
    - 步骤限制：输入一个正数，设置参数向量长度的最大允许改变量。
    - 最优性容差：目标函数求解的精度或有效数字位数，假如容许限为 0.000001，目标函数大约有 6 位有效数字，最优性容差必须大于函数精度。
    - 函数精度：当函数值较大时，可作为相对精确度，当函数值较小时，可作为绝对精确度，它必须小于最优性容差。
    - 无限步长：如果某一步迭代中参数的改变量大于指定的这个无限步长值，则估算过程将终止。

> Levenberg-Marquardt：无约束模型的默认算法，假如确定了约束模型、自定义了损失函数或勾选了"标准误差的自助抽样估算"复选框，此算法无效。
> ◇ 最大迭代次数：设置最大迭代步数。
> ◇ 平方和收敛：如果连续迭代失败，则可通过下拉列表调整比例值来改变平方和收敛标准，以使过程终止。
> ◇ 参数收敛：如果连续迭代失败，则可通过下拉列表调整比例值改变参数值收敛标准，以使过程终止。

7.8.3 结果解读

1．迭代历史记录

图 7.90 为迭代历史记录。"迭代编号"列为历次迭代情况，主迭代号在小数点左侧显示，次迭代号在小数点右侧显示。"残差平方和"列就是我们设置的损失函数，可以发现越来越小，说明模型在历次迭代后持续得到优化。由于连续残差平方和之间的相对减小量最多为 SSCON = 1.000E-8，因此运行在 15 次模型评估和 7 次导数评估后停止。a、b、c 三列分别表示的是每一次迭代形成模型的参数值。最终模型的参数值分别是 13.374、0.285、0.712。

迭代历史记录[b]

迭代编号[a]	残差平方和	参数		
		a	b	c
1.0	57.637	13.000	.500	.500
1.1	258.026	12.623	.565	1.072
1.2	26.210	12.727	.431	.574
2.0	26.210	12.727	.431	.574
2.1	3.628	12.475	.316	.713
3.0	3.628	12.475	.316	.713
3.1	.944	13.396	.283	.714
4.0	.944	13.396	.283	.714
4.1	.937	13.367	.285	.712
5.0	.937	13.367	.285	.712
5.1	.937	13.374	.285	.712
6.0	.937	13.374	.285	.712
6.1	.937	13.373	.285	.712
7.0	.937	13.373	.285	.712
7.1	.937	13.374	.285	.712

将通过数字计算来确定导数。

a. 主迭代号在小数点左侧显示，次迭代号在小数点右侧显示。

b. 由于连续残差平方和之间的相对减小量最多为 SSCON = 1.000E-8，因此运行在 15 次模型评估和 7 次导数评估后停止。

图 7.90 迭代历史记录

2．参数估算值、参数估算值相关性

图 7.91 给出了最终模型的参数估算值，a、b、c 三个参数值分别是 13.374、0.285、0.712。图 7.92 给出了参数估算值相关性，列出了各对参数之间的相关系数的值。

根据参数估算值可以写出我们估计的回归方程：

$$累计增长额 = 13.374 \times 0.285^{0.712 月份}$$

根据这个方程就可以对该集团公司未来月份的累计增长额进行预测。

3. ANOVA 表

图 7.93 给出了模型的 ANOVA 表，最终的残差平方和为 0.937，损失非常小。表下方有一行公式："R 方=1-（残差平方和）/（修正平方和）="，通过该公式计算出 R^2 值为 0.981，这个结果表明非线性回归的拟合优度非常好，该集团公司的累计增长额与月份之间存在高度的龚伯兹函数关系。

| 图 7.91 参数估算值 | 图 7.92 参数估算值相关性 | 图 7.93 ANOVA 表 |

7.8.4 知识点总结与练习题

知识点总结：本节讲述了非线性回归分析的 SPSS 操作，对涉及的窗口界面进行了深度解读，通过本节学习应该较为清晰的知晓非线性回归分析的适用情形，并且能够较为连贯的对分析结果进行解读，并写出模型的回归方程。

练习题：继续使用数据 7.6，以累计增长额为因变量，月份为自变量，选用 1-3 种我们在"非线性回归"对话框中列示的其他模型表达式，开展非线性回归分析。

7.9 最优标度回归分析

下载资源:\video\第 7 章\7.9
下载资源:\sample\数据 7.7

7.9.1 基本原理

我们经常会遇到因变量或自变量为分类变量的情况，比如性别、职称级别、学历等，一般做法是直接将各个类别定义取值为等距连续整数，比如将职称级别的高、中、低分别定义为 1、2、3，但是这往往意味着这 3 档之间的差距是相等的，或者说它们对影响程度的变化是均匀的，无法准确反映分类变量不同取值的距离。本节介绍的最优标度回归分析就是为了解决类似问题，它擅长将分类变量的不同取值进行量化处理，从而将分类变量转换为数值型进行统计分析。最优尺度回归分析大大提高了分类对变量数据的处理能力，突破了分类变量对分析模型选择的限制。

7.9.2 操作演示与功能详解

本节我们使用数据 7.7，记录的是对不同职业的从业人员进行满意度调查的数据。限于篇幅不再展示数据文件的数据视图和变量视图,读者可自行打开相关源文件观察。数据文件中一共有 4 个变量,分别是"满意度""年龄""性别""职业",其中针对满意度也进行值标签操作,用"1"表示不满意,用"2"表示基本满意,用"3"表示满意,用"4"表示很满意,用"5"表示非常满意;针对性别进行值标签操作,用"1"表示男性,用"2"表示女性;针对职业也进行值标签操作,用"1"表示餐饮服务员,用"2"表示房产销售,用"3"表示企业会计,用"4"表示车间工人,用"5"表示银行柜员。

下面我们以满意度为因变量,"年龄""性别""职业"为自变量,开展最优标度回归分析。操作演示与功能详解如下:

01 打开数据 7.7,选择"分析|回归|最优标度"命令,弹出"分类回归"对话框,如图 7.94 所示。在"分类回归"对话框左侧的列表中选中"满意度"并单击 按钮,使之进入"因变量"列表框,再单击下方的"定义标度"按钮,弹出"分类回归:定义标度"对话框,如图 7.95 所示。我们在其中选中"有序"并单击"继续"返回;然后同时选中"年龄""性别""职业"并单击 按钮,使之进入"自变量"列表框,再仿照前面对"满意度"的操作方式,把它们依次指定为"数字"、"名义""名义"的标度类别。

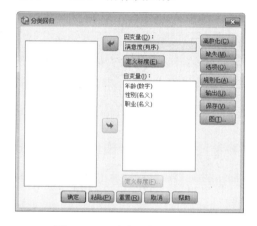

图 7.94 "分类回归"对话框

图 7.95 "分类回归:定义标度"对话框

在此简要说明一下"定义标度"的选择理由:因变量"满意度"是分类且有顺序的,所以我们在"最优标度级别"中选择"有序"是最为合适的;自变量"年龄"为数值型连续变量,所以选择"数字";自变量"性别"为分类变量且没有顺序,所以选择"名义";自变量"职业"同样为分类变量且没有顺序,也选择"名义"。

02 单击"图"按钮,弹出"分类回归:图"对话框,如图 7.96 所示。该对话框主要用于设置输出相应的结果图,其中转换图要求软件输出原分类变量各取值经最优标度变换后的数值对应图,残差图可输出模型的拟合残差图。本例中我们将 4 个变量(含因变量及自变量)均选入"转换图"列表,设置完成后单击"继续"按钮返回主对话框。

03 单击"保存"按钮,弹出"分类回归:保存"对话框,如图 7.97 所示。该对话框主要用于在活动数据文件中保存预测值、残差和其他对于诊断有用的统计量。本例中采用系统默认设置,然后单击"继续"按钮,回到"分类回归"对话框,单击"确定"按钮确认。

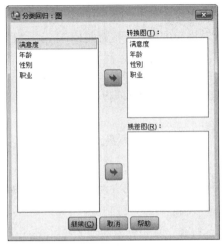

图 7.96 "分类回归:图"对话框

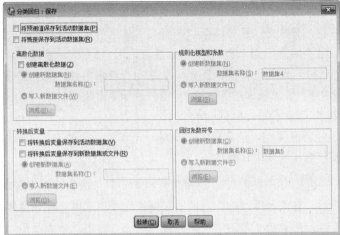

图 7.97 "分类回归:保存"对话框

7.9.3 结果解读

1. 个案处理摘要、模型摘要、ANOVA 表

图 7.98 第一部分是个案处理摘要,参与分析的样本数据有 60 个,没有缺失值;第二部分是模型汇总,R 方是 0.529,调整后 R 方是 0.475,模型解释能力还算过得去;第三部分是 ANOVA 表,P 值为 0.000,非常显著,模型具有统计学意义。

个案处理摘要

有效活动个案	60
具有缺失值的活动个案	0
补充个案	0
总计	60
在分析中使用的个案	60

模型摘要

复 R	R 方	调整后 R 方	表观预测误差
.727	.529	.475	.471

因变量:满意度
预测变量:年龄 性别 职业

ANOVA

	平方和	自由度	均方	F	显著性
回归	31.720	6	5.287	9.908	.000
残差	28.280	53	.534		
总计	60.000	59			

因变量:满意度
预测变量:年龄 性别 职业

图 7.98 个案处理摘要、模型摘要、ANOVA 表

2. 系数、相关性和容差

在图 7.99 中,第一部分是模型的系数,可以发现各个系数均为正且系数的显著性水平很高,说明年龄、性别、职业对于满意度的影响都是很显著的,其中年龄越大对于满意度的评价越高(我们在设置因变量时从 1~5 表示越来越满意),性别为女性的人员对于满意度的评价更高,职业变量编码(1~5)越大的人员对于满意度的评价更高。

第二部分是相关性和容差,相关分析包括"零阶""偏""部分"3 列,其中"零阶"表示简

单相关系数，"偏"是指偏相关，即控制了其他变量对所有变量影响后的估计，"部分"是指部分相关，只控制其他变量对自变量的影响；重要性分析表明各自变量的影响重要程度，本例中不难发现性别对满意度影响最大，达到了 0.672，然后是年龄，重要性水平为 0.207，最后是职业，重要性水平为 0.120；容差表示该变量对因变量的影响中不能被其他自变量所解释的比例，越大越好，反映了自变量的共线性情况，本例中结果还是比较好的。

系数

	标准化系数 Beta	标准误差的自助抽样 (1000) 估算	自由度	F	显著性
年龄	.585	.169	1	11.921	.001
性别	.738	.152	1	23.488	.000
职业	.524	.141	4	13.731	.000

因变量：满意度

相关性和容差

	相关性			重要性	容差	
	零阶	偏	部分		转换后	转换前
年龄	.187	.583	.493	.207	.711	.732
性别	.482	.697	.667	.672	.817	.940
职业	.121	.543	.444	.120	.720	.768

因变量：满意度

图 7.99　模型中变量系数、变量的相关性和容差

3. 变量最优标度转换图

系统会输出 4 个变量的最优标度转换图。变量最优标度转换图主要是看整个分析过程中分类变量是如何转换为标准数值尺度的，是一个过程性的结果，并非关键结果。比如因变量满意度的图形如图 7.100 所示，是按照有序尺度转换的，可以看出转换后 2~3 之间的距离大于 1~2，而并非此前的等间隔距离，软件自动为其计算了最优的量化标准。

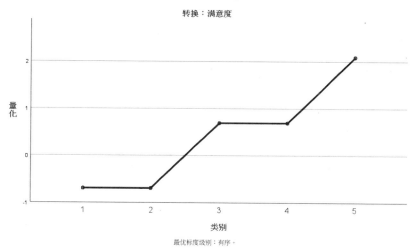

图 7.100　变量最优标度转换图

7.9.4　知识点总结与练习题

知识点总结：本节讲述了最优标度回归分析的 SPSS 操作，对涉及的窗口界面进行了深度解读。

通过本节的学习，应该较为清晰地知晓最优标度回归分析的适用情形，并且能够较为连贯地对分析结果进行解读，并写出模型的回归方程。

练习题：继续使用数据 7.7，以满意度为因变量，"年龄""性别"为自变量，不再保留"职业"变量，开展最优标度回归分析。

7.10　分位数回归分析[1]

| 下载资源:\video\第 7 章\7.10 |
| 下载资源:\sample\数据 7.8 |

7.10.1　基本原理

分位数回归是定量建模的一种统计方法，最早由 Roger Koenker 和 Gilbert Bassett 于 1978 年提出，广泛应用于经济社会研究、医学保健等行业研究领域。前面介绍的多重线性回归是基本 OLS 估计，是一种标准分析方法，研究的是自变量与因变量的条件期望之间的关系，而分位数回归研究的是自变量与因变量的特定百分位数之间的关系。用更通俗易懂的语言来讲，就是普通线性回归的因变量与自变量的线性关系只有一个，包括斜率和截距；而分位数回归则根据自变量值处于的不同分位数值，分别生成对因变量的线性关系，可形成很多个回归方程。比如我们研究上市公司人力投入回报率对于净资产收益率的影响，当人力投入回报率处于较低水平时，其对净资产收益率的带动是较大的。但是当人力投入回报率达到较高水平时，其对净资产收益率的带动会减弱。也就是说，随着自变量值的变化，线性关系的斜率是会发生较大变动的，因此非常适合采用分位数回归方法。与普通线性回归相比，分位数回归对目标变量的分布没有严格研究，也会趋向于抑制偏离观测值的影响，非常适合目标变量不服从正态分布、方差较大的情形。

7.10.2　操作演示与功能详解

数据来源于万得资讯发布的，依据证监会行业分类的 CSRC 软件和信息技术服务业上市公司 2019 年年末财务指标横截面数据（不含 ST 类公司数据）。研究使用的横截面数据包括信雅达、常山北明、浪潮软件等上市公司，数据指标包括序号、证券简称、市盈率 PE(TTM)、市净率 PB(LF)、资产报酬率 ROA、净资产收益率 ROE(平均)、人力投入回报率(ROP)等 16 项。数据均为真实数据，来源于公司经审计的年度财务报告，数据时点为 2019 年 12 月 31 日。限于篇幅不再展示数据文件的数据视图和变量视图，读者可自行打开相关源文件观察。

下面我们以"净资产收益率 ROE(平均)"为因变量，"人力投入回报率(ROP)"为自变量，开展分位数回归分析。操作演示与功能详解如下：

01 打开数据 7.8，选择"分析 | 回归 | 分位数"命令，弹出"分位数回归"对话框，如图 7.101 所示。在"分位数回归"对话框左侧的列表中，选中"净资产收益率 ROE(平均)"并单击 ➡ 按钮，使之进入"目标变量"列表框，选中"人力投入回报率(ROP)"并单击 ➡ 按钮，使之进入"协变量"列表框。

---

[1] SPSS 26.0 新增功能。

图 7.101 "分位数回归"对话框

对话框深度解读

- "分位数回归"对话框中因子和协变量的区别是什么？如果自变量是分类变量，则放入"因子"列表，当然分类变量可以是最多 8 个字符的字符串值，也可以是用 1、2、3、4 分组的数字值。如果自变量是连续变量，则放入"协变量"列表，"协变量"列表不允许使用字符串变量。
- "分位数回归"对话框下方的"权重变量"列表用于选择回归权重变量，需要注意的是权重变量不允许为字符串变量。
- 下方的"针对复杂分析或大型数据集节省内存"复选框如果被选中，那么在数据处理期间可以将数据保存在外部文件中，从而在运行复杂分析或进行大型数据集分析时可有效节约内存资源。

02 单击"条件"按钮，弹出"分位数回归：条件"对话框，如图 7.102 所示。该对话框主要用于设置分位数回归的条件。本例中我们将在"分位数"区域的"分位数值"文本框分别添加 3 个四分位数，也就是 0.25、0.5、0.75 三个百分位数，设置完成后单击"继续"按钮返回主对话框。

图 7.102 "分位数回归：条件"对话框

对话框深度解读

- "分位数值"文本框：添加用于分位数回归的分位数值，至少需要一个值才能运行分析，默认为 0.5。系统允许输入多个值，并且每个值必须属于 [0, 1] 且不得重复。设置方法是首先在"分位数值"文本框中输入具体值，然后单击"添加"按钮，即可出现在列表框中。如果设置完成后觉得不合适，则可以通过选中已设置的值，然后单击"更改"或"除去"按钮，将值除去。
- "估算方法"选项组：用户选择模型估计的方法。
  - "由程序自动选择"为默认设置，即允许 SPSS 自动选择合适的估计方法。
  - "单纯形算法"为使用 Barrodale 和 Roberts 开发的单纯形算法。
  - "Frisch-Newton 内点非线性优化"为使用 Frisch-Newton 内点非线性优化的算法。
- "估算后"区域中包括"假设个案为 IID"复选框以及"带宽类型"选项组。
  - "假设个案为 IID"复选框如果被选中，则假设误差项独立且均匀分布；如果不选中此设置，那么不会有上述假设，可能会显著增加大型模型的计算时间。
  - "带宽类型"选项组供用户选择使用哪种带宽方法来估算参数估计的方差-协方差矩阵，有 Bofinger 和 Hall-Sheather 两种，其中默认设置为 Bofinger。
- "缺失值"选项组用于指定如何处理缺失值。如果用户选择"排除用户缺失值和系统缺失值"，则系统将同时排除用户缺失值和系统缺失值；如果用户选择"将用户缺失值视为有效"，则系统会把缺失值作为有效值处理，提供用于确定如何处理缺少值的选项。
- "置信区间%"文本框用于指定显著性水平，默认为 95。

03 单击"模型"按钮，弹出"分位数回归：模型"对话框，如图 7.103 所示。该对话框中各选项的含义与图 6.2 中的介绍一致，不再赘述。本例中采用系统默认设置，然后单击"继续"按钮，回到"分位数回归"对话框。

图 7.103 "分位数回归：模型"对话框

04 单击"显示"按钮,弹出"分位数回归:显示"对话框,如图 7.104 所示。本例中采用系统默认设置,然后单击"继续"按钮,回到"分位数回归"对话框。

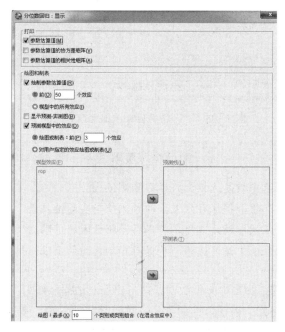

图 7.104 "分位数回归:显示"对话框

对话框深度解读

- "打印"选项组:如果选中"参数估计值"复选框,则系统将输出参数估计值、相应的检验统计和置信区间;如果选中"参数估计值的协方差矩阵"复选框,则系统将输出估计参数协方差矩阵;如果选中"参数估计值的相关性矩阵"复选框,则系统将输出估计参数相关性矩阵。
- "绘图和制表"选项组:如果选中"绘制参数估算值"复选框,则系统将绘制指定数量的效应或模型中所有效应的参数估计。用户只有在"分位数回归:条件"对话框中的分位数值中指定多个值时,此设置才有效,如果只是指定一个分位数值,那么系统将不会创建绘图。

如果选中"显示预测-实测图",将创建包含点(用不同颜色的点表示不同的分位数)的单个图。
"预测模型中的效应"复选框,如果选择"绘图或制表:前_个效应"并且执行具体数值,将针对前_个效应创建其预测图或预测表,如果指定的值大于模型中的有效效应的数量,将针对所有效应创建预测图或预测表;如果选择"对用户指定的效应绘图或制表",将针对用户定制的具体效应绘图或制表。

05 单击"保存"按钮,弹出"分位数回归:保存"对话框,如图 7.105 所示。本例中采用系统默认设置,然后单击"继续"按钮,回到"分位数回归"对话框。

图 7.105 "分位数回归：保存"对话框

对话框深度解读

- 预测的响应值：如果选中该复选框，将保存预测值。
- 残差：如果选中该复选框，将保存残差，即预测值与实际值之差。
- 预测区间的下限：如果选中该复选框，将保存预测区间的下限。
- 预测区间的上限：如果选中该复选框，将保存预测区间的上限。

06 单击"导出"按钮，弹出"分位数回归：导出"对话框，如图 7.106 所示。本例中采用系统默认设置，然后单击"继续"按钮，回到"分位数回归"对话框，单击"确定"按钮确认。

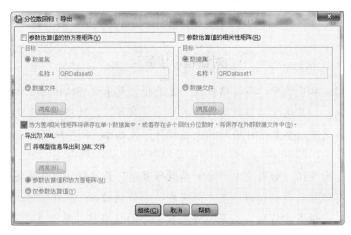

图 7.106 "分位数回归：导出"对话框

对话框深度解读

- 参数估算值的协方差矩阵：如果选中该复选框，用户可以将参数估算值的协方差矩阵保存在单个数据集或外部文件中。
- 参数估算值的相关性矩阵：如果选中该复选框，用户可以将参数估算值的相关性矩阵保存在单个数据集或外部文件中。
- 协方差/相关性矩阵将保存在单个数据集中，或者存在多个回归分位数时，将保存在外部文件中：仅在针对"分位数回归：条件"对话框中的分位数值指定多个值，且选中"参数估算值的协方差矩阵"或"参数估算值的相关性矩阵"时，此选项才可用，选中后协方差/相关性矩阵将保存在单个数据集中,或者存在多个回归分位数时,将保存在外部文件中。
- 将模型信息导出到 XML 文件:用户选中该选项,可以将模型信息导出到特定 XML 文件。

7.10.3 结果解读

1. 模型质量

图 7.107 为模型质量,用伪 R 方和平均绝对误差(MAE)来衡量,伪 R 方越大,说明模型的质量越好,平均绝对误差(MAE)的值越小,说明模型的质量越好,可以发现当 Q=0.5 的时候模型的质量是最好的。

2. 参数估计与不同的分位数

图 7.108 为参数估计与不同的分位数。可以发现当 q=0.25、q=0.5、q=0.75 时的参数估计值是完全不一样的,q=0.25 时,人力投入回报率(ROP)每提高一个单位,因变量净资产收益率 ROE(平均)会提高 0.040 个单位,然后当 q 提高到 0.5 时,人力投入回报率(ROP)每提高一个单位,因变量净资产收益率 ROE(平均)会提高 0.038 个单位,再当 q 提高到 0.75 时,人力投入回报率(ROP)每提高一个单位,因变量净资产收益率 ROE(平均)会提高 0.034 个单位,从 q=0.25 到 q=0.5 再到 q=0.75,人力投入回报率(ROP)对因变量净资产收益率 ROE(平均)的提高是不断下降的,也就是说人力投入回报率(ROP)的提高作用是边际递减的。

模型质量[a,b,c]

	q=0.25	q=0.5	q=0.75
伪 R 方	.097	.103	.097
平均绝对误差(MAE)	4.5070	3.8586	4.4232

a. 因变量:净资产收益率ROE(平均)
b. 模型:(截距),人力投入回报率(ROP)
c. 方法:单纯形算法

图 7.107 模型质量

参数估计与不同的分位数[a,b]

参数	q=0.25	q=0.5	q=0.75
(截距)	3.744	6.826	9.409
人力投入回报率(ROP)	.040	.038	.034

a. 因变量:净资产收益率ROE(平均)
b. 模型:(截距),人力投入回报率(ROP)

图 7.108 参数估计与不同的分位数

3. 参数估计值

图 7.109 为分位数 q=0.25、q=0.5、q=0.75 时的参数估计的完整信息,包括系数值、标准偏差、T 值、自由度、显著性水平、95%的置信区间。可以发现 3 个回归方程都是非常显著的("显著性"一列为显著性 P 值,均为 0.000,远远小于 0.05)。

分位数 = 0.25

参数估计[a,b]

参数	系数	标准误差	t	自由度	显著性	95% 置信区间 下限	上限
(截距)	3.744	.7192	5.205	156	.000	2.323	5.164
人力投入回报率(ROP)	.040	.0075	5.318	156	.000	.025	.055

a. 因变量:净资产收益率ROE(平均)
b. 模型:(截距),人力投入回报率(ROP)

图 7.109 参数估计值

分位数 = 0.5

参数估计[a,b]

参数	系数	标准误差	t	自由度	显著性	95% 置信区间 下限	上限
（截距）	6.826	.6326	10.791	156	.000	5.577	8.076
人力投入回报率(ROP)	.038	.0066	5.662	156	.000	.024	.051

a. 因变量：净资产收益率ROE(平均)
b. 模型：（截距），人力投入回报率(ROP)

分位数 = 0.75

参数估计[a,b]

参数	系数	标准误差	t	自由度	显著性	95% 置信区间 下限	上限
（截距）	9.409	.8843	10.640	156	.000	7.663	11.156
人力投入回报率(ROP)	.034	.0093	3.644	156	.000	.015	.052

a. 因变量：净资产收益率ROE(平均)
b. 模型：（截距），人力投入回报率(ROP)

图 7.109　参数估计值（续）

4. 估算参数图

图 7.110 为估算参数图。蓝色区域为参数估计值的置信区间覆盖范围，黑色线为不同分位数下的参数估计值，红色实线为使用普通线性回归分析时的参数估计值，红色虚线为使用普通线性回归分析时的参数估计值的置信区间上下限。从该图中可以有效对比分位数回归和普通线性回归分析的差异。

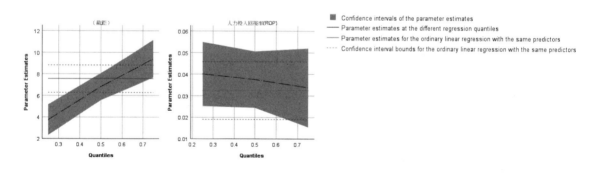

图 7.110　估算参数图

5. 预测线

图 7.111 为分位数 q=0.25、q=0.5、q=0.75 时，人力投入回报率(ROP)与因变量净资产收益率ROE(平均)之间的线性关系模型预测。可以发现 q=0.25 时，模型的斜率最大，截距最小；q=0.75 时，模型的斜率最小，截距最大。与前面"3.参数估计值"的结果一致。

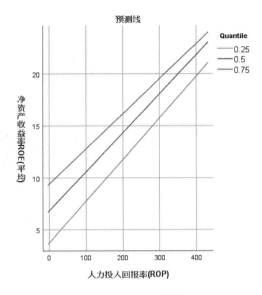

图 7.111 预测线

7.10.4 知识点总结与练习题

知识点总结：本节讲述了分位数回归分析的 SPSS 操作，对涉及的窗口界面进行了深度解读。通过本节的学习，应该较为清晰地知晓分位数回归分析的适用情形，并且能够较为连贯地对分析结果进行解读，并写出模型的回归方程。

练习题：继续使用数据 7.8，以总资产报酬率（ROA）为因变量，人力投入回报率（ROP）为自变量，开展分位数回归分析。

第 8 章

时间序列预测

本章所用的建模技术为 SPSS "分析"模块中的"时间序列预测"子模块。SPSS 专门设计了"分析|时间序列预测"模块，该模块具有强大性、灵活性和易用性的特征，适用于时间序列数据，即针对同一变量（同一群体）但是在不同时间点的样本观测值。进行时间序列分析的重要原因之一是通过拟合序列的过去值来尝试预测序列的未来值，成功进行时间序列预测的能力对于商业领域来说非常重要，例如：

（1）将时间序列预测技术应用到连锁门店订奶量预测分析中，可以分析接下来一段时间的小区牛奶购买量，牛奶生产商或分销商可以针对预测结果做出针对性的生产、销售和配送安排。

（2）将时间序列预测技术应用到商业中心奶茶消费量预测分析中，可以分析接下来一段时间的商业中心奶茶消费量，奶茶生产商或分销商可以针对分析预测结果做出针对性的进料、销售和配送安排。

（3）将时间序列预测技术应用到快餐外卖行业预测分析中，可以分析接下来一段时间的商圈内的快餐外卖消费量，餐饮供应商或分销商可以针对分析预测结果提前采购相应食材、预定外卖配送小哥等。

（4）将技术应用到出租车行业预测分析中，可以分析接下来一段时间的特定区域内的打车次数，出租车运营公司可以针对分析预测结果提前调配相应的出租车资源，实现更好的资源配置等。

本章教学要点：

- 清楚知晓专家建模器、指数平滑法、ARIMA 模型、季节分解模型 4 种分析方法的特色，知晓每种方法的适用条件。
- 熟练掌握专家建模器、指数平滑法、ARIMA 模型、季节分解模型 4 种分析的窗口功能，根据研究需要灵活进行窗口设置，开展时间序列分析。
- 能够对各种时间序列分析的结果进行解读，从中发现数据特征，得出研究结论。

8.1 专家建模器

下载资源:\video\第 8 章\8.1
下载资源:\sample\数据 8.1

8.1.1 基本原理

时间序列预测专家建模器建模技术的最大特色是会自动查找每个相依序列的最佳拟合模型。如果指定了自变量（预测）变量，则专家建模器为 ARIMA 模型中的内容选择那些与该相依序列具有统计显著性关系的模型。适当时，使用差分、平方根或自然对数等方法对模型变量进行转换。默认情况下，专家建模器既考虑指数平滑法模型，又考虑 ARIMA 模型。当然，用户也可以将专家建模器限制为仅搜索 ARIMA 模型或仅搜索指数平滑法模型，还可以指定自动检测离群值。此处所提及的 ARIMA 模型和指数平滑法模型，都是经典的对时间序列数据进行分析和预测的方法。

1. ARIMA 模型

ARIMA 模型（Auto Regressive Integrated Moving Average Model，也被称为博克思-詹金斯法）是由博克思（Box）和詹金斯（Jenkins）于 70 年代初提出的一种著名的时间序列预测方法，广泛应用在时间序列数据的模型拟合和预测中。其中 ARIMA（p,d,q）称为差分自回归移动平均模型，AR 是自回归，p 为自回归项，MA 为移动平均，q 为移动平均项数，d 为时间序列成为平稳时所做的差分次数。ARIMA 模型的基本思想和分析思路是：将预测对象随时间推移而形成的数据序列视为一个随机序列，然后用一定的数学模型来拟合这个序列，一旦被有效拟合后，就可以被用来从时间序列的过去值及现在值来预测未来值。

2. 指数平滑法

指数平滑法本质上是一种特殊的加权移动平均法，与前面提及的 ARIMA 模型有一定的区别：一是指数平滑法对特定观测期内不同时间的观察值所赋予的影响权重是不一样的，在一定程度上加大了近期观察值的影响权重，从而加强了近期观察值对预测值的作用，这样做的优势和好处在于能够使预测值更好地反映当前市场最新的变化；二是指数平滑法对于观察值所赋予的影响权重按近远期递减是具备一定弹性的，可以针对具体情况设置参数来反映由近期到远期影响权重的不同的递减速度，从而更加客观公允地反映近期观察值和远期观测值的实际影响程度。

在进行时间序列预测时，我们很多时候有必要将时间序列划分成历史期和验证期，之所以这么分，是有一种模拟预测、评价模型的思想在里面的。基本的分析思路是基于历史期的观测值，运用这些值构建一个模型，然后在验证期内对于模型的拟合能力进行评价。因为验证期内实际的样本观测值是已知的，所以可以对比基于模型的拟合值和实际值，观察其中的差距，进而对模型进行评价。对比神经网络分析方法（可参考《SPSS 统计分析商用建模与综合案例精解》一书第 4 章、第 5 章介绍，杨维忠、张甜著，清华大学出版社，2021 年 8 月出版），我们可以把历史期的样本视为训练样本和检验样本，把验证期的样本视为坚持样本。在对模型满意之后，我们可以把所有已知样本都作为训练样本，建立最终模型，用于真实的对未来值的预测。

8.1.2 操作演示与功能详解

本部分我们使用的数据为数据 8.1，数据 8.1 记录了某大型连锁商超 15 个门店的 2015 年至 2019 年的冰箱销售数据。数据 8.1 数据视图和变量视图分别如图 8.1 和图 8.2 所示。在 SPSS 格式文件中共有 18 个变量，分别是连锁门店 1~连锁门店 15 共 15 个门店变量以及"销量总数""年份""月份""日期"4 个变量。

在时间序列专家建模器分析中，正确指定变量的测量级别是非常重要的，因为要求自变量和因变量都是数值变量。变量的测量级别一共有 3 种，分别是"名义""有序"和"标度"。

- 名义：当变量值为分类非连续变量，并且不具有内在等级的类别时，该变量可以作为名义变量，例如学生毕业的高等院校。名义变量的示例还包括收货地址所在地区、手机号中间 4 位和性别等。
- 有序：当变量值表示带有某种内在等级的类别时，该变量可以作为有序变量，例如从正常、关注到次级、可疑、损失的银行信贷资产分类水平。有序变量的示例还包括表示满意度或可信度的态度分数和优先选择评分等。
- 标度：当变量值为连续变量时，该变量可以作为标度（连续）变量对待，以便在值之间进行合适的距离比较。标度变量的示例包括以年为单位的年龄、以万年为单位的年收入水平、以分数为单位的学习成绩等。

用户可以在数据编辑器的"变量视图"中更改测量级别。

本例中将除"日期"之外的所有因变量以及自变量均指定为数值变量，测量级别都是标度。

图 8.1　数据 8.1 变量视图

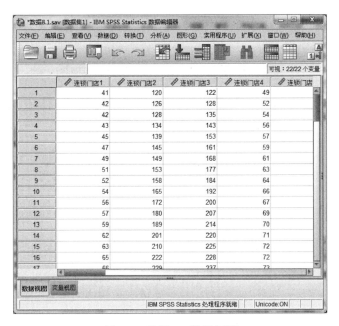

图 8.2　数据 8.2 数据视图

下面我们针对这个大型连锁商超 15 个门店的 2015 年至 2019 年的冰箱销售数据进行时间序列预测分析，操作演示与功能详解如下：

01 选择"文件｜打开｜数据"命令，打开数据 8.1.sav 数据表。选择"分析|时间序列预测|创建传统模型"命令，弹出"时间序列建模器"对话框，如图 8.3 所示。

系统提示"在使用此对话框之前，应该为时间序列定义开始时间和时间间隔。这将确保正确地标注输出，并且将允许您获取季节性模型（如果适用）。按"确定"可以定义时间序列模型，并将个案视为未标注的时间段。按"定义日期"可以设置开始时间和时间间隔。"

如果用户确定已经为时间序列定义了开始时间和时间间隔，那么直接单击"确定"按钮就可以创建传统模型；如果用户认为还没有为时间序列定义开始时间和时间间隔，或者说还需要对时间序列开始时间和时间间隔重新设置，那么需要单击"定义日期和时间"按钮，进入下一个对话框，对变量属性进行重新定义。在"时间序列建模器"对话框下方还有一个复选框"不再显示此消息"，如果用户勾选此复选框，那么在下一次选择"分析｜时间序列预测｜创建传统模型"命令时，将不再弹出"时间序列建模器"对话框。

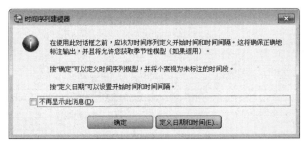

图 8.3　"时间序列建模器"对话框

本例中事实上我们已经为时间序列定义了开始时间和时间间隔，但是为了介绍相应的设置方法，

此处仍选择"定义日期和时间"按钮(或者单击菜单命令"数据|定义日期和时间"),即可弹出如图 8.4 所示的"定义日期"对话框。

图 8.4 "定义日期"对话框

在图 8.4 所示的"定义日期"对话框中,首先需要在左侧的列表框中选择时间类型。可以发现 SPSS 几乎规定了所有可能的日期类型,可以非常方便而全面地供用户选择,因为本例我们是按月份统计的数据,所以应该是选择"年,月"选项,选定该选项后,即可在右侧出现相应的设置,我们在"第一个个案是"的"年"文本框中填写最开始的"2015",然后在"月"文本框中填写最开始的"1",设置完毕后单击"确定"按钮,即可完成对日期的定义设置。

设置完成后,可以发现在数据 8.1 的数据视图中增加了 3 个变量,分别是"YEAR_""MONTH_""DATE_",如图 8.5 所示。

图 8.5 定义日期之后的数据视图

在如图 8.6 所示的变量视图中,我们也可以看到新增加的 3 个变量:YEAR_(YEAR, not periodic)、

MONTH_（MONTH, period 12）和 DATE_"Date. Format: "MMM YYYY""。

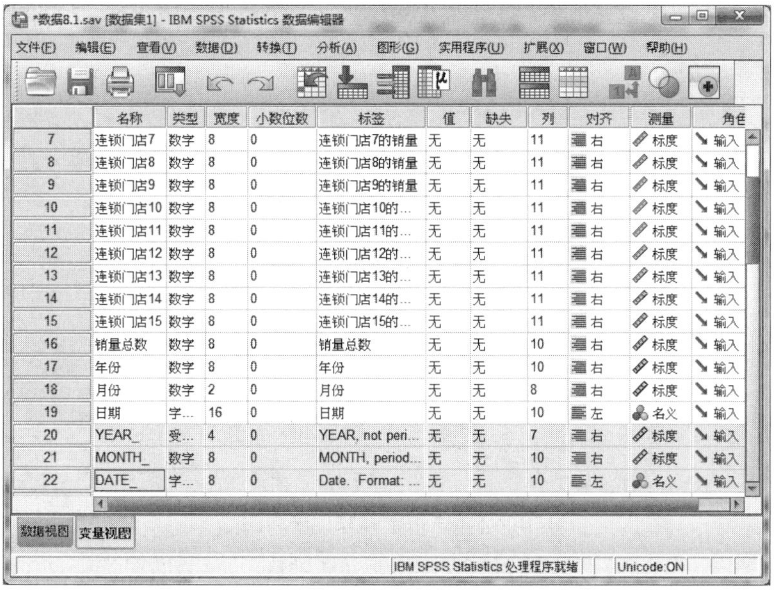

图 8.6 定义日期之后的变量视图

02 绘制时间序列图以判断数据是否存在季节性趋势。在使用"专家建模器"建立模型分析之前，我们需要了解数据的性质。其中最为重要的是判断数据是否呈现出季节性趋势。虽然"专家建模器"可以自动为每个序列查找最佳的季节性或非季节性模型，但是如果我们提前对数据的季节性进行了分析，比如不存在季节性，那么就可以将模型范围限制为非季节性模型，再进行分析，通常可以更快地获得结果。在进行判断时，限于篇幅，我们不对所有门店的销售量都进行分析，只以所有门店的销量总数为例绘制序列图讲解。具体操作如下：

在菜单中选择"分析｜时间序列预测｜序列图"命令，弹出"序列图"对话框，如图 8.7 所示。

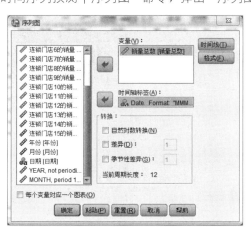

图 8.7 "序列图"对话框

在"序列图"对话框中从左侧的列表框中选取要绘制时间序列图的变量进入右侧的"变量"列表框，选择时间变量进入"时间轴标签"列表框。本例中，我们选择"销量总数"作为绘制时间序列图的变量进入右侧的"变量"列表框，选择 DATE_ "Date. Format: "MMM YYYY""作为时间变量进入"时间轴标签"列表框。设置完成后，单击"确定"按钮，即可显示如图 8.8 所示的分析结果。

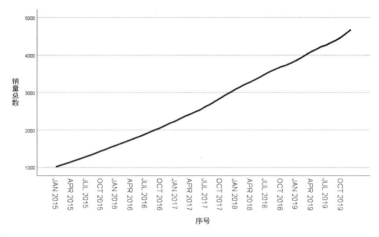

图 8.8 "销量总数"序列图

此序列表现出了一个很平滑的上升趋势，没有出现季节性变化的迹象。可能在连锁门店 1~连锁门店 15 的个别时间序列中存在季节性，但总的看来，季节性不是数据的显著特征。 当然，应该在排除季节性特征之前检查连锁门店 1~连锁门店 15 的每个序列。

03 选择"分析|时间序列预测|创建传统模型"命令，弹出"时间序列建模器"对话框，如图 8.9 所示。"时间序列建模器"对话框包括 6 个选项卡，分别是"变量""统计""图""输出过滤""保存""选项"。针对"变量"选项卡，首先需要从左侧的"变量"列表框中选取连锁门店 1~连锁门店 15 共 15 个变量进入"因变量"。针对"方法"下拉列表选择默认的"专家建模器"方法。

图 8.9 "时间序列建模器"对话框

对话框深度解读

- 在"时间序列建模器"对话框"变量"选项卡的中部区域,用户可设置时间序列建模器方法,具体方法包括"专家建模器""指数平滑""ARIMA"3种,默认为"专家建模器"。
  - ➢ 专家建模器:专家建模器建模技术的最大特色是会自动查找每个序列的最佳拟合模型,既考虑指数平滑法模型,又考虑ARIMA模型,详见前面基本原理部分的介绍。
  - ➢ 指数平滑:即使用指数平滑法,该方法的原理详见前面基本原理部分的介绍。
  - ➢ ARIMA:即使用ARIMA模型,该方法的原理详见前面基本原理部分的介绍。
- 在"时间序列建模器"对话框"变量"选项卡的下方区域,用户可看到时间序列建模器方法的估算期和预测期。
  - ➢ 估算期:通常情况下,估算期包含活动数据集中的所有个案,即从第一个个案开始,到最后一个个案结束。
  - ➢ 预测期:通常情况下,预测期从评估期结束后的第一个个案开始,到活动数据集中的最后一个个案结束。用户可以在"时间序列建模器"对话框"选项"选项卡设置预测期的结束时间。

04 在"时间序列建模器"对话框"变量"选项卡的中部区域,"专家建模器"方法的右侧,有一个"条件"按钮,用户可以通过此按钮设置"专家建模器"的条件。单击"条件"按钮,即可弹出如图8.10所示的"时间序列建模器:专家建模器条件"对话框,包括"模型"和"离群值"两个选项卡,默认选项卡为"模型"选项卡。我们在"模型"选项卡中采用系统默认设置,在"离群值"选项卡中选择"自动检测离群值",要检测的离群值类型包括"加性"和"水平变动"。

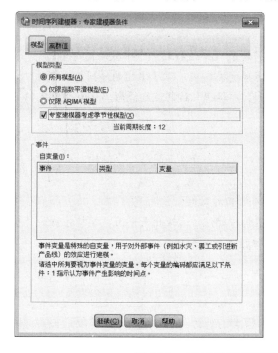
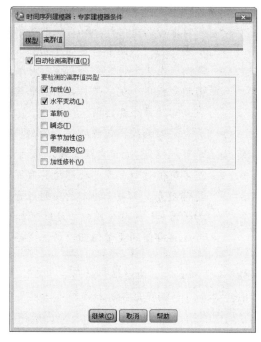

图8.10 "时间序列建模器:专家建模器条件"对话框

对话框深度解读

在"模型"选项卡,用户可设置专家建模器可以处理的模型类型并指定事件变量。

- "模型类型"选项组,包括以下选项:
  - 如果用户选择"所有模型"选项,那么专家建模器将既考虑 ARIMA 模型又考虑指数平滑法模型。
  - 如果用户选择"仅限指数平滑模型"选项,那么专家建模器将仅考虑指数平滑模型。
  - 如果用户选择"仅限 ARIMA 模型"选项,那么专家建模器将仅考虑 ARIMA 模型。
  - 如果用户选择"专家建模器考虑季节性模型"复选框,那么专家建模器将既考虑季节性模型又考虑非季节性模型。
  - 如果用户没有选择"专家建模器考虑季节性模型"复选框,那么专家建模器将仅考虑非季节性模型。
  - 在"专家建模器考虑季节性模型"复选框的下方还显示了当前周期长度(如有),当前周期性以整数形式显示,比如本例中为 12,则表示年度周期性,每个个案代表一个月份。如果尚未设置周期性,则显示值为无。季节性模型要求具有周期性,用户可以按照前面的讲述从"定义日期"对话框中设置周期性。

- "事件"选项组,事件变量是特殊的自变量,用于对外部事件(例如地震、停产或引进新机器设备)的效应进行建模。用户需要选中所有要视为事件变量的变量。对于事件变量,每个变量的编码都应满足以下条件:值为 1 的个案指示相依序列将受该事件影响的时间,1 以外的值指示无影响。在"离群值"选项卡中用户可以选择"自动检测离群值",并且设置"要检测的离群值类型"。
  - 加性:影响单个样本观察值的离群值。
  - 水平变动:从某个特定的序列点开始,将所有观察值移动一个常数的离群值。
  - 革新:在某个特定的序列点,附加到噪声项的离群值。对于平稳的序列,"革新"离群值将影响多个观察值。对于不平稳的序列,"革新"离群值可能影响从某个特定的序列点开始的每个观察值。
  - 瞬态:影响按指数衰减到 0 的离群值。
  - 季节加性:影响特定观察值以及通过一个或多个季节性期间与之分隔的所有后续观察值。该离群值对所有这些观察值具有同等的影响。
  - 局部趋势:从某个特定的序列点开始局部趋势的离群值。
  - 加性修补:由两个或更多连续可加离群值构成的组。选择此离群值类型将导致除了检测可加离群值的变量值组以外,还检测单独的可加离群值。

05 在"时间序列建模器"对话框切换到"统计"选项卡,如图 8.11 所示。我们选中"按模型显示拟合测量、杨-博克斯统计和离群值数目"复选框、"拟合测量"选项组中的所有复选框、"用于比较模型的统计"选项组中的所有复选框和"单个模型的统计"选项组中的所有复选框,同时选中"显示预测值"复选框。

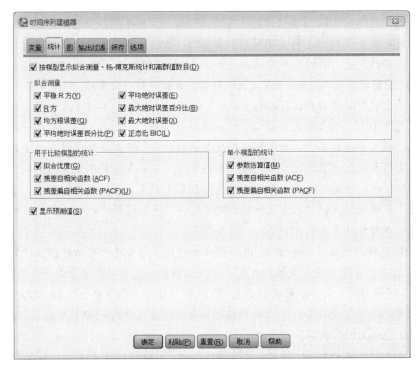

图 8.11 "时间序列建模器"对话框"统计"选项卡

对话框深度解读

- "按模型显示拟合测量、杨-博克斯统计和离群值数目"复选框：系统可输出一个表格，表中按每个估计模型显示拟合测量、杨-博克斯统计和离群值数目。
- "拟合测量"选项组，包括以下选项：
  - 平稳 R 方：将模型的平稳部分与简单均值模型相比较的测量。当时间序列具有趋势或季节性时，该选项较 "R 方"选项更为适用。平稳 R 方的取值范围是负无穷大到 1，其中负值表示我们拟合的模型比简单均值模型拟合效果要差，正值表示我们拟合的模型比简单均值模型拟合效果要好。
  - R 方：时间序列的总变动可以被模型解释的程度。当时间序列不具有趋势或季节性、很平稳时，该选项最为适用。
  - 均方根误差：用来度量因变量序列与其模型预测水平的相差程度，用和因变量序列相同的单位表示。
  - 平均绝对误差百分比：用来度量因变量序列与其模型预测水平的相差程度，该选项与使用的单位无关，因此可用于比较具有不同单位的序列。
  - 平均绝对误差：度量时间序列与其模型预测水平的差别程度。"平均绝对误差"选项以原始序列单位报告。
  - 最大绝对误差百分比：用来度量模型中最大的预测误差，以百分比表示。该选项对于预测模型的最差情况很有用。
  - 最大绝对误差：也是用来度量模型中最大的预测误差，以和因变量序列相同的单位表示。

该选项同样对于预测模型的最差情况很有用。需要提示和强调的是，最大绝对误差和最大绝对误差百分比是两个不同的测量标准，所以并不必然发生在相同的序列点上。一种特殊的情况是，当较大序列值（比如100）的绝对误差（比如10）比较小序列值（比如20）的绝对误差（比如8）稍微大一些时，最大绝对误差（10）将发生在较大序列值处，而最大绝对误差百分比（40%（8/20）>10%（10/100））将发生在较小序列值处。

➢ 正态化BIC：用来度量复杂模型的整体拟合效果。"正态化BIC"是一种信息准则，考虑了模型参数的多少。如果模型中设置的参数多，那么显然会提高模型的解释能力，但是会增加模型的信息冗余，使模型变得复杂；而如果模型中设置的参数少，那么模型会相对简单，但是解释能力就有可能达不到预期效果，而"正态化BIC"信息准则统筹考虑了两方面因素，"正态化BIC"的值越小，代表模型整体的拟合效果越好，越能兼顾模型和解释能力和简化效果。

- "用于比较模型的统计"选项组：用来控制如何显示包含跨所有估计模型计算出的统计信息的表。每个选项分别生成单独的表，可以选择3个选项中的一个或多个。

  ➢ "拟合优度"：用户如果选择该选项，系统将输出"平稳R方""R方""均方根误差""平均绝对误差百分比""平均绝对误差""最大绝对误差百分比""最大绝对误差""正态化BIC"和百分位数表。

  ➢ "残差自相关函数"：用户如果选择该选项，系统将输出所有估计模型中残差的自相关摘要统计和百分位数表。

  ➢ "残差偏自相关函数"：用户如果选择该选项，系统将输出所有估计模型中残差的偏自相关摘要统计和百分位数表。

- "单个模型的统计"选项组：用来控制如何显示包含每个估计模型的详细信息的表。每个选项分别生成单独的表，可以选择3个选项中的一个或多个。

  ➢ "参数估算值"：用户如果选择该选项，系统将显示每个估计模型的参数估算值的表。需要提示和强调的是，指数平滑法和ARIMA模型将显示不同的表。如果存在离群值，则它们的参数估计值也将在单独的表中显示。

  ➢ "残差自相关函数"：用户如果选择该选项，系统将按每个估计模型的滞后期显示残差自相关表。该表包含自相关的置信区间。

  ➢ "残差偏自相关函数"：用户如果选择该选项，系统将按每个估计模型的滞后期显示残差偏自相关表。该表包含偏自相关的置信区间。

- "显示预测值"选项：用户如果选择该选项，系统将显示每个估计模型的模型预测和置信区间的表。需要提示的是，预测期需要在后面介绍的"选项"选项卡中设置。

06 在"时间序列建模器"对话框切换到"图"选项卡，如图8.12所示。我们选中"用于比较模型的图"选项组和"单个模型的图"选项组中的所有复选框。

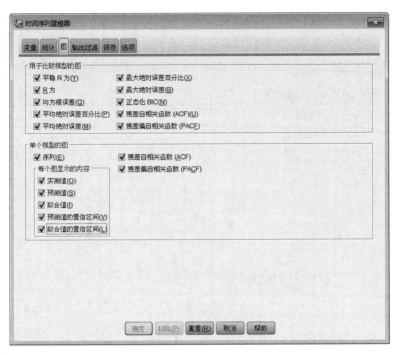

图 8.12 "时间序列建模器"对话框"图"选项卡

对话框深度解读

"图"选项卡中包括"用于比较模型的图"选项组和"单个模型的图"选项组。

- "用于比较模型的图"选项组：控制如何显示包含跨所有估计模型计算出的统计信息的图，包括 10 个选项，每个选项分别生成单独的图，可以选择选项中的一个或多个。可用选项分别是"平稳 R 方""R 方""均方根误差""平均绝对误差百分比""平均绝对误差""最大绝对误差百分比""最大绝对误差""正态化 BIC""残差自相关函数""残差偏自相关函数"。这 10 个选项的具体含义在前面已经讲解过了，在此不再赘述。
- "单个模型的图"选项组：用来获取每个估计模型的预测值图。
  - 其中"每个图显示的内容"下设 5 个子选项：
    - "实测值"是指实际的观测值。
    - "预测值"是指依据模型预测的预测期的序列点值。
    - "拟合值"是指依据模型拟合的估计期的序列点值。
    - "预测值的置信区间"是指依据模型预测的预测值的置信区间。
    - "拟合值的置信区间"是指依据模型拟合的拟合值的置信区间。残差自相关函数（ACF）选项用来显示每个估计模型的残差自相关图。
    - 残差偏自相关函数（PACF）选项用来显示每个估计模型的残差偏自相关图。

07 在"时间序列建模器"对话框切换到"输出过滤"选项卡，如图 8.13 所示。在"输出过滤"选项卡中包括"在输出中包括所有模型"和"根据拟合优度过滤模型"两个选项。默认情况下，输出过滤为"在输出中包括所有模型"。"根据拟合优度过滤模型"设置了一些限制条件。用户如果勾选"根据拟合优度过滤模型"选项,则该选项下方的"显示"选项框将被激活,用户可以根据研究需要自行设置。本例中,我们采取系统默认设置,即"在输出中包括所有模型"。

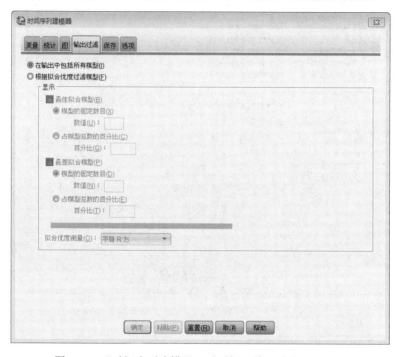

图 8.13 "时间序列建模器"对话框"输出过滤"选项卡

对话框深度解读

"显示"选项框中包括"最佳拟合模型"和"最差拟合模型"两个选项组,以及"拟合优度测量"选项。需要提示和强调的是,用户可以同时选中"最佳拟合模型"和"最差拟合模型"两个选项组。

- "最佳拟合模型"选项组:用户如果选择"最佳拟合模型"选项组,则将在输出中包含最佳拟合模型。
    - 模型的固定数量:用户如果选择该选项,并且在下方的"数值"文本框中输入具体数值 m,则系统将输出该数值个数(m)的最佳拟合模型显示结果。如果该数值超过估计模型的数量,则显示所有模型。
    - 占模型总数的百分比:用户如果选择该选项,并且在下方的"数值"文本框中输入具体百分比 n,则系统将输出拟合优度值在所有估计模型的前 n 个百分比范围内的模型显示结果。
- "最差拟合模型"选项组:用户如果选择"最差拟合模型"选项组,则将在输出中包含最差拟合模型。
    - 模型的固定数量:用户如果选择该选项,并且在下方的"数值"文本框中输入具体数值 m,则系统将输出该数值个数(m)的最差拟合模型显示结果。如果该数值超过估计模型的数量,则显示所有模型。

> 占模型总数的百分比：用户如果选择该选项，并且在下方的"数值"文本框中输入具体百分比 n，则系统将输出拟合优度值在所有估计模型的后 n 个百分比范围内的模型显示结果。
- "拟合优度测量"选项：用户如果选择该选项，则系统将输出用于过滤模型的拟合优度测量。可用的过滤模型的拟合优度测量方法包括"平稳 R 方""R 方""均方根误差""平均绝对误差百分比""平均绝对误差""最大绝对误差百分比""最大绝对误差""正态化 BIC"8 种方式，默认值为前面介绍的"平稳 R 方"。

08 在"时间序列建模器"对话框切换到"保存"选项卡，如图 8.14 所示。在"保存"选项卡中包括"保存变量"和"导出模型文件"两个选项组。本例中，我们在"保存变量"选项组中勾选"预测值""置信区间下限""置信区间上限""噪声残值"4 个选项。在"导出模型文件"选项组中选择"XML 文件"，指定文件名为"模型 8"，保存在本地磁盘的 C 盘。

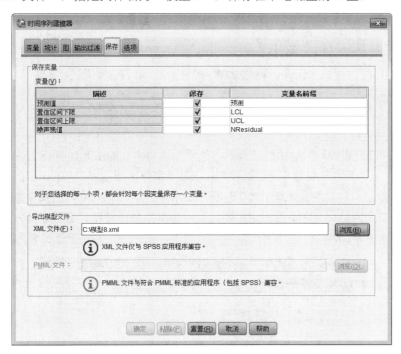

图 8.14　"时间序列建模器"对话框"保存"选项卡

对话框深度解读

- "保存变量"选项组：可用选项包括"预测值""置信区间下限""置信区间上限""噪声残值"4 个。用户若要选择，直接在"保存"列中勾选相应选项即可，然后可以在"变量名前缀"列中针对名称进行修改设置。对于用户选择的每一项，系统都会保存一个变量。其中"预测值"就是模型的预测值，"置信区间下限"是预测值的置信区间下限，"置信区间上限"是预测值的置信区间上限，"噪声残值"是模型残差，如果用户执行了因变量转换（比如取了正态化处理或者自然对数），则为转换后的序列的残差。

- "导出模型文件"选项组：用户如果选择该选项，则系统将保存模型文件，保存的模型可直接用于相应的时间序列数据，也可随着数据的不断更新，在实时更新数据的基础上获得新的预测。可用的保存模型文件类型包括"XML 文件"和"PMML 文件"。本例中，我们选择"XML 文件"，然后单击后面的"浏览"按钮，即可弹出如图 8.15 所示的对话框，在该对话框中可以设置文件的保存位置和需要保存的文件名。

图 8.15　"指定时间序列模型文件"对话框

09 在"时间序列建模器"对话框切换到"选项"选项卡，如图 8.16 所示。在"选项"选项卡中包括"预测期"和"用户缺失值"两个选项组，以及"置信区间宽度""输出中的模型标识前缀""ACF 和 PACF 输出中显示的最大延迟数"选项。本例中我们针对 2020 年的销售量情况进行预测，选中"评估期结束后的第一个个案到指定日期之间的个案"单选按钮，然后在下方的"日期"文本框中的"年"中输入"2020"，在"月"中输入"12"，其他采用系统默认设置即可。

图 8.16　"时间序列建模器"对话框"选项"选项卡

对话框深度解读

- "预测期"选项组：包括以下选项：
  - 针对"评估期结束后的第一个个案到活动数据集中的最后一个个案"选项，如果评估期在活动数据集中的最后一个个案之前结束，而用户需要知道最后一个个案的预测值，则需要选择该选项。该选项通常用来生成保持期的预测，以便将模型预测与实际值子集进行比较。
  - 针对"评估期结束后的第一个个案到指定日期之间的个案"选项，通常用于在实际序列结束后生成预测，比如本例中的设置。
- "用户缺失值"选项组，包括以下选项：
  - 如果用户选择"视为无效"选项，那么系统中的数据缺失值当作系统缺失值处理。
  - 如果用户选择"视为有效"选项，那么系统中的数据缺失值当作有效数据处理。
- "置信区间宽度"选项：可以为模型预测值和残差自相关计算置信区间，可以指定小于100的任何正数。默认情况下使用85%的置信区间。
- "输出中的模型标识前缀"选项："变量"选项卡上指定的每个因变量都可带来一个单独的估计模型。模型都用唯一名称区别，名称由可自定义的前缀和整数后缀组成。用户可以输入前缀，也可以保留模型的默认值。
- "ACF 和 PACF 输出中显示的最大延迟数"选项：设置在自相关和偏自相关表和图中显示的最大延迟数。

8.1.3 结果解读

1. 模型描述

在图 8.17 展示的时间序列专家建模器的模型描述中，我们可以看到针对连锁门店 1~连锁门店 15 共 15 个变量，系统都建立了单独的模型，其中有的是温特斯加性模型，有的是霍尔特模型，有的是 ARIMA 模型。

2. 平稳 R 方

"平稳 R 方"结果如图 8.18 所示。"平稳 R 方"是将模型的平稳部分与简单均值模型相比较的测量。当时间序列具有趋势或季节性时，该选项较"R 方"选项更为适用。15 个模型"平稳 R 方"的平均值是 0.36，标准差是 0.187。全部模型的"平稳 R 方"都是正值，说明对于全部模型来说，我们拟合的模型比简单均值模型拟合效果要好。

3. R 方

"R 方"结果如图 8.19 所示。"R 方"的概念是时间序列的总变动可以被模型解释的程度。当时间序列不具有趋势或季节性、很平稳时，该选项最为适用。前面已经论证，我们的数据不具有季节性。15 个模型"R 方"的平均值是 1.00，标准差很小，可以忽略不计。"R 方"越大，说明模型的拟合优度越大，时间序列的总变动可以被模型解释的程度越大，拟合效果越好。本例中可以发现，我们大多数模型的"R 方"值都是接近 1 的，说明这些模型的拟合效果是很不错的。

4. 均方根误差

图 8.20 展示的是均方根误差（RMSE）。"均方根误差"用来度量因变量序列与其模型预测水平的相差程度，用和因变量序列相同的单位表示。本例中，32 个模型的"均方根误差"的平均值是 2.05，标准差是 1.489，也就是说因变量序列与其模型预测水平的相差程度是比较低的，只有两个左右。

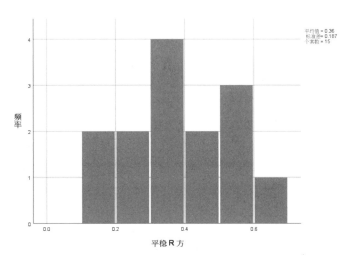

图 8.17　模型描述　　　　　　　　图 8.18　平稳 R 方

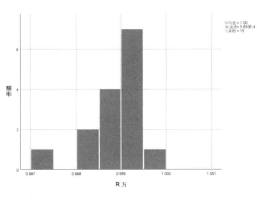

图 8.19　R 方　　　　　　　　图 8.20　均方根误差（RMSE）

5. 平均绝对误差百分比

图 8.21 展示的是时间序列专家建模器平均绝对误差百分比（MAPE）的模型摘要图表。"平均绝对误差百分比"用来度量因变量序列与其模型预测水平的相差程度，该选项与使用的单位无关，因此可用于比较具有不同单位的序列。本例中，15 个模型的"平均绝对误差百分比（MAPE）"的平均值是 0.93，标准差是 0.111，最小的是 0.8 左右，最大的是 1.1 左右，同样说明因变量序列与其模型预测水平的相差程度是比较低的。

6. 平均绝对误差

图 8.22 展示的是平均绝对误差（MAE）。"平均绝对误差"选项度量时间序列与其模型预测水平的差别程度。"平均绝对误差"选项以原始序列单位报告。本例中，15 个模型的"平均绝对误差"的平均值是 1.59，标准差是 1.145，同样说明因变量序列与其模型预测水平的相差程度是比较低的。

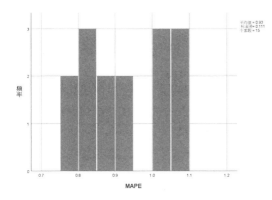

图 8.21 平均绝对误差百分比（MAPE）

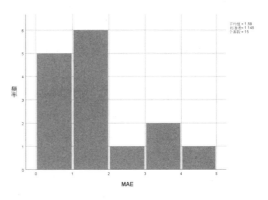

图 8.22 平均绝对误差（MAE）

7. 最大绝对误差百分比

图 8.23 展示的是最大绝对误差百分比（MaxAPE）。"最大绝对误差百分比"用来度量模型中最大的预测误差，以百分比表示。该选项对于预测模型的最差情况很有用。本例中，15 个模型的"最大绝对误差百分比"的最大值在 4.5 以下，说明所有模型的最大失误也就是 4.5%的偏差。

8. 最大绝对误差（MaxAE）

图 8.24 展示的是最大绝对误差（MaxAE）。"最大绝对误差"选项用来度量模型中最大的预测误差，但是以和因变量序列相同的单位表示。该选项对于预测模型的最差情况很有用。本例中，15 个模型的"最大绝对误差"的最大值在 15 个以下，说明所有模型的最大失误也就是 15 个冰箱的偏差。

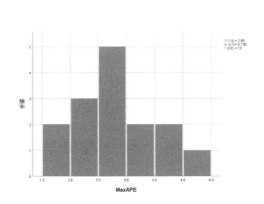

图 8.23 最大绝对误差百分比（MaxAPE）

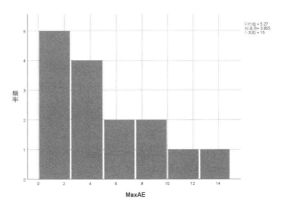

图 8.24 最大绝对误差（MaxAE）

9. 正态化 BIC

图 8.25 展示的是正态化 BIC。"正态化 BIC"选项用来度量复杂模型的整体拟合效果。本例中，32 个模型的"正态化 BIC"的均值是 1.17，标准差是 1.296，大多数模型的"正态化 BIC"都是比较小的，模型的质量比较不错。

10. 残差自相关系数

图 8.26 展示的是残差自相关系数图。需要提示和强调的是，此处所提的残差自相关系数图是针对前面分析过程环节"用于比较模型的统计"选项组的设置，而非"单个模型的图"选项组的设置，关于"单个模型的图"选项组生成的残差自相关系数图将在后面进行介绍。

自相关也叫序列相关，是一个信号与其自身在不同时间点的互相关。一个时间序列的自相关系数被称为自相关函数，或简称 ACF。残差自相关系数图是一种箱线图。图中的圆圈代表异常值（或称离群值），箱线图顶端的线是箱体的上边缘，底端的线是箱体的下边缘，中间的实体部分上面是第一个四分位数（25%），中间的实体部分中间的线是中位数（50%），中间的实体部分下面是第三个四分位数（75%）。可以发现滞后（延迟）24 期的残差中位数基本上是围绕着 0 上下波动，接近于 0 的，而残差在数理统计中是指实际观察值与估计值（拟合值）之间的差，说明生成的模型在估计方面损失的信息量是很少的，或者说是比较准确的，拟合效果比较理想。

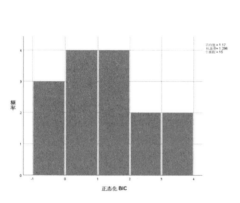

图 8.25　正态化 BIC

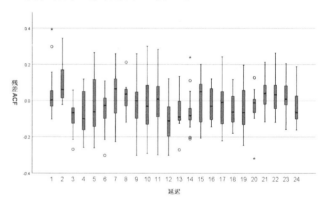

图 8.26　残差自相关系数图

11. 残差偏自相关系数

图 8.27 展示的是时间序列专家建模器残差偏自相关系数图。同样需要提示和强调的是，此处所提的残差自相关系数图是针对前面分析过程环节"用于比较模型的统计"选项组的设置，而非"单个模型的图"选项组的设置，关于"单个模型的图"选项组生成的残差偏自相关系数图将在后面进行介绍。

自相关系数和偏自相关系数的区别是：自相关系数是延迟为 k 时，相距 k 个时间间隔的序列值之间的相关性；偏自相关系数是延迟为 k 时，相距 k 个时间间隔的序列值之间的相关性，同时考虑了间隔之间的值。偏自相关系数用来度量暂时调整所有其他较短滞后的项（$y_{t-1}, y_{t-2}, \cdots, y_{t-k-1}$）之后，时间序列中以 k 个时间单位（y_t 和 y_{t-k}）分隔的观测值之间的相关。

残差偏自相关系数图是一种箱线图。图中的圆圈代表异常值（或称离群值），箱线图顶端的线是箱体的上边缘，底端的线是箱体的下边缘，中间的实体部分上面是第一个四分位数（25%），中间的实体部分中间的线是中位数（50%），中间的实体部分下面是第三个四分位数（75%）。可以发现滞后（延迟）24 期的残差中位数基本上是围绕着 0 上下波动、接近 0 的，而残差在数理统计中是指实际观察值与估计值（拟合值）之间的差，同样说明生成的模型在估计方面损失的信息量是很少的，或者说是比较准确的，拟合效果比较理想。

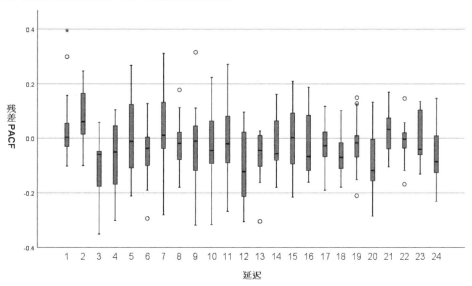

图 8.27　偏自相关系数图

12. 模型拟合度

图 8.28 展示的是模型拟合度。模型拟合度表中包括 8 个拟合统计量，自上而下分别是"平稳 R 方""R 方""均方根误差""平均绝对误差百分比""平均绝对误差""最大绝对误差百分比""最大绝对误差""正态化 BIC"。从左到右各列分别是拟合统计量的名称、拟合统计量的平均值、拟合统计量的标准误差、拟合统计量的最小值、拟合统计量的最大值、拟合统计量的百分位数（分别是 5%、10%、25%、50%、75%、90%、95%）。以平稳 R 方这一拟合统计量为例，其平均值是 0.358，标准误差是 0.187。

模型拟合度

拟合统计	平均值	标准误差	最小值	最大值	百分位数						
					5	10	25	50	75	90	95
平稳 R 方	.358	.187	-6.661E-16	.634	-6.661E-16	.064	.214	.337	.553	.603	.634
R 方	.999	.001	.997	1.000	.997	.998	.999	.999	.999	1.000	1.000
RMSE	2.047	1.489	.652	5.631	.652	.654	1.034	1.583	2.837	4.774	5.631
MAPE	.933	.111	.776	1.095	.776	.788	.845	.902	1.019	1.093	1.095
MaxAPE	2.847	.730	1.916	4.402	1.916	1.960	2.348	2.707	3.414	4.024	4.402
MAE	1.586	1.145	.497	4.201	.497	.498	.859	1.216	2.165	3.733	4.201
MaxAE	5.270	3.855	1.594	14.540	1.594	1.628	2.004	4.427	8.072	12.491	14.540
正态化 BIC	1.167	1.296	-.651	3.593	-.651	-.645	.272	1.124	2.222	3.242	3.593

图 8.28　模型拟合度

13. 模型统计

图 8.29 展示的是模型统计。15 个模型的预测变量数都是 0，也就是说我们在设置模型时没有选

择"自变量"。自变量又被称为预测变量，因变量也被称为目标变量。模型拟合度统计包括 8 列，分别是"平稳 R 方""R 方""均方根误差""平均绝对误差百分比""平均绝对误差""最大绝对误差百分比""最大绝对误差""正态化 BIC"。

模型统计

模型	预测变量数	平稳R方	R方	模型拟合度统计						杨-博克斯Q(18)			离群值数
				RMSE	MAPE	MAE	MaxAPE	MaxAE	正态化BIC	统计	DF	显著性	
连锁门店1的销量-模型_1	0	.553	.998	1.034	1.092	.859	2.853	2.004	.272	18.645	15	.230	0
连锁门店2的销量-模型_2	0	.172	.999	4.145	1.018	3.421	2.577	9.119	2.980	36.714	16	.002	0
连锁门店3的销量-模型_3	0	.287	.999	4.203	.797	3.254	1.916	11.125	3.008	13.496	16	.636	0
连锁门店4的销量-模型_4	0	.303	.999	1.131	.849	.901	2.432	2.235	.382	20.131	16	.214	0
连锁门店5的销量-模型_5	0	.581	.997	1.084	.497	4.402	1.651	12.164	-.640	12.164	15	.667	0
连锁门店6的销量-模型_6	0	.467	.999	1.583	1.006	1.216	3.677	4.599	1.124	26.907	15	.030	0
连锁门店7的销量-模型_7	0	.373	.999	1.768	.822	1.275	2.725	5.415	1.277	19.768	17	.286	0
连锁门店8的销量-模型_8	0	.634	.999	.652	1.019	.498	3.414	1.594	-.651	15.614	15	.408	0
连锁门店9的销量-模型_9	0	-6.661E-16	.999	1.469	.902	1.101	2.707	5.207	.839	31.910	18	.023	0
连锁门店10的销量-模型_10	0	.467	.999	1.621	.776	1.229	2.548	4.092	1.171	37.061	15	.001	0
连锁门店11的销量-模型_11	0	.307	.998	1.360	1.095	1.099	3.336	3.021	.753	10.154	17	.897	0
连锁门店12的销量-模型_12	0	.214	1.000	5.631	.845	4.201	2.003	14.540	3.593	28.146	16	.030	0
连锁门店13的销量-模型_13	0	.337	.999	2.837	.899	2.165	1.990	8.072	2.222	12.731	16	.692	0
连锁门店14的销量-模型_14	0	.107	.999	1.743	.867	1.377	2.348	4.427	1.248	21.282	16	.168	0
连锁门店15的销量-模型_15	0	.572	.999	.870	.919	.693	3.772	1.946	-.075	32.420	15	.006	0

图 8.29　模型统计

以连锁门店 1 的模型为例，其"平稳 R 方"为 0.553，要好于简单均值模型，"R 方"为 0.998，模型的解释能力很好，"均方根误差"为 1.034，"平均绝对误差百分比"为 1.092，"平均绝对误差"为 0.859，"最大绝对误差百分比"为 2.853，"最大绝对误差"为 2.004，"正态化 BIC"为 0.272，这些都说明模型的拟合程度很好，预测偏差不是很大，预测值（估计值）与实际值之间的差别比较小。

14．预测值

图 8.30 展示的是时间序列专家建模器的预测值表。各个模型在 2020 年 1 月至 12 月的冰箱销售量预测数据都得到了展示。这些数据项包括预测值，以及预测的上限值、预测的下限值。比如连锁门店 1 的销量-模型_1，在 2020 年 1 月的订奶量预测值（表中显示为预测）为 123，上限值（表中显示为 UCL）为 125，下限值（表中显示为 LCL）为 121。可以发现模型预测的值比较精准，上限与下限之间的差别不是很大，该大型商超可以据此开展针对连锁门店 1 的冰箱销售与配送。

预测

模型		一月2020	二月2020	三月2020	四月2020	五月2020	六月2020	七月2020	八月2020	九月2020	十月2020	十一月2020	十二月2020
连锁门店1的销量-模型_1	预测	123	125	126	128	129	131	132	133	135	137	138	138
	UCL	125	128	130	132	134	136	137	139	141	143	144	145
	LCL	121	122	123	124	125	126	126	128	128	130	131	131
连锁门店2的销量-模型_2	预测	572	589	606	624	641	658	675	693	710	727	744	762
	UCL	580	605	632	660	690	722	754	788	822	857	894	931
	LCL	563	573	581	587	591	595	597	598	598	597	595	592

图 8.30　预测值（图片过大，仅显示部分，完整图片见下载资源）

15．每个估计模型的残差自相关图和偏自相关图

图 8.31 展示的是每个估计模型的残差自相关图和偏自相关图。需要提示和强调的是，此处所提

的残差自相关系数图是针对前面分析过程环节"单个模型的图"选项组的设置。因篇幅所限，此处只展示"连锁门店 1 的销量-模型_1"的每个估计模型的残差自相关图和偏自相关图。从图中最左侧的编号（1、5、9、13、17、21 等代表滞后（延迟）阶数）可以发现基本上所有估计模型的残差自相关系数和偏自相关系数都在置信区间内，说明模型残差是不存在自相关和偏自相关的。

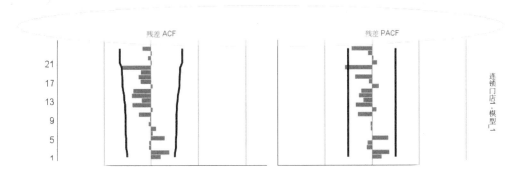

图 8.31　残差偏自相关系数图（图片过大，仅显示部分，完整图片见下载资源）

16. 序列图

图 8.32 展示的是估计模型的序列图。在序列图中，红色的实线代表实测值，也就是实际的观察值；中间垂直的粗线表示时间截断线，左边为估计期，右边为预测期；时间截断后，左侧的蓝色实线表示拟合值，也就是依据模型计算的估计值，右侧的蓝色实线表示预测值，也就是依据模型预测的预测值；时间截断线右侧有两条虚线，其中上面的一条是预测上限值，下面的一条是预测下限值。在"连锁门店 1 的销量-模型_1"的序列图中，时间截断线左侧，实测值和拟合值基本重合，说明模型的拟合效果是非常不错的，模型较为完整和准确地反映了历史时间序列数据信息；时间截断线右侧，上下限之间是比较收敛的，说明预测得比较精准，围绕预测值较为收敛，可以很好地预测未来的销售量，以便做出科学的销售和配送安排。

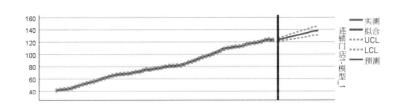

图 8.32　序列图（图片过大，仅显示部分，完整图片见下载资源）

17. 估计期新生成的变量数据

如图 8.33 所示，以"连锁门店 1"为例，其 2020 年 1 月"预测_连锁门店 1_模型_1"的值是 123，"LCL_连锁门店 1_模型_1"的值是 121，"UCL_连锁门店 1_模型_1"的值是 125，"NResidual_连锁门店 1_模型_1"的值还未生成（因为还没有实际发生值，当前为预测阶段）。也就是说，根据我们建立的模型，"连锁门店 1" 2020 年 1 月销售量的预测值是 123，预测的下限是 121，预测的上限是 125。

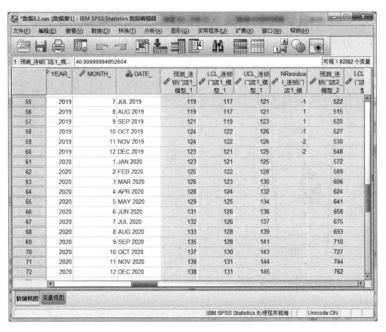

图 8.33　专家建模器估计期新生成的变量数据

8.1.4　知识点总结与练习题

知识点总结：本节讲述了专家建模器的 SPSS 操作，对涉及的窗口界面进行了深度解读。通过本节的学习，应该较为清晰地知晓专家建模器分析的适用情形，并且能够较为连贯地对分析结果进行解读。

练习题：通过应用保存的模型重新进行批量预测。应用本节生成的"模型 8 文件"针对"数据 8.1 刷新-1"文件重新进行批量预测。

8.2　指数平滑法、ARIMA 模型

下载资源:\video\第 8 章\8.2
下载资源:\sample\数据 8.2

在 8.1 节"时间序列建模器"对话框"变量"选项卡的中部区域，用户可设置时间序列建模器方法，具体方法包括"专家建模器""指数平滑""ARIMA" 3 种。上一节我们重点介绍了"专家建模器"这种常用、智能、便于操作的方法，下面我们再介绍一下指数平滑法、ARIMA 模型两种情形下的对话框设置，便于读者全面掌握，但涉及的基本原理、案例以及其他选项卡的设置，8.1 节中已经全面体现，限于篇幅不再赘述。

1. "指数平滑"条件

在"时间序列建模器"对话框"变量"选项卡"方法"下拉列表中选择"指数平滑"，然后单

击右侧的"条件"按钮，即可弹出如图8.34所示的"时间序列建模器：指数平滑条件"对话框。

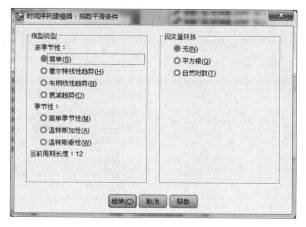

图8.34 "时间序列建模器：指数平滑条件"对话框

对话框深度解读

"时间序列建模器：指数平滑条件"对话框用于设置指数平滑模型类型和因变量转换方式。

- "模型类型"选项组：用于设定指数平滑模型类型，包括以下选项：
  - 非季节性，包括以下选项：
    - 简单：使用简单指数平滑模型，该模型适用于没有趋势或季节性的序列，其唯一的平滑参数是水平，且与ARIMA模型极为相似。
    - 霍尔特线性趋势：使用霍尔特线性趋势模型，该模型适用于具有线性趋势并没有季节性的序列，其平滑参数是水平和趋势，不受相互之间的值的约束。该模型比布朗线性趋势模型更通用，但在计算大序列时要花的时间更长。
    - 布朗线性趋势：使用布朗线性趋势模型，该模型适用于具有线性趋势并没有季节性的序列，其平滑参数是水平和趋势，并假定二者等同。
    - 衰减趋势：使用阻尼指数平滑方法，此模型适用于具有线性趋势的序列，且该线性趋势正逐渐消失并且没有季节性，其平滑参数是水平、趋势和阻尼趋势。
  - 季节性，包括以下选项：
    - 简单季节性：使用简单季节性指数平滑模型，该模型适用于没有趋势并且季节性影响随时间变动保持恒定的序列，其平滑参数是水平和季节。
    - 温特斯加性：使用冬季加法指数平滑模型，该模型适用于具有线性趋势且不依赖于序列水平的季节性效应的序列，其平滑参数是水平、趋势和季节。
    - 温特斯乘性：使用冬季乘法指数平滑模型，该模型适用于具有线性趋势和依赖于序列水平的季节性效应的序列，其平滑参数是水平、趋势和季节。
- "因变量转换"选项组：用于对因变量进行转换设置，包括以下选项：
  - 无：在指数平滑模型中使用因变量的原始数据。
  - 平方根：在指数平滑模型中使用因变量的平方根，要求原始数据必须为正数。
  - 自然对数：在指数平滑模型中使用因变量的自然对数，要求原始数据必须为正数。

2. "ARIMA"条件

我们在"时间序列建模器"对话框"变量"选项卡"方法"下拉列表中选择"ARIMA",然后单击右侧的"条件"按钮,即可弹出如图 8.35 所示的"时间序列建模器:ARIMA 条件"对话框,对话框中包括"模型"和"离群值"两个选项卡。

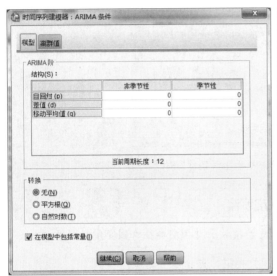 

图 8.35 "时间序列建模器:ARIMA 条件"对话框

对话框深度解读

- "模型"选项卡:用于指定 ARIMA 模型的结构和因变量的转换,包括以下选项:
  - "结构"表:用于指定 ARIMA 模型的结构,在相应的单元格中输入 ARIMA 模型的各个参数值,所有值都必须为非负整数。对于"自回归"和"移动平均值"的数值表示最大阶数,同时模型中将包含所有正的较低阶。
  - "非季节性"列:该列中的"自回归"文本框用于输入 ARIMA 中的自回归 AR 阶数,即在 ARIMA 使用序列中的哪部分值来预测当前值;"差值"文本框用于输入因变量序列差分的阶数,主要是为了使非平稳序列平稳化以满足 ARIMA 模型平稳的需要;"移动平均值"文本框用于输入 ARIMA 中的移动平均 MA 阶数,即在 ARIMA 中使用哪些先前值的序列平均数的偏差来预测当前值。
  - "季节性"列:只有在为活动数据集定义了周期时,才会启用"季节性"列中的各个单元格。在"季节性"列中,季节性自回归成分、移动平均数成分和差分成分与其非季节性对应成分起着相同的作用。对于季节性的阶,由于当前序列值受以前的序列值的影响,序列值之间间隔一个或多个季节性周期。如对于季度数据(季节性周期为 4),季节性 1 阶表示当前序列值受自当前周期起 4 个周期之前的序列值的影响。因此,对于季度数据,指定季节性 1 阶等同于指定非季节性 4 阶。
  - "转换"选项组:与前述"因变量转换"概念相同,不再赘述。
  - "在模型中包括常量"复选框:在 ARIMA 中包含常数,当应用差分时建议不包含常数。

- "离群值"选项卡，包括以下选项：
  - "不检测离群值，也不为其建模"：表示不检测离群值或为其建模，该选项为默认选项。
  - "自动检测离群值"：相关选项与前述"时间序列建模器：专家建模器条件"对话框中的含义相同。
  - "将特定时间点作为离群值进行建模"：表示指定特定的时间点作为离群值。其中，每个离群值在"离群值定义"网格中占单独的一行。在指定的日期格式中输入特定时间点，如在"年"和"月"中输入特定时间点的具体年份和月份，在"类型"下拉列表框中选择离群值的具体类型。其中，离群值的类型与"要检测的离群值类型"中提供的类型一致。

8.3 季节分解模型

下载资源：\video\第 8 章\8.3

下载资源：\sample\数据 8.2

8.3.1 基本原理

对于时间序列数据来说，其变化受多种因素影响，主要包括长期趋势因素（T）、季节变动因素（S）、周期变动因素（C）、不规则变动因素（I），或者从函数模型的角度可以将时间序列 Y 看成是这 4 个因素的函数，即 $Y_t=f(T_t,S_t,C_t,I_t)$。

长期趋势因素（T）反映的是变量在一个较长时间内的发展方向，可以在一个相当长的时间内表现出一种近似直线的持续向上、持续向下或平稳的趋势，长期趋势一旦形成，便会延续很长时间。季节变动因素（S）反映的是变量受季节变动影响所形成的一定长度和幅度的固定周期波动。周期变动因素（C）反映的是由于某些其他物理原因或经济原因的影响而形成的固定周期的变化。不规则变动因素（I）反映的是受各种偶然因素的影响所形成的不规则波动。

常用的时间序列季节分解的模型有加法模型和乘法模型，加法模型为 $Y_t=T_t+S_t+C_t+I_t$，乘法模型为 $Y_t=T_t\times S_t\times C_t\times I_t$。其中乘法模型比加法模型用得更多，在乘法模型中，时间序列值和长期趋势用绝对值表示，季节变动、周期变动和不规则变动用相对值（百分数）表示。

8.3.2 操作演示与功能详解

本部分我们使用的数据为数据 8.2，记录了某大型冰箱制造商的生产数据。限于篇幅不再展示数据文件的数据视图和变量视图，读者可自行打开相关源文件观察。下面我们针对"生产量"数据进行季节性分解分析，操作演示与功能详解如下：

01 打开数据 8.2，选择"分析 | 时间序列预测 | 季节性分解"命令，弹出"季节性分解"对话框，如图 8.36 所示。在左侧的变量框中选择"生产量"变量，单击 按钮，移入"变量"框中。其他采用系统默认设置。

对话框深度解读

- "模型类型"选项组：根据时间序列构成的特点选用两种模型，即"乘性"（乘法模型）和"加性"（加法模型）。
- "移动平均值权重"选项组：指定在计算移动平均时如何对待时间序列，有两个选项：
  - 所有点相等：是计算周期跨度相等和所有点权重相等时的移动平均，常用于周期是奇数的情形。
  - 端点按 0.5 加权：用相同跨度（周期+1）和端点权重乘以 0.5 计算移动平均，这个选项仅当时间序列的周期是偶数时才有效。
- "显示个案列表"选项：在运算过程中对每个变量生成一行 4 个新序列值。

02 单击"保存"按钮，弹出"季节：保存"对话框，如图 8.37 所示。本例中我们选择系统默认选项，即在"创建变量"选项组中选择"添加至文件"选项。然后单击"继续"按钮，回到"季节性分解"对话框，单击"确定"按钮确认。

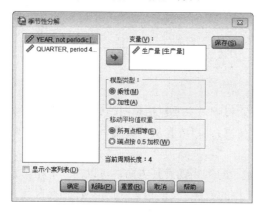

图 8.36 "季节性分解"对话框

图 8.37 "季节：保存"对话框

对话框深度解读

"创建变量"选项组有 3 个选项，用于保存本次季节性分解生成的变量。

- 添加至文件：将新生成的变量保存进原数据文件中，同时原始变量也不会被删除，这是系统默认选项。
- 替换现有项：用新生成的变量数据替代原数据文件中的原始变量，原始变量不再存在于数据文件中。
- 不创建：在原数据文件中不保存新生成的变量。

8.3.3 结果解读

图 8.38 为季节性分解结果，我们看到在原数据的基础上增加了 4 列数据，分别是 ERR_1、SAS_1、SAF_1 和 STC_1，分别表示的是序列的残差因子、经过季节调整后的序列（Seasonally Adjusted Series）、

季节调整因子（Seasonal Adjustment Factors）和平滑后的趋势与周期成分（Smoothed Trend-Cycle Component）。比如，对于 2020 年第一季度的生产量 4556.40，经过剔除季节因素的季节调整后的销售量为 4077.18908。季节调整因子为 1.11753，需要注意的是此值越接近 1，说明季节因素越小，需要调整的幅度也越小。平滑后的趋势与周期成分为 4139.32762，这是将 SAS_1 序列又进行平滑后得到的，是最终经过季节调整并且平滑后的时间序列，仅包含趋势和周期的成分，这就是我们需要的最终的时间序列数据。

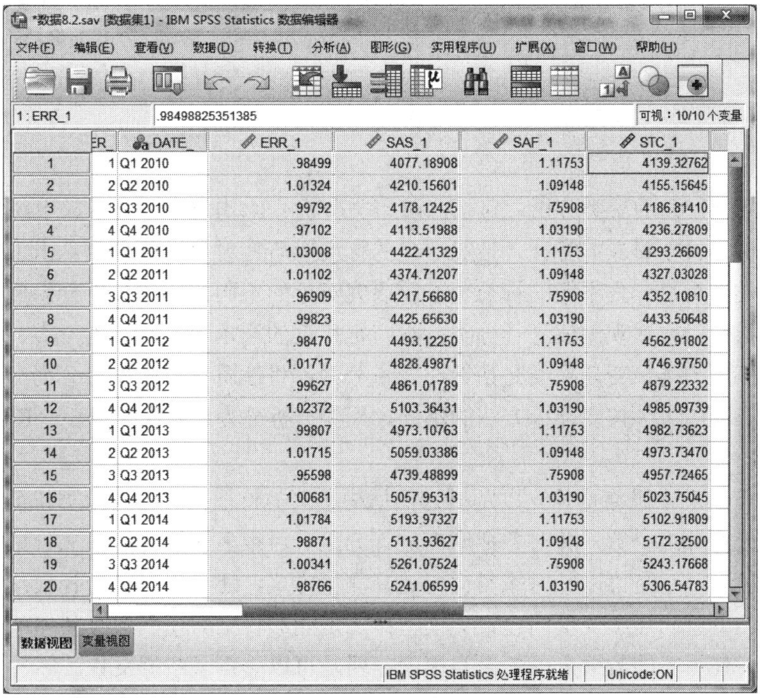

	ER_	DATE_	ERR_1	SAS_1	SAF_1	STC_1
1	1	Q1 2010	.98499	4077.18908	1.11753	4139.32762
2	2	Q2 2010	1.01324	4210.15601	1.09148	4155.15645
3	3	Q3 2010	.99792	4178.12425	.75908	4186.81410
4	4	Q4 2010	.97102	4113.51988	1.03190	4236.27809
5	1	Q1 2011	1.03008	4422.41329	1.11753	4293.26609
6	2	Q2 2011	1.01102	4374.71207	1.09148	4327.03028
7	3	Q3 2011	.96909	4217.56680	.75908	4352.10810
8	4	Q4 2011	.99823	4425.65630	1.03190	4433.50648
9	1	Q1 2012	.98470	4493.12250	1.11753	4562.91802
10	2	Q2 2012	1.01717	4828.49871	1.09148	4746.97750
11	3	Q3 2012	.99627	4861.01789	.75908	4879.22332
12	4	Q4 2012	1.02372	5103.36431	1.03190	4985.09739
13	1	Q1 2013	.99807	4973.10763	1.11753	4982.73623
14	2	Q2 2013	1.01715	5059.03386	1.09148	4973.73470
15	3	Q3 2013	.95598	4739.48899	.75908	4957.72465
16	4	Q4 2013	1.00681	5057.95313	1.03190	5023.75045
17	1	Q1 2014	1.01784	5193.97327	1.11753	5102.91809
18	2	Q2 2014	.98871	5113.93627	1.09148	5172.32500
19	3	Q3 2014	1.00341	5261.07524	.75908	5243.17668
20	4	Q4 2014	.98766	5241.06599	1.03190	5306.54783

图 8.38 季节性分解数据表

8.3.4 知识点总结与练习题

知识点总结： 本节讲述了季节性分解模型的 SPSS 操作，对涉及的窗口界面进行了深度解读。通过本节的学习，应该较为清晰地知晓系统季节分解模型的适用情形，并且能够较为连贯地对分析结果进行解读。

练习题： 用于分析的数据是数据 8.1，请针对其中的“连锁门店 1”开展季节性分解分析。

第 9 章

聚类分析

  本章主要学习 SPSS 的聚类分析，包括二阶聚类分析、K 均值聚类分析、系统聚类分析 3 种分析方法。聚类分析是根据对象的特征，按照一定的标准对研究对象进行分类，由于研究对象和分析方法的不同，聚类分析也分为不同的种类。按照研究对象的不同，聚类分析分为样本聚类和变量聚类。样本聚类是指针对样本观测值进行分类，将特征相近的样本观测值分为一类，特征差异较大的样本观测值分在不同的类。变量聚类是指针对变量分类，将性质相近的变量分为一类，将性质差异较大的变量分在不同的类。按照分析方法的不同，聚类分析分为二阶聚类分析、K 均值聚类分析、系统聚类分析。

  二阶聚类分析的基本思路是首先以距离为依据构造聚类特征树，形成聚类特征树结点，然后通过信息准则确定最优分组个数，并对各个结点进行分组。对很多应用而言，二阶聚类分析是首选方法，该方法的特色是：一是可以针对聚类模型选择测量方式，还可以自动选择最佳聚类数目；二是能够同时根据分类变量和连续变量创建聚类模型；三是能够将聚类模型保存到外部 XML 文件中，然后读取该文件并使用新的数据来更新聚类模型；四是可以分析大数据文件。

  K 均值聚类分析是一种快速聚类方式，它将数据看作 K 维空间上的点，以距离为标准进行聚类分析，将样本分为指定的 K 类。K 均值聚类分析过程只限于连续数据，要求预先指定聚类数目，但它具有以下独特的功能：一是能够保存每个对象与聚类中心之间的距离；二是能够从外部 SPSS 文件中读取初始聚类中心，并将最终的聚类中心保存到该文件中；三是该过程可以分析大数据文件。

  系统聚类分析的基本思路是对相近程度最高的两类进行合并，组成一个新类并不断重复此过程，直到所有的个体都归为一类，通常只限于较小的数据文件（要聚类的对象只有数百个），该方法的特色是：一是选择对样本观测值或变量进行聚类；；二是能够计算可能解的范围，并为其中的每一个解保存聚类成员；三是有多种方法可用于聚类形成、变量转换以及度量各聚类之间的不相似性；四是只要所有变量的类型相同，"系统聚类分析"过程就可以分析区间（连续）、计数或二值变量。

本章教学要点：

- 清楚知晓二阶聚类分析、K 均值聚类分析、系统聚类分析 3 种分析方法的特色，知晓每种方法的适用条件。
- 熟练掌握二阶聚类分析、K 均值聚类分析、系统聚类分析 3 种分析的窗口功能，根据研究需要灵活进行窗口设置，开展聚类分析。
- 能够对各种聚类分析的结果进行解读，从中发现数据特征，得出研究结论。

9.1 二阶聚类分析

| 下载资源:\video\第 9 章\9.1 |
| 下载资源:\sample\数据 9.1 |

9.1.1 基本原理

两阶段聚类分析主要包括两步：首先以距离为依据构造聚类特征树，形成聚类特征树结点；然后通过信息准则确定最优分组个数，并对各个结点进行分组。两阶段聚类分析具有能够同时处理分类变量和连续变量、自动选择最优分类个数、大样本数据下表现优异的特点，在分析中具有广泛的应用。比如电商平台使用积累的消费者数据，定期或实时对消费者进行画像，基于客户的购买习惯、性别、年龄、收入水平等行为特征应用聚类技术判定消费者类别，进而为每个客户群体设计独特的营销和产品开发战略等。

9.1.2 操作演示与功能详解

本节我们用于分析的数据是数据 9.1，记录的是某劳动密集型行业多家公司人力资本回报率、人均薪酬、门店个数、员工人数、是否上市公司、资产规模等数据。限于篇幅不再展示数据文件的数据视图和变量视图，读者可自行打开相关源文件观察。下面我们以人力资本回报率、人均薪酬、门店个数、员工人数、是否上市公司 5 个变量对所有样本观测值开展二阶聚类分析：

01 在菜单栏中选择"分析"|"分类"|"二阶聚类"命令，打开如图 9.1 所示的"二阶聚类分析"对话框。从源变量列表框中选择分类变量，选入"分类变量"列表框中，本例中为"是否上市公司"；从源变量列表框中选择参与聚类分析的连续变量，选入"连续变量"列表框中，本例中为"人力资本回报率""人均薪酬""门店个数""员工人数"。其他项采用系统默认设置。

图 9.1 "二阶聚类分析"对话框

对话框深度解读

- "距离测量"选项组：用于设置距离的测量方法，包括以下选项：
  - 对数似然：系统使用对数似然距离。
  - 欧氏：系统使用欧氏距离，欧氏距离的选择必须以所有变量都是连续变量为前提，本例就不满足这一必要条件。
- "聚类数目"选项组：用于设置聚类的数量，包括以下选项：
  - 自动确定：系统自动选择最优的聚类数量，默认的最大聚类数目是15。
  - 指定固定值：用户自定义聚类数量。
- "连续变量计数"选项组：显示对连续变量进行标准化处理的相关信息。
- "聚类准则"选项组：用于设置确定最优聚类数量的准则，用户可以选择施瓦兹贝叶斯准则或赤池信息准则。

02 单击"选项"按钮，弹出如图9.2所示的"二阶聚类：选项"对话框。本例中采用系统默认设置，单击"继续"按钮返回主对话框。

图9.2 "二阶聚类：选项"对话框

对话框深度解读

- "离群值处理"选项组：用于设置当聚类特征树填满的情况下对离群值的处理方式。如果选中"使用噪声处理"复选框，系统会将离群值合并为一个单独的"噪声"叶，然后重新执行聚类特征树的生长过程。用户可以在"百分比"文本框中设置离群值的判定标准。
- "内存分配"选项组：用于设置聚类过程中所占用的最大内存数量，溢出的数据将调用硬盘作为缓存来进行存储。
- "连续变量标准化"选项组：用于设置一个变量是否进行标准化处理。用户可以选择那些已经是或者假定为标准化的变量，单击 按钮将其选入"假定标准化计数"列表框中，表示不再对它们进行标准化处理，以节省处理时间。
- "高级"按钮：单击该按钮会展开高级选项，主要用于设置聚类特征数的调整准则。

03 单击"输出"按钮，打开如图9.3所示的"二阶聚类：输出"对话框。本例中在"输出"

选项组中选择"图表和表"选项,在"工作数据文件"中选择"创建聚类成员变量"选项,其他采用系统默认设置,单击"继续"按钮返回主对话框。

对话框深度解读

- "工作数据文件"选项组:该选项组用于结果保存的设置,如选中"创建聚类成员变量"复选框,聚类结果将作为变量保存。
- "XML 文件"选项组:用户可以通过设置该选项组,以 XML 文件的格式导出最终聚类模型或聚类特征树。

9.1.3 结果解读

1. 模型概要和聚类质量

图 9.3 "二阶聚类:输出"对话框

图 9.4 给出了二阶聚类的模型概要和聚类质量。从模型概要可以看出,算法采用的是两步法,输出 5 个变量,聚类数为 2。从聚类质量可以看出,模型质量处于良好区间内,模型的质量还是不错的,双击"模型概要和聚类质量"图即可显示出右半部分的模型查看器,可以发现所有样本观测值被划分为了两类,小类中有 10 个样本,占比 45.5%,大类中有 12 个样本,占比 54.5%,大类与小类的样本个数比率为 1.2。

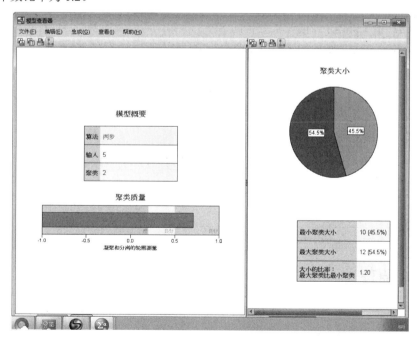

图 9.4 模型概要和聚类质量

2. 样本观测值聚类结果

图 9.5 给出了样本观测值聚类结果,在原始数据中新建了变量 TSC-9503,展示了样本观测值具体归属于哪一类,比如第一个样本归属于第 2 类,第 2 个样本归属于第 1 类,等等。

图 9.5 样本观测值聚类结果

9.1.4 知识点总结与练习题

知识点总结:本节讲述了二阶聚类分析的 SPSS 操作,对涉及的窗口界面进行了深度解读。通过本节的学习,应该较为清晰地知晓二阶聚类分析的适用情形,并且能够较为连贯地对分析结果进行解读。

练习题:用于分析的数据还是数据 9.1,请以人力资本回报率、人均薪酬、门店个数、资产规模、是否上市公司 5 个变量对所有样本观测值开展二阶聚类分析。

9.2 K 均值聚类分析

| 下载资源:\video\第 9 章\9.2 |
| 下载资源:\sample\数据 9.2 |

9.2.1 基本原理

K 均值聚类分析的基本原理是:首先指定聚类的个数并按照一定的规则选取初始聚类中心,让个案向最近的聚类中心靠拢,形成初始分类,然后按最近距离原则不断修改不合理的分类,直至合理为止。比如用户选择 x 个数值型变量参与聚类分析,最后要求聚类数为 y,那么将由系统首先选择 y 个个案(当然也可由用户指定)作为初始聚类中心,x 个变量组成 n 维空间。每个个案在 x 维空间中是一个点，y 个事先选定的个案就是 y 个初始聚类中心点。然后系统按照距这几个初始聚类中心距离最小的原则把个案分派到各类中心所在的类中去，构成第一次迭代形成的 y 类。然后系统根据组成每一类的个案计算各变量均值，每一类中的 x 个均值在 x 维空间中又形成 y 个点，这就是第二次迭代的聚类中心，按照这种方法依次迭代下去，直到达到指定的迭代次数或达到终止迭代的要求时，迭代停止，形成最终聚类中心。K-均值聚类法计算量小、占用内存少并且处理速度快，因此比较适合处理大样本的聚类分析。

9.2.2 操作演示与功能详解

本节我们用于分析的数据是数据 9.2，数据为《中国 2019 年分地区连锁餐饮企业基本情况统计》，摘编自《中国统计年鉴 2020》。限于篇幅不再展示数据文件的数据视图和变量视图，读者可自行打开相关源文件观察。下面我们以门店总数、营业额、商品购进总额、餐位数 4 个变量对所有样本观测值开展 K 均值聚类分析，操作演示与功能详解如下：

01 打开数据 9.1，选择"分析｜分类｜K-均值聚类"命令，弹出"K 均值聚类分析"对话框，如图 9.6 所示。在左侧变量栏中分别选择门店总数、营业额、商品购进总额、餐位数 4 个变量进入右侧的"变量"列表框中，选择地区作为个案标注依据进入"个案标记依据"栏中。"聚类数"框中可以确定分类数，本例中我们计划分为 3 类，所以在其中输入 3，当然用户完全可以根据具体研究需要自行设置。其他项采用系统默认设置。

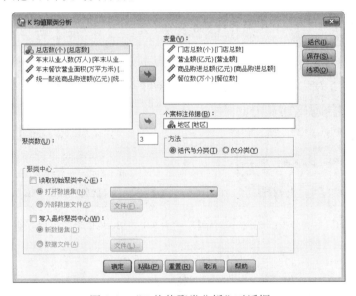

图 9.6 "K 均值聚类分析"对话框

> **对话框深度解读**
>
> - "方法"选项组，用于选择聚类方法，包括以下选项：
>   - 迭代与分类：进行迭代，使用 K-均值算法不断计算类中心，并根据结果更换类中心，把样本观测值分配到与之最近的类中去。
>   - 仅分类：根据初始聚类中心进行聚类，在聚类过程中不改变聚类中心。

- "聚类中心"选项组，包括以下选项：
  - 读取初始聚类中心：选择此项并单击下方"外部数据文件"的"文件"按钮，打开选择文件对话框，可在其中选择事先保存的初始聚类中心数据的文件，该文件中的样本观测值将作为当前聚类分析的初始聚类中心。
  - 写入最终聚类中心：选择此项并单击下方"数据文件"的"文件"按钮，打开保存文件对话框，在其中指定路径和文件名，将当前聚类分析的最终聚类中心数据保存到该文件中，提供给别的样本做聚类分析时的初始聚类中心。

02 单击"迭代"按钮，弹出"K-均值聚类分析：迭代"对话框，如图 9.7 所示。本例中采用系统默认设置，然后单击"继续"按钮，回到"K 均值聚类分析"对话框。

对话框深度解读

- "最大迭代次数"中可以输入一个正整数，以限定最大迭代次数，系统默认值为 10。
- "收敛准则"中可以输入一个不超过 1 的正数作为判定迭代收敛的标准，默认的收敛标准值为 0，表示当两次迭代计算的聚类中心之间距离的最大改变量小于初始聚类中心间最小距离的 0%时终止迭代。
- "使用运行平均值"表示在迭代过程中，当每个样本观测值被分配到一类后，随即计算新的聚类中心，并且数据文件中样本观测值的次序可能会影响聚类中心。若不选择此项，则在所有样本观测值分配完成后再计算各类的聚类中心，可以节省迭代时间。

03 单击"保存"按钮，弹出"K-均值聚类：保存新变量"对话框，如图 9.8 所示。勾选"聚类成员""与聚类中心的距离"两个选项，单击"继续"按钮，回到"K 均值聚类分析"对话框。

图 9.7 "K-均值聚类分析：迭代" 对话框　　图 9.8 "K-均值聚类：保存新变量"对话框

对话框深度解读

"K-均值聚类：保存新变量"对话框用于选择保存新变量的方式。

- 聚类成员：保存一个名为"QCL_1"的新变量，其值为各样本观测值最终聚类的类别。
- 与聚类中心的距离：在工作文件中建立一个名为"QCL_2"的新变量，其值为各样本观测值与所属最终聚类中心之间的欧氏距离。

04 单击"选项"按钮，弹出"K 均值聚类分析：选项"对话框，如图 9.9 所示。勾选"统计"选项组中的"初始聚类中心""ANOVA 表""每个个案的聚类信息"3 个选项，缺失值处理采用系统默认设置。单击"继续"按钮,回到"K均值聚类分析"对话框,单击"确定"按钮确认。

图 9.9 "K 均值聚类分析:选项"对话框

对话框深度解读

- "统计"选项组:用于指定输出统计量值。
  - 初始聚类中心:输出初始聚类中心表。
  - ANOVA 表:输出方差分析表。
  - 每个个案的聚类信息:输出每个样本观测值的聚类信息,包括各样本观测值最终被聚入的类别、各样本观测值与最终聚类中心之间的欧氏距离以及各最终聚类中心相互之间的欧氏距离。
- "缺失值"选项组:用于指定缺失值处理方式。
  - 成列排除个案:排除聚类分析变量中有缺失值的样本观测值。
  - 成对排除个案:凡聚类分析变量中有缺失值的样本观测值全部予以剔除。

9.2.3 结果解读

1. 初始聚类中心、迭代历史记录

图 9.10 给出了初始聚类中心,因为本例中我们没有指定聚类的初始聚类中心,所以图中作为聚类中心的样本观测值是由系统确定的。图 9.11 是迭代历史记录,由于没有指定迭代次数或收敛性标准,因此使用系统默认值:最大迭代次数为 10,收敛性标准为 0。本例聚类过程执行 3 次迭代后,由于聚类中心中不存在变动或者仅有小幅变动,因此实现了收敛。任何中心的最大绝对坐标变动为 0.000,当前迭代为 3,初始中心之间的最小距离为 2027.260。

初始聚类中心

	聚类		
	1	2	3
门店总数(个)	7008.00	2028.00	6.00
营业额(亿元)	399.25	137.91	.67
商品购进总额(亿元)	107.04	44.65	.15
餐位数(万个)	48.90	22.10	.10

图 9.10 初始聚类中心

迭代历史记录[a]

迭代	聚类中心中的变动		
	1	2	3
1	709.953	493.823	323.466
2	.000	77.360	37.259
3	.000	.000	.000

a. 由于聚类中心中不存在变动或者仅有小幅变动,因此实现了收敛。任何中心的最大绝对坐标变动为 .000,当前迭代为 3,初始中心之间的最小距离为 2027.260。

图 9.11 迭代历史记录

2. 聚类成员、最终聚类中心

图 9.12 和图 9.13 分别给出了每个样本观测值的聚类情况以及最终聚类中心。关于聚类成员，以第一个样本观测值北京为例，该样本被划分到了第 1 类，与最终聚类中心之间的距离是 201.091。关于最终聚类中心，通过观察 3 个最终聚类中心门店总数、营业额、商品购进总额、餐位数的变量表现特征，不难发现第 1 类的特征是门店总数、营业额、商品购进总额、餐位数 4 个变量的数值都很大，第 2 类居中，第 3 类最小。

聚类成员

个案号	地区	聚类	距离
1	北京	1	201.091
2	天津	3	522.562
3	河北	3	269.135
4	山西	3	181.964

图 9.12　聚类成员（仅显示部分）

最终聚类中心

	聚类		
	1	2	3
门店总数(个)	6298.67	1458.71	291.61
营业额(亿元)	414.67	94.64	18.22
商品购进总额(亿元)	131.91	36.28	6.92
餐位数(万个)	53.67	18.13	3.27

图 9.13　最终聚类中心

3. 最终聚类中心之间的距离、ANOVA 表

图 9.14 和图 9.15 分别显示的是最终聚类中心之间的距离和 ANOVA 表。最终聚类中心之间的距离是指最后确定的 3 个最终聚类中心相互之间的差距。关于 ANOVA 表，由于已选择聚类以使不同聚类中样本观测值之间的差异最大化，因此 F 检验只应该用于描述目的，实测显著性水平并未因此进行修正，无法解释为针对"聚类平均值相等"这一假设的检验，参考价值不大。

最终聚类中心之间的距离

聚类	1	2	3
1		4851.594	6021.632
2	4851.594		1170.065
3	6021.632	1170.065	

图 9.14　最终聚类中心之间的距离

ANOVA

	聚类		误差		F	显著性
	均方	自由度	均方	自由度		
门店总数(个)	46645195.81	2	128757.535	25	362.272	.000
营业额(亿元)	203110.326	2	754.549	25	269.181	.000
商品购进总额(亿元)	20431.949	2	214.369	25	95.312	.000
餐位数(万个)	3419.109	2	25.492	25	134.125	.000

由于已选择聚类以使不同聚类中个案之间的差异最大化，因此 F 检验只应该使用于描述目的。实测显著性水平并未因此进行修正，所以无法解释为针对"聚类平均值相等"这一假设的检验。

图 9.15　ANOVA 表

4. 每个聚类中的个案数目

图 9.16 显示的是每个聚类中的个案数目，可以发现第 1 类、第 2 类、第 3 类的样本观测值个数分别为 3 个、7 个、18 个。

每个聚类中的个案数目

聚类	1	3.000
	2	7.000
	3	18.000
有效		28.000
缺失		.000

图 9.16　每个聚类中的个案数目

5. 保存的聚类成员与聚类中心的距离

由于我们在前面的"K-均值聚类：保存新变量"对话框勾选了"聚类成员""与聚类中心的距离"复选框，所以系统保存了相应的变量进入数据文件中，其中 QCL_1 对应的是"聚类成员"变量，记录了每个样本观测值对应的聚类类别，QCL_2 对应的是"与聚类中心的距离"，记录了每个样本观测值与最终聚类中心之间的距离，如图 9.17 所示。

图 9.17　保存的聚类成员与聚类中心的距离

9.2.4　知识点总结与练习题

知识点总结：本节讲述了 K 均值聚类分析的 SPSS 操作，对涉及的窗口界面进行了深度解读。通过本节的学习，应该较为清晰地知晓 K 均值聚类分析的适用情形，并且能够较为连贯地对分析结果进行解读。

练习题：用于分析的数据还是数据 9.2，请以总店数、年末从业人数、年末餐饮营业面积、统一配送商品购进额 4 个变量对所有样本观测值开展 K 均值聚类分析。

9.3　系统聚类分析

下载资源:\video\第 9 章\9.3
下载资源:\sample\数据 9.2

9.3.1　基本原理

系统聚类分析的基本原理是：根据选定的特征来识别相对均一的个案（变量）组，使用的算法是开始将每个个案（或变量）都视为一类，然后根据类与类之间的距离或相似程度将最近的类加以合并，再计算新类与其他类之间的相似程度，并选择最相似的加以合并，这样每合并一次就减少一类，不断继续这一过程，直至剩下一个类别。常用的分层聚类方法包括组间联接、组内联接、最近邻元素、最远邻元素、质心聚类、中位数聚类、瓦尔德法等。

9.3.2　操作演示与功能详解

本节我们用于分析的数据还是数据 9.2。下面以门店总数、营业额、商品购进总额、餐位数 4 个变量对所有样本观测值开展系统聚类分析，操作演示与功能详解如下：

01 打开数据 9.2，选择"分析｜分类｜系统聚类"命令，弹出"系统聚类分析"对话框，如图 9.18 所示。在左侧变量栏中分别选择门店总数、营业额、商品购进总额、餐位数 4 个变量，单击 按钮，移到右侧的"变量"列表框中，选择地区变量，单击下面的 按钮，移入"个案标注依据"栏中，作为个案标注依据，其他项采用系统默认设置。

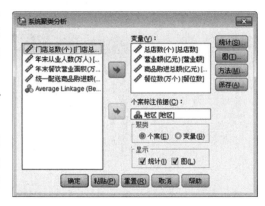

图 9.18　"系统聚类分析"对话框

对话框深度解读

- "聚类"选项组可以选择聚类类型，有以下选项：
  - "个案"计算样本观测值之间的距离，进行样本观测值聚类。
  - "变量"计算变量之间的距离，进行变量聚类。
- "显示"选项组可以选择显示内容，有以下选项：
  - "统计"显示统计量值，如果不选此项，"系统聚类分析"对话框右侧的"统计"按钮将被关闭。
  - "图"显示图形，如果不选此项，"系统聚类分析"对话框右侧的"图"按钮将被关闭。

---

02 单击"统计"按钮，弹出"系统聚类分析：统计"对话框，如图 9.19 所示。我们选择"集中计划""近似值矩阵"选项，在"聚类成员"选项组中选择"单个解"并且在其后的"聚类数"中输入"3"，设置完成后单击"继续"按钮返回主对话框。

对话框深度解读

- "集中计划"复选框：输出一张概述聚类进度的表格，反映聚类过程中每一步样本观测值（针对按个案合并方法）或变量（针对按变量合并方法）的合并情况。
- "近似值矩阵"复选框：显示各样本观测值（针对按个案合并方法）或变量（针对按变量合并方法）间的距离。
- "聚类成员"选项组，包括以下选项：
  - 无：没有样本观测值（针对按个案合并方法）或变量（针对按变量合并方法）的归属类别。
  - 单个解：选择此选项并在下方的"聚类数"文本框中指定一个大于 1 的整数 N，则系统将各样本观测值（针对按个案合并方法）或变量（针对按变量合并方法）分为 N 类，并列出每个项的归属类别。
  - 解的范围：选择此选项并在下方的"最小聚类数"和"最大聚类数"两个文本框中分别输

入两个数值 X 和 Y，系统将会把样本观测值（针对按个案合并方法）或变量（针对按变量合并方法）从 X~Y 进行各种分类，并列出每种分类数下每个项的归属类别。

本例中我们在"聚类成员"选项组中选择"单个解"并且在其后的"聚类数"中输入"3"，系统就会输出将所有样本观测值分为 3 类的情形下，每个样本观测值的归属类别情况。

---

03 单击"图"按钮，弹出"系统聚类分析：图"对话框，如图 9.20 所示，我们选择"谱系图"选项，并且在"冰柱图"选项组中选择"全部聚类"，在"方向"选项组中选择"垂直"，设置完成后单击"继续"按钮返回主对话框。

图 9.19 "系统聚类分析：统计"对话框　　　图 9.20 "系统聚类分析：图"对话框

对话框深度解读

- "谱系图"复选框：输出反映聚类结果的龙骨图。
- "冰柱图"选项组，包括以下选项：
  - 全部聚类：显示全部聚类结果的冰柱图。
  - 指定范围文本的聚类：限制聚类解范围，在下面的"开始聚类""停止聚类""依据"3 个文本框中分别输入 3 个正整数值，X、Y、Z 表示从最小聚类解 X 开始，以增量 Z 为步长，到最大聚类解 Y 为止。
  - 无：不输出冰柱图。
- "方向"选项组：选择输出冰柱图的方向，有"垂直"（垂直冰柱图）和"水平"（水平冰柱图）两种。

---

04 单击"方法"按钮，弹出"系统聚类分析：方法"对话框，如图 9.21 所示。本例中选择系统默认设置，然后单击"继续"按钮，回到"系统聚类分析"对话框。

对话框深度解读

- "聚类方法"下拉列表：用于选择聚类方法，包括以下选项：
  - 组间联接：合并两类使得两类间的平均距离最小。

- 组内联接：合并两类使得合并后的类中所有项间的平均距离最小。
- 最近邻元素：也称为最近距离法，定义类与类之间的距离为两类中最近的样品之间的距离。
- 最远邻元素：也称为最远距离法，定义类与类之间的距离为两类中最远的样品之间的距离。
- 质心聚类：定义类与类之间的距离为两类中各样本观测值（针对按个案合并方法）或变量（针对按变量合并方法）的重心之间的距离。
- 中位数聚类：定义类与类之间的距离为两类中各样本观测值（针对按个案合并方法）或变量（针对按变量合并方法）的中位数之间的距离。
- 瓦尔德法：使类内各样本观测值（针对按个案合并方法）或变量（针对按变量合并方法）的偏差平方和最小，类间偏差平方和尽可能大。

• 关于"测量"选项组、"转换值"选项组、"转换测量"选项组的详细介绍，可参照 5.3 节距离相关分析中的介绍，里面有对各种选项的详细讲解，在此不再赘述。需要特别注意的是，针对"转换值"选项组，在选择标准化方法之后，要在选择框下的两个单选按钮"按变量"和"按个案"中选择一个来施行标准化。

05 单击"保存"按钮，弹出"系统聚类分析：保存"对话框，如图 9.22 所示。本对话框中的"聚类成员"选项组与"系统聚类分析：统计"对话框中的相应选项意义相同。本例中我们还是选择"单个解"，并在"聚类数"中填写"3"，与前面的设置保持一致。设置完毕后单击"继续"按钮，返回"系统聚类分析"对话框，单击"确定"按钮确认。

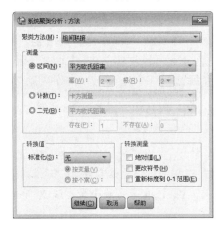

图 9.21 "系统聚类分析：方法"对话框　　图 9.22 "系统聚类分析：保存"对话框

9.3.3 结果解读

1. 个案处理摘要、近似值矩阵

图 9.23 给出了个案处理摘要，共有 28 个样本观测值参与了分析，没有缺失值，采用的聚类分析方法是平均联接（组间）。

图 9.24 给出了近似值矩阵，显示了各样本观测值之间的距离。

个案处理摘要[a]

个案					
有效		缺失		总计	
个案数	百分比	个案数	百分比	个案数	百分比
28	100.0	0	.0	28	100.0

a. 平均联接（组间）

图 9.23　个案处理摘要

个案	1:北京	2:天津	3:河北	4:山西
1:北京	.000	219954.743	270893.536	265481.044
2:天津	219954.743	.000	2688.569	2159.321
3:河北	270893.536	2688.569	.000	31.313
4:山西	265481.044	2159.321	31.313	.000

图 9.24　近似值矩阵（图片过大，仅列示部分）

2. 集中计划

图 9.25 是集中计划，列出了聚类过程中各样本观测值合并的顺序。本例中共有 28 个样本观测值，经过 27 步聚类，所有的样本观测值被合并为一类。表中各列含义如下：

- 阶段：表示聚类阶段，即聚类过程中的第几步。
- 组合聚类：即将聚类 1 与聚类 2 合并。
- 系数：是距离测量系数。
- 首次出现聚类的阶段：聚类 1 与聚类 2 二者皆为 0，表示两个样本观测值的合并；其中一个为 0，另一个不为 0，表示样本观测值与类的合并；二者皆不为 0，表示类与类的合并。
- 下一个阶段：表示下一步再聚类将出现的阶段。

具体来说，本例中第一步，首先将距离最近的 18 号、23 号样本观测值合并为一类，出现再聚类的下一阶段为第二步，因此进行第二步合并，将 21 号样本观测值并入上一步合并的类（“首次出现聚类的阶段”列中，聚类 1=1，聚类 2=0），形成新的类，下一阶段的再聚类将出现第 10 步；第三步将距离最近的 7 号、25 号样品合并为一类（“首次出现聚类的阶段”列中，聚类 1=0，聚类 2=0），然后下一阶段的再聚类将出现在第 5 步；其余的合并过程类似。伴随着不断聚类，系数的数值逐渐变大，表明聚类过程开始时，样本观测值或类之间的差异较小，聚类结束时，类与类之间的差异较大。

集中计划

阶段	组合聚类		系数	首次出现聚类的阶段		下一个阶段
	聚类 1	聚类 2		聚类 1	聚类 2	
1	18	23	.132	0	0	2
2	18	21	1.152	1	0	10
3	7	25	1.369	0	0	5
4	4	26	2.937	0	0	7
5	3	7	4.800	0	3	7
6	17	22	5.025	0	0	9
7	3	4	18.264	5	4	10
8	10	24	25.646	0	0	19
9	12	17	25.958	0	6	11
10	3	18	35.951	7	2	13
11	12	14	105.163	9	0	12
12	5	12	178.082	0	11	13
13	3	5	233.205	10	12	19
14	2	11	250.828	0	0	16
15	13	16	281.182	0	0	16
16	2	13	445.452	14	15	22
17	15	19	591.946	0	0	20
18	8	9	659.211	0	0	25
19	3	10	723.738	13	8	24
20	15	20	818.428	17	0	23
21	27	28	1555.220	0	0	26
22	2	6	1845.951	16	0	23
23	2	15	1972.451	22	20	24
24	2	3	5096.656	23	19	25
25	2	8	13146.234	24	18	27
26	1	27	15220.264	0	21	27
27	1	2	166771.529	26	25	0

图 9.25　集中计划

3. 聚类成员

图 9.26 给出了聚类成员表，根据前面我们将样本观测值分成 3 类的设定，表中列出了最终的聚类成员归属情况：北京为第 1 类，上海、广东为第 3 类，其他省市为第 2 类。由于我们在前面“系统聚类分析：保存”对话框进行了保存设置，因此系统以默认名为 clu3_1 变量将图中的结果保存到当前数据文件中（图中是根据 clu3_1 变量对样本观测值重新进行排序的结果）。

聚类成员

个案	3 个聚类
1:北京	1
2:天津	2
3:河北	2
4:山西	2
5:内蒙古	2
6:辽宁	2
7:黑龙江	2
8:江苏	2
9:浙江	2
10:安徽	2
11:福建	2
12:江西	2
13:山东	2
14:河南	2
15:湖北	2
16:湖南	2
17:广西	2
18:海南	2
19:重庆	2
20:四川	2
21:贵州	2
22:云南	2
23:西藏	2
24:陕西	2
25:甘肃	2
26:新疆	2
27:上海	3
28:广东	3

	地区	总店数	门店总数	年末从业人数	年末餐饮营业面积	餐位数	营业额	商品购进总额	统一配送商品购进额	CLU3_1
1	北京	95.00	6114.00	16.30	240.80	68.40	480.42	174.29	152.28	1
2	天津	9.00	813.00	3.50	25.90	7.80	49.54	21.88	5.13	2
3	河北	5.00	23.00	.10	4.10	.70	2.52	1.60	.61	2
4	山西	4.00	110.00	.50	4.10	1.20	7.52	3.85	3.63	2
5	内蒙古	3.00	111.00	.30	6.50	.70	18.27	16.08	.12	2
6	辽宁	13.00	996.00	1.60	35.60	12.80	65.81	58.14	52.85	2
7	黑龙江	4.00	79.00	.20	2.90	.90	3.92	1.36	1.20	2
8	江苏	18.00	1798.00	5.60	52.20	16.80	122.30	59.43	23.56	2
9	浙江	31.00	2028.00	4.90	68.30	22.10	137.91	44.65	34.52	2
10	安徽	8.00	738.00	1.70	19.90	5.80	33.04	9.91	9.77	2
11	福建	23.00	821.00	3.00	25.30	7.50	45.71	15.55	11.68	2
12	江西	4.00	177.00	.40	6.10	2.00	11.33	7.05	6.89	2
13	山东	17.00	749.00	2.20	43.20	11.10	68.55	17.91	15.68	2
14	河南	14.00	273.00	.70	8.70	4.60	13.79	4.66	3.33	2
15	湖北	34.00	1601.00	3.40	50.40	13.60	90.81	27.40	22.01	2
16	湖南	18.00	1023.00	4.20	53.70	22.80	56.60	18.61	16.10	2

图 9.26 聚类成员

4. 冰柱图

图 9.27 为冰柱图，上侧横坐标表示样本观测值，左侧纵坐标表示可划分的聚类数。每个样本观测值对应一根冰柱（蓝色/黑色的长条），28 个样本长条的长度相同。每两个样本长条之间还夹有一根冰柱（长条），夹着的长条的长度表示两个观测值的相似度。

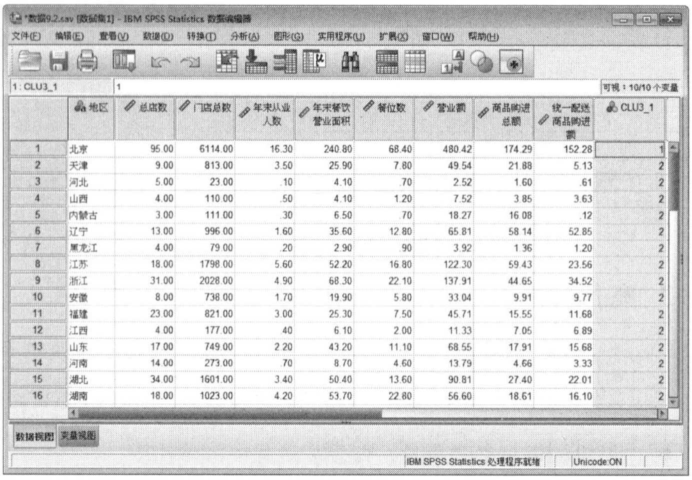

冰柱图应从图片的最下端开始分析。在冰柱图的最下端，样本冰柱（长条）对应的纵坐标为 27，表示在聚类过程中，首先将 28 个样本划分为 27 类。然后类与类之间的距离由白色间隙间隔开，总共 26 个白色间隙（18 号和 23 号之间没有白色间隙了，归为 1 类），分隔为 26 类。然后冰柱图的水面逐渐上升，白色的间隙越来越少，越来越多的样本被聚为一类。

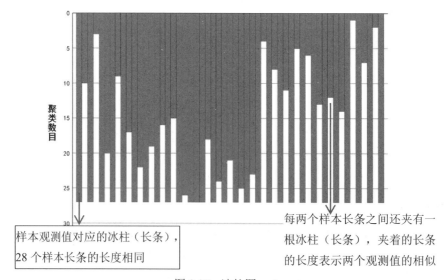

图 9.27 冰柱图

5. 谱系图

图 9.28 给出了谱系图，从中可以直观地看出聚类的过程。如果分成两大类，那么下方的上海、广东、北京为 1 类，其他省市为 1 类；如果分成 3 大类，那么北京为 1 类，上海、广东为 1 类，其他省市为 3 类，以此类推（读者可尝试用一页不透明的纸在屏幕上从右向左逐渐遮挡谱系图，即可看出聚类过程）。

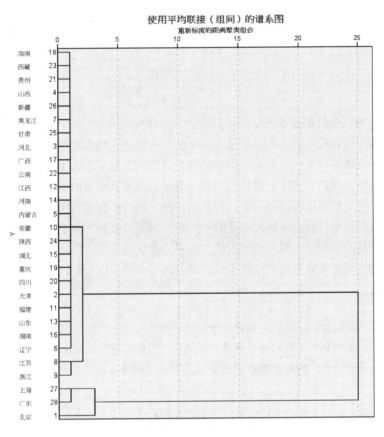

图 9.28　谱系图

9.3.4　知识点总结与练习题

知识点总结：本节讲述系统聚类分析的 SPSS 操作，对涉及的窗口界面进行了深度解读。通过本节的学习，应该较为清晰地知晓系统聚类分析的适用情形，并且能够较为连贯地对分析结果进行解读。

练习题：用于分析的数据还是数据 9.2，请以总店数、年末从业人数、年末餐饮营业面积、统一配送商品购进额 4 个变量对所有样本观测值开展系统聚类分析。

第 10 章

决策树分析与判别分析

决策树分析与判别分析都是 SPSS 分析模块中分类分析的重要方法。其中决策树分析是很多预测数据挖掘应用程序的首选工具，在基础过程复杂的应用程序中特别有用。例如，将决策树建模技术应用到小额快贷大数据审批中，给提出申请的客户进行评分以获取其拟违约的概率，从而判断业务风险；应用到房地产客户营销中，根据客户的基本特征判断其购买的能力和意愿，从而更加合理地配置营销资源；应用到手机游戏推广中，根据用户的上网习惯数据判断用户可能会试用或购买游戏的概率，从而可以针对目标群体精准推送游戏广告。判别分析是在分类确定的条件下，根据某一研究对象的各种特征值判别其类型归属问题的一种多变量统计分析方法。当我们得到一个全新的样本观测值时，要确定该样本观测值具体属于已知类型的哪一类，该问题就属于判别分析的范畴。

本章教学要点：

- 清楚知晓决策树分析、判别分析两种分析方法的特色，知晓每种方法的适用条件。
- 熟练掌握决策树分析、判别分析两种分析的窗口功能，根据研究需要灵活开展分析。
- 能够对决策树分析、判别分析两种分析的结果进行解读，从中发现数据特征，得出研究结论。

10.1 决策树分析

| 下载资源:\video\第 10 章\10.1 |
| 下载资源:\sample\数据 10.1 |

10.1.1 基本原理

SPSS 专门设计了"分析|分类|决策树"模块，该模块可以完成以下功能：一是在所有参与分析的样本中，找出可能成为目标组成员，比如购买者或优质客户的样本；二是针对所有参与分析的样本，划分为几个不同的类别，比如高风险组、中等风险组和低风险组；三是创建模型规则并使用它来预测将来的事件，如某小额快贷申请者将来发生违约或某新注册会员将来成为 VIP 客户的可能性；四是数据降维和变量筛选，从总体的大变量集中选择有用的预测变量子集，以用于构建正式的参数模型；五是交互确定，确定仅与特定子组有关的关系，并在正式的参数模型中指定这些关系；六是类别合并或将连续变量进行离散化，以最小的损失信息对组预测类别或连续变量进行重新编码，比

如将连续的年龄值分为小孩、年轻人、中年人、老年人等。简单来说，"决策树"建模技术通过创建基于树的分类模型，为探索性和证实性分类分析提供验证工具。它既可以有效地将参与分析的样本分为若干类，也可以根据自变量（预测变量）的值预测因变量（目标变量）的值。

10.1.2 操作演示与功能详解

以数据 10.1 为例讲解，记录的是某在线小额贷款金融公司 2200 个存量客户的信息数据（数据为虚拟数据，不涉及客户隐私）。限于篇幅不再展示数据文件的数据视图和变量视图，读者可自行打开相关源文件观察。下面我们以"年龄""贷款收入比""名下贷款笔数""教育水平""是否为他人提供担保"5 个变量为自变量，以"信用情况"为因变量，开展决策树分析，操作演示与功能详解如下：

01 打开数据 10.1，选择"分析｜分类｜决策树"命令，弹出"决策树"对话框，如图 10.1 所示。

系统提示"使用此对话框之前，应该为分析中的每个变量正确设置测量级别。此外，如果因变量是分类变量，那么应该为每个类别定义值标签"。如果用户确定已经为分析中的每个变量正确设置了测量级别，那么直接单击"确定"按钮就可以定义模型；如果用户认为还需要对分析中的变量进行测量级别方面的重新设置，那么需要单击"定义变量属性"按钮，进入下一个对话框，对变量属性进行重新定义。在"决策树"对话框的右下角还有一个复选框"不再显示此对话框"，如果用户勾选此复选框，那么在下一次选择"分析｜分类｜决策树"命令时，将不再弹出"决策树"对话框。

本例中我们单击"定义变量属性"按钮，弹出如图 10.2 所示的"定义变量属性"对话框 1。

图 10.1 "决策树"对话框

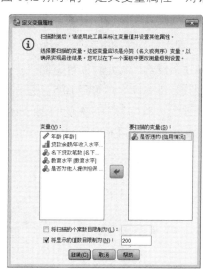
图 10.2 "定义变量属性"对话框 1

以是否违约变量为例，将其从左侧的"变量"列表框中选入右侧的"要扫描的变量"列表框中。然后我们可以对扫描的个案数目进行限制（通常用户观测样本值很多，比如几百万条数据，为节省时间），具体方法是勾选"定义变量属性"对话框下方的"将扫描的个案数目限制为"复选框，并在后面的文本框中输入具体的限制数据。我们还可以设置显示的值数目，具体方法是勾选"定义变量属性"对话框下方的"将显示的值数目限制为"复选框，并在后面的文本框中输入具体的限制数据。本例中因为我们的样本观测值并不是特别多，所以选择系统默认设置即可。

设置完成后单击"继续"按钮，即可弹出如图 10.3 所示的"定义变量属性"对话框 2。

在图 10.3 所示的"定义变量属性"对话框 2 中，我们可以看出"已扫描变量列表"中和"当前变量"文本框中均为"信用情况"，变量标签为"是否违约"，测量级别为初始设置的"名义"。扫描的个案数为 2200，值列表限制为 200，但本例中由于我们进行了值标签操作，因此其实只有两个数值，即 0 与 1，其中 1 表示违约客户，计数为 1319 个，0 表示未违约客户，计数为 881 个。单击"测量级别"旁边的"建议"按钮，即可弹出如图 10.4 所示的"定义变量属性：建议测量级别"对话框。可以看到"变量"文本框显示为信用情况，"当前测量级别"文本框显示为"名义"，"建议级别"文本框也是显示为"名义"，并且系统有说明建议依据，即"信用情况仅具有值 1 或 2"。

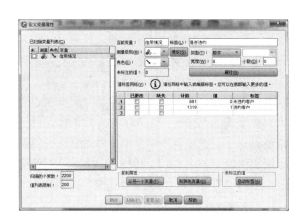 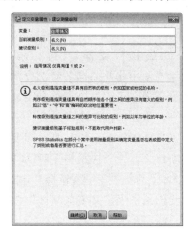

图 10.3　"定义变量属性"对话框 2　　　图 10.4　"定义变量属性：建议测量级别"对话框

然后单击"继续"按钮，即可返回"定义变量属性"对话框。此处为了演示，把变量信用状况的测量级别改为"有序"，如图 10.5 所示。当我们针对"信用情况"变量将"测量级别"下拉框中的"名义"改为"有序"后，左侧的"已扫描变量列表"中测量列的符号变为 ![图标]，即有序。然后单击"确定"按钮，即可完成操作。

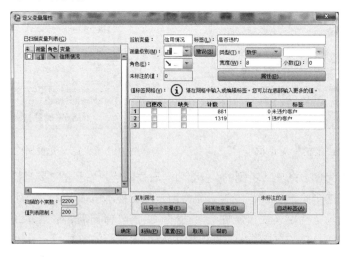

图 10.5　"定义变量属性"对话框 3

02 选择"分析|分类|决策树"命令,弹出"决策树"对话框,如图 10.6 所示。首先从左侧的"变量"列表框中选取相应的变量进入"因变量"和"自变量"。决策树分析建模过程因变量只有一个,我们选择"是否违约"变量进入"因变量"列表框。选择"年龄""贷款收入比""名下贷款笔数""教育水平""是否为他人提供担保"变量进入"自变量"列表框。对话框有"强制第一个变量"复选框,如果我们选中该复选框,那么系统将强制自变量列表中的第一个变量(本例中为年龄)作为第一个拆分变量进入决策树模型。本例中我们保持系统默认设置。"影响变量"文本框用来选择定义个案对树生长过程影响程度的变量。针对该"影响变量",影响值较低的个案影响较小,而影响值较高的个案影响较大。影响变量值必须为正。本例中保持系统默认设置。

03 在图 10.6 所示的"决策树"对话框 1 中的因变量列表框下方有一个"类别"按钮,单击该按钮,即可弹出如图 10.7 所示的"决策树:类别"对话框。用户可以在其中指定所需的因变量目标类别。目标类别不影响树模型本身,但某些输出和选项仅在已选择目标类别后才变得可用。本例中我们对于违约客户更加感兴趣,所以勾选"违约客户"作为目标因变量类别。

图 10.6 "决策树"对话框 1　　　　　图 10.7 "决策树:类别"对话框

04 单击"继续"按钮返回"决策树"对话框,在"生长法"下拉菜单中选择"CRT"生长法。

对话框深度解读

SPSS 新版本提供了 4 种生长法:

- CHAID 生长法:原理是卡方自动交互检测。在每一步都选择与因变量有最强交互作用的自变量(预测变量),如果依据这一预测变量划分的类别与因变量实际类别不存在显著不同,那么将合并这些类别。
- 穷举 CHAID 生长法:CHAID 生长法的一种修改版本,该方法将检查每个预测变量所有可能的拆分。
- CRT 生长法:原理是将数据拆分为若干尽可能与因变量同质的段。所有个案中因变量值相同的终端节点是同质节点。
- QUEST 生长法:具有快速、无偏、有效的特点,特色在于是一种快速方法,还可避免其他方法对具有许多类别的预测变量的偏好。但是只有在因变量是名义变量时才能指定 QUEST 生长法。

05 在图 10.6 所示的"决策树"对话框中单击"输出"按钮，即可弹出如图 10.8 所示的"决策树：输出"对话框。可用的输出选项取决于生长法、因变量的测量级别和其他设置。以本节所使用的案例为例，当前展示的"决策树：输出"对话框中有 4 个选项卡，分别是"树""统计""图""规则"。默认的展示界面是"树"选项卡。我们在"树"选项卡中勾选"树"复选框，其中显示方向选择从上至下（根节点在顶部），节点内容选择"表"，标度选择"自动"，勾选"自变量统计信息"复选框，勾选"节点定义"复选框，勾选"使用表格式的树"复选框。

对话框深度解读

- "树"复选框：如果选择"树"复选框，系统将输出决策树的树形图，并根据"显示"选项组的提示对树的外观进行针对性的设置。
  - "方向"选项组表示决策树的显示方向，可以从上至下（根节点在顶部）、从左至右（根节点在左部）或从右至左（根节点在右部）地显示树。
  - "节点内容"选项组表示决策树节点显示的内容，节点可以显示表、图表或这两者，对于分类因变量，表显示频率计数和百分比，而图表则是条形图。对于标度因变量，表显示均值、标准差、个案数和预测值，而图表则是直方图。
  - "标度"选项组用来设置树显示的大小，可以选择自动显示，即系统自动减小大型树的标度，也可以选择定制选项，用户可以指定最大为 200% 的自定义缩放百分比。在默认情况下，会选择自动显示选项。
  - 此外，如果用户选择"自变量统计信息"复选框，那么系统将会输出相关统计信息。其中对于 CHAID 生长法和穷举 CHAID 生长法，系统将会输出统计量信息，包括 F 值（当因变量测量级别为刻度时）或卡方值（当因变量测量级别为分类时）以及显著性值和自由度。对于 CRT 生长法，系统将显示改进值。对于 QUEST 生长法，针对测量级别为刻度和有序的自变量系，将显示 F、显著性值和自由度；针对测量级别为名义的自变量，系统将显示卡方、显著性值和自由度。
  - 如果用户选择"节点定义"复选框，将显示在每个节点拆分中使用的自变量的值。
- "使用表格式的树"复选框：如果用户勾选"使用表格式的树"复选框，系统将输出树中每个节点的摘要信息，包括该节点的父节点编号、自变量统计量、自变量值，测量级别为刻度因变量的均值和标准差，或者测量级别为分类因变量的计数和百分比。

---

06 在"决策树：输出"对话框中切换到"统计"选项卡，如图 10.9 所示。"统计"选项卡包括"模型""节点性能""自变量"3 个选项组。本例中我们在"模型"选项组中勾选"摘要""风险""分类表"和"成本、先验概率、得分和利润值"全部 4 个复选框，"节点性能"选项组采取系统默认设置，在"自变量"选项组中勾选"对模型的重要性""替代变量（按拆分）"两个复选框。

图 10.8　"决策树：输出"对话框"树"选项卡　　图 10.9　"决策树：输出"对话框"统计"选项卡

对话框深度解读

- "模型"选项组，有"摘要""风险""分类表"和"成本、先验概率、得分和利润值"4 个复选框。
  - ➢ 如果用户选择"摘要"复选框，则系统将输出所用的方法、模型中包括的变量以及已指定但未包括在模型中的变量。
  - ➢ 如果用户勾选"风险"复选框，则系统将输出风险估计及其标准误，也就是对树预测准确性的测量。对于分类因变量，风险估计是先验概率和误分类成本调整后不正确分类的个案的比例。对于刻度因变量，风险估计是节点中的方差。
  - ➢ 如果用户勾选"分类表"复选框，对于分类（名义、有序）因变量，系统将输出每个因变量类别的正确分类和不正确分类的个案数；对于刻度因变量不可用。
  - ➢ 如果用户勾选"成本、先验概率、得分和利润值"复选框，对于分类因变量，系统将输出在分析中使用的成本、先验概率、得分和利润值；对于刻度因变量不可用。
- "节点性能"选项组，有"摘要""按目标类别""行""排序顺序""百分位数增量""显示累积统计信息"等选项。
  - ➢ 如果用户勾选"摘要"复选框，对于刻度因变量，系统将输出因变量的节点编号、个案数和均值。对于带有已定义利润的分类因变量，该表包括节点编号、个案数、平均利润和 ROI（投资回报）值。对不带已定义利润的分类因变量不可用。
  - ➢ 如果用户勾选"按目标类别"复选框，对于带有已定义目标类别的分类因变量，系统将输出按节点或百分位组显示的百分比增益、响应百分比和指标百分比（提升），将对每个目标类别生成一个单独的表。对于不带已定义目标类别的刻度因变量或分类因变量不可用。
  - ➢ 针对"行"选项，系统将按终端节点、百分位数或这两者显示结果。如果选择这两者，则为每个目标类别生成两个表。
  - ➢ 百分位数表根据"排序顺序"显示每个百分位数的累计值。
  - ➢ 针对"百分位数增量"选项，可以选择以下百分位数增量：1、2、5、10、20 或 25。
  - ➢ 针对"显示累积统计信息"复选框，系统将输出附件列用来显示累积统计信息。

- "自变量"选项组，有"对模型的重要性""替代变量（按拆分）"两个复选框。
  - 如果用户勾选"对模型的重要性"复选框，对于 CRT 生长法，系统将根据每个自变量（预测变量）对模型的重要性进行分类；对于 QUEST 生长法或 CHAID 生长法不可用。
  - 如果用户勾选"替代变量（按拆分）"复选框，对于 CRT 生长法和 QUEST 生长法，如果模型包括替代变量，则在树中列出每个分割的替代变量；对于 CHAID 方法不可用。替代变量的概念是，对于缺失该变量的值的个案，将使用与原始变量高度相关的其他自变量进行分类，这些备用预测变量称为替代变量。用户可以指定在模型中使用的最大替代变量数。

07 在"决策树：输出"对话框中切换到"图"选项卡，如图 10.10 所示。在"图"选项卡中，可用的选项取决于因变量的测量级别、生长法和其他设置。本例中我们勾选"对模型的自变量重要性"复选框，在"节点性能"选项组中，勾选"增益""索引""响应"复选框，其他项采用系统默认设置。

对话框深度解读

- "对模型的自变量重要性"复选框。勾选该复选框，系统将输出按自变量（预测变量）显示的模型重要性的条形图，仅对 CRT 生长法可用。
- 在"节点性能"选项组中，包括"增益""索引""响应""平均值""平均利润""投资收益率(ROI)" 6 个选项。
  - "增益"选项："增益"是每个节点的目标类别中的总个案百分比，它的计算公式为（节点目标/总目标）*100。增益图表是累积百分位数增益的折线图，它的计算公式为（累积百分位数目标/总目标）*100，选择"增益"选项将为每个目标类别生成单独的折线图，仅对带有已定义目标类别的分类因变量可用。
  - "索引"选项："索引"是目标类别节点响应百分比与整个样本总体目标类别响应百分比的比率。索引图表是累积百分位数索引值的折线图，仅对分类因变量可用。索引累积百分位数的计算公式为（累积百分位数响应百分比/总响应百分比）*100。系统将为每个目标类别生成单独的图表，且必须定义目标类别。
  - "响应"选项："响应"是节点中的个案在指定目标类别中的百分比。响应图表是累积百分位数响应的折线图，它的计算公式为（累积百分位数目标/累积百分位数合计）*100，仅对带有已定义目标类别的分类因变量可用。
  - "平均值"选项："平均值"是因变量的累积百分位数均值的折线图，仅对刻度因变量可用。
  - "平均利润"选项："平均利润"是累积平均利润的折线图，只对带有已定义利润的分类因变量可用。
  - "投资收益率 (ROI)"选项："投资收益率(ROI)"是累积 ROI（投资收益率）的折线图，ROI 计算为利润与支出之比，只对带有已定义利润的分类因变量可用。
- "百分位数增量"，对于所有的百分位数图表，此设置控制在图表上显示的百分位数增量：1、2、5、10、20 或 25。

08 在"决策树：输出"对话框中切换到"规则"选项卡，如图 10.11 所示。使用"规则"选项卡,能够生成 SPSS 命令语法、SQL 或简单文本形式的选择或分类/预测规则,可以在"查看器"中显示这些规则或将其保存到外部文件中。本例中我们采用系统默认设置。

图 10.10 "决策树:输出"对话框"图"选项卡

图 10.11 "决策树:输出"对话框"规则"选项卡

对话框深度解读

- "语法"选项组:包括"SPSS Statistics""SQL""简单文本"3 个选项。
  - SPSS Statistics 选项为生成命令语法语言,规则表示为一组定义过滤条件以用于选择个案子集的命令,或表示为可用于对个案评分的 COMPUTE 语句。
  - SQL 选项为生成标准的 SQL 规则,以便从数据库中选择或提取记录,或者将值指定给那些记录,生成的 SQL 规则不包含任何表名称或其他数据源信息。
  - "简单文本"选项为生成纯英文的伪代码,规则表示为一组 if...then 逻辑语句,这些语句描述了模型的分类或每个节点的预测。"简单文本"形式的规则可以使用已定义变量和值标签或者变量名称和数据值。
- "类型"选项组:包括以下选项:
  - "为个案指定值"选项可用于为满足节点成员条件的个案指定模型的预测值,为满足节点成员条件的每个节点生成单独的规则。
  - "选择个案"选项可用于选择满足节点成员条件的个案。对于 SPSS Statistics 和 SQL 规则,将生成单个规则用于选择满足选择条件的所有个案。
  - "将替代变量包含在 SPSS Statistics 和 SQL 规则中"复选框,对于 CRT 生长法和 QUEST 生长法,可以在规则中包含来自模型的替代预测变量,但需要特别提示和强调的是,包含替代变量的规则可能非常复杂。一般来说,如果只想获得有关树的概念信息,则排除替代变量。如果某些个案有不完整的自变量(预测变量)数据并且用户需要规则来模拟树,才考虑包含替代变量。
- "节点"选项组:包括以下选项:
  - "所有终端节点"选项是指为每个终端节点生成规则。
  - "最佳终端节点"选项是指基于索引值,为排在前面的 n 个终端节点生成规则。如果 n 超过树中的终端节点数,则为所有终端节点生成规则。基于索引值的节点选择,仅对带有已定义目标类别的分类因变量可用，如果已指定多个目标类别，则为每个目标类别生成一组单独的规则。

> "达到指定个案百分比的最佳终端节点数"选项是指基于索引值，为排在前面的 n 个个案百分比的终端节点生成规则。基于索引值的节点选择，仅对带有已定义目标类别的分类因变量可用，如果已指定多个目标类别，则为每个目标类别生成一组单独的规则。

> "索引值满足或超过分界值的终端节点"选项是指为指标值大于或等于指定值的所有终端节点生成规则。大于 100 的索引值表示，该节点中目标类别的个案百分比超过根节点中的百分比。基于索引值的节点选择，仅对带有已定义目标类别的分类因变量可用，如果已指定多个目标类别，则为每个目标类别生成一组单独的规则。

> "所有节点"选项是指为所有节点生成规则。

此外，需要注意的是，对于用于选择个案的 SPSS Statistics 和 SQL 规则（而不是用于指定值的规则），"所有节点"选项和"所有终端节点"选项将有效地生成选择在分析中使用的所有个案规则。

09 在"决策树"对话框中单击"验证"按钮，即可弹出如图 10.12 所示的"决策树：验证"对话框。通过验证对树结构的质量进行评价，评价其可以推广应用至更大总体的程度。在该对话框中可以选择验证方式，分别是"无""交叉验证""分割样本验证"。本例中我们采用系统默认设置。

对话框深度解读

- "无"选项：如果用户选择该选项，将不进行验证。
- "交叉验证"选项：工作原理是首先将样本分割为许多子样本（或样本群），然后生成许多决策树模型，接着依次排除每个子样本中的数据。第一个决策树基于除第一个样本群之外的所有个案，第二个决策树基于除第二个样本群之外的所有个案，以此类推。对于每个决策树，估计其错误分类风险的方法是将树应用于生成它时所排除的子样本，比如针对第一个决策树，估计其错误分类风险的方法是将树应用于第一个子样本。SPSS 新版本最多可以指定 25 个样本群。因为样本总量是既定的，所以样本群数越多，单个样本群内的样本观测值就越少，从而每个树模型中排除的个案数就越小。交叉验证最终生成单个树模型，最终决策树经过交叉验证的风险估计计算为所有树的风险的平均值。
- "分割样本验证"选项：工作原理是将样本总体分为训练样本和检验样本，其中训练样本用来构建模型，检验样本用来进行对模型进行测试和评价。用户可以使用"随机分配选项"指定训练样本的比例，系统将自动计算检验样本的比例（1-训练样本的比例）；还可以选择"使用变量"选项，依据特定的变量对样本进行分割（比如按性别变量划分，按照男女划分训练样本和检验样本），将变量值为 1 的个案指定给训练样本，并将所有其他个案指定给检验样本，需要注意的是，我们依据的特定变量不能是因变量、权重变量、影响变量或强制的自变量。
- "显示以下项的结果"选项组：供用户选择可以同时显示训练和检验样本的结果，或者仅显示检验样本的结果。对于样本观测值相对较少的数据文件（比如样本观测值个数在 100 个以下），应该谨慎使用分割样本验证方法，因为训练样本很小可能会导致模型质量较差，样本观测值较少可能导致没有足够的个案使决策树充分生长，达不到预期的效果。

10 在图10.6中单击"条件"按钮，即可弹出如图10.13所示的"决策树：条件"对话框。需要注意的是，可用的生长条件取决于生长法、因变量的测量级别或这两者的组合。该对话框包括4个选项卡，分别是"增长限制""CRT""修剪""替代变量"。本例我们在"增长限制"选项卡中"最小个案数"选项组的"父节点"文本框中填写"380"，在"子节点"文本框中填写"190"，针对其他选项卡采用系统默认设置。单击"继续"按钮返回主对话框。

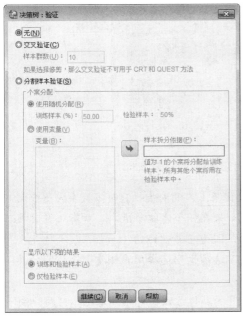
图10.12 "决策树：验证"对话框

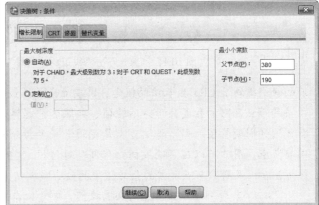
图10.13 "决策树：条件"对话框"增长限制"选项卡

对话框深度解读

- "增长限制"选项卡：在该选项卡中，用户可以限制树中的级别数，控制父节点和子节点的最小个案数，具体包括"最大树深度"和"最小个案数"两个选项组。
  - "最大树深度"用于控制根节点下的最大增长级别数，包括"自动"和"定制"两个选项。如果用户选择"自动"选项，那么对于CHAID和穷举CHAID方法，系统将自动设置将树限制为根节点下的3个级别；而对于CRT和QUEST方法，系统将自动设置将树限制为根节点下的5个级别。如果用户选择"定制"选项，则需要在下面的文本框中输入具体的值，系统将根据用户的定制选择进行限制。
  - "最小个案数"用于控制节点的最小个案数，而不会拆分不满足这些条件的节点。显而易见，如果我们将"最小个案数"的值设定得比较大，往往就会增加集群效应，导致生成具有更少节点的树。而按照同样的逻辑，如果我们将"最小个案数"的值设定得比较小，往往就会增加分散效应，导致生成具有更多节点的树。需要特别提示的是，系统默认的父节点最小个案数是100，默认的子节点最小个案数是50，这一设置对于样本观测值个数很小的数据文件有可能是失效的，导致树在根节点下没有任何节点，有效的解决方案是减小父节点最小个案数和子节点最小个案数。
- "CRT"选项卡：在该对话框中，用户可以进行杂质测量，设定"改进中最小更改"值，如图10.14所示。

图10.14　CRT方法"决策树：条件"对话框"CRT"选项卡

前面我们提到了CRT生长法的概念，其要点是试图最大化节点内的同质性。对不代表同质个案子集的节点，它的程度显示为不纯值。按照这种逻辑，如果在一个终端节点内，所有个案都具有相同的因变量值，那么终端节点是无须进一步拆分的，因为它是"纯的（而非杂质）"完全同质节点。用户可以在"决策树：条件"对话框"CRT"选项卡中选择用户测量"杂质"的具体方法，以及拆分节点所需的杂质值中的最小减少值。

> "杂质测量"选项组用来选择用户测量"杂质"的具体方法，包括"基尼""两分法""顺序两分法"3个选项。
>> "基尼"选项依据子节点与目标变量的值相关的同质性最大化的拆分。
>> "两分法"选项将因变量的类别分组为两个子类，找到最适合分隔两个组的拆分。
>> "顺序两分法"选项与两分法相似，但它只能对相邻类别进行分组。此度量仅可用于有序因变量。
> "改进中的最小更改"选项用来设置拆分节点所需的杂质值中的最小减少值，默认值为0.0001。如果我们把"改进中的最小更改"的值设置得较大，往往会导致产生节点较少的决策树。

- "修剪"选项卡：切换到"修剪"选项卡，如图10.15所示。在该对话框中，用户可以通过设置风险中的最大差分（标准误差）值来修剪树以避免过度拟合。如果用户勾选了"修剪树以避免过度拟合"选项并设置了"风险中的最大差分（标准误差）"值，那么在树生长到其最大深度后，修剪会将此树裁剪至具有可接受的风险值的最小子树。"风险中的最大差分（标准误差）"值是指用户在已修剪的树和具有最低风险的子树之间的最大可接受差分。针对其具体设置，如果用户想要生成比较简单的树，则需要增大最大差分，如果用户想要选择具有最低风险的子树，则需要输入0。

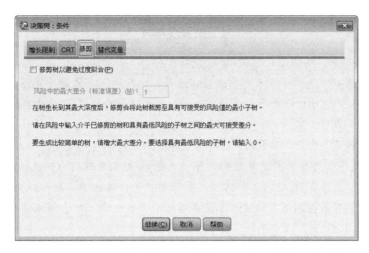

图 10.15　CRT 方法"决策树：条件"对话框"修剪"选项卡

- "替代变量"选项卡：切换到"替代变量"选项卡，如图 10.16 所示。替代变量用于对树中使用的自变量具有缺失值的个案进行分类。用户指定最大替代变量数，可以便于对每次拆分进行计算。"最大替代变量数"选项组包括"自动"和"定制"两个选项：
  - 如果用户选择"自动"选项，那么最大替代变量数将比自变量数小 1，也就是说针对每个自变量，其他的所有自变量均可能被用作替代变量。
  - 如果用户选择"定制"选项，就需要在下面的"值"文本框中输入具体数字，比如用户不希望模型使用任何替代变量，就需要指定 0 作为替代变量数。

图 10.16　CRT 方法"决策树：条件"对话框"替代变量"选项卡

⑪ 在"决策树"对话框中单击"保存"按钮，即可弹出如图 10.17 所示的"决策树：保存"对话框。通过对该对话框的设置，用户可以将模型中的信息另存为工作数据文件中的变量，也可以将整个模型以 XML 格式保存到外部文件中。本例我们勾选"已保存的变量"选项组中的"终端节点数""预测值""预测概率"选项，其他采用系统默认设置，单击"继续"按钮返回"决策树"对话框。

对话框深度解读

- "已保存的变量"选项组，包括以下选项：
  - "终端节点数"选项：如果用户选择该选项，则系统保存的变量是终端节点编号。
  - "预测值"选项：如果用户选择该选项，则系统保存的变量是模型所预测的因变量的分类（组）或值。
  - "预测概率"选项：如果用户选择该选项，则系统保存的变量是与模型的预测关联的概率，该选项将为每个因变量类别保存一个变量，对测量级别为刻度的因变量是不可用的。
  - "样本分配（训练/检验）"选项：如果用户选择该选项，则系统保存的变量是分割样本验证，显示在训练或检验样本中是否使用了某个案。对于训练样本，值为 1；对于检验样本，值为 0，只在选择了分割样本验证时才可用。
- "将树模型以 XML 格式导出"选项组：该选项组的价值在于用户可以用 XML 格式保存整个树模型，以便将保存的该模型文件应用到其他数据文件中，包括以下选项：
  - "训练样本"选项：对于分割样本验证的树，该选项将基于训练样本的决策树模型写入指定的文件。
  - "检验样本"选项：该选项将基于检验样本的模型写入指定文件，只在用户选择了分割样本验证时才可用。

12 在"决策树"对话框中单击"选项"按钮，即可弹出如图 10.18 所示的"决策树：选项"对话框，共有 4 个选项卡，分别是"缺失值""错误分类成本""利润"和"先验概率"。其中默认显示的选项卡是"缺失值"。本例我们针对 4 个选项卡都采用系统默认设置，单击继续按钮返回"决策树"对话框，然后单击"确定"按钮确认。

图 10.17 "决策树：保存"对话框

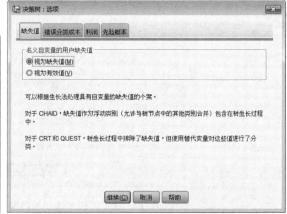

图 10.18 "决策树：选项"对话框

对话框深度解读

- "缺失值"选项卡：用户可以设置名义自变量的用户缺失值的处理方式，有"视为缺失值"和"视为有效值"两个选项，默认是"视为缺失值"。用户可以根据生长法处理具有自变量的缺失值的个案。对于 CHAID 生长法，缺失值作为浮动类别（允许与树节点中的其他类别合并）包含在树生长过程中；对于 CRT 生长法和 QUEST 生长法，树生长过程中排除了缺失值，但使用替代变量对这些值进行了分类。

- "错误分类成本"选项卡：切换到"错误分类成本"选项卡，如图 10.19 所示。对于分类（名义、有序）因变量，用户可以通过"错误分类成本"选项卡设置与错误分类关联的相对惩罚的信息。

  使用该设置的基本原理是分类错误的代价可能是存在差别的，比如本例中没有对一个好的申请者发放小额贷款的成本，可能与对一个坏的申请者发放小额贷款，然后形成坏账的成本是存在显著差别的。"错误分类成本"有两个选项，一个是"在各类别之间相等"，另一个是"定制"，默认设置是"在各类别之间相等"，如果选择该项，也就是认为没有对一个好的申请者发放小额贷款的成本，与对一个坏的申请者发放小额贷款，然后形成坏账的成本完全相等。

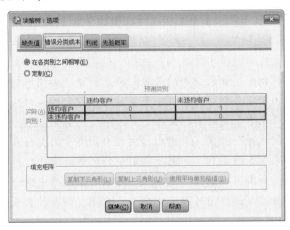

图 10.19 "决策树：选项"对话框"错误分类成本"选项卡

如果用户认为错误分类成本并不相同，或者说需要进行定制，就需要选择"定制"选项，并且在下面的预测类别中，针对非对角线的值进行针对性的设置，值必须为非负数（对角线上的值肯定是 0，因为不存在分类措施，比如表格中实测为违约客户，预测也为违约客户，显然是没有错误分类的，也就不存在惩罚的问题）。

- "利润"选项卡：切换到"利润"选项卡，如图 10.20 所示。对于分类因变量，用户可以通过在该选项卡中选择"定制"选项将收入和费用值指定给因变量的不同分类。用户为因变量的每个类别输入收入和费用值后，系统将自动计算利润，利润等于收入减去费用。利润值影响增益表中的平均利润值和 ROI（投资回报率）值，但它们不影响决策树模型的基础结构。收入和费用值必须为数值型，且必须对网格中显示的因变量的所有类别都要指定。

- "先验概率"选项卡：切换到"先验概率"选项卡，如图 10.21 所示。对于具有测量级别为分类因变量的 CRT 生长法和 QUEST 生长法，可以指定组成员身份的先验概率。先验概率是在了解有关自变量（预测变量）值的任何信息之前，对因变量的每个类别的总体相对频率的评估。使用先验概率有助于更正由不代表整个总体的样本中的数据导致的树的任何生长。

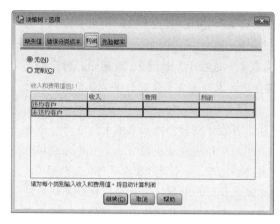 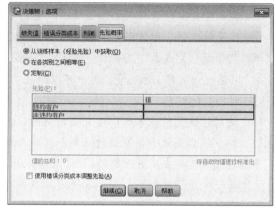

图 10.20　"决策树：选项"对话框"利润"选项卡　　图 10.21　"决策树：选项"对话框"先验概率"选项卡

"先验概率"选项卡中有 3 个选项："从训练样本（经验先验）中获取""在各类别之间相等"和"定制"。

> "从训练样本（经验先验）中获取"选项：适用场景是数据文件中因变量值的分布能够代表总体分布的情形，如果使用的是分割样本验证，则使用训练样本中的个案分布。需要提示的是，由于在分割样本验证中个案是随机指定给训练样本的，因此用户事实上事先不知道训练样本中个案的实际分布。

> "在各类别之间相等"选项：表示数据文件中因变量的类别在总体中是以相等方式表示的。例如，如果有 5 个类别，则每个类别中的个案约为 20%。

> "定制"选项：如果用户选择"定制"，那么对于网格中列出的每个因变量类别，都需要输入一个非负值。这些值可以是比例、百分比、频率计数或表示各类别之间值分布的任何其他值。

在图 10.21 的下方还有一个"使用错误分类成本调整先验"复选框，用户可以通过勾选此选项使用错误分类成本调整先验概率。

10.1.3　结果解读

1. 模型摘要

图 10.22 展示的是决策树模型摘要结果。我们可以看到，在建立模型时，我们指定的生长法是 CRT 生长法，因变量是"是否违约"，设置的进入模型的自变量包括"年龄""贷款余额/年收入水平""名下贷款笔数""教育水平""是否为他人提供担保"，没有设置验证选项，设置的最大树深度是 5，父节点中的最小个案数是 380，子节点的最小个案数是 190。

图 10.22　模型摘要

在最终生成的模型结果中，纳入决策树模型的自变量包括"贷款余额/年收入水平""年龄""是否为他人提供担保""名下贷款笔数""教育水平"。决策树的节点数一共有 11 个，终端节点数一共有 6 个，深度一共是 4。

2. 先验概率

图 10.23 展示的是决策树模型先验概率。我们可以看到决策树模型基于训练样本获得的先验概率。其中未违约客户的先验概率是 0.400，违约客户的先验概率是 0.600。

3. 误分类成本

先验概率

是否违约	先验概率
未违约客户	.400
违约客户	.600

这些先验获取自训练样本

图 10.23　先验概率

误分类成本

	预测	
实测	违约客户	未违约客户
违约客户	.000	1.000
未违约客户	1.000	.000

因变量：是否违约

图 10.24　误分类成本

图 10.24 展示的是决策树模型错误分类成本信息。按照前面我们在分析过程部分所讲述的，对角线的值都为 0，因为没有产生错误分类（实测为违约客户预测也为违约客户，实测为未违约客户预测也为未违约客户）；在非对角线上的值我们采取的是系统默认值 1，在实务中，用户可以根据自己的研究需要进行针对性的设置，比如用户认为“没有对一个好的申请者发放小额贷款”的成本，与“对一个坏的申请者发放小额贷款，然后形成坏账”的成本是存在显著差别的，那么完全可以将“实测客户为违约客户，预测客户为未违约客户”的值设置得更大一些。

4. 树形图

图 10.25 展示的是决策树模型的树形图，决策树一共分为 5 层，因变量分类为违约客户和未违约客户。

（1）第一层

在第一层中，只有节点 0，按照因变量类别分为违约客户和未违约客户，其中未违约客户占比 40.0%，具体为 881 个；违约客户占比 60.0%，具体为 1319 个；违约客户和未违约客户样本合计数为 2200 个。

（2）第二层

第二层是依据贷款收入/年收入水平进行的分类，对于 CRT 生长法，系统将显示改进值，改进值为 0.142。第二层包括两个节点，节点 1 和节点 2。我们可以看出，贷款收入/年收入水平对于因变量的分类结果非常重要，如果贷款余额/年收入水平在 40%以下，那么将会被分至节点 1，节点 1 中共有 579 个样本，其中未违约客户占比 84.6%，具体为 490 个，违约客户占比 15.4%，具体为 89 个；如果贷款余额/年收入水平在 40%以上，那么将会被分至节点 2，节点 2 中共有 1621 个样本，其中未违约客户占比 24.1%，具体为 391 个，违约客户占比 75.9%，具体为 1230 个。所以，贷款余额/年收入水平对于客户是否违约的影响是很大的，根据我们建立的决策树模型，如果参与申请的一个客户的贷款余额/年收入水平相对比较高（本例中参考值为 40%以上），那么大概率会产生违约行为。而如果参与申请的一个客户的贷款余额/年收入水平相对比较低（本例中参考值为 40%以下），那么可以被视为相对安全的客户。

（3）第三层

因为关注的类别是违约客户，所以第三层是在第二层结果的基础上，针对节点 2（贷款余额/年收入水平在 40%以上，大概率产生违约的客户）基于“是否为他人提供担保”变量再进行的分类，对于 CRT 生长法，系统将显示改进值，改进值为 0.046。

第三层包括两个节点，即节点 3 和节点 4。我们可以看出，针对贷款余额/年收入水平在 40%以上的客户，是否为他人提供担保对于因变量的分类结果也非常重要，如果客户贷款余额/年收入水平在 40%以上，同时存在为他人提供担保的现象，那么将会被分至节点 3，节点 3 中共有 927 个样本，其中未违约客户占比 8.8%，具体为 82 个，违约客户占比 91.2%，具体为 845 个；如果客户贷款余额/年收入水平在 40%以上，但不存在为他人提供担保现象，那么将会被分至节点 4，节点 4 中共有 694 个样本，其中未违约客户占比 44.5%，具体为 309 个，违约客户占比 55.5%，具体为 385 个。所以，贷款余额/年收入水平叠加是否对外提供担保因素对于客户是否违约的影响是很大的，根据我们建立的决策树模型，如果参与申请的一个客户的贷款余额/年收入水平相对比较高（本例中参考值为 40%以上），并且存在对外提供担保行为，那么大概率会产生违约行为；而如果参与申请的一个客户贷款余额/年收入水平相对比较高（本例中参考值为 40%以上），但不存在对外提供担保行为，则其违约的概率与不违约的概率是大体相等的。

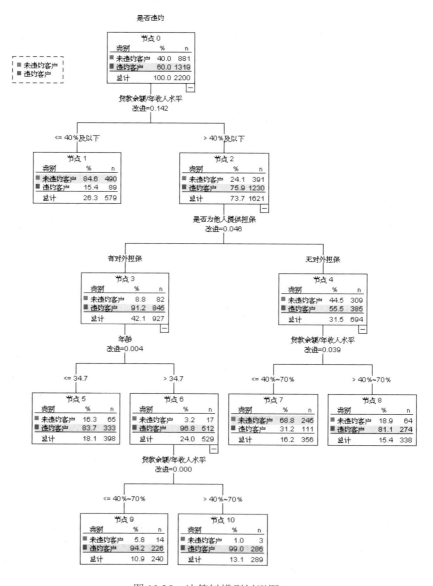

图 10.25　决策树模型树形图

(4) 第四层

因为关注的类别是违约客户，所以第四层是在第三层结果的基础上，针对节点 3（贷款余额/年收入水平在 40% 以上且存在对外担保情况的客户）基于"年龄"变量再进行的分类（分类为节点 5 和节点 6），以及针对节点 4（贷款余额/年收入水平在 40% 以上但不存在对外担保情况的客户）基于"贷款余额/年收入水平"变量再进行的分类（分类为节点 7 和节点 8），对于 CRT 生长法，系统将显示改进值，其中节点 3 至节点 5、节点 6 的改进值为 0.004，节点 4 至节点 7、节点 8 的改进值为 0.039。

节点 3 拆分为节点 5 和节点 6，从图 10.25 决策树模型树形图的节点 5 和节点 6 中可以非常明确地看出，如果用户贷款余额/年收入水平在 40% 以上且存在对外担保情况，那么年龄小于 34.7 的客户被分到节点 5，年龄大于 34.7 的客户被分到节点 6。节点 5（用户贷款余额/年收入水平在 40% 以上，存在对外担保情况，年龄小于 34.7）中共有客户 398 个，其中未违约客户占比为 16.3%，具体为 65 个，违约客户占比为 83.7%，具体为 333 个。节点 6（用户贷款余额/年收入水平在 40% 以上，存在对外担保情况，年龄大于 34.7）中共有 529 个客户，其中未违约客户占比为 3.2%，具体为 17 个；违约客户占比为 96.8%，具体为 512 个。也就是说，只要用户贷款余额/年收入水平在 40% 以上且存在对外担保，那么大概率都是违约的，只是如果客户的年龄还偏大（此处参考值为 34.7 岁以上），那么违约的概率就会更大。

节点 4 拆分为节点 7 和节点 8，从图 10.25 决策树模型树形图的节点 7 和节点 8 中可以非常明确地看出，如果用户贷款余额/年收入水平在 40% 以上，但不存在对外担保情况，那么贷款余额/年收入水平大于 40% 但小于 70% 的客户被分到节点 7，贷款余额/年收入水平大于 70% 的客户被分到节点 8。节点 7（贷款余额/年收入水平大于 40% 但小于 70%，不存在对外担保情况）中共有 356 个客户，其中未违约客户占比为 68.8%，具体为 245 个，违约客户占比为 31.2%，具体为 111 个。节点 8（用户贷款余额/年收入水平在 70% 以上，不存在对外担保情况）中共有 338 个客户，其中未违约客户占比为 18.9%，具体为 64 个，违约客户占比为 81.1%，具体为 274 个。也就是说，针对用户贷款余额/年收入水平在 40% 以上但不存在对外担保的客户，还要进一步区分用户贷款余额/年收入水平的程度，如果用户贷款余额/年收入水平在 70% 以上，那么大概率会产生违约行为（概率为 81.1%），如果用户贷款余额/年收入水平在 70% 以下，那么大概率不会产生违约行为（概率为 68.8%）。

(5) 第五层

因为关注的类别是违约客户，所以第五层是在第四层结果的基础上，针对节点 5（贷款余额/年收入水平在 40% 以上，存在对外担保情况，年龄在 34.7 岁以下的客户）再次基于"贷款余额/年收入水平"变量进行的分类（分类为节点 9 和节点 10），以及针对节点 5（贷款余额/年收入水平在 40% 以上，存在对外担保情况，年龄在 34.7 岁以上的客户）再次基于"贷款余额/年收入水平"变量进行的分类（分类为节点 11 和节点 12），节点 6 至节点 9、节点 10 的改进值为 0.000。

节点 6 拆分为节点 9 和节点 10。节点 9（用户贷款余额/年收入水平在 40% 以上但在 70% 以下，存在对外担保情况，年龄大于 34.7）中共有 240 个客户，其中未违约客户占比为 5.8%，具体为 14 个，违约客户占比为 94.2%，具体为 226 个。节点 10（用户贷款余额/年收入水平在 70% 以上，存在对外担保情况，年龄大于 34.7）中共有 289 个客户，其中未违约客户占比为 1.0%，具体为 3 个，违约客户占比为 99.0%，具体为 286 个。也就是说，只要用户贷款余额/年收入水平在 40% 以上且存在对外担保，那么大概率都是违约的，只是如果客户的年龄如果还偏大（此处参考值为 34.7 岁以上），那么违约的概率就会更大，如果在此基础上用户的贷款余额/年收入水平还在 70% 以上，那么违约的概率就会更大。

5. 表格形式的决策树模型

图 10.26 展示的是表格形式的决策树模型。可以发现其中的信息与前面决策树中展示的信息是完全一致的。

（1）第 1 列表示从节点 0 开始，到第 10 个节点结束。
（2）第 2 列展示的是每个节点中未违约客户在该节点全部个案中的比例。
（3）第 3 列展示的是每个节点中未违约客户的个数。
（4）第 4 列展示的是每个节点中违约客户在该节点全部个案中的比例。
（5）第 5 列展示的是每个节点中未违约客户的个数。
（6）第 6 列展示的是每个节点中的全部客户数。
（7）第 7 列展示的是每个节点中的客户数在所有样本观测值中的占比。
（8）第 8 列展示的是预测类别，根据未违约客户和违约客户占比的相对大小确定该节点的种类，比如针对第 1 个节点，其未违约客户的占比为 84.6%，相对于违约客户的占比为 15.4%，具有很大的优势，所以系统判断该节点的预测类别为未违约客户。
（9）第 9 列展示的所在节点的父节点，即上一级节点，比如针对第 3 个节点，其父节点为 2。
（10）第 10 列展示的是分类变量，比如针对第 1 个节点和第 2 个节点，其分类变量都是贷款余额/年收入水平。
（11）第 11 列展示的是主要自变量改善量，与决策树型图中的"改进量"是一致的。
（12）第 12 列展示的是拆分值，即按照第 10 列的分类变量，具体拆分为什么类别，比如第 1 个节点是贷款余额/年收入水平在 40%以下的客户，第 2 个节点是贷款余额/年收入水平在 40%以上的客户。

节点	未违约客户		违约客户		总计		预测类别	父节点	主要自变量		
	百分比	N	百分比	N	N	百分比			变量	改善量	拆分值
0	40.0%	881	60.0%	1319	2200	100.0%	违约客户				
1	84.6%	490	15.4%	89	579	26.3%	未违约客户	0	贷款余额/年收入水平	.142	<= 40%及以下
2	24.1%	391	75.9%	1230	1621	73.7%	违约客户	0	贷款余额/年收入水平	.142	> 40%及以下
3	8.8%	82	91.2%	845	927	42.1%	违约客户	2	是否为他人提供担保	.046	有对外担保
4	44.5%	309	55.5%	385	694	31.5%	违约客户	2	是否为他人提供担保	.046	无对外担保
5	16.3%	65	83.7%	333	398	18.1%	违约客户	3	年龄	.004	<= 34.7
6	3.2%	17	96.8%	512	529	24.0%	违约客户	3	年龄	.004	> 34.7
7	68.8%	245	31.2%	111	356	16.2%	未违约客户	4	贷款余额/年收入水平	.039	<= 40%~70%
8	18.9%	64	81.1%	274	338	15.4%	违约客户	4	贷款余额/年收入水平	.039	> 40%~70%
9	5.8%	14	94.2%	226	240	10.9%	违约客户	6	贷款余额/年收入水平	.000	<= 40%~70%
10	1.0%	3	99.0%	286	289	13.1%	违约客户	6	贷款余额/年收入水平	.000	> 40%~70%

生长法：CRT
因变量：是否违约

图 10.26 表格形式的决策树

6. 节点的增益

图 10.27 展示的是决策树模型的目标类别节点的增益表。决策树模型的节点的增益表展示的是决策树模型中目标类别终端节点的信息摘要。我们可以发现第 1 列为节点名称。需要提示和强调的是，在节点的增益表中仅列出终端节点，终端节点就是树停止生长处的节点，本例中为节点 1、7、8、5、9、10。

这是因为在很多情况下，用户只对终端节点感兴趣，因为终端节点代表模型的最佳分类预测。

节点	节点		增益		响应	指数
	N	百分比	N	百分比		
10	289	13.1%	286	21.7%	99.0%	165.1%
9	240	10.9%	226	17.1%	94.2%	157.1%
5	398	18.1%	333	25.2%	83.7%	139.6%
8	338	15.4%	274	20.8%	81.1%	135.2%
7	356	16.2%	111	8.4%	31.2%	52.0%
1	579	26.3%	89	6.7%	15.4%	25.6%

生长法：CRT
因变量：是否违约

图 10.27　决策树模型的目标类别节点的增益表

由于增益值提供了有关目标类别的信息，因而此表仅在指定了一个或多个目标类别时才可用。在本例中，因为我们只设定了一个目标类别（违约客户），所以只有一个（违约客户）节点收益表。

在决策树模型的目标类别节点的增益表中，第 2 列和第 3 列分别是节点 N 和节点百分比，其中节点 N 是每个终端节点中的全部个案数，节点百分比是每个节点中全部个案在所有样本集中的百分比。比如本例中第 10 个节点的个案数是 289 个，在全部样本集中（所有观测值）占比为 13.1%。

在决策树模型的目标类别节点的增益表中，第 4 列和第 5 列分别是增益 N 和增益百分比，增益表示的是目标类别（本例中为违约客户），其中增益 N 是目标类别（本例中为违约客户）的每个终端节点中的个案数，增益百分比是目标类别（本例中为违约客户）中的个案数相对于目标类别中的整体个案数的百分比。比如本例中第 10 个节点中违约客户的个案数是 286 个，在所有违约样本（注意不是所有观测值，是所有发生违约的观测值）中占比为 21.7%。

在决策树模型的节点目标类别的增益表中，第 6 列是"响应"，对于分类因变量来说，节点中响应指的是所指定目标类别（本例中为违约客户）的个案在本节点全部个案中的百分比，或者说，就是在决策树树形图中违约客户类别的百分比。比如针对第 10 个节点，其违约客户为 286 个，节点中全部个案为 289 个，违约客户占比为 99%。

在决策树模型的节点目标类别的增益表中，第 7 列是"指数"，指数显示的是该节点观察到的目标类别百分比（本例中为违约客户）与目标类别的期望百分比之比。目标类别的期望百分比表示在考虑任何自变量效果之前的百分比（本例中即前面结果中所展示的先验概率 0.600）。大于 100% 的指数值表示目标类别中的个案数多于目标类别中的整体百分比。相反，小于 100% 的指数值表示目标类别中的个案数少于整体百分比。比如针对第 10 个节点，该节点观察到的目标类别百分比是 99%，目标类别的期望百分比是 0.600%，指数值就是 165.1%。

7. 目标类别增益图

图 10.28 展示的是决策树模型的目标类别增益图。目标类别增益图中那条弯的曲线是目标类别（违约客户）的增益曲线，目标类别增益图中那条对角线上的直线是对比参考线，目标类别（违约客户）的增益曲线距离对比参考线越远，说明模型构建的就越优质。第一个百分位数（10%）对应的增益比例是约 20%，说明模型中按照违约预测概率排序前 10% 的客户就可以包含实际违约客户的约 20%，第 1 个百分位数（20%）对应的增益比例是 35% 左右，说明模型中按照违约预测概率排序前 20% 的客户就可以包含实际违约客户的 35% 左右。所以，优质的模型应该是从百分位数的 0 开始，迅速沿着增益 100% 的方向向上，然后慢慢趋于平缓。就本例而言，增益还是相对不错的。

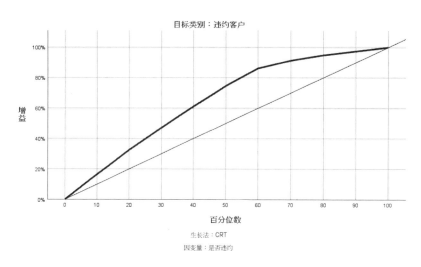

图 10.28　决策树模型的目标类别增益图

8. 目标类别响应图

图 10.29 展示的是决策树模型的目标类别响应图。前面我们讲到，对于分类因变量来说，节点中响应指的是所指定目标类别（本例中为违约客户）的个案在本节点全部个案中的百分比，或者说，就是在决策树树形图中违约客户类别的百分比。对于决策树模型的目标类别响应图来说，展示的就是按百分位数排序的响应比例变化情况，违约客户的响应程度肯定要随着百分位数的顺序逐渐下降，也就是前面排序百分位数中响应的比例是最高的，而后逐渐下降直至稳定。就本例而言，前面的响应比接近 100%，而后逐渐下降，最后到 60% 左右。

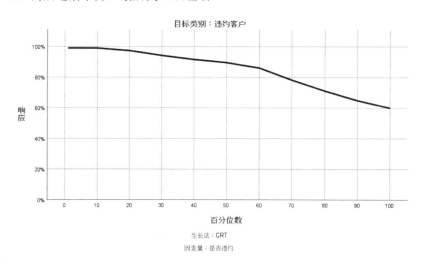

图 10.29　决策树模型的目标类别响应图

9. 目标类别指数图

图 10.30 展示的是决策树模型的目标类别指数图。前面我们讲到，指数显示的是该节点观察到的目标类别百分比（本例中为违约客户）与目标类别的期望百分比之比。目标类别的期望百分比表

示在考虑任何自变量效果之前的百分比（本例中即前面结果中所展示的先验概率 0.600）。大于 100% 的指数值表示目标类别中的个案数多于目标类别中的整体百分比。相反，小于 100% 的指数值表示目标类别中的个案数少于整体百分比。对于决策树模型的目标类别指数图来说，展示的就是按百分位数排序的指数比例变化情况，违约客户的指数程度肯定要随着百分位数的顺序逐渐下降，也就是前面排序百分位数中指数的比例是最高的，而后逐渐下降直至 100%。就本例而言，前面的指数在 160% 以上，而后逐渐下降，最后到 100%。

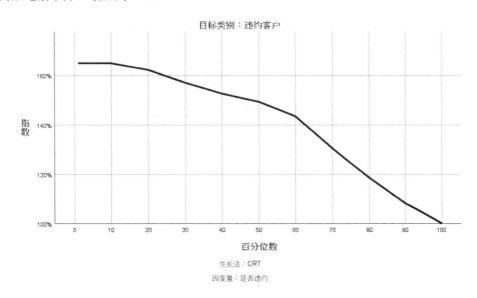

图 10.30　决策树模型的目标类别指数图

10. 决策树模型风险、分类、自变量重要性表

图 10.31 展示的是决策树模型风险、分类、自变量重要性表。风险表提供了一种模型运行状况的快速评估方式。可以发现决策树模型的风险估计值是 0.157，标准误差是 0.008，该模型所预测类别的个案错误率为 15.7%，或者说，对客户进行错误分类（包括将违约客户错误分类为未违约客户以及将未违约客户错误分类为违约客户）的风险概率是 15.7%。

图 10.31　决策树模型风险、分类、自变量重要性表

分类表提供了另一种模型运行状况的快速评估方式，与风险表中的结论是一致的。可以发现决策树模型的预测总体正确百分比为 84.3%，与前面错误分类的概率 0.157（15.7%）的结果是一致的。自变量重要性是针对不同自变量值测量决策树模型预测值变化量，测量的是自变量对于模型的贡献。正态化重要性是由重要性最大值划分的重要性并表示为百分比，其中最重要的自变量的正态化重要

性值为 100%。在该表中，我们可以非常明确地看出，贷款余额/年收入水平最为重要，重要性值为 0.181，正态化重要性值为 100%，然后依次是年龄、是否为他人提供担保、教育水平、名下贷款笔数。

11. "自变量重要性"图

图 10.32 展示的是决策树模型的"自变量重要性"图。"自变量重要性"图为"自变量重要性"表中值的条形图，以重要性值降序排序，与"自变量重要性"表的结论是完全一致的。贷款余额/年收入水平最为重要，然后依次是年龄、是否为他人提供担保、教育水平、名下贷款笔数。

图 10.32 决策树模型"自变量重要性"图

12. "替代变量"表

图 10.33 展示的是决策树模型"替代变量"表。替代变量的概念是，对于缺失该变量的值的个案，将使用与原始变量高度相关的其他自变量进行分类，这些备用预测变量称为替代变量。比如针对父节点 0，当前使用的主要分类自变量是贷款余额/年收入水平，改善量是 0.142，有一个替代变量是年龄，改善量要小于贷款余额/年收入水平，为 0.004，与主要分类自变量贷款余额/年收入水平的关联度是 0.002。又比如针对父节点 2，当前使用的主要分类自变量是是否为他人提供担保，改善量是 0.046，有 3 个替代变量，分别是年龄、名下贷款笔数和教育水平，年龄、名下贷款笔数和教育水平的改善量分别是 0.026、0.002 和 0.008，与主要分类自变量是否为他人提供担保的关联度分别是 0.078、0.065、0.052。

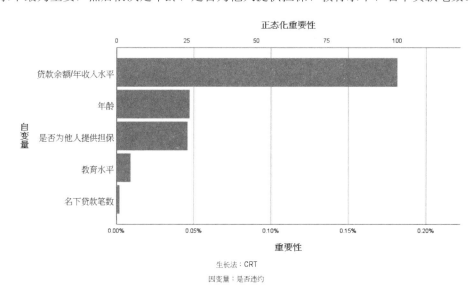

图 10.33 决策树模型"替代变量"表

13. 新增加的变量

图 10.34 展示的是新增加的 4 个变量，分别是 NodeID（Terminal Node Identifier）、PredictedValue（Predicted Value）、PredictedProbability_1（Predicted Probability for 信用情况=0）和 PredictedProbability_2（Predicted Probability for 信用情况=1）。其中 NodeID（Terminal Node Identifier）表示的是归属节点，PredictedValue（Predicted Value）表示的是预测分类，PredictedProbability_1（Predicted Probability for 信用情况=0）表示的是预测未违约概率，PredictedProbability_2（Predicted Probability for 信用情况=1）表示的是预测违约概率。

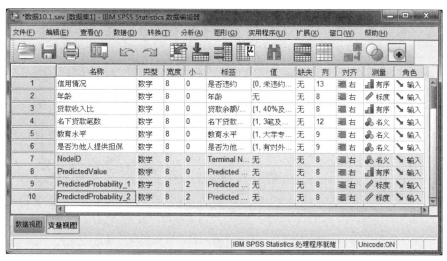

图 10.34　决策树模型新增变量表

14. 其他信息

图 10.35 展示的是各个样本观测值的归属节点、预测分类、预测未违约概率和预测违约概率。以第一个样本观测值为例，其 NodeID（Terminal Node Identifier）也就是归属节点是 10，PredictedValue（Predicted Value 也就是预测分类为 1，PredictedProbability_1（Predicted Probability for 信用情况=0）也就是预测未违约概率为 0.01，PredictedProbability_2（Predicted Probability for 信用情况=1）也就是预测违约概率为 0.99，而该样本观测值真实的情况为发生违约（即信用情况变量值为 1），预测结果和实际结果是一致的。对于分类因变量，PredictedValue（Predicted Value）也就是预测分类，是取决于 PredictedProbability_1（Predicted Probability for 信用情况=0）也就是预测未违约概率的值和 PredictedProbability_2（Predicted Probability for 信用情况=1）也就是预测违约概率的值哪个更大。然而，如果用户已定义成本，或者说没有对一个好的申请者发放小额贷款的成本，与对一个坏的申请者发放小额贷款，然后形成坏账的成本存在显著差别，则预测类别与预测概率之间的关系就会变得复杂。

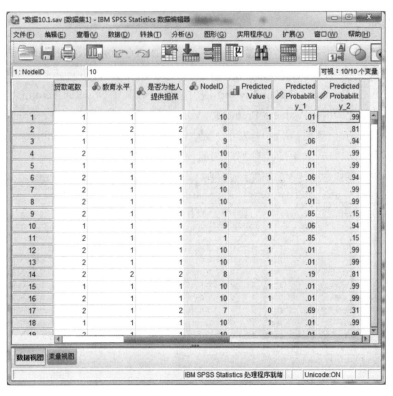

图 10.35　决策树模型各个样本观测值的新增变量值

10.1.4　知识点总结与练习题

知识点总结：本节讲述了决策树分析的 SPSS 操作，对涉及的窗口界面进行了深度解读。通过本节的学习，应该较为清晰地知晓决策树分析的适用情形，并且能够较为连贯地对分析结果进行解读。

练习题：用于分析的数据还是数据 10.1，请以"年龄""贷款收入比""名下贷款笔数""教育水平""是否为他人提供担保"5 个变量为自变量，"信用情况"为因变量，对全部样本观测值开展决策树分析。但为了更好地检验模型效果，需要适当构建部分检验样本，请选择"分割样本验证"-"使用随机分配"选项，设定训练样本的比例是 95%，检验样本的比例是 5%。

10.2　判别分析

| 下载资源:\video\第 10 章\10.2 |
| 下载资源:\sample\数据 10.2 |

10.2.1　基本原理

判别分析的基本原理是要按照一定的判别准则建立一个或多个判别函数，用现有研究对象中的大量样本观测值确定判别函数中的待定系数，并计算判别指标，从而确定判别函数的具体形式，然后可以用来进行预测，即对于一个未确定类别的样本观测值，只要将其代入判别函数就可以判断它属于哪一类总体。需要说明的是，分类可以是两类或者两类以上。在 SPSS 中，分类用"分组变量"来表示，"分组变量"必须为整数，且用户需要指定其最小值和最大值，系统将从分析中自动排除处于指定值边界以外的样本观测值。

10.2.2 操作演示与功能详解

本节我们用于分析的数据是数据 10.2。限于篇幅不再展示数据文件的数据视图和变量视图，读者可自行打开相关源文件观察。数据为某商业银行在山东地区的部分支行经营数据（虚拟数据，不涉及商业秘密），数据包括这些商业银行全部支行的存款规模、EVA、中间业务收入、员工人数、转型情况。案例背景是该商业银行正在推动支行开展转型,计划将全部支行都转型为全功能型网点，均能实现为客户提供一揽子金融服务，实现所有支行的做大做强。下面我们以存款规模、EVA、中间业务收入、员工人数 4 个变量作为自变量，以转型情况作为分组变量，开展逐步判别分析，操作演示与功能详解如下：

01 打开数据 10.2，选择"分析 | 分类 | 判别式"命令，弹出"判别分析"对话框，如图 10.36 所示。

从源变量列表中选择"存款规模""EVA""中间业务收入"和"员工人数"变量，单击按钮，将它们选入"自变量"列表中，然后选择"转型情况"变量，然后单击按钮，将其选入"分组变量"列表中，选择好分组变量后，单击下面被激活的"定义范围"按钮，弹出如图 10.37 所示的"判别分析：定义范围"对话框，在"最小值"和"最大值"的文本框中分别输入 0 和 1（这是因为我们在本例中将支行划分为是否完成转型，分别用 0 和 1 来表示），然后单击"继续"按钮返回主对话框，在"自变量"列表下方选择"使用步进法"。

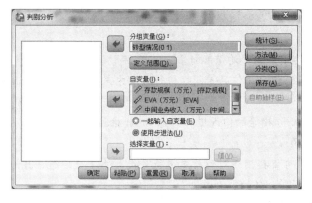

图 10.36　"判别分析"对话框　　　图 10.37　"判别分析：定义范围"对话框

对话框深度解读

- "选择变量"框：用户限定参与判别分析的样本观测值范围，如果用户将变量选入"选择变量"框，并且单击后面的"值"按钮，在其中输入相应的数值，则系统将只对含有此观测值的变量进行分析。

- 判别分析方法选择:"自变量"列表框下有两个单选按钮,即"一起输入自变量"和"使用步进法",用来决定判别分析的类型。
  - 一起输入自变量:即一般判别分析方法,同时输入所有满足容差标准的自变量,建立所选择的全部自变量的判别式。
  - 使用步进法:即逐步判别分析方法,逐步判别分析的基本思想与逐步回归一样,每一步选择一个判别能力最显著的变量进入判别函数,而且每次在选入变量之前对已进入判别函数的变量逐个进行检验,如果某个变量因新变量的进入变得不显著,就将这个变量移出,直到判别函数中仅保留有显著判别能力的变量。如果选择逐步判别分析,"判别分析"对话框右侧的"方法"按钮就会被激活,用户可以进行相应的设置。

02 单击"判别分析"对话框右侧的"统计"按钮,弹出"判别分析:统计"对话框,如图10.38所示。勾选"描述"选项组、"矩阵"选项组、"函数系数"选项组中的全部复选框,单击"继续"按钮返回主对话框。

图10.38 "判别分析:统计"对话框

对话框深度解读

- "描述"选项组,包括以下选项:
  - 平均值:输出各自变量的总平均值、组平均值和标准差。
  - 单变量ANOVA:为每个自变量的组平均值的等同性执行单向方差检验分析,输出单变量方差分析表。
  - 博克斯 M:输出对各类协方差矩阵相等的假设进行博克斯 M 检验的结果。
- "函数系数"选项组,包括以下选项:
  - 费希尔:即费歇判别函数系数,可直接用于对新样本进行分类,对每一类都给出一组系数,并且指出该类中具有最大判别分数的观测量。
  - 未标准化:显示未标准化的判别函数系数。
- "矩阵"选项组,包括以下选项:
  - 组内相关性(组内相关系数矩阵)、组内协方差(组内协方差矩阵)、分组协方差(对每一类分别显示协方差矩阵)、总协方差(总样本的协方差矩阵)。

03 由于我们在"判别分析"对话框中选择了"使用步进法"选项,对话框下的"方法"按钮被激活,这时单击"方法"按钮,弹出"判别分析:步进法"对话框,如图 10.39 所示。本例中采用系统默认设置,单击"继续"按钮返回主对话框。

图 10.39 "判别分析:步进法"对话框

对话框深度解读

- "方法"选项组用于选择具体的步进方法,包括以下选项:
  - 威尔克 Lambda:每步选择威尔克 Lambda 统计量值最小的变量进入判别函数,基于变量能在多大程度上降低威尔克 Lambda 统计量值来选择要输入方程中的变量。每步均输入能使总体威尔克 Lambda 最小的变量。
  - 未解释方差:每步选择类间不可解释的方差和最小的变量进入判别函数。在每一步均输入能使组间未解释变动合计最小的变量。
  - 马氏距离:即马哈拉诺比斯距离,确定自变量中有多少观测量值不同于全部观测量平均值的一种测度,在一个或多个自变量中把马氏距离大的观测量视为具有极端值的观测量,邻近类间马氏距离最大的变量进入判别函数。
  - 最小 F 比:每步选择根据类间马氏距离计算的"最小 F 比"达到最大的变量进入判别函数。
  - 拉奥 V:组平均值之间差分的测量,每步选择使拉奥 V 值的增量最大化的变量进入判别函数,选择此项后,需在下面的"要输入的 V"框中指定增量值,当变量的 V 值增量大于这个指定增量值时,该变量进入判别函数。
- "条件"选项组用于决定终止逐步判别的临界值,包括以下选项:
  - 使用 F 值:当一个变量的 F 统计量值大于指定的"进入"值时,选择这个变量进入判别函数,"进入"的默认值为 3.84;当变量的 F 值小于指定的"删除"值时,这个变量将从判别函数移出,"除去"的默认值为 2.71。用户自行设置"进入"值和"除去"值时,需注意"进入"值要大于"除去"值。
  - 使用 F 的概率:当一个变量的 F 检验的概率小于指定的"进入"值时,将进入判别函数,"进入"的默认值为 0.05;当变量的 F 检验的概率大于指定的"除去"值时,将从判别函数移出,"除去"值的默认值为 0.10。自行设置"进入"值和"除去"值时,需注意"进入"值必须小于"除去"值。
- "显示"选项组设置输出的内容,包括以下选项:

> 步骤摘要：选择该项将显示每步选择变量之后各变量的统计量概述结果，包括威尔克Lambda值、容差、F值、显著性水平等。
> 成对距离的F：选择该项将显示每一对类之间的F比值矩阵。

04 单击"判别分析"对话框右侧的"分类"按钮，弹出"判别分析：分类"对话框，如图10.40所示。在"先验概率"选项组中选择"所有组相等"选项，在"使用协方差矩阵"选项组中选择"组内"选项，在"显示"选项组中选择"个案结果"选项，在"图"选项组中选择"分组""领域图"选项，单击"继续"按钮返回主对话框。

图10.40 "判别分析：分类"对话框

对话框深度解读

- "先验概率"选项组中可以设置先验概率的计算方法，包括以下选项：
  > 所有组相等：若分为x类，则各类先验概率均为1/x。
  > 根据组大小计算：基于各类样本观测值占总样本观测值的比例计算先验概率。
- "使用协方差矩阵"选项组，包括以下选项：
  > 组内：选择使用组内协方差矩阵对样本观测值进行分类。
  > 分组：选择使用分组协方差矩阵对样本观测值进行分类。
- "显示"选项组下可以设置显示的内容，包括以下选项：
  > 个案结果：输出每个样本观测值的实际类、预测类、后验概率以及判别分数。若选择此选项，则下面的"将个案限制为前"选项被激活，在其后的小框中输入整数y，表示仅对前y个观测量输出分类结果。
  > 摘要表：输出分类小结表，对每一类输出判定正确和错判的样本观测值数。
  > 留一分类：对于每一个样本观测值，输出依据除它之外的其他样本观测值导出的判别函数的分类结果。
- "图"选项组下可以设置输出的图形，包括以下选项：
  > 合并组：生成全部类的散点图，该图是据前两个判别函数值作出的，如果只有一个判别函数，则显示直方图。
  > 分组：对每一类生成一张散点图，这些图是据前两个判别函数值作出的，如果只有一个判别函数，则显示直方图。

> 领域图：生成根据判别函数值将观测量分到各类去的边界图，图中每一类占据一个区域，各类的均值用星号标记出来，如果只有一个判别函数，则不显示此图。
- "将缺失值替换为平均值"：在分类阶段用自变量的平均值代替缺失值。

05 单击"判别分析"对话框右侧的"保存"按钮，弹出"判别分析：保存"对话框，如图 10.41 所示。勾选"预测组成员"复选框，单击"继续"按钮，并单击"确定"按钮确认。

图 10.41 "判别分析：保存"对话框

对话框深度解读

- 预测组成员：建立新变量，保存各样本观测值预测所属类的值。
- 判别得分：建立新变量，保存各样本观测值的判别分数。
- 组成员概率：建立新变量，保存各样本观测值属于各类的概率值。

10.2.3 结果解读

1. 分析个案处理摘要

图 10.42 给出了分析个案处理摘要，共有 48 个样本观测值，其中 12 个样本观测值属于缺失或超出范围组代码，因为这 12 个样本观测值本来就是我们刻意删去转型状态，用于预测的，有效样本观测值共有 36 个。

未加权个案数		个案数	百分比
有效		36	75.0
排除	缺失或超出范围组代码	12	25.0
	至少一个缺失判别变量	0	.0
	既包括缺失或超出范围组代码，也包括至少一个缺失判别变量	0	.0
	总计	12	25.0
总计		48	100.0

图 10.42 分析个案处理摘要

2. 组统计

图 10.43 给出了组统计量，包括各自变量按照转型情况以及全部样本观测值计算的平均值、标准偏差、有效个案数等。例如未转型支行的存款规模的平均值为 1624.5 万元，远低于已转型支行的存款规模的平均值 3527.72 万元。

组统计

转型情况		平均值	标准 偏差	有效个案数(成列) 未加权	有效个案数(成列) 加权
未转型支行	存款规模（万元）	1624.500000	317.9932617	21	21.000
	EVA（万元）	634.385000	303.4425459	21	21.000
	中间业务收入（万元）	123.124686	108.1294137	21	21.000
	员工人数（人）	40.190476	16.0643053	21	21.000
转型支行	存款规模（万元）	3527.720000	2233.793108	15	15.000
	EVA（万元）	792.291000	256.6871361	15	15.000
	中间业务收入（万元）	351.557160	212.1696793	15	15.000
	员工人数（人）	35.733333	12.4353567	15	15.000
总计	存款规模（万元）	2417.508333	1720.254907	36	36.000
	EVA（万元）	700.179167	291.8981595	36	36.000
	中间业务收入（万元）	218.304883	194.2494883	36	36.000
	员工人数（人）	38.333333	14.6385011	36	36.000

图 10.43　组统计

3. 组平均值的同等检验

图 10.44 是组平均值的同等检验，从中可以看到，存款规模、中间业务收入两个变量的显著性水平比较高，P 值远低于 0.05；EVA、员工人数两个变量的显著性水平比较低，P 值远大于 0.05。这说明转型支行和未转型支行的存款规模、中间业务收入存在显著差异；EVA、员工人数不存在显著差异，或者说，支行转型的关键在于提升存款规模、中间业务收入。

组平均值的同等检验

	威尔克 Lambda	F	自由度 1	自由度 2	显著性
存款规模（万元）	.694	14.992	1	34	.000
EVA（万元）	.927	2.684	1	34	.111
中间业务收入（万元）	.654	17.966	1	34	.000
员工人数（人）	.977	.807	1	34	.375

图 10.44　组平均值的同等检验

4. 汇聚组内矩阵

图 10.45 是汇聚组内矩阵，上半部分为自变量间合并的协方差矩阵，下半部分为自变量间的相关系数矩阵。协方差矩阵的自由度为 34，从相关系数值可知，各变量的线性相关系数偏小，相关关系皆不显著。

汇聚组内矩阵[a]

		存款规模（万元）	EVA（万元）	中间业务收入（万元）	员工人数（人）
协方差	存款规模（万元）	2114118.747	-101013.939	105124.161	273.289
	EVA（万元）	-101013.939	81293.635	19660.928	-144.228
	中间业务收入（万元）	105124.161	19660.928	25413.618	223.237
	员工人数（人）	273.289	-144.228	223.237	215.476
相关性	存款规模（万元）	1.000	-.244	.454	.013
	EVA（万元）	-.244	1.000	.433	-.034
	中间业务收入（万元）	.454	.433	1.000	.095
	员工人数（人）	.013	-.034	.095	1.000

a. 协方差矩阵的自由度为 34。

图 10.45　汇聚组内矩阵

5. 协方差矩阵

图 10.46 是协方差矩阵，分别列出了按转型情况分类计算的协方差矩阵以及按全部样本观测值

计算的协方差矩阵。

协方差矩阵[a]

转型情况		存款规模（万元）	EVA（万元）	中间业务收入（万元）	员工人数（人）
未转型支行	存款规模（万元）	101119.715	-47661.613	-5088.862	372.895
	EVA（万元）	-47661.613	92077.379	22452.579	-704.262
	中间业务收入（万元）	-5088.862	22452.579	11691.970	-336.523
	员工人数（人）	372.895	-704.262	-336.523	258.062
转型支行	存款规模（万元）	4989831.651	-177231.549	262571.336	130.995
	EVA（万元）	-177231.549	65888.286	15672.855	655.822
	中间业务收入（万元）	262571.336	15672.855	45015.973	1022.894
	员工人数（人）	130.995	655.822	1022.894	154.638
总计	存款规模（万元）	2959276.947	-22995.362	210809.927	-1855.250
	EVA（万元）	-22995.362	85204.535	28116.902	-316.059
	中间业务收入（万元）	210809.927	28116.902	37732.864	-37.681
	员工人数（人）	-1855.250	-316.059	-37.681	214.286

a. 总协方差矩阵的自由度为 35。

图 10.46　协方差矩阵

6. 对数决定因子

图 10.47 给出了未转型支行、转型支行、汇聚组内的对数决定因子。

对数决定因子

转型情况	秩	对数决定因子
未转型支行	1	9.367
转型支行	1	10.715
汇聚组内	1	10.143

打印的决定因子的秩和自然对数是组协方差矩阵的相应信息。

图 10.47　对数决定因子

7. 检验结果、特征值、威尔克 Lambda 值

图 10.48 是检验结果表，列出了检验协方差矩阵相等的博克斯 M 统计量值为 7.523>0.05，从而在显著性水平 0.05 下认为各类协方差矩阵相等（注意：类内均值存在显著差异和类协方差矩阵相等是得到满意的判别结果的重要条件）；F 检验的显著性概率为 0.007<0.1，从而认为判别分析是显著的，说明错判率很小。图 10.49 给出了特征值表，本例仅有一个判别函数用于分析，特征值为 0.528，方差的百分比为 100%，方差的累计百分比为 100%，典型相关性为 0.588。

检验结果

博克斯 M		7.523
F	近似	7.314
	自由度 1	1
	自由度 2	3188.816
	显著性	.007

对等同群体协方差矩阵的原假设进行检验。

图 10.48　检验结果表

特征值

函数	特征值	方差百分比	累积百分比	典型相关性
1	.528[a]	100.0	100.0	.588

a. 在分析中使用了前 1 个典则判别函数。

图 10.49　特征值表

图 10.50 是对判别函数的显著性检验，其中威尔克 Lambda 值等于 0.654，非常小，卡方统计量值为 14.212，自由度为 1，显著性概率为 0.000，从而认为判别函数有效。

威尔克 Lambda

函数检验	威尔克 Lambda	卡方	自由度	显著性
1	.654	14.212	1	.000

图 10.50　威尔克 Lambda 值

8. 结构矩阵、组质心处的函数、分类处理摘要

图 10.51 给出了结构矩阵，这是判别变量与标准化判别函数之间的合并类内相关系数，变量按函数内相关性的绝对大小排序，表明判别变量与标准化典则判别函数之间的汇聚组内相关性，如变量中间业务收入与判别函数的关系最密切。图 10.52 给出的是组质心处的函数，即按组平均值进行求值的未标准化典则判别函数，未转型支行判别分值为-0.597，转型支行判别分值为 0.836。

图 10.53 是分类处理摘要，我们可以看到，全部 48 个观测样本都被采用，没有一个样本由于缺失值或其他原因被排除掉。

结构矩阵

	函数
	1
中间业务收入（万元）	1.000
存款规模（万元）[a]	.454
EVA（万元）[a]	.433
员工人数（人）[a]	.095

判别变量与标准化典则判别函数之间的汇聚组内相关性
变量按函数内相关性的绝对大小排序。
a. 在分析中未使用此变量。

图 10.51　结构矩阵

组质心处的函数

	函数
转型情况	1
未转型支行	-.597
转型支行	.836

按组平均值进行求值的未标准化典则判别函数

图 10.52　组质心处的函数

分类处理摘要

已处理		48
排除	缺失或超出范围组代码	0
	至少一个缺失判别变量	0
已在输出中使用		48

图 10.53　分类处理摘要

9. 分组直方图

系统输出了未转型支行、转型支行、未分组个案的直方图，限于篇幅仅展示未转型支行，如图 10.54 所示。

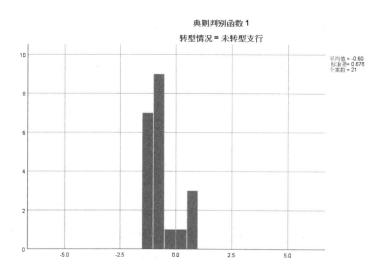

图 10.54　未转型支行直方图

10. 分类结果

图 10.55 给出了每个样本观测值依据判别函数的最后分类结果,依据生成的判决函数,第 34、35、36 个样本观测值转型情况的原始分类分别是 1、0、1,依据生成判别函数判断的结果也分别是 1、0、1;第 37 个至第 48 个样本观测值转型情况在原始分类中没有,但系统依据判别函数进行了预测。

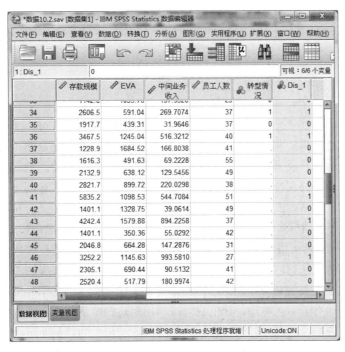

图 10.55 分类结果汇总表

10.2.4 知识点总结与练习题

知识点总结:本节讲述了判别分析的 SPSS 操作,对涉及的窗口界面进行了深度解读。通过本节的学习,应该较为清晰地知晓判别分析的适用情形,并且能够较为连贯地对分析结果进行解读。

练习题:用于分析的数据还是数据 10.2,请以存款规模、EVA、中间业务收入、员工人数 4 个变量作为自变量,以转型情况作为分组变量,开展一般判别分析(在"判别分析"对话框中的"自变量"列表下方选择"一起输入自变量")。

第 11 章 刻度分析

本章介绍刻度分析,主要包括可靠性分析和多维标度分析。可靠性分析又称信度分析,常用于测量问卷调查的有效性,检验测验结果的一贯性、一致性、再现性和稳定性,其基本思想是评价采用同样的方法对同一对象重复测量时所得结果的一致性程度,一个好的测量工具,对同一事物反复多次测量,其结果应该始终保持不变才可信。比如,我们用同一个天平秤测量一批物资的重量,如果在物资没有变化的前提下,多次测量的结果存在显著不同,那么我们就会对这个天平秤的精度产生怀疑。信度分析的衡量指标多以相关系数表示,大致可分为 3 类:稳定系数(跨时间的一致性)、等值系数(跨形式的一致性)和内在一致性系数(跨项目的一致性)。信度分析的方法主要有 5 种:α 信度系数法、折半信度法、格特曼信度法、平行信度法、严格平行信度法。

多维标度分析属于多重变量分析的方法之一,是社会学、数量心理学、市场营销学等统计实证分析的常用方法。例如有若干款啤酒,让消费者排列出对这些啤酒两两间相似的感知程度,根据这些数据,用多维标度分析,可以判断消费者认为哪些啤酒是相似的,从而可以判断竞争对手。与因子分析不同,多维标度仅仅需要相似性或者距离,而不需要相关性(因子分析需要相关性);与聚类分析不同,聚类分析把观测到的特征当作分组标准,而多维标度仅仅取用感知到的差异。

本章教学要点:

- 清楚知晓 SPSS 的可靠性分析、多维标度分析两种分析方法的特色,知晓每种方法的适用条件。
- 熟练掌握 SPSS 的可靠性分析、多维标度分析两种分析的窗口功能,根据研究需要灵活进行窗口设置,开展刻度分析。
- 能够对各种刻度分析的结果进行解读,从中发现数据特征,得出研究结论。

11.1 可靠性分析

下载资源:\video\第 11 章\11.1
下载资源:\sample\数据 11.1

11.1.1 基本原理

可靠性分析一般只有量表数据(问卷数据)才能做信度分析。用于信度分析的数据可以是二分数据、有序数据或区间数据，但数据应是用数值编码的。用于信度分析的样本观测值应独立，且项与项之间的误差不相关，每对项应具有二元正态分布，标度应可加，以便每一项都与总得分线性相关。

问卷的信度分析包括内在信度分析和外在信度分析。内在信度重在考察一组评价项目是否测量同一个概念，这些项目之间是否具有较高的内在一致性。一致性程度越高，评价项目就越有意义，其评价结果的可信度就越强。外在信度是指在不同时间对同批被调查者实施重复调查时，评价结果是否具有一致性。如果两次评价结果相关性较强，说明项目的概念和内容是清晰的，因而评价的结果是可信的。一般情况下，我们主要考虑量表的内在信度——项目之间是否具有较高的内在一致性。

信度分析的方法有多种，SPSS 提供了 Alpha 信度系数法、折半信度法、格特曼信度法、平行信度法、严格平行信度法，都是通过不同的方法来计算信度系数，再对信度系数进行分析。目前最为常用的是 Alpha 信度系数法，一般情况下信度系数在 0~1，如果量表的信度系数在 0.9 以上，表示量表的信度很好；如果量表的信度系数在 0.8~0.9，表示量表的信度可以接受；如果量表的信度系数在 0.7~0.8，表示量表有些项目需要修订；如果量表的信度系数在 0.7 以下，表示量表有些项目需要抛弃。

此外，如果信度分析结果不佳，需要注意这几个方面：一是无效样本处理是一个重要的步骤，把无效样本处理掉后，通常会让信度指标提升；二是如果出现信度不达标，尤其是当信度系数值小于 0 时，很可能是由于反向题导致的，需要对反向题进行反向处理；三是信度分析与样本量、分析项的个数有着密切的关系，一般情况下，样本量至少应该是量表题的 5 倍，最好是 10 倍以上，比如有 10 个量表题，那么至少需要 50 个样本，最好是 100 个样本以上，否则很难得到较好的信度分析结果，如果样本数实在过少，可通过合并高度类似量表题减少分析项、删除不合理分析项等方式解决。

11.1.2 操作演示与功能详解

本节我们用于分析的数据是数据 11.1。限于篇幅不再展示数据文件的数据视图和变量视图，读者可自行打开相关源文件观察。该数据为量表数据，经过整理后共有 10 道测试题，调查问卷共有 10 道题目，均为 10 分量表，高分代表同意题目代表的观点，没有反向题。下面要针对测试题 1~测试题 10 使用克隆巴赫模型开展可靠性分析，操作演示与功能详解如下：

01 打开数据 11.1，选择"分析｜刻度｜可靠性分析"命令，弹出"可靠性分析"对话框，如图 11.1 所示。在左侧变量框中分别选择测试题 1~测试题 10 共 10 个变量，单击 按钮，移入右侧的"项"框中。然后在对话框左侧下面的"模型"下拉选项组中选择"Alpha"。

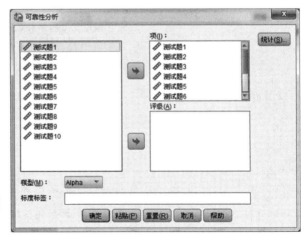

图 11.1 "可靠性分析"对话框

对话框深度解读

对话框左侧下面的"模型"下拉选项组用来选择可靠性分析方法。单击 按钮，出现 5 种信度估计方法以供选择：

- Alpha：即克隆巴赫模型，该模型是内部一致性模型，用于输出克隆巴赫 Alpha 值。
- 折半：将测验题分成对等的两半，计算这两半的分数的相关系数。
- 格特曼：适用于测验全由二值（1和0）方式记分的项目。
- 平行：该模型假设所有项具有相等的方差，并且重复项之间具有相等的误差方差，进行模型的拟合度检验。
- 严格平行：该方法除了要求各项目方差具有齐次性外，还要求各个项目的均值相等。

02 单击"可靠性分析"对话框右侧的"统计"按钮，弹出"可靠性分析：统计"对话框，如图 11.2 所示。我们在"描述"选项组中选择"项目""标度""删除项后的标度"，在"项之间"选项组中选择"相关性""协方差"，在"摘要"选项组中选择"平均值""方差""协方差""相关性"。其他采用系统默认设置，单击"继续"按钮返回主对话框。然后单击"继续"按钮，回到"可靠性分析"对话框，单击"确定"按钮确认。

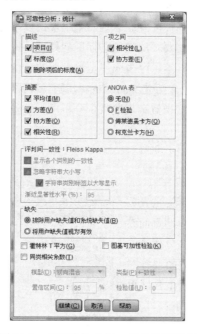

图 11.2 "可靠性分析：统计"对话框

对话框深度解读

"可靠性分析：统计"对话框主要设置可靠性分析的输出结果。

- "描述"选项组，包括以下选项：
    - 项目：选中该复选框，表示为个案的每个项生成描述统计量，如平均值、标准差等。
    - 标度：选中该复选框，表示为标度产生描述统计量，即各个项之和的描述统计量。
    - 删除项后的标度：选中该复选框，表示输出将每一项与由其他项组成的标度进行比较时的摘要统计量，即该项从标度中删除时的标度均值和方差、该项与由其他项组成的标度之间的相关性，以及该项从标度中删除后的克隆巴赫 Alpha 值。
- "项之间"选项组，包括以下选项：
  - "相关性"表示输出项与项之间的相关性矩阵。
  - "协方差"表示输出项与项之间的协方差矩阵。
- "摘要"选项组：计算各项目指标的描述统计量（量表统计量），包括平均值、方差、相协方差和相关性。
  - 平均值：输出所有项均值的最小值、最大值、平均值、项均值的范围、方差，以及最大项均值与最小项均值的比。
  - 方差：输出所有项方差的最小值、最大值、平均值、项方差的范围、方差，以及最大项方差与最小项方差的比。
  - 协方差：输出项之间的协方差的最小值、最大值、平均值、项之间的协方差的范围、方差，以及最大项之间协方差与最小项之间的协方差的比。
  - 相关性：输出所有项之间的相关性的最小值、最大值、平均值、范围、方差，以及最大项之间的相关性与最小项之间的相关性的比。
- "ANOVA 表"选项组：选择方差分析的方法，包括以下选项：
  - 无：不产生方差分析表。
  - F 检验：产生重复测量方差分析表。
  - 傅莱德曼卡方：计算傅莱德曼卡方值和肯德尔系数，适用于等级数据，除了计算傅莱德曼谐和系数外，还可以做方差分析，傅莱德曼卡方检验可取代通用的 F 检验。
  - 柯克兰卡方：显示柯克兰 Q 值，如果项目都是二分变量，则选择"柯克兰卡方"，这时在方差分析表中使用 Q 统计量取代常用的 F 统计量。
- 其他复选框：
  - 霍特林 T 平方：输出多变量霍特林 T 平方检验统计量，该检验的原假设是标度上的所有项具有相同的均值，如果该统计量的概率值在 5%的显著水平上拒绝原假设，则表示标度上至少有一个项的均值与其他项不同。
  - 图基可加性检验：进行图基的可加性检验，该检验的原假设是项中不存在可乘交互作用，如果该统计量的概率值在 5%的显著水平上拒绝原假设，则表示项中存在可乘的交互作用。
  - "同类相关系数"计算组内同类相关系数，对个案内值的一致性或符合度进行检验。选中该复选框后，相应的选项都被激活。
    - 模型：给出了用于计算同类相关系数的模型。"双向混合"模型，当人为影响是随机的，而项的作用固定时，选择该模型；"双向随机"模型，当人为影响和项的作用均为随机时选择该模型；"单项随机"模型，当人为影响随机时选择该模型。
    - 类型：指定相关系数是如何被定义的。"一致性"测量方差是分母除以 n-1 的方差，"绝对一致"测量方差是分母除以 n 的方差。
    - 置信区间：指定置信区间，系统默认值为 95%。
    - 检验值：在此输入组内相关系数的一个估计值，此值用于进行比较，要求在 0~1，系统默认值是 0。

11.1.3 结果解读

1. 个案处理摘要

图 11.3 为个案处理摘要。可以看到参与分析的样本数为 102 个，没有缺失值。

2. 可靠性统计

图 11.4 给出了可靠性统计结果。可以发现克隆巴赫 Alpha 值为 0.877，基于标准化项的克隆巴赫 Alpha 值为 0.916，项数为 10，说明问卷的可信度还是比较好的。

3. 项统计

图 11.5 是项统计结果，从图中可以看出测试题 1~测试题 10 共 10 个变量的平均值、标准偏差、个案数。

个案处理摘要

		个案数	%
个案	有效	102	100.0
	排除ª	0	.0
	总计	102	100.0

a. 基于过程中所有变量的成列删除。

图 11.3 个案处理摘要

可靠性统计

克隆巴赫 Alpha	基于标准化项的克隆巴赫 Alpha	项数
.877	.916	10

图 11.4 可靠性统计

项统计

	平均值	标准偏差	个案数
测试题1	1.23	.643	102
测试题2	6.28	.958	102
测试题3	6.30	.952	102
测试题4	6.27	.966	102
测试题5	5.61	1.642	102
测试题6	6.29	.971	102
测试题7	6.27	.960	102
测试题8	6.28	.958	102
测试题9	6.27	.997	102
测试题10	5.39	1.713	102

图 11.5 项统计

4. 项间相关性矩阵

图 11.6 是项间相关性矩阵，可以看到测试题 1~测试题 10 共 10 个变量相互之间的相关系数，可以发现变量之间的相关性情况差异比较大，有的变量之间高度相关，如测试题 2 与测试题 3 之间的相关系数为 0.957；有的变量之间相关性很小，如测试题 2 与试题 1 之间的相关系数仅为 0.232。

项间相关性矩阵

	测试题1	测试题2	测试题3	测试题4	测试题5	测试题6	测试题7	测试题8	测试题9	测试题10
测试题1	1.000	.232	.194	.234	-.281	.242	.244	.232	.258	-.126
测试题2	.232	1.000	.957	.984	.015	.995	.984	.989	.975	.143
测试题3	.194	.957	1.000	.952	.007	.963	.951	.957	.955	.133
测试题4	.234	.984	.952	1.000	-.013	.990	.979	.984	.970	.114
测试题5	-.281	.015	.007	-.013	1.000	-.008	-.033	.015	-.024	.907
测试题6	.242	.995	.963	.990	-.008	1.000	.989	.995	.980	.120
测试题7	.244	.984	.951	.979	-.033	.989	1.000	.984	.980	.098
测试题8	.232	.989	.957	.984	.015	.995	.984	1.000	.975	.143
测试题9	.258	.975	.955	.970	-.024	.980	.980	.975	1.000	.099
测试题10	-.126	.143	.133	.114	.907	.120	.098	.143	.099	1.000

图 11.6 项间相关性矩阵

5. 项间协方差矩阵

图 11.7 是项间协方差矩阵，可以看到测试题 1~测试题 10 共 10 个变量相互之间的项间协方差情况，相关结论与前述"项间相关性矩阵"结果一致。

项间协方差矩阵

	测试题1	测试题2	测试题3	测试题4	测试题5	测试题6	测试题7	测试题8	测试题9	测试题10
测试题1	.414	.143	.119	.145	-.297	.151	.151	.143	.165	-.139
测试题2	.143	.918	.873	.911	.023	.925	.906	.908	.931	.234
测试题3	.119	.873	.907	.876	.011	.890	.870	.873	.906	.216
测试题4	.145	.911	.876	.934	-.020	.928	.909	.911	.934	.188
测试题5	-.297	.023	.011	-.020	2.696	-.012	-.052	.023	-.040	2.551
测试题6	.151	.925	.890	.928	-.012	.942	.923	.925	.948	.200
测试题7	.151	.906	.870	.909	-.052	.923	.923	.906	.938	.161
测试题8	.143	.908	.873	.911	.023	.925	.906	.918	.931	.234
测试题9	.165	.931	.906	.934	-.040	.948	.938	.931	.993	.169
测试题10	-.139	.234	.216	.188	2.551	.200	.161	.234	.169	2.934

图 11.7　项间协方差矩阵

6. 摘要项统计

图 11.8 是摘要项统计，其中给出了项平均值、项方差、项间协方差、项间相关性 4 项指标的平均值、最小值、最大值、全距、最大值/最小值、方差、项数等统计量。

摘要项统计

	平均值	最小值	最大值	全距	最大值/最小值	方差	项数
项平均值	5.624	1.225	6.304	5.078	5.144	2.498	10
项方差	1.258	.414	2.934	2.520	7.087	.703	10
项间协方差	.524	-.297	2.551	2.848	-8.595	.272	10
项间相关性	.521	-.281	.995	1.276	-3.541	.207	10

图 11.8　摘要项统计

7. 项总计统计

图 11.9 是项总计统计，其中给出了测试题 1~测试题 10 共 10 道题目在剔除相应项后的指标表现情况。比如剔除掉测试题 1 后，标度平均值将为 55.01，标度方差为 58.188，克隆巴赫 Alpha 将会变为 0.890。

8. 标度统计

图 11.10 是标度统计，平均值为 56.24，方差为 59.766，标准偏差为 7.731。

项总计统计

	删除项后的标度平均值	删除项后的标度方差	修正后的项与总计相关性	平方多重相关性	删除项后的克隆巴赫 Alpha
测试题1	55.01	58.188	.119	.242	.890
测试题2	49.95	47.136	.890	.990	.847
测试题3	49.93	47.589	.858	.934	.849
测试题4	49.96	47.266	.870	.980	.848
测试题5	50.63	52.692	.184	.861	.914
测试题6	49.94	47.066	.883	.997	.847
测试题7	49.94	47.422	.863	.983	.848
测试题8	49.95	47.136	.890	.990	.847
测试题9	49.96	47.008	.861	.969	.848
测试题10	50.84	49.203	.317	.855	.904

图 11.9　项总计统计

标度统计

平均值	方差	标准偏差	项数
56.24	59.766	7.731	10

图 11.10　标度统计

11.1.4 知识点总结与练习题

知识点总结：本节讲述了可靠性分析的 SPSS 操作，对涉及的窗口界面进行了深度解读。通过本节的学习，应该较为清晰地知晓可靠性分析能够输出哪些统计量，并且能够较为连贯地对分析结果进行解读。

练习题：继续使用数据 11.1，针对测试题 1~测试题 10 使用折半模型开展可靠性分析。

11.2 多维标度分析

下载资源:\video\第 11 章\11.2	
下载资源:\sample\数据 11.2	

11.2.1 基本原理

多维标度分析可以通过低维空间（通常是二维空间）展示多个研究对象（比如品牌）之间的联系，利用平面距离来反映研究对象之间的相似程度，同时又保留对象间的原始关系，也是一种可视化方法。多维标度分析对于确定感知相似性（或近似性）很有用。比如，我们在分析产品性能时，通常会采取市场调查以获取描述我们的产品与竞争对手的产品的感知相似性（或近似性）数据。通过分析近似性和自变量，则可以确定哪些变量对于用户在选择产品时是相对重要的，进而可以做出针对性的市场策略调整部署。

11.2.2 操作演示与功能详解

本节我们用于分析的数据是数据 11.2。限于篇幅不再展示数据文件的数据视图和变量视图，读者可自行打开相关源文件观察。数据 11.2 是 7 名评价者针对常吃的主食小吃进行的评价，评价内容为两两相似的感知程度，主食小吃作为变量包括：水饺、炒饭、炒粉、盖饭、馄饨、焖饼、米线、拉面。本例中获取的评价数据矩阵是对称的，比如水饺与炒饭间的距离和炒饭与水饺间的距离一样。每名评价者对 7 种主食小吃两两比较，根据它们之间的相似度打分，采用 7 分制，分值越小相似程度越大，所以是不相似数据。例如第一名评价者认为炒饭与炒粉非常相似，给两者的相似度打分为 1；炒饭与水饺不相似，认为两者的相似度为 6，以此类推。下面针对水饺、炒饭、炒粉、盖饭、馄饨、焖饼、米线、拉面共 8 个变量开展多维标度分析，操作演示与功能详解如下：

01 打开数据 11.2，选择"分析|刻度|多维标度 (ALSCAL)"命令，弹出"多维标度"对话框，如图 11.11 所示。在左侧变量框中分别选择水饺、炒饭、炒粉、盖饭、馄饨、焖饼、米线、拉面共 8 个变量进入右侧的"变量"列表框中。由于我们的数据是不相似数据，因此在下面的"距离"选项组中选择"数据为距离"选项，另外由于我们的数据中列与行相同、上三角与下三角值相同，因此在如图 11.12 所示的"多维尺度：数据形状"对话框中选择"对称正方形"选项。

第 11 章 刻度分析 | 301

图 11.11 "多维标度"对话框

图 11.12 "多维尺度：数据形状"对话框

对话框深度解读

- **数据为距离**：数据是不相似数据矩阵时选择此项，矩阵中的元素应该是显示行和列配对之间的不相似性的程度，在"形状"按钮旁边显示的是当前选项，单击"形状"按钮，打开"多维标度：数据形状"对话框，如图 11.12 所示。该对话框中有 3 个选项：
  - ➤ **对称正方形**：表示活动数据集中的数据矩阵为正对称矩阵，行和列表示相同的项目，且在上部和下部三角形中相应的值相等，当仅录入一半的数据并选中该单选按钮时，系统会自动补全其他数据。
  - ➤ **不对称正方形**：用于处理方形不对称数据，行、列代表相同的项目，但在上部和下部三角形中相应的值不相等。
  - ➤ **矩形**：用于处理矩形数据，在"行数"框中输入行数，在矩阵中行、列数据代表不同的项目。SPSS 把有序排列的数据文件当作矩形矩阵，如果数据文件中包含两个以上的矩形矩阵，一定要设定每个矩阵的行数，此数值必须大于等于 4，并且能够将矩阵中的行数整除。

- **根据数据创建距离**：当活动数据集中的数据本身不是距离数据时，选中该选项。下方的"测量"按钮用于选择测量类型并指定测量方法，单击"测量"按钮即可弹出如图 11.13 所示的"多维标度：根据数据创建测量"对话框。我们可以在"测量"选项组中选择具体的测量方法，在"转换值"选项组的"标准化"下拉列表框中可选择数据标准化的方法。关于该对话框中相关概念的详细介绍，在前面的章节中多有提及，不再赘述。

图 11.13 "多维标度：根据数据创建测量"对话框

02 在"多维标度"对话框中单击"模型"按钮,弹出"多维标度：模型"对话框,如图 11.14 所示。"多维标度：模型"对话框用于确定数据和模型的类型,合理设定有助于模型的正确估计。我们在"测量级别"选项组中选择"有序",在"条件性"选项组中选择"矩阵",在"维"选项组中"最大值"和"最小值"框中都输入 2,针对"标度模型"选项组采取系统默认设置,然后单击"继续"按钮回到"多维标度"对话框。

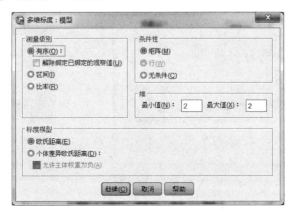

图 11.14 "多维标度：模型"对话框

对话框深度解读

- "测量级别"选项组,包括以下选项:
  - 有序：表示数据测量级别为有序标度,大部分多维标度分析中的数据都是此类数据。其中,"解除绑定已绑定的观察值"复选框用于对活动数据集中相同的评分赋予不同的权重。
  - 区间：表示数据为连续度量数据。
  - 比率：表示数据为比率形式的度量数据。
- "条件性"选项组,包括以下选项:
  - 矩阵：表示单个矩阵内部的数据可以进行比较,适用于数据集只有一个矩阵的情况或者每个矩阵代表一个测试者的选择的情况。
  - 行：表示只有行数据之间的比较是有意义的,该选项适用于活动数据集为非对称矩阵或矩形的情况。
  - 无条件：表示活动数据集任何数据之间的比较都是有意义的,该选项比较少用。
- "维"选项组,用来指定多维尺度分析的维度,默认产生二维解决方案,在"最小值"框中输入最少维度数；在"最大值"框中输入最多维度数,一般可选择 1~6 维度的解决方案。如果在两个栏中输入相同的数值,只获得一个解决方案,对于加权模型,"最小值"框中的最小值为 2。
- "标度模型"选项组中可以指定标度模型,有两个选项:
  - 欧氏距离：表示使用欧氏距离模型,适用于任何形式的数据矩阵。
  - 个体差异欧氏距离：表示使用个别差异的欧氏距离模型,适用于活动数据集中含有两个或两个以上的距离矩阵。

03 在"多维标度"对话框中单击"选项"按钮,进入"多维标度:选项"对话框,如图 11.15 所示。我们在"显示"选项组中选择"组图"选项,其他采用系统默认设置,然后单击"继续"按钮返回主对话框,单击"确定"按钮确认。

图 11.15　"多维标度:选项"对话框

对话框深度解读

- "显示"选项组,包括以下选项:
    - 组图:输出多维标度分析图,该图用于观察对象之间的相似性,是多维标度分析中的主要图表。
    - 个别主体图:输出基于每个评价者的对象距离图。
    - 数据矩阵:输出活动数据集中的数据矩阵。
    - 模型和选项摘要:输出模型处理的摘要等信息。
- "条件"选项组:用于设置迭代停止的判据,包括以下选项:
    - S 应力收敛:该文本框用于设定迭代中 S 应力的最小改变量,当模型迭代的 S 应力的最小改变量小于该值时停止收敛,为了增加解决方案的精度,可以输入一个比以前设置值小的正值,如果输入零,则只进行 30 步的迭代。
    - 最小 S 应力值:该文本框用于设定最小 S 应力值,当模型迭代的 S 应力值达到该最小 S 应力值时模型停止收敛。如果要继续进行迭代,输入一个比默认值更小的数值,如果输入的数值比默认值大,则迭代次数会减少,该值要大于 0,小于或等于 1。
    - 最大迭代次数::该文本框用于设定模型最大迭代次数,当模型迭代到该设定次数时停止收敛。参数框中的系统默认值是 30,可输入另一个正值作为最大迭代次数,如果输入值比默认值大,则会增加分析的精度,但计算时间也会增加。
- "将小于_的距离视为缺失":该文本框用于对缺失值进行处理,当数据集中小于该值时,该数据就会被视作缺失值处理。

11.2.3　结果解读

1. 二维解决方案的迭代过程

图 11.16 给出了二维结果的迭代过程,在"标准"栏指定的迭代最大次数为 30,但当迭代的改进值小于 0.001 时迭代终止,本次实验中迭代到第 4 步时改进值是 0.00084,其值小于 0.001,迭代过程结束。

```
Iteration history for the 2 dimensional solution (in squared distances)

Young's S-stress formula 1 is used.

Iteration    S-stress    Improvement
    1         .45291
    2         .41148      .04144
    3         .40778      .00369
    4         .40694      .00084

Iterations stopped because
S-stress improvement is less than   .001000
```

图 11.16　二维解决方案的迭代过程

2. S 应力值和平方相关系数（RSQ 值）

图 11.17 给出了 S 应力值和平方相关系数（RSQ 值），这两个值是多维尺度分析的信度和效度的估计值，S 应力值是拟合量度值，值越大说明拟合度越好，本次实验的 S 应力值为 0.30312，说明拟合度差。平方相关系数越大越理想，一般在 0.60 是可接受的，这里的平方相关系数是 0.38532，此值是偏低的，需要方法上的改进，解决方法有两种，一个是用多维尺度分析 PROXSCAL 方法，另一个是增加评价者的人数。

3. 二维导出结构表

图 11.18 给出了二维导出结构表，表中的数值是用在多维尺度分析图的数值。例如水饺在第一个维度上的值为-0.8566，在第二个维度上的值为 1.3988。

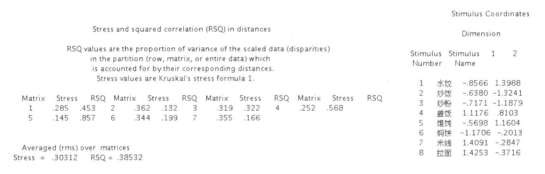

图 11.17　S 应力值和平方相关系数　　　　图 11.18　二维导出结构表

4. 多维尺度分析图

图 11.19 为多维尺度分析图。该图是我们进行多维尺度分析最关注的结果，从图中可对图形的每一维寻找散点间相关性的合理解释。从图中可看出，包括 3 组聚焦点，这意味着消费者认为彼此相似的这些产品：水饺和馄饨是相似的，炒粉和炒饭是相似的，米线和拉面是相似的，说明这些相似的食品小吃在市场占有率上彼此有竞争。

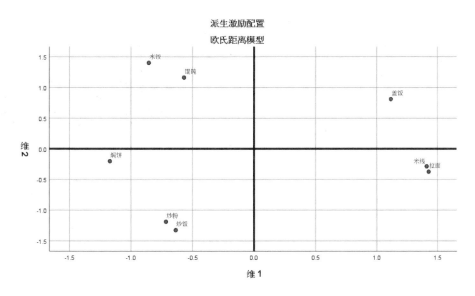

图 11.19 多维尺度分析图

11.2.4 知识点总结与练习题

知识点总结：本节讲述了多维标度分析的 SPSS 操作，对涉及的窗口界面进行了深度解读。通过本节的学习，应该较为清晰地知晓多维标度分析适用于什么情况，并且能够较为连贯地对分析结果进行解读。

练习题：使用数据 11.3，该数据是另一组评价者针对水饺、炒饭、炒粉、盖饭、馄饨、焖饼、米线、拉面共 8 个变量的评价数据，请据此开展多维标度分析。

第 12 章

生存分析

本章主要学习 SPSS 的生存分析,包括寿命表分析、Kaplan-Meier 分析、Cox 回归分析 3 种分析方法。SPSS 的生存分析应用非常广泛,主要用于分析不同影响因素对研究对象"生存时间"的分布影响,"生存时间"中的"生存"不局限于字面意义上的"活着"的时间,而是可以将概念扩大到事件发生前的持续等待时间。可以用于一名患者从开始患病到死亡的时间,也可以用于一台计算机从开始使用到报废的时间,等等;其中的"时间"也不局限于以常用的年、月、日为单位,也可以根据实际情况灵活设置,比如将汽车的驾驶里程作为生存时间而不以出厂时间作为生存时间等。

1. 生存分析涉及的基本概念

- 生存时间:从特定起点开始到所研究事件发生的时间。事件发生的时间就是计时终点,这通常是比较好确定的,比如患者确实发生了死亡,计算机发生了报废,但计时起点很多时候难以确定,比如前面所提的患者患病,如果是慢性疾病,那么具体发病时间可能是难以及时记录或追溯的。生存时间的特点有:分布类型不确定,一般不服从正态分布;影响生存时间的因素较为复杂,而且不易控制。

- 事件及事件发生:这是界定生存时间的前提,事件的发生意味着生存时间的记录终点,比如患者发生了死亡,那么死亡就是时间,死亡发生就是事件发生。明确事件及事件发生的具体情形是开展生存分析的必要前提,而且必须在数据收集之前完成,不然就会导致收集的数据质量不足以支撑完成分析过程。

- 删失/失访:删失本质就是研究数据出现了缺失,或者叫作研究对象失访的现象,如果出现删失,表明患者虽然被观察了一段时间,事件未出现,但研究对象联系不到了,从而无法得到该对象完整的生存时间。删失分为右删失、左删失和期间删失 3 种,右删失的情况最为常见。右删失是研究人员在进行随访观察中,研究对象观察的起始时间已知,但终点事件发生的时间未知,无法获取具体的生存时间,只知道生存时间大于观察时间。左删失是假设研究对象在某一时刻开始进入研究接受研究人员观察,但是在该时间点之前,研究所感兴趣的时间点已经发生,但无法明确具体时间,或者说生存时间小于某一时间点。区间删失是指不能进行连续的观察随访,研究人员只能预先设定观察时间点,仅能知道每个研究对象在两次随访区间内是否发生终点事件,而不知道准确的发生时间。

- 截尾值：存在数据删失的研究对象仍然有分析价值，因为在删失发生之前，仍提供了部分生存时间，可以称之为不完全生存时间或者截尾值。截尾值的具体概念为：有的观察对象终止随访不是由于失败事件发生，而是由于中途失访、死于非研究事件所致原因、随访截止。由于不知道这些研究对象发生事件的具体时间，他们的资料不能提供完全的信息，这些研究对象的观察值也就被称为截尾值，常用符号"+"表示。

在 SPSS 中，生存数据仅包括两个信息：生存时间和是否删失（包括是否出现事件）。需要注意的是，是否删失与是否出现事件是合二为一的，也就是说除了事件发生算作一类外，其他情况下只要没有观察到结局，无论其原因是出现了数据删失/失访，还是没有发生事件，都算作一类。生存数据便是生存时间资料，但这一生存时间资料是带有结局的生存时间资料，或者存在截尾值的生存时间资料。

- 生存概率：表示某单位时段开始时，存活的个体到该时段结束时仍存活的可能性。计算公式为：生存概率=活满某时段的人数/该时段期初观察人数=1-死亡概率。
- 生存时间分布：概率分布，使用概率函数，包括生存函数和风险函数。
  > 生存函数又称为累计生存概率，即将时刻 t 尚存活看成是前 t 个时段一直存活的累计结果，若 T 为生存时间变量，生存函数就是 T 越过某个时点 t 时，所有研究对象中没有发生事件的概率。当 $t=0$ 时，生存函数的取值为 1，随着时间的推移（t 值增大），生存函数的取值逐渐变小，生存函数是时间 t 的单调递减函数，生存函数公式为：

  $$S(t) = P(X > t) = 1 - P(X \leq t) = 1 - F(t) = \int_t^\infty f(\theta)\mathrm{d}\theta$$

  其中，$F(t)$ 为分布函数，$S(t)$ 又称为可靠度函数或可靠度，$f(t)$ 为 X 的分布密度函数。

  > 风险函数指 t 时刻存活，在 $t\sim t+\Delta t$ 时刻内死亡的条件概率，用 $\mu(t)$ 表示，计算公式为：

  $$\mu(t) = \frac{f(t)}{1-F(t)} = \frac{f(t)}{S(t)} = -\frac{S'(t)}{S(t)}$$

  因此，$S(t) = \mathrm{e}^{-\int \mu(\theta)\mathrm{d}\theta}$。

2. 生存分析数据类型

生存分析所使用的数据被称为生存数据，用于度量某事件发生前所经历的时间长度。生存数据按照观测数据信息完整性的差异，可分为完全数据、删失数据和截尾数据 3 种。

- 完全数据：即提供了完整信息的数据。如研究汽车的生命状况，若某辆汽车从进入研究视野一直到报废都在研究者的观测之中，就可以知道其准确的报废时间，这个生存数据就是一个完全数据。
- 删失数据：即前面所述的删失/失访情形下的数据，仅能提供不完整的信息。在 SPSS 中，通常把删失数据的示性函数取值为 1。
- 截尾数据：截尾数据和删失数据一样，提供的也是不完整信息，但与删失数据稍有不同的是，它提供的是与时间有关的条件信息。SPSS 软件只考虑对完全数据和删失数据的分析，对截尾数据不提供专门的分析方法。

3. 生存分析的方法

按照使用参数与否，生存分析的方法可以分为以下 3 种：

- 参数方法：假设生存数据服从某个已知分布，使用参数分布方法进行生存分析。常用的参数模型有指数分布模型、Weibull 分布模型、对数正态分布模型等。
- 非参数方法：当没有很好的参数模型可以拟合时，采用非参数方法进行生存分析。常用的非参数模型包括生命表分析和 Kalpan-Meier 方法。
- 半参数方法：目前比较流行的生存分析方法，相比而言，半参数方法比参数方法灵活，比非参数方法更易于解释分析结果。常用的半参数模型主要为 Cox 模型。

4. 生存分析的研究内容

根据研究目的，生存分析的研究内容包括：

- 描述生存过程：通常使用寿命表分析或 Kaplan-Meier 法计算生存率（或者死亡率）、生存时间、死亡速度，用生存曲线的方式来描述生存过程。
- 比较生存过程：通常使用 Log Rank 或者广义秩和检验的方法比较生存时间、生存率（或者死亡率）、死亡速度。
- 研究生存时间影响因素、预测生存概率：通常使用 Cox 回归分析。

本章教学要点：

- 清楚知晓寿命表分析、Kaplan-Meier 分析、Cox 回归分析 3 种分析方法的特色，知晓每种方法的适用条件。
- 熟练掌握寿命表分析、Kaplan-Meier 分析、Cox 回归分析 3 种分析的窗口功能，根据研究需要灵活进行窗口设置，开展生存分析。
- 能够对各种生存分析的结果进行解读，从中发现数据特征，得出研究结论。

12.1 寿命表分析

下载资源:\video\第 12 章\12.1
下载资源:\sample\数据 12.1

12.1.1 基本原理

寿命表分析通过制作寿命表及对应生存函数图来分析不同时间的总体生存率。在很多情形下，事件的发生和删失是没有显著的外在表现的。比如某些慢性疾病，需要定期进行检查才能得知事件是否发生，定期检查形成的数据就是一个个时段数据，这时候使用寿命表分析法就尤为合适。寿命表分析的基本原理是将观察区间划分为较小的时间区间，对于每个区间，使用所有观察至少该时长的人员计算该区间内发生事件的概率，然后使用从每个区间估计的概率估计在不同时间点发生该事件的整体概率。寿命表分析的优点是常用于大样本资料处理，对生存时间的分布没有过多限制，可估算某生存时间的生存率,也可比较不同处理组的生存率,还可考察影响因素,所以应用非常广泛。

12.1.2 操作演示与功能详解

本节我们用于分析的数据是数据 12.1。限于篇幅不再展示数据文件的数据视图和变量视图,读者可自行打开相关源文件观察。数据 12.1 记录的是 104 位病人的生存数据,旨在研究锻炼强度与生存时间之间的关系,104 位病人分成 3 组,在其他环境相同的情况下,分别给予低强度锻炼、中等强度锻炼和高强度锻炼,观测这些病人 200 个月。在这段时间内,有些病人失联或死亡,还有一些病人在观测期结束时仍然生存。下面我们使用寿命表分析法做出不同锻炼类型下的生存时间表,比较不同锻炼类型下的生存时间是否有显著差异,操作演示与功能详解如下:

01 打开数据 12.1,选择"分析 | 生存分析 | 寿命表"命令,弹出"寿命表"对话框,如图 12.1 所示。本例中我们在"寿命表"对话框左侧变量列表中将"生存时间"选入"时间"变量框;在"显示时间间隔"栏中"0 到……"框中输入"200",在"按"框中输入"20";将"状态"选入"状态"变量框;将"锻炼类型"选入"因子"变量框。

图 12.1 "寿命表"对话框

对话框深度解读

- "时间"变量框:用户在"寿命表"对话框左侧变量列表中选择生存时间变量,单击 ➡ 按钮,移到右侧的"时间"变量框中,此处的"时间"变量可以是任何时间单位。
- "显示时间间隔"设定:用户可以在"显示时间间隔"栏中确定时间的区间。在寿命表分析中,SPSS 用 0 默认作为时间区间的起点,时间区间的终点以及间隔点需要自行设置。例如本例中在"0 到……"框中输入"200",在"按"框中输入"20",这就表明总的时间区间是【0,200】,并按照 20 的步长将总区间等分为 10 个子区间。
- "状态"变量框:用户在左侧变量列表中选择状态变量,单击 ➡ 按钮,移到右侧的"状态"框中,作为状态变量,状态变量用来标定删失(含事件发生)和生存。
- "因子"变量框:用户在左侧变量列表中选择因子变量,单击 ➡ 按钮,移到右侧的"因子"框中,作为因素变量。

02 单击"寿命表"对话框"状态"变量框下面的"定义事件"按钮，弹出"寿命表：为状态变量定义事件"对话框，如图 12.2 所示。我们选择"单值"选项并且在其后的文本框中输入"0"，即将生存数据文件中状态变量取值为"0"的样本界定为事件已发生，将其他取值的观测作为截断观测，然后单击"继续"按钮，回到"寿命表"对话框。

对话框深度解读

- "寿命表：为状态变量定义事件"对话框为状态变量选择的一个或多个值的出现指示这些样本观测值已发生事件，所有其他样本观测值视为已审查，有两个选项：
  - 单值：选中该选项后，可以在其后的文本框中输入一个指示事件发生的数值。输入这个值后，状态变量为其他值的样本观测值都被视作截断观测。
  - 值的范围：选中该选项后，可以在其后的文本框中输入指示事件发生的数值区间，在两个文本框分别输入数值区间的上下限，样本观测值不在这个区间内的观测都被视作截断观测。

---

03 单击"寿命表"对话框"因子"变量框下面的"定义范围"按钮，弹出"寿命表：定义因子范围"对话框，如图 12.3 所示。我们在"最小值"和"最大值"文本框中分别输入"1"和"3"，然后单击"继续"按钮，回到"寿命表"对话框。

图 12.2 "寿命表：为状态变量定义事件"对话框　　图 12.3 "寿命表：定义因子范围"对话框

对话框深度解读

用户在"最小值"和"最大值"文本框中可以分别输入因子取值的最小值和最大值，为"因子"变量选定值的范围。不同的变量值代表不同的分层。其他未选变量值的生存时间按缺失值处理，如果变量中有负值，那么在分析过程中将被剔除。

---

04 单击"寿命表"对话框右上角的"选项"按钮，弹出"寿命表：选项"对话框，如图 12.4 所示。我们勾选"寿命表"选项，即选择输出"寿命表"；在"图"选项组中勾选"生存分析""生存分析对数""风险""密度""一减生存分析函数"，即选择输出上述图形；在"比较第一个因子的级别"选项组中选择"成对"，即成对比较各因子水平下生存时间之间的差异。然后单击"继续"按钮，回到"寿命表"对话框，单击"确定"按钮确认。

图 12.4 "寿命表：选项"对话框

对话框深度解读

- "寿命表"复选框：输出寿命表，如果不选择该项，那么将不输出寿命表。
- "图"选项组：设置选择生成的函数图形。
  - 生存分析：以线性刻度生成累积生存函数图。
  - 生存分析对数：以对数刻度生成累积生存函数图。
  - 风险：以线性刻度生成累积危险函数图。
  - 密度：生成密度函数图。
  - 一减生存分析函数：以线性尺度绘制一减生存函数图。
- "比较第一个因子的级别"选项组：如果仅设置了一阶因子变量，则可以在此组中选择一个选项执行 Wilcoxon (Gehan) 检验，比较各因子水平下生存时间之间的差异。如果也定义了二阶因子，则会对二阶因子变量执行检验，比较二阶因子变量的每个水平下生存时间之间的差异。
  - 无：不进行因子变量各水平的比较。
  - 总体：从整体上比较因子变量中各水平的差异。
  - 成对：两两比较因子变量中各水平的差异。

12.1.3 结果解读

1. 寿命表

图 12.5 给出了寿命表。首先设置一阶控制变量（即因子变量）为锻炼类型，然后寿命表按控制变量取值为低强度锻炼、中等强度锻炼和高强度锻炼分为 3 部分，每一部分都表示一个生命表。比如第一部分表示的是低强度锻炼情形下的寿命表。从左至右各列分别为：时间间隔开始时间、进入时间间隔的数目、时间间隔内撤销的数目、有风险的数目、终端事件数、终止比例、生存分析比例、期末累积生存分析比例、期末累积生存分析比例的标准误差、概率密度、概率密度的标准误差、风险率、风险率的标准误差。可以发现随着时间的流逝，期末累积生存分析比例越来越低，直至最后一个时间区间。在低强度锻炼情形下，该比例达到 0.43；在中等强度锻炼情形下，该比例达到 0.28；在高强度锻炼情形下，该比例达到 0.08。所以从寿命表中可以看出，低强度锻炼情形下的生存比例

最高，中等强度锻炼情形下次之，高强度锻炼情形下最低。

寿命表

一阶控制		时间间隔开始时间	进入时间间隔的数目	时间间隔内撤销的数目	有风险的数目	终端事件数	终止比例	生存分析比例	期末累积生存分析比例	期末累积生存分析比例的标准误差	概率密度	概率密度的标准误差	风险率	风险率的标准误差
锻炼类型	低强度锻炼	0	34	0	34.000	0	.00	1.00	1.00	.00	.000	.000	.00	.00
		20	34	0	34.000	0	.00	1.00	1.00	.00	.000	.000	.00	.00
		40	34	0	34.000	0	.00	1.00	1.00	.00	.000	.000	.00	.00
		60	34	0	34.000	6	.18	.82	.82	.07	.009	.003	.01	.00
		80	28	0	28.000	5	.18	.82	.68	.08	.007	.003	.01	.00
		100	23	0	23.000	0	.00	1.00	.68	.08	.000	.000	.00	.00
		120	23	0	23.000	1	.04	.96	.65	.08	.001	.001	.00	.00
		140	22	1	21.500	2	.09	.91	.59	.09	.003	.002	.00	.00
		160	19	0	19.000	2	.11	.89	.53	.09	.002	.002	.01	.00
		180	17	0	17.000	3	.18	.82	.43	.09	.005	.003	.01	.01
		200	14	14	7.000	0	.00	1.00	.43	.09	.000	.000	.00	.00
	中等强度锻炼	0	32	0	32.000	0	.00	1.00	1.00	.00	.000	.000	.00	.00
		20	32	0	32.000	0	.00	1.00	1.00	.00	.000	.000	.00	.00
		40	32	0	32.000	0	.00	1.00	1.00	.00	.000	.000	.00	.00
		60	32	0	32.000	2	.06	.94	.94	.04	.003	.002	.00	.00
		80	30	0	30.000	7	.23	.77	.72	.08	.011	.004	.01	.00
		100	23	0	23.000	4	.17	.83	.59	.09	.006	.003	.01	.00
		120	19	0	19.000	4	.21	.79	.47	.09	.006	.003	.01	.01
		140	15	0	15.000	4	.27	.73	.34	.08	.006	.003	.02	.01
		160	11	1	10.500	2	.19	.81	.28	.08	.003	.002	.01	.01
		180	8	0	8.000	0	.00	1.00	.28	.08	.000	.000	.00	.00
		200	8	8	4.000	0	.00	1.00	.28	.08	.000	.000	.00	.00
	高强度锻炼	0	38	0	38.000	0	.00	1.00	1.00	.00	.000	.000	.00	.00
		20	38	0	38.000	0	.00	1.00	1.00	.00	.000	.000	.00	.00
		40	38	0	38.000	0	.00	1.00	1.00	.00	.000	.000	.00	.00
		60	38	0	38.000	13	.34	.66	.66	.08	.017	.004	.02	.01
		80	25	0	25.000	6	.24	.76	.50	.08	.008	.003	.01	.00
		100	19	0	19.000	7	.37	.63	.32	.08	.009	.003	.02	.01
		120	12	0	12.000	1	.08	.92	.29	.07	.001	.001	.00	.00
		140	11	0	11.000	2	.18	.82	.24	.07	.003	.002	.01	.01
		160	9	0	9.000	6	.67	.33	.08	.04	.008	.003	.05	.02
		180	3	0	3.000	0	.00	1.00	.08	.04	.000	.000	.00	.00
		200	3	3	1.500	0	.00	1.00	.08	.04	.000	.000	.00	.00

图 12.5　寿命表

2. 生存分析时间中位数

图 12.6 给出了生存分析时间中位数，同样可以发现低强度锻炼情形下生存分析时间最长，时间中位数为 185.42；中等强度锻炼情形下生存分析时间次之，时间中位数为 135.00；高强度锻炼情形下生存分析时间最短，时间中位数为 100.00。

生存分析时间中位数

一阶控制		时间中位数
锻炼类型	低强度锻炼	185.42
	中等强度锻炼	135.00
	高强度锻炼	100.00

图 12.6　生存分析时间中位数

3. 生存分析图

图 12.7 给出了低强度锻炼、中等强度锻炼和高强度锻炼 3 种情形下的生存分析函数的对数图。从图中可以非常直观地看出，低强度锻炼生存分析函数的对数在最上方，然后是中等强度锻炼生存分析函数的对数，最下面的是高强度锻炼生存分析函数的对数。这一结论与寿命表生存分析时间中位数的结果一致。

图 12.8 给出了低强度锻炼、中等强度锻炼和高强度锻炼 3 种情形下的生存分析函数图。从图中可以非常直观地看出，低强度锻炼生存分析函数在最上方，然后是中等强度锻炼生存分析函数，最下面的是高强度锻炼生存分析函数。这一结论与"生存分析函数的对数图"的结果一致。

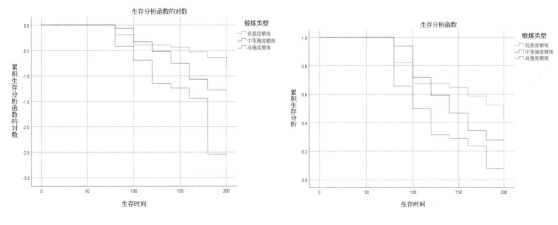

图 12.7　生存分析函数的对数图　　　　　图 12.8　生存分析函数图

图 12.9 给出了低强度锻炼、中等强度锻炼和高强度锻炼 3 种情形下的一减生存分析函数图。该图是对寿命表生存分析函数图进行的一减函数处理，所以展现的方向恰好相反。从图中可以非常直观地看出，低强度锻炼一减生存分析函数在最下方，然后是中等强度锻炼一减生存分析函数，最上面的是高强度锻炼一减生存分析函数，与寿命表生存分析函数图、生存分析函数对数图中的表现结果一致。

图 12.10 给出了低强度锻炼、中等强度锻炼和高强度锻炼 3 种情形下的寿命表密度函数图。从图中可以非常直观地看出，低强度锻炼密度函数主要在生存时间较长的区域，然后是中等强度锻炼密度函数，高强度锻炼密度函数主要在生存时间较短的区域，与前面各图中的表现结果一致。

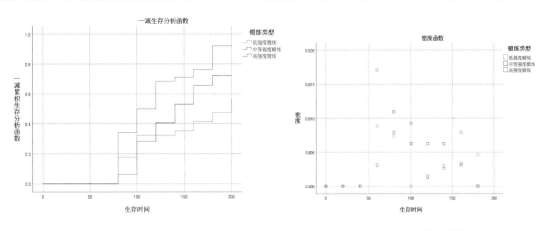

图 12.9　一减生存分析函数图　　　　　图 12.10　密度函数图

图 12.11 给出了低强度锻炼、中等强度锻炼和高强度锻炼 3 种情形下的寿命表风险函数图。从图中可以非常直观地看出，低强度锻炼风险函数主要在风险系数较低的区域，然后是中等强度锻炼风险函数，高强度锻炼风险函数主要在风险系数较高的区域，与前面各图呈现的结果一致。

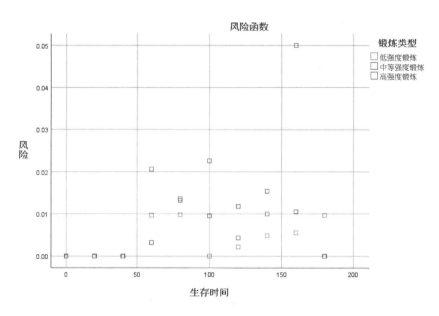

图 12.11　风险函数图

4. 因子水平比较

图 12.12 为低强度锻炼、中等强度锻炼和高强度锻炼 3 种情形下的生存时间总体比较结果，威尔科克森（吉亨）统计量为 10.63，显著性 P 值为 0.005，远小于通常意义上的显著性水平 5%，所以显著拒绝了因子各个水平生存时间不存在显著差异的原假设，低强度锻炼、中等强度锻炼和高强度锻炼 3 种情形下的生存时间存在显著不同。

图 12.13 为低强度锻炼、中等强度锻炼和高强度锻炼 3 种情形下的生存时间成对比较结果，成对比较就是两两比较，可以发现锻炼类型为 1（低强度锻炼）与 2（中等强度锻炼）之间的差异并不明显，显著性 P 值为 0.412；但锻炼类型为 1（低强度锻炼）与 3（高强度锻炼）之间的差异非常明显，显著性 P 值为 0.004；锻炼类型为 2（中等强度锻炼）与 3（高强度锻炼）之间的差异非常明显，显著性 P 值为 0.012。

图 12.14 为低强度锻炼、中等强度锻炼和高强度锻炼 3 种情形下的生存时间平均得分结果。可以发现 1（低强度锻炼）的平均得分最高，2（中等强度锻炼）次之，1 与 2 的平均得分显著高于 3（高强度锻炼）。

总体比较[a]

威尔科克森（吉亨）统计	自由度	显著性
10.630	2	.005

a. 执行的是精确比较。

图 12.12　总体比较

成对比较[a]

(I) 锻炼类型	(J) 锻炼类型	威尔科克森（吉亨）统计	自由度	显著性
1	2	.672	1	.412
	3	8.492	1	.004
2	1	.672	1	.412
	3	6.343	1	.012
3	1	8.492	1	.004
	2	6.343	1	.012

a. 执行的是精确比较。

图 12.13　成对比较

平均得分

比较组		总数	检剔前	检剔后	检剔百分比	平均得分
1 与 2	1	34	19	15	44.1%	3.647
	2	32	23	9	28.1%	-3.875
1 与 3	1	34	19	15	44.1%	15.029
	3	38	35	3	7.9%	-13.447
2 与 3	2	32	23	9	28.1%	13.313
	3	38	35	3	7.9%	-11.211
1		34	19	15	44.1%	15.029
2		32	23	9	28.1%	13.313
3		38	35	3	7.9%	-11.211

总体比较

图 12.14　平均得分

12.1.4 知识点总结与练习题

知识点总结：本节讲述了寿命表分析的 SPSS 操作，对涉及的窗口界面进行了深度解读。通过本节的学习，应该较为清晰地知晓寿命表分析的适用情形，并且能够较为连贯地对分析结果进行解读。

练习题：用于分析的数据还是数据 12.1，请仅针对低强度锻炼和中等强度锻炼两种情形进行分析，使用寿命表分析法做出两种锻炼类型下的生存时间表，比较两种锻炼类型下的生存时间是否有显著差异。

12.2 Kaplan-Meier 分析

	下载资源:\video\第 12 章\12.2
	下载资源:\sample\数据 12.2

12.2.1 基本原理

Kaplan-Meier 方法属于非参数分析法，基本原理是采用乘积极限法（Product-Limit Estimates）来估计生存率，能对完全数据、删失数据及不必分组的生存资料进行分析，并能对分组变量各水平所对应的生存曲线与风险函数的差异进行显著性检验。Kaplan-Meier 过程用于样本含量较小并且不能给出特定时间点的生存率的情况，因此不用担心每个时间段内只有很少的几个观测的情况。该方法将输出生存分析表，按生存时间由小到大依次排列，在每个死亡点上，计算其包括时间、状态、当前累积生存分析比例和对应的标准误差、累积事件和其余个案数。上一节介绍的寿命表方法是将生命时间分成许多小的时间段，计算该段内生存率的变化情况，分析的重点是研究总体的生存规律，更适合处理大样本数据，而本节介绍的 Kaplan-Meier 方法则是计算每一"结果"事件发生时点的生存率，分析的重点除了研究总体生存规律外，往往更加热心于寻找相关影响因素。Kaplan-Meier 过程使用的检验方法包括 Log Rank (Mantel-Cox)法、Breslow (Generalized Wilcoxon)法、Tarone-Ware 法等。

12.2.2 操作演示与功能详解

本节我们用于分析的数据是数据 12.2。限于篇幅不再展示数据文件的数据视图和变量视图，读者可自行打开相关源文件观察。数据 12.2 记录的是 100 位病人的生存数据，旨在研究所使用药物种类、药物剂量与其生存时间之间的关系，其中药物种类包括新研发药物和传统药物，药物剂量包括高剂量和低剂量。下面使用 Kaplan-Meier 分析法做出不同药物种类、不同药物剂量下的生存分析表，比较不同情形下的生存时间是否有显著差异，操作演示与功能详解如下：

01 打开数据 12.2，选择"分析｜生存分析｜Kaplan-Meier…"命令，弹出 Kaplan-Meier 对话框，如图 12.15 所示。在 Kaplan-Meier 对话框左侧的变量列表栏中选择"生存时间"变量，单击 ➡ 按钮，移到右侧的"时间"变量框中，作为时间变量；选择"状态"变量，单击 ➡ 按钮，移到右侧的"状态"变量框中，作为状态变量；选择"药物剂量"变量，单击按钮，移到右侧的"因子"变量框中，作为控制变量；选择"药物种类"变量，单击按钮，移到右侧的"层"变量框中，作为分层变量。

02 单击"状态"变量框下面的"定义事件"按钮，弹出"Kaplan-Meier：为状态变量定义事件"对话框，如图 12.16 所示。在"这些值指示事件已发生"选项组中选择"单值"选项，并在右侧的文本框中输入"1"，也就是说将状态变量取值为 1 的样本观测值指示为事件（死亡）已发生，然后单击"继续"按钮，回到 Kaplan-Meier 对话框。

图 12.15　Kaplan-Meier 对话框

图 12.16　"Kaplan-Meier：为状态变量定义事件"对话框

对话框深度解读

- 单值：将单个值设置为指示事件已发生。例如本例中将状态变量取值为 1 的样本观测值指示为事件（死亡）已发生。
- 值的范围：只有在状态变量类型为数值时，"值的范围"选项才可用。假如状态变量中有 0、1、2、3、4 共 5 种取值，我们在相应的文本框中分别输入值 1 和 3，则将状态变量取值为 1、2、3 的样本观测值指示为事件（死亡）已发生。
- 值的列表：多个取值，且不连续。假如状态变量中有 0、1、2、3、4 共 5 种取值，我们在相应的文本框中分别输入值 1 和 3，则将状态变量取值为 1、3 的样本观测值指示为事件（死亡）已发生。

03 在 Kaplan-Meier 对话框中单击"比较因子..."按钮，弹出"Kaplan-Meier：比较因子级别"对话框，如图 12.17 所示。我们在"检验统计"选项组中勾选"秩的对数""布雷斯洛""塔罗内-韦尔"，旨在同时使用 3 种检验统计分析方法，在下方的选项中选择"针对每个层成对比较"，设置完成后单击"继续"按钮，回到 Kaplan-Meier 对话框。

图 12.17　"Kaplan-Meier：比较因子级别"对话框

对话框深度解读

- "检验统计"选项组：可以选择比较因子级别的检验统计分析方法，各检验统计分析方法都用来判断不同情形下生存时间的差异是否显著。
    - 秩的对数：即 Log Rank (Mantel-Cox)，又称时序检验，对所有的死亡时间赋予相等的权重，比较生存分布是否相同，它对于远期差别较为敏感。
    - 布雷斯洛：即 Breslow (Generalized Wilcoxon)，对早死亡时间赋予较大的权重，所以对于早期差别较为敏感。
    - 塔罗内-韦尔：即 Tarone-Ware 检验，可以比较生存分布是否相同，当两个风险函数曲线或生存函数曲线有交叉时，可考虑使用 Tarone-Ware 检验。

需要注意的是，秩的对数、布雷斯洛、塔罗内-韦尔 3 种检验统计分析的结果有可能不一致，比如有的检验结果提示差异较为显著，而有的恰好相反，那么应该如何选择呢？一般来说，秩的对数侧重于远期差别，布雷斯洛侧重于近期差别，塔罗内-韦尔介于两者之间。对于一开始靠得很近，随着时间的推移逐渐拉开的生存曲线，秩的对数较布雷斯洛更容易得到显著性的结果；反之，对于一开始拉得很开，以后逐渐靠近的生存曲线，布雷斯洛较秩的对数更容易得到显著性的结果。所以，如果通过秩的对数检验结果提示有显著差异，而布雷斯洛检验结果提示没有差异，可以解释为在开始时生存率没有差异，随着时间的推移生存率逐渐出现差异，反之亦然。塔罗内-韦尔法是一种相对折中的方法，介于两者之间。

- 其他选项。
    - 因子级别的线性趋势：如果因子水平有自然顺序（比如本例中的药物剂量：低剂量、高剂量），则可以选择该选项检验跨因子级别的线性趋势，此选项仅可用于因子水平的整体（而不是成对）比较。
    - 在层之间合并：在单次检验中比较所有因子水平，合并比较所有因子水平下的生存时间，不进行配对比较，以检验生存曲线的相等性。
    - 在层之间成对比较：如果选择了分层变量，在每层比较不同因子水平下的生存时间。系统将比较每一个相异的因子水平对，但不提供成对趋势检验。
    - 针对每个层：对每层的所有因子水平的相等性执行一次单独的检验，如果选择了趋势检验，这种方法不能使用。当然，如果没有设置分层变量，也不执行检验。
    - 针对每个层成对比较：如果选择了分层变量，在每层以不同的配对方式比较每一对不同因子水平下的生存时间，但如果选择了趋势检验，这种方法也不能使用。当然，如果没有设置分层变量，也不执行检验。

04 单击"保存"按钮，弹出"Kaplan-Meier：保存新变量"对话框，如图 12.18 所示。本例中我们勾选"生存分析""生存分析标准误差""风险""累积事件" 4 个选项，即保存 Kaplan-Meier 生存分析新生成的这 4 个变量进入数据文件，设置完成后单击"继续"按钮，回到 Kaplan-Meier 对话框。

图 12.18 "Kaplan-Meier：保存新变量"对话框

对话框深度解读

"Kaplan-Meier：保存新变量"对话框用于保存 Kaplan-Meier 生存分析新生成的变量，这些变量被保存进当前数据文件中以便用于后续分析。

- 生存分析：保存累积生存概率估算值，如果没有指定变量名，则自动生成前缀带有 sur 的变量名，如 sur_1、sur_2 等。
- 生存分析标准误差：保存累积生存概率的标准错误，如果没有指定变量名，则自动生成前缀带有 se 的变量名，如 se_1、se_2 等。
- 风险：保存累积危险函数估算值，如果没有指定变量名，则自动生成前缀带有 haz 的变量名，如 haz_1、haz_2 等。
- 累积事件：当样本观测值按其生存时间和状态代码进行排序时，保存发生事件的累积频率，如果没有指定变量名，则自动生成前缀带有 cum 的变量名，如 cum_1、cum_2 等。

05 单击"选项"按钮，弹出"Kaplan-Meier：选项"对话框，如图 12.19 所示。我们在"统计"选项组中选择"生存分析表""平均值和中位数生存分析函数"，表示在最终分析结果中输出"生存分析表"以及"平均值和中位数生存分析函数"；在"图"选项组中选择"生存分析函数""一减生存分析函数""风险""生存分析函数的对数"，表示在最终分析结果中显示上述统计分析图。设置完成后单击"继续"按钮，回到 Kaplan-Meier 对话框，并在主对话框中单击"确定"按钮确认。

图 12.19 "Kaplan-Meier：选项"对话框

对话框深度解读

- "统计"选项组：用来设置需要输出的统计表格，包括以下选项：
  - 生存分析表：生成生存分析表，包括按控制变量和分层变量分组展示的样本观测值的生存时间、状态、当前累积生存分析比例以及对应的标准错误、累积事件和其余个案数。

➢ 平均值和中位数生存分析函数：计算生存时间的平均值和中位数，及其对应的标准错误和置信区间。

➢ 四分位数：显示生存时间的 25%、50%和 75%分位数，以及它们的标准错误。

- “图”选项组：用来设置需要输出的生存分析函数图，包括以下选项：

➢ 生存分析函数：以线性刻度生成累积生存函数图。

➢ 一减生存分析函数：以线性尺度绘制一减生存函数图。

➢ 风险：以线性刻度生成累积危险函数图。

➢ 生存分析函数的对数：以对数刻度生成累积生存函数图。

12.2.3　结果解读

1. 个案处理摘要

图 12.20 展示的是个案处理摘要，可以看到我们本次参与 Kaplan-Meier 生存分析的样本个数总共为 100 个，其中服用新研发药物的样本观测值为 62 个，服用传统药物的样本观测值为 38 个。而在新研发药物的全部样本观测值中，服用高剂量药物的样本个数为 13 个（含事件数 7 个，检剔后 6 个，以此类推），服用低剂量药物的样本个数为 49 个；在传统药物的全部样本观测值中，服用高剂量药物的样本个数为 9 个，服用低剂量药物的样本个数为 26 个。

2. 生存分析表（限于篇幅，仅列出部分）

图 12.21 展示的是每一个参与 Kaplan-Meier 生存分析的相关情况，包括生存时间、状态、当前累积生存分析比例、累积事件数、其余个案数等。该生存分析表同样是按药物种类、药物剂量分组列出的。生存分析表类似于寿命表分析中的寿命表，只是生存分析表中每个样本观测值单独占一行。

个案处理摘要

药物种类	药物剂量	总数	事件数	检剔后	
				个案数	百分比
新研发药物	高剂量	13	7	6	46.2%
	低剂量	49	44	5	10.2%
	总体	62	51	11	17.7%
传统药物	高剂量	9	6	3	33.3%
	低剂量	29	22	7	24.1%
	总体	38	28	10	26.3%
总体	总体	100	79	21	21.0%

图 12.20　个案处理摘要

生存分析表

药物种类	药物剂量		时间	状态	当前累积生存分析比例		累积事件数	其余个案数
					估算	标准 错误		
新研发药物	高剂量	1	8.000	死亡	.923	.074	1	12
		2	9.000	死亡	.846	.100	2	11
		3	15.000	死亡	.769	.117	3	10
		4	42.000	删失	.	.	3	9
		5	43.000	删失	.	.	3	8
		6	44.000	删失	.	.	3	7
		7	45.000	删失	.	.	3	6
		8	46.000	死亡	.641	.152	4	5
		9	47.000	死亡	.513	.167	5	4
		10	51.000	死亡	.385	.168	6	3
		11	52.000	死亡	.256	.153	7	2
		12	104.000	删失	.	.	7	1
		13	108.000	删失	.	.	7	0
	低剂量	1	5.000	死亡	.980	.020	1	48
		2	5.000	删失	.	.	1	47
		3	6.000	死亡	.	.	2	46
		4	6.000	死亡	.	.	3	45
		5	6.000	死亡	.917	.040	4	44
		6	6.000	删失	.	.	4	43
		7	8.000	死亡	.	.	5	42
		8	8.000	死亡	.	.	6	41

图 12.21　生存分析表

3. 生存分析时间的平均值和中位数

图 12.22 给出了生存分析时间的平均值估算值及其标准错误、95%的置信区间，以及中位数估算值及其标准错误、95%的置信区间。可以非常明显地看到，全部样本观测值的总体平均值为 36.118，中位数为 26；服用新研发药物样本观测值的整体平均值为 35.975，要略高于服用传统药物的整体平均值 35.501。无论是针对新研发药物还是传统药物，其服用剂量为高剂量时的生存时间均高于低剂量。

生存分析时间的平均值和中位数

药物种类	药物剂量	平均值[a]				中位数			
		估算	标准 错误	95% 置信区间		估算	标准 错误	95% 置信区间	
				下限	上限			下限	上限
新研发药物	高剂量	55.282	11.082	33.561	77.004	51.000	3.267	44.597	57.403
	低剂量	29.994	3.488	23.157	36.831	26.000	7.484	11.332	40.668
	总体	35.975	3.907	28.317	43.633	35.000	7.731	19.847	50.153
传统药物	高剂量	52.933	14.322	24.861	81.005	49.000	26.729	.000	101.388
	低剂量	24.196	3.366	17.599	30.793	20.000	2.195	15.699	24.301
	总体	35.501	6.263	23.226	47.777	20.000	5.524	9.173	30.827
总体	总体	36.118	3.429	29.397	42.839	26.000	6.570	13.122	38.878

a. 如果已对生存分析时间进行检剔，那么估算将限于最大生存分析时间。

图 12.22　生存分析时间的平均值和中位数

4. 成对比较

图 12.23 给出了成对比较结果，其中包括"秩的对数""布雷斯洛""塔罗内-韦尔"3 种检验方式，检验原假设都是相应组之间的生存时间不存在显著差异。针对"秩的对数"检验结果分析如下：针对新研发药物，病人服用高剂量和低剂量时的生存时间差异是非常显著的（显著性 P 值为 0.019，小于 0.05）；针对传统药物，病人服用高剂量和低剂量时的生存时间差异是不够显著的（显著性 P 值为 0.059，大于 0.05）。"布雷斯洛""塔罗内-韦尔"两种检验分析的结果与"秩的对数"方法分析结果一致。结合前述"生存分析时间的平均值和中位数"的结果，可以知道无论是针对新研发药物还是传统药物，其服用剂量为高剂量时的生存时间均高于低剂量，但是针对传统药物，病人服用高剂量和低剂量时的生存时间差异是不够显著的。

成对比较

	药物种类	药物剂量	高剂量		低剂量	
			卡方	显著性	卡方	显著性
Log Rank (Mantel-Cox)	新研发药物	高剂量			5.540	.019
		低剂量	5.540	.019		
	传统药物	高剂量			3.566	.059
		低剂量	3.566	.059		
Breslow (Generalized Wilcoxon)	新研发药物	高剂量			4.807	.028
		低剂量	4.807	.028		
	传统药物	高剂量			1.332	.248
		低剂量	1.332	.248		
Tarone-Ware	新研发药物	高剂量			5.177	.023
		低剂量	5.177	.023		
	传统药物	高剂量			2.439	.118
		低剂量	2.439	.118		

图 12.23　成对比较结果

5. 新研发药物生存分析函数图

图 12.24 给出了病人服用药物种类为新研发药物时，高剂量、低剂量的生存分析函数图。从图中可以非常直观地看出，在时间刚开始的时候，高剂量、低剂量的生存分析函数走势都是呈横向直线不变的，但是在一段时间后，两者开始下降，其中低剂量下降的速度更快且一直低于高剂量情形。

图 12.25 给出了病人服用药物种类为新研发药物时，高剂量、低剂量的一减生存分析函数图。从图中可以非常直观地看出，在时间刚开始的时候，高剂量、低剂量的生存分析函数走势都是呈横向直线不变的，但是在一段时间后，两者开始上升，其中低剂量上升的速度更快且一直高于高剂量情形，与上面的生存分析函数图走势恰好相反。

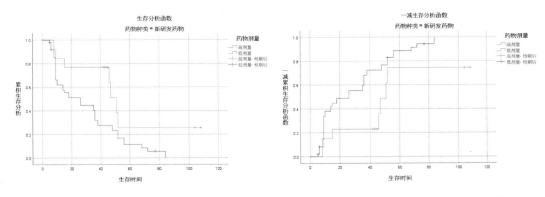

图 12.24　新研发药物生存分析函数图　　图 12.25　新研发药物一减生存分析函数图

图 12.26 给出了病人服用药物种类为新研发药物时，高剂量、低剂量的生存分析函数的对数图。从图中可以非常直观地看出，在时间刚开始的时候，高剂量、低剂量的生存分析函数走势都是呈横向直线不变的，但是在一段时间后，两者开始下降，其中低剂量下降的速度更快且一直低于高剂量情形，与上面的生存分析函数图走势一致。

图 12.27 给出了病人服用药物种类为新研发药物时，高剂量、低剂量的风险函数图。从图中可以非常直观地看出，在时间刚开始的时候，高剂量、低剂量的风险函数走势都是呈横向直线不变的，但是在一段时间后，两者开始上升，其中低剂量上升的速度更快且一直高于高剂量情形，与上面的生存分析函数图走势恰好相反。

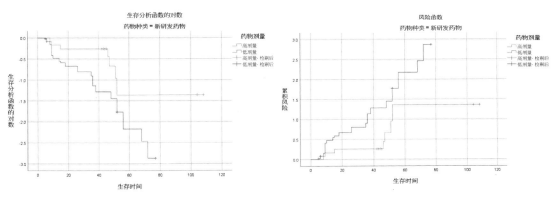

图 12.26　新研发药物生存分析函数的对数图　　图 12.27　新研发药物生存分析风险函数图

6. 传统药物生存分析函数图

图 12.28 给出了病人服用药物种类为传统药物时，高剂量、低剂量的生存分析函数图。从图中可以非常直观地看出，在时间刚开始的时候，高剂量、低剂量的生存分析函数走势都是呈横向直线不变的，但是在一段时间后，两者开始下降，其中低剂量下降的速度更快且一直低于高剂量情形，与服用药物种类为新研发药物时走势一致。

图 12.29 给出了病人服用药物种类为传统药物时，高剂量、低剂量的一减生存分析函数图。从图中可以非常直观地看出，在时间刚开始的时候，高剂量、低剂量的生存分析函数走势都是呈横向直线不变的，但是在一段时间后，两者开始上升，其中低剂量上升的速度更快且一直高于高剂量情形，与上面的生存分析函数图走势恰好相反。

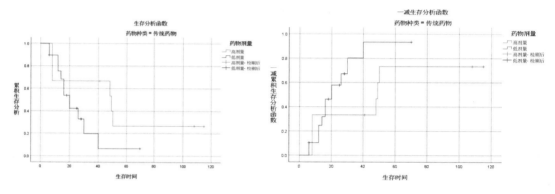

图 12.28　传统药物生存分析函数图　　　　图 12.29　传统药物一减生存分析函数图

图 12.30 给出了病人服用药物种类为传统药物时，高剂量、低剂量的生存分析函数的对数图。从图中可以非常直观地看出，在时间刚开始的时候，高剂量、低剂量的生存分析函数走势都是呈横向直线不变的，但是在一段时间后，两者开始下降，其中低剂量下降的速度更快且一直低于高剂量情形，与上面的生存分析函数图走势一致。

图 12.31 给出了病人服用药物种类为传统药物时，高剂量、低剂量的风险函数图。从图中可以非常直观地看出，在时间刚开始的时候，高剂量、低剂量的风险函数走势都是呈横向直线不变的，但是在一段时间后，两者开始上升，其中低剂量上升的速度更快且一直高于高剂量情形，与上面的生存分析函数图走势恰好相反。

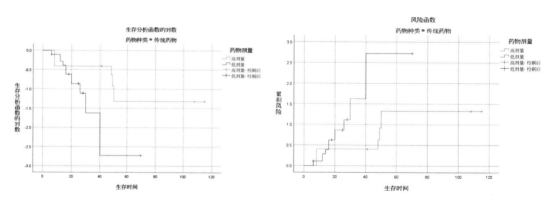

图 12.30　传统药物生存分析函数的对数图　　　图 12.31　传统药物生存分析风险函数图

7. 新生成变量

在 SPSS 数据文件的数据视图中可以看到我们经过生存分析后新保存的 4 个变量，从左到右分别是"生存分析""生存分析标准误差""风险""累积事件"，如图 12.32 所示。

图 12.32　新保存的 4 个变量

12.2.4　知识点总结与练习题

知识点总结：本节讲述了 Kaplan-Meier 分析的 SPSS 操作，对涉及的窗口界面进行了深度解读。通过本节的学习，应该较为清晰地知晓 Kaplan-Meier 分析的适用情形，并且能够较为连贯地对分析结果进行解读。

练习题：用于分析的数据还是数据 12.2，请使用 Kaplan-Meier 分析法做出不同药物种类、不同用药时段（注意不再是前面讲解的药物剂量，而是数据文件中的另一个变量）下的生存分析表，比较不同情形下的生存时间是否有显著差异，并写出最终的研究结论。

12.3　Cox 回归分析

| 下载资源:\video\第 12 章\12.3 |
| 下载资源:\sample\数据 12.3 |

12.3.1　基本原理

生存分析方法最初为参数模型（Parametric Model），它可以估计出影响因素对风险率的影响及各时点的生存率，但对生存时间分布有一定的要求，该类模型假设生存数据服从某个已知分布，使用参数分布方法进行生存分析，常用的参数模型有指数分布、Weibull 分布、对数正态分布、对数

Logistic 分布、Gamma 分布等。当没有很好的参数模型可以拟合时，则采用非参数方法进行生存分析，前面介绍的寿命表分析和 Kalpan-Meier 方法均为非参数模型。1972 年，英国统计学家 D. R. Cox 提出了一个半参数模型（Cox 回归模型）。相比而言，半参数方法比参数方法灵活，虽不能给出各时点的风险率，但对生存时间分布无要求，可估计出各研究因素对风险率的影响，比非参数方法更易于解释分析结果，于是得到了更为广泛的应用，也是目前比较流行的生存分析方法。

Cox 回归为时间事件数据建立预测模块，该模块生成生存函数，用于预测被观察事件在给定时间 t 内发生预测变量既定值的概率。与回归分析的基本思想一致，可以从既有样本观测值中估计出预测的生存函数与相应的回归系数，然后可以对新样本观测值进行预测。需要特别提示的是，注意已检查主体中的信息，即未在观察时间内经历被观察事件的信息，在模型估计中起到了重要的作用。Cox 回归的优点包括：可以估计生存函数，可以比较两组或多组生存分布函数，可以分析危险因素对生存时间的影响，可以建立生存时间与危险因素之间的关系模型，不需要事先知道生存时间的分布等。

在 Cox 回归模型中，假设在时点 t 个体出现观察结局的风险大小可以分解为两个部分：一个是基准风险函数 $h_0(t)$，是与时间有关的任意函数；另一个是影响因素，第 i 个影响因素使得该风险量从 $h_0(t)$ 增至 $e^{\beta_i X_i}$ 倍而成为 $h_0(t)e^{\beta_i X_i}$，如果在 k 个因素同时影响生存过程的情况下，在时点 t 的风险函数为：

$$h(t) = h_0(t)e^{\beta_1 X_1}e^{\beta_2 X_2}\ldots e^{\beta_k X_k}$$

其中 X、β 分别是观察变量及其回归系数，该函数可以进一步变换为：

$$h(t, X) = h_0(t)e^{\beta_1 X_1 + \beta_2 X_2 + \ldots + \beta_k X_k}$$

然后进行对数变换，即为：

$$\text{Log}[Rh(t)] = \text{Log}[h(t,X)/h_0(t)] = \beta_1 X_1 + \beta_2 X_2 + \ldots + \beta_k X_k$$

所以从公式中可以非常明确地看出，在 Cox 回归模型中，回归系数 β 的实际含义是：当变量 X 改变一个单位时，引起的死亡风险改变倍数的自然对数值。

然后利用风险函数和生存函数的关系式：

$$S(t) = \exp[-\int_0^t h(t)dt$$

即可推导出生存函数的公式：

$$S(t) = \exp[-\int_0^t h_0(t)\exp(b_1 X_1 + b_2 X_2 + \ldots + b_p X_p)dt$$

需要注意的是，正如回归分析需要满足一定条件一样，Cox 回归模型也需要满足相应的假设条件。第一个假设条件是，观察值应是独立的；第二个假设条件是，风险比应是时间恒定值，也就是说各个样本观测值风险比例不应随时间变化，也被称为呈比例的风险假设。如果呈比例的风险假设不成立，就需要使用 SPSS 中含依时协变量的 Cox 过程（本书中限于篇幅不再讲解）；如果没有协变量或者只有一个分类协变量，则可以使用寿命表或 Kaplan-Meier 过程检查样本的生存或风险函数，如果样本中没有已审查的数据（即每个样本观测值都出现期间终结），则可以使用线性回归过程对预测变量和时间事件之间的关系进行建模。

12.3.2 操作演示与功能详解

本节用于分析的数据是数据 12.3。限于篇幅不再展示数据文件的数据视图和变量视图，读者可自行打开相关源文件观察。数据 12.3 记录的是 1398 位病人的生存数据，旨在研究年龄、是否吸烟、是否做康复训练、住院时间、性别与其生存时间之间的关系。下面使用 Cox 回归分析法分析年龄、是否吸烟、是否做康复训练、住院时间对生存时间的影响方向以及影响关系是否显著，操作演示与功能详解如下：

01 打开数据 12.3，选择"分析｜生存分析｜Cox 回归"命令，弹出"Cox 回归"对话框，如图 12.33 所示。在"Cox 回归"对话框左侧的变量列表栏中选择"生存时间"变量，单击➡按钮，移到右侧的"时间"变量框中，作为时间变量；选择"状态"变量，单击➡按钮，移到右侧的"状态"变量框中，作为状态变量；选择"年龄""吸烟""康复训练""住院时间"4 个变量，单击➡按钮，移到右侧的"协变量"变量框中，作为协变量，其他采用系统默认设置。

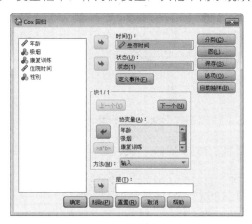

图 12.33 "Cox 回归"对话框

对话框深度解读

- "块 1/1"列表框可以设置多个块，也就是建立多个模型，针对每一个块都会输出一个模型，通过单击"下一个"按钮进行新增，"上一个"或"下一个"按钮进行编辑修改。在选择模型中的变量时，不仅可以选择单个变量，也可以设置交互项，具体操作方法是，同时选择具有交互作用的变量，然后单击">a*b>"按钮，选中到"协变量"列表中。在下面的"方法"下拉列表框中可以确定各自变量进入模型的方式，有以下几种方式：
  - ➢ 输入。所有自变量将全部进入模型。
  - ➢ 向前：有条件。逐步向前选择，其中进入检验是基于得分统计量的显著性，移去检验是基于在条件参数估计基础上的似然比统计的概率。
  - ➢ 向前：LR。逐步向前选择，其中进入检验是基于得分统计量的显著性，移去检验是基于在最大局部似然估计的似然比统计的概率。

- ➢ 向前：瓦尔德。逐步向前选择，其中进入检验是基于得分统计量的显著性，移去检验是基于瓦尔德统计的概率。
- ➢ 向后：有条件。逐步向后选择，移去检验是基于在条件参数估计基础上的似然比统计的概率。
- ➢ 向后：LR。逐步向后选择，移去检验是基于在最大局部似然估计的似然比统计的概率。
- ➢ 向后：瓦尔德。逐步向后选择，移去检验是基于瓦尔德统计的概率。
- "层"变量框用于设置分层变量。如果用户进行了设置，则系统将根据分层变量将样本观测值分组，然后在每个分组数据的基础上生成各自的风险函数。需要注意的是，分层变量应是分类变量。

02 在"Cox 回归"对话框中单击"定义事件"按钮，弹出"Cox 回归：为状态变量定义事件"对话框，如图 12.34 所示。我们在"这些值指示事件已发生"选项组中选择"单值"选项，并在右侧的文本框中输入"1"，也就是说将状态变量取值为 1 的样本观测值指示为事件（死亡）已发生，然后单击"继续"按钮，回到"Cox 回归"对话框。

图 12.34　"Cox 回归：为状态变量定义事件"对话框

对话框深度解读

- 单值：将单个值设置为指示事件已发生。例如本例中将状态变量取值为 1 的样本观测值指示为事件（死亡）已发生。
- 值的范围：只有在状态变量类型为数值时，"值的范围"选项才可用。假如状态变量中有 0、1、2、3、4 共 5 种取值，我们在相应的文本框中分别输入值 1 和 3，则将状态变量取值为 1、2、3 的样本观测值指示为事件（死亡）已发生。
- 值的列表：多个取值，且不连续。假如状态变量中有 0、1、2、3、4 共 5 种取值，我们在相应的文本框中分别输入值 1 和 3，则将状态变量取值为 1、3 的样本观测值指示为事件（死亡）已发生。

03 在"Cox 回归"对话框中单击"分类"按钮，弹出"Cox 回归：定义分类协变量"对话框，如图 12.35 所示。我们把"吸烟""康复训练"两个变量从"协变量"列表框中移入"分类协变量"列表框中，其他采用系统默认设置，然后单击"继续"按钮，回到"Cox 回归"对话框。

对话框深度解读

在"Cox 回归：定义分类协变量"对话框中用户可以详细指定 Cox 回归过程处理分类变量的方式。

- 左侧的"协变量"列表框中列出了在主对话框中指定的所有协变量，无论是直接指定的协变量还是作为交互的一部分在任何层中指定的协变量。如果其中部分协变量是字符串变量或分类变量，则能将它们用作分类协变量。
- 分类协变量：列出了标识为分类变量的协变量。可以发现在"分类协变量"列表框中每个变量名称后面都有一个括号，其中列出了要使用的对比方式（如本例中为指示符）。SPSS 将字符串变量默认为分类变量，字符串变量会默认保存在"分类协变量"列表中。如果是其他类型的变量，则需要用户主动从"协变量"列表中选择并移入"分类协变量"列表中。
- "更改对比"下拉列表框：可以选择以下对比类型：
  - 指示符：指示是否属于参考分类，参考分类在对比矩阵中表示为一排 0。
  - 简单：除参考类别外，预测变量的每个类别都与参考类别相比较。
  - 差值：除第一个类别外，预测变量的每个类别都与前面类别的平均效应相比较，也称作逆赫尔默特对比。
  - 赫尔默特：除最后一类外，预测变量的每个类别都与后面类别的平均效应相比较。
  - 重复：除第一个类别外，预测变量的每个类别都与它前面的那个类别进行比较。
  - 多项式：正交多项式对比，假设类别均匀分布。多项式对比仅适用于数值变量。
  - 偏差：除参考类别外，预测变量的每个类别都与总体效应相比较。

对于"参考类别"，如果选择了偏差、简单、指示符对比方式，则可选择"最后一个"或"第一个"，指定分类变量的第一类或最后一类作为参考类。

04 在"Cox 回归"对话框中单击"图"按钮，弹出"Cox 回归：图"对话框，如图 12.36 所示。我们选择"生存分析""风险""负对数的对数""一减生存分析函数"复选框，依次输出生存分析函数图、风险函数图、负对数的对数函数图、一减生存分析函数图。其他采用系统默认设置，单击"继续"按钮，回到"Cox 回归"对话框。

图 12.35 "Cox 回归：定义分类协变量"对话框

图 12.36 "Cox 回归：图"对话框对话框深度解读

- "图类型"选项组：设置选择生成的函数图形。
  - 生存分析：以线性刻度生成累积生存函数图。
  - 风险：以线性刻度生成累积危险函数图。
  - 负对数的对数：输出应用了 ln（-ln）转换之后的累积生存估计曲线。
  - 一减生存分析函数：以线性尺度绘制一减生存函数图。
- "协变量值的绘制位置"框："Cox 回归：图"对话框在默认状态下是以模型中每个协变量的平均值绘制函数图形的，如果用户需要以协变量的其他值绘制函数图形，则需选中"协变量值的绘制位置"框中的一个或多个协变量，然后在"更改值"选项组中选择"值"选项，并在其后的参数框中输入数值，最后单击"变化量"按钮即可。SPSS 会根据用户指定的协变量值绘制其风险函数和生存函数图。

此外，如果选择一个分类协变量进入"针对下列各项绘制单独的线条"框中，SPSS 将按其变量值将数据分成两个或多个分组，对各分组分别绘制函数图，如果指定了层变量，则每层绘制一个图。

05 在"Cox 回归"对话框中单击"保存"按钮，弹出"Cox 回归：保存"对话框，如图 12.37 所示。本例中我们在"保存模型变量"选项组中选择"生存分析函数""生存分析函数的标准误差""生存分析函数负对数的对数""风险函数""偏残差""DfBeta""X*Beta"等选项，然后单击"继续"按钮，回到"Cox 回归"对话框。

图 12.37 "Cox 回归：保存"对话框

对话框深度解读

"Cox 回归：保存"对话框用于保存 Cox 回归分析新生成的变量，这些变量被保存进当前数据文件中以便用于后续分析。

- "保存模型变量"选项组：指定需要保存的生存变量。
  - 生存分析函数：保存给定时间的累积剩余函数值，如果没有指定变量名，则自动生成前缀带有 sur 的变量名，如 sur_1、sur_2 等。
  - 生存分析函数的标准误差：保存给定时间的累积剩余函数值的标准错误，如果没有指定变量名，则自动生成前缀带有 se 的变量名，如 se_1、se_2 等。
  - 生存分析函数负对数的对数：保存将 ln(-ln) 变换应用于估计之后的累积生存估计，则自动生成的变量名前缀为 lml。

> 风险函数：保存累积风险函数估计（又称为 Cox-Snell 残差），如果没有指定变量名，自动生成前缀带有 haz 的变量名，如 haz_1、haz_2 等。
> 偏残差：生成对生存时间的偏残差，以检验呈比例风险的假定，SPSS 为最终模型中的每一个协变量保存一个偏残差变量，在模型中至少含有一个协变量才能生成偏残差，自动生成的变量名前缀为 pr，如 pr1_1、pr1_2、pr2_1 等。
> DfBeta：在剔除了某个个案的情况下系数的估计更改。选择该项，如果一个样本观测值从模型中被剔除，则估计参数将发生变化，SPSS 为最终模型的每个协变量保存一个不同的参数变量，在模型中至少含有一个协变量才能生成不同的参数，自动生成的变量名前缀为 dfb。
> X*Beta：保存线性预测变量得分，它是每个样本观测值以均值为中心的协变量值及其对应的参数估计值的乘积的合计，如果没有指定变量名，则 SPSS 自动生成的变量名前缀为 xbe，如 xbe_1、xbe_2 等。

- "将模型信息导出到 XML 文件"选项：用户可使用该选项将参数估计值导出到指定的 XML 格式的文件中，然后使用该模型文件应用到其他数据文件，进行预测或评分等。

06 在"Cox 回归"对话框中单击"选项"按钮，弹出"Cox 回归：选项"对话框，如图 12.38 所示。本例中采用系统默认设置，然后单击"继续"按钮，回到"Cox 回归"对话框，单击"确定"按钮确认。

图 12.38 "Cox 回归：选项"对话框

对话框深度解读

- "模型统计"选项组：用户可通过设置该选项组获得模型参数的统计量，包括 Exp(B) 的置信区间和估算值的相关性。用户可以在每一步或者仅在最后一步请求这些统计量。
  > Exp(B) 的置信区间：确定相对风险估计值的置信区间。常用的置信区间为 90%、95% 和 99%。
  > 估算值的相关性：显示回归系数估计值的相关系数矩阵。
  > 显示模型信息：对当前模型显示对数似然统计量、似然比统计量和总体卡方值，对模型中的变量显示参数估计值及其标准误、瓦尔德统计量等。
    ◇ 在每个步骤：在每一步的逐步回归过程都将显示上述全部统计量。
    ◇ 在最后一个步骤：仅显示最终回归模型的统计量。
- "步进概率"选项组：如果选择了逐步推进方法，则可指定模型的进入或除去的概率。如果变量进入 F 的显著性水平小于“进入”值，则输入该变量；如果变量的该显著性水平大于“除去”值，则移去该变量。“进入”值必须小于“除去”值。

- “最大迭代次数”选项：允许用户指定模型的最大迭代次数，用于控制过程求解的时间，如果达到最大迭代次数，则迭代过程将终止。
- “显示基线函数”选项：允许用户显示协变量均值下的基线风险函数和累积生存。如果指定了依时协变量，则此显示不可用。

12.3.3 结果解读

1. 个案处理摘要

图 12.39 是个案处理摘要，可以在分析中使用的个案总计为 1398 个，其中发生事件的个案数有 711 个，占比为 50.9%；检剔后个案数有 687 个，占比为 49.1%；已删除的个案为 0 个，包括具有缺失值的个案、具有负时间的个案、层中最早发生的事件之前检剔后的个案均为 0 个。

2. 分类变量编码

图 12.40 是分类变量编码，吸烟、康复训练均为类别变量。编码之前，针对吸烟分类变量，0 表示不吸烟，1 表示吸烟。针对康复训练变量，0 表示不做康复训练，1 表示做康复训练。编码以后，针对吸烟分类变量，1 表示不吸烟，0 表示吸烟。针对康复训练变量，1 表示不做康复训练，0 表示做康复训练。系统还专门做了提示：由于(0,1)变量已重新编码，因此其系数不会与指示符(0,1)编码的系数相同。

在吸烟分类中，不吸烟的样本个数是 673 个，吸烟的样本个数是 725 个；在康复训练分类中，不做康复训练的样本个数是 623 个，做康复训练的样本个数是 775 个。

个案处理摘要

		个案数	百分比
可以在分析中使用的个案	事件[a]	711	50.9%
	检剔后	687	49.1%
	总计	1398	100.0%
已删除的个案	具有缺失值的个案	0	0.0%
	具有负时间的个案	0	0.0%
	层中最早发生的事件之前检剔后的个案	0	0.0%
	总计	0	0.0%
总计		1398	100.0%

a. 因变量：生存时间

图 12.39 个案处理摘要

分类变量编码[a,d]

		频率	(1)[c]
吸烟[b]	0=不吸烟	673	1
	1=吸烟	725	0
康复训练[b]	0=不做康复训练	623	1
	1=做康复训练	775	0

a. 类别变量：吸烟

b. 指示符参数编码

c. 由于 (0,1) 变量已重新编码，因此其系数不会与指示符 (0,1) 编码的系数相同。

d. 类别变量：康复训练

图 12.40 分类变量编码

3. 模型系数的 Omnibus 检验原始的对数似然值

图 12.41 给出了模型系数的 Omnibus 检验原始的对数似然值 8989.319。

模型系数的 Omnibus 检验

-2 对数似然
8989.319

图 12.41 模型系数的 Omnibus 检验 1

4. 最终模型系数的 Omnibus 检验结果

因为我们前面在回归方法部分选择的是“输入”法，所以直接产生最终模型，图 12.42 便是最终模型系数的 Omnibus 检验结果，其中-2 对数似然值为

4558.999，较对数似然值 8989.319 有了比较大的下降，说明模型的解释能力得到了显著提示。总体（得分）的卡方值为 1668.045，自由度为 4，显著性水平很高（显著性 P 值为 0.000）。

模型系数的 Omnibus 检验

-2 对数似然	总体（得分）			从上一步进行更改			从上一块进行更改		
	卡方	自由度	显著性	卡方	自由度	显著性	卡方	自由度	显著性
4558.999	1668.045	4	.000	4430.321	4	.000	4430.321	4	.000

a. 起始块号 1。方法 = 输入

图 12.42　模型系数的 Omnibus 检验 2

5. 最终模型方程中的变量

图 12.43 给出了进入模型方程的统计量，从左至右分别为：变量名、回归系数、回归系数标准误、瓦尔德统计量、自由度、显著性水平、相对风险度。可以发现年龄的系数为负（-0.783），且非常显著（显著性 P 值为 0.000），说明年龄越小，生存时间越长，而且这种影响关系是非常显著的；住院时间的系数为负（-4.348），且非常显著（显著性 P 值为 0.000），说明住院时间越短，生存时间越长，而且这种影响关系是非常显著的，但是这种影响可能具有一定的内生性，因为大多数情况下，症状较轻的病人住院时间就会越短，对应的生存时间也可能越长；吸烟的系数为负（-2.776），且非常显著（显著性 P 值为 0.000），由于重新进行了编码，小的数值 0 表示吸烟，大的数值 1 表示不吸烟，所以系数为负说明吸烟的病人生存时间更长一些，这可能是病症较重的病人被严禁吸烟了，吸烟的病人都是轻症者；康复训练的系数为正（2.914），且非常显著（显著性 P 值为 0.000），由于重新进行了编码，小的数值 0 表示做康复训练，大的数值 1 表示不做康复训练，所以系数为正说明不做康复训练的病人生存时间更长一些，这可能是病症较重的病人倾向于做康复训练不断努力，而轻症者不愿意或没有必要做康复训练。

6. 最终模型系数的协变量平均值

图 12.44 给出了所有协变量的平均值。年龄、吸烟、康复训练、住院时间 4 个协变量的平均值分别为 55.523、0.481、0.446、23.754。

方程中的变量

	B	SE	瓦尔德	自由度	显著性	Exp(B)
年龄	-.783	.189	17.063	1	.000	.457
吸烟	-2.776	.573	23.456	1	.000	.062
康复训练	2.914	.259	126.309	1	.000	18.435
住院时间	-4.348	.194	500.018	1	.000	.013

协变量平均值

	平均值
年龄	55.523
吸烟	.481
康复训练	.446
住院时间	23.754

图 12.43　方程中的变量的统计量　　　　图 12.44　协变量均值表

7. 按协变量平均值的系列生存分析函数图

图 12.45 给出了按协变量平均值的生存分析函数图，可以看出随着时间的流逝，累积生存比率会从 1 逐渐下降至 0。其中需要注意的是，该生存分析函数图中生存时间在 600 附近的时候呈现快速下降走势，说明这个时点对于病者来说非常重要。

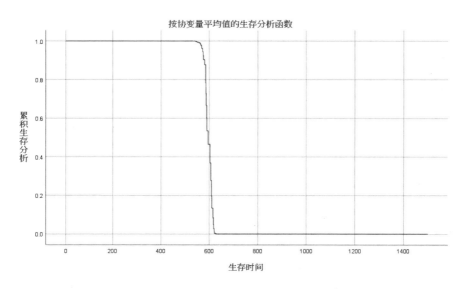

图 12.45 按协变量平均值的生存分析函数图

图 12.46 给出了按协变量平均值的一减生存分析函数图,该图与按协变量平均值的生存分析函数图走势恰好相反。可以看出随着时间的流逝,一减累积生存比率会从 0 逐渐上升至 1。其中需要注意的是,该生存分析函数图中生存时间在 600 附近的时候呈现快速上升走势,与按协变量平均值的生存分析函数图中展示的结论一致。

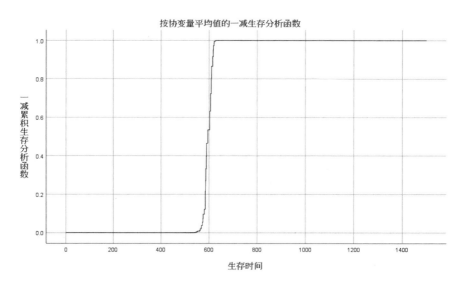

图 12.46 按协变量平均值的一减生存分析函数图

图 12.47 给出了按协变量平均值的风险函数图,可以看出在生存时间小于 600 时,累计风险一直维持在 0,但是在超过了 600 以后,几乎呈现直线上升态势。

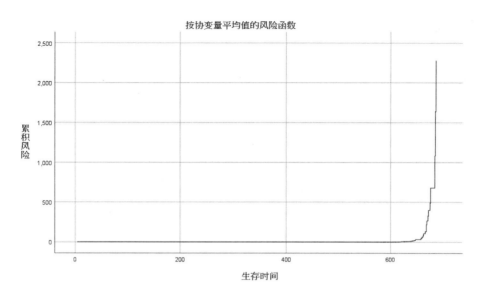

图 12.47 按协变量平均值的风险函数图

图 12.48 给出了按协变量平均值的 LML 函数图,即生成经过 ln(-ln)转换之后的累积生存估计图,可以看出是一直按照一定斜率上升的。

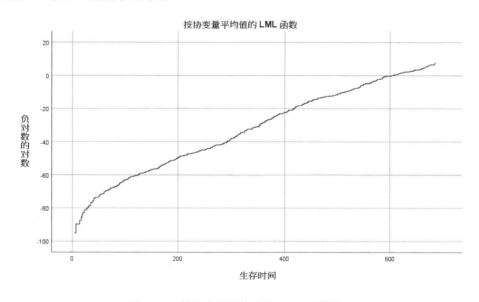

图 12.48 按协变量平均值的 LML 函数图。

8. 保存的新变量

因为前面在"保存模型变量"选项组中选择了"生存分析函数""生存分析函数的标准误差""生存分析函数负对数的对数""风险函数""偏残差""DfBeta""X*Beta"等选项,所以系统产生了相应的变量并保存进了相应的数据文件中,限于篇幅不再展示,读者可自行查看。

12.3.4 知识点总结与练习题

知识点总结：本节讲述了 Cox 回归分析的 SPSS 操作，对涉及的窗口界面进行了深度解读。通过本节的学习，应该较为清晰地知晓 Cox 回归分析的适用情形，并且能够较为连贯地对分析结果进行解读。

练习题：用于分析的数据还是数据 12.3，请使用 Cox 回归分析法分析年龄、性别（注意不再是前面讲解的是否吸烟，而是数据文件中的另一个变量）、是否做康复训练、住院时间对生存时间的影响方向以及影响关系是否显著，并写出最终的研究结论。

第 13 章

降维分析

本章主要学习 SPSS 的降维分析，包括因子分析、主成分分析、对应分析 3 种分析方法。我们在研究事物之间的影响关系时，通常首先会选取一些变量，然后针对选取的变量搜集相应的样本观测值数据。前面我们在回归分析部分提到，有时候各个自变量之间可能出现多重共线性关系，其实这种现象的本质就是各变量承载的信息出现了信息重叠，或者说变量选取的相对"多"了；另外，当我们的样本观测值数较少，但是选取的变量过多的话，会导致模型的自由度太小，进而造成构建效果欠佳。本章介绍的降维分析就是解决上述问题的重要方法。降维分析的基本思想就是在尽可能不损失信息或者少损失信息的情况下，将多个变量减少为少数几个潜在的因子或者主成分，这几个因子或主成分可以高度地概括大量数据中的信息，这样既减少了变量个数，又能最大限度地保留原有变量中的信息。

除了本章介绍的这些降维分析方法之外，前面章节介绍的聚类分析方法中的按变量聚类实质性也是一种降维分析，另外常用的分析方法还有缺失值比率（Missing Values Ratio）、低方差滤波（Low Variance Filter）、高相关滤波（High Correlation Filter）、随机森林/组合树（Random Forests）、随机投影（Random Projections）、反向特征消除（Backward Feature Elimination）、前向特征构造（Forward Feature Construction）、非负矩阵分解（Non-Negative Matrix Factorization）、自动编码（Auto-encoders）、卡方检测与信息增益（Chi-Square and Information Gain）、多维标定（Multidimensional Scaling）以及贝叶斯模型（Bayesian Models）等。

本章教学要点：

- 清楚知晓因子分析、主成分分析、对应分析 3 种分析方法的特色，知晓每种方法的适用条件。
- 熟练掌握因子分析、主成分分析、对应分析 3 种分析的窗口功能，根据研究需要灵活进行窗口设置，开展降维分析。
- 能够对各种降维分析的结果进行解读，从中发现数据特征，得出研究结论。

13.1 因子分析

下载资源:\video\第 13 章\13.1	
下载资源:\sample\数据 13.1	

曼提出。其基本思想是认为既有变量之间存在内部关联关系，且有少数几个独立的潜在变量可以有效地描述这些关联关系，并概括既有变量的主要信息，这些潜在变量就是因子。因子分析的基本过程是：

1. 选择分析的变量，计算所选原始变量的相关系数矩阵

如果变量之间无相关性或相关性较小的话，就没有必要进行因子分析了，所以原始变量之间有较强的相关性是因子分析的前提，相关系数矩阵也是估计因子结构的基础。

2. 估计因子载荷矩阵，提出公共因子

因子分析的基本模型如下：

$$\underset{(m\times 1)}{Z} = \underset{(m\times p)}{A} \cdot \underset{(p\times 1)}{F} + \underset{\underset{\text{(对角阵)}}{(m\times m)}}{C} \underset{(m\times 1)}{U}$$

其中 Z 为原始变量，是可实测的 m 维随机向量，它的每个分量代表一个指标或者变量；A 为因子载荷矩阵，矩阵中的每一个元素称为因子载荷，表示第 i 个变量在第 j 个公共因子上的载荷；F 为公共因子，为不可观测的 p 维随机向量，它的各个分量将出现在每个变量之中，模型展开形式如下：

$$\begin{cases} Z_1 = a_{11}F_1 + a_{12}F_2 + \cdots + a_{1p}F_p + c_1U_1 \\ Z_2 = a_{22}F_1 + a_{22}F_2 + \cdots + a_{2p}F_p + c_2U_2 \\ \vdots \\ Z_m = a_{m1}F_1 + a_{m2}F_2 + \cdots + a_{mp}F_p + c_mU_m \end{cases}$$

向量 U 称为特殊因子，其中包括随机误差，它们满足条件：

（1）$\text{Cov}(F,U)=0$，即 F 与 U 不相关。
（2）$\text{Cov}(F_i,F_j)=0, i \neq j; \text{Var}(F_i) = \text{Cov}(F_i,F_j) = I$，即向量 F 的协方差矩阵为 P 阶单位阵。
（3）$\text{Cov}(U_i,U_j)=0, i \neq j; \text{Var}(U_i) = \sigma_i^2$，即向量 U 的协方差矩阵为 m 阶对角阵。

在开展因子分析时需要确定因子的个数，在因子个数的具体确定上可以根据因子方差的大小来确定。一般情况下只取特征值大于 1 的那些因子，因为特征值小于 1 的因子的贡献可能很小；然后还要一并考虑提取因子的累计方差贡献率，一般认为要达到 60% 才能符合要求。

3. 因子旋转

在很多情况下，我们实施因子分析除了需要达到降维的目的之外，还需要对提取的公因子进行解释，或者说需要赋予公因子一定的意义，以便对问题做出实际分析，如果每个公共因子的含义不清，则不便于进行实际背景的解释，所以需要对因子载荷阵施行变换或称因子旋转。

有 3 种主要的正交旋转法，即四次方最大法、方差最大法和等量最大法。常用的方法是方差最大法，使旋转后的因子载荷阵中的每一列元素尽可能地拉开距离，或者说向 0 或 1 两极分化，使每一个主因子只对应少数几个变量具有高载荷，其余载荷很小，且每一个变量也只在少数个主因子上具有高载荷，其余载荷都很小。需要注意的是，正交旋转适用于正交因子模型，即主因子是相互独立的情况；如果主因子之间存在着较为明显的相关关系，这时做非正交旋转即斜交旋转是更为合适

具有高载荷，其余载荷都很小。需要注意的是，正交旋转适用于正交因子模型，即主因子是相互独立的情况；如果主因子之间存在着较为明显的相关关系，这时做非正交旋转即斜交旋转是更为合适的选择。

4. 计算因子得分

计算因子得分，有了因子得分值，可以在许多分析中使用这些因子。比如以因子的得分做聚类分析的变量，做回归分析中的自变量。

13.1.2 操作演示与功能详解

本节用于分析的数据是数据13.1，记录的是《中国2021年1-3月份地区主要能源产品产量统计》，数据摘编自《中国经济景气月报202104》。限于篇幅不再展示数据文件的数据视图和变量视图，读者可自行打开相关源文件观察。针对汽油万吨、煤油万吨、柴油万吨、燃料油万吨、石脑油万吨、液化石油气万吨、石油焦万吨、石油沥青万吨、焦炭万吨、煤气亿立方米10个变量开展因子分析，操作演示与功能详解如下：

01 打开数据13.1，选择"分析|降维|因子"命令，弹出"因子分析"对话框，如图13.1所示。在"因子分析"对话框左侧变量列表框中选择汽油万吨、煤油万吨、柴油万吨、燃料油万吨、石脑油万吨、液化石油气万吨、石油焦万吨、石油沥青万吨、焦炭万吨、煤气亿立方米10个变量，单击➡按钮，选入右侧的"变量"列表框中（在选择的时候可使用Shift快捷键，即先选择最上面一个需要进入分析的变量，然后按住键盘上的Shift键，再选择最下面一个需要进入分析的变量，那么中间的变量就都选中了）。

如果需要限定样本范围，即使用部分样本观测值参与因子分析，则需要从左侧变量列表框中选择一个能够标记这部分样本观测值的变量，单击➡按钮，选入"选择变量"框中，并单击下方的"值"按钮，打开如图13.2所示的"因子分析：设置值"对话框。在"选择变量值"文本框中输入能标记这部分样本观测值的变量值。当然，如果需要使用全部观测量，该步骤可以省略，本例中使用全部样本观测值，所以不设置"选择变量"选项。

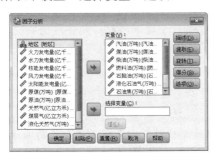
图13.1 "因子分析"对话框

图13.2 "因子分析：设置值"对话框

02 在"因子分析"对话框中单击"描述"按钮，弹出"因子分析：描述"对话框，如图13.3所示，我们可以在这里选择需要输出的统计量。本例中在"统计"选项组中饭选择"单变量描述""初始解"两个选项，在"相关性矩阵"中选择"系数""逆""显著性水平""再生""决定因子""反映像""KMO和巴特利特球形度检验"7个选项，单击"继续"按钮，回到"因子分析"

对话框。

图 13.3 "因子分析：描述"对话框

对话框深度解读

- "统计"选项组中有以下两个选项：
  - 单变量描述：输出参与分析的各个变量的平均值、标准偏差以及分析个案数。
  - 初始解：输出初始公因子方差、特征值和已解释方差的百分比。
- "相关性矩阵"选项组中有以下 7 个选项：
  - 系数：输出原始变量之间的相关系数矩阵，如果相关系数矩阵中的大部分系数都小于 0.3，即变量之间大多为弱相关，则原则上不适合进行因子分析。
  - 逆：输出变量相关系数矩阵的逆矩阵。
  - 显著性水平：输出相关系数矩阵中相关系数的单尾假设检验的概率值，相应的原假设是相关系数为 0。
  - 再生：输出因子分析后的估计相关系数矩阵以及残差阵（即原始相关阵与再生相关阵的差分）。
  - 决定因子：计算相关系数矩阵的行列式值。
  - 反映像：输出反映像协方差矩阵和反映像相关性矩阵，在一个好的因子模型中，反映像相关阵中，大部分非对角线的元素将会很小，变量的取样充分性度量显示在反映像相关性矩阵的对角线上。反映像相关矩阵的对角线上的元素又称为变量的取样充分性度量（MSA）。
  - KMO 和巴特利特球形度检验：KMO 统计量用于比较变量间简单相关系数矩阵和偏相关系数的指标，KMO 值越接近 1 表示越适合做因子分析，而巴特利特球形度检验的原假设为相关系数矩阵为单位阵，如果是单位阵，则表明不适合采用因子模型，如果 Sig 值拒绝原假设，则表示变量之间存在相关关系，适合做因子分析。

03 在"因子分析"对话框中单击"提取"按钮，弹出"因子分析：提取"对话框，如图 13.4 所示。本例中在"方法"下拉列表中选择"主成分"，在"分析"选项组中选择"相关性矩阵"，在"显示"选项组中选择"未旋转因子解""碎石图"，在"提取"选项组中选择"基于特征值"且将下面的"特征值大于"设置为"1"，在"最大收敛迭代次数"中选择系统默认设置的"25"，然后单击"继续"按钮，回到"因子分析"对话框。

图 13.4 "因子分析：提取"对话框

对话框深度解读

- "方法"下拉列表：用于选择公因子提取方法，包括以下 7 种：
  - 主成分：该方法作为因子提取方法的一种，用于形成观察变量的不相关的线性组合。在主成分分析中，一个非常重要的特点是，第一个成分具有最大的方差，后面的成分对方差的解释的比例呈现逐渐变小走势，而且这些主成分相互之间均不相关。主成分分析通常用来获取最初因子解，可以在相关性矩阵是奇异矩阵时使用。
  - 未加权最小平方：该方法作为因子提取方法的一种，可以使观察的相关性矩阵和再生的相关性矩阵之间的差的平方值之和最小（忽略对角线）。
  - 广义最小平方：该方法作为因子提取方法的一种，可以使观察的相关性矩阵和再生的相关性矩阵之间的差的平方值之和最小。相关系数要进行加权，权重为它们单值的倒数，这样单值高的变量，其权重比单值低的变量的权重小。
  - 最大似然法：该方法作为因子提取方法的一种，在样本来自多变量正态分布的情况下，它生成的参数估计最有可能生成观察到的相关性矩阵。将变量单值的倒数作为权重对相关性进行加权，并使用迭代算法。
  - 主轴因子分解：该方法作为因子提取方法的一种，在初始相关性矩阵中，多元相关系数的平方放置于对角线上作为公因子方差的初始估计值。这些因子载荷用来估计替换对角线中的旧公因子方差估计值的新的公因子方差。继续迭代，直到某次迭代和下次迭代之间公因子方差的改变幅度能满足提取的收敛性条件。
  - Alpha 因式分解：该方法作为因子提取方法的一种，将分析中的变量视为来自潜在变量全体的一个样本。此方法使因子的 Alpha 可靠性最大。
  - 映像因式分解：该方法作为因子提取方法的一种，由 Guttman 开发，它基于映像理论。变量的公共部分（称为偏映像）定义为其对剩余变量的线性回归，而非假设因子的函数。
- "分析"选项组：可以指定相关性矩阵或协方差矩阵。
  - 相关性矩阵：在分析中使用不同的刻度测量变量时很有用。

- 协方差矩阵：将因子分析应用于每个变量具有不同方差的多个组时很有用。
- "输出"选项组：可以请求未旋转的因子解和特征值的碎石图。
  - 未旋转因子解：显示未旋转的因子载荷（因子模式矩阵）、公因子方差和因子解的特征值。
  - 碎石图：与每个因子相关联的方差的图。该图用于确定应保持的因子个数。图上有一个明显的分界点，它的左边陡峭的斜坡代表大因子，右边缓变的尾部代表其余的小因子(碎石)。
- "提取"选项组用于选择提取公因子的数量，有两个选择：
  - 基于特征值：选择此选项并在后面的矩形框中输入一数值（系统的默认值为1），凡特征值大于该数值的因子都将被作为公因子提取出来。
  - 因子的固定数目：在后面的矩形框中指定提取公因子的数量，以保留特定数量的因子。
- 最大收敛迭代次数：设置最大的迭代次数，系统默认的最大迭代次数为25。

04 在"因子分析"对话框中单击"旋转"按钮，弹出"因子分析：旋转"对话框，如图 13.5 所示，我们在"方法"选项组中选择"最大方差法"，在"显示"选项组中选择"旋转后的解""载荷图"，其他采用系统默认设置，然后单击"继续"按钮，回到"因子分析"对话框。

图 13.5　"因子分析：旋转"对话框

对话框深度解读

- "方法"选项组：选择因子旋转的方法，可用的方法有无、最大方差法、直接斜交法、四次幂极大法、等量最大法和最优斜交法。
  - 无：不进行旋转，这是系统默认的选项。
  - 最大方差法：一种正交旋转方法，它使得对每个因子有高负载的变量的数目达到最小。该方法简化了因子的解释。
  - 直接斜交法：一种斜交（非正交）旋转方法，选择此项后，可在被激活的 Delta 框中输入不超过 0.8 的数值，系统默认的 Delta 值为 0，表示因子分析的解最倾斜。Delta 值可取负值（大于等于-1），Delta 负得越厉害，因子的斜交度越低，旋转越接近正交。
  - 四次幂极大法：一种旋转方法，它可使得解释每个变量所需的因子最少。该方法简化了观察到的变量的解释。
- ➤ 等量最大法：该方法将最大方差法和四次幂极大法相结合，使得高度依赖因子的变量的个数以及解释变量所需的因子的个数最少。
- ➤ 最优斜交法，即斜交旋转法，该方法允许因子之间相关，比直接斜交法计算得更快，适用于大型数据集，选择此项，在被激活的 Kappa 框中输入控制斜交旋转的参数值，这个参数的默认值为 4（此值最适合分析）。
- "显示"选项组：用于设置旋转解的输出。
  - ➤ 旋转后的解：当在"方法"栏中选择了一种旋转方法后，此选项才被激活。对于正交旋转，输出旋转模型矩阵、因子转换矩阵；对于斜交旋转，则输出模式、结构和因子相关性矩阵。
  - ➤ 载荷图：输出前 3 个因子的三维因子载荷图。对于双因子解，显示二维图。如果只抽取了一个因子，那么不显示图。如果要求旋转，那么图会显示旋转解。
- "最大收敛迭代次数"选项：当选择了一种旋转方法后，对话框中的选项"最大收敛迭代次数"被激活，允许输入指定的最大迭代次数，系统默认为 25。

05 在"因子分析"对话框中单击"得分"按钮，弹出"因子分析：因子得分"对话框，如图 13.6 所示。我们选择"保存为变量"选项并在下方的"方法"选项组中选择"回归"，选择"显示因子得分系数矩阵"选项，单击"继续"按钮，回到"因子分析"对话框。

对话框深度解读

- "保存为变量"选项：选择"保存为变量"选项时，系统将为最终解中的每个因子创建一个新变量（根据提取的公共因子的多少，默认的变量名为 fac_i, i=1,2,…），将因子得分保存到当前工作文件中，供其他统计分析时使用。计算因子得分的可选方法有回归、巴特利特和安德森-鲁宾。
  - ➤ 回归：生成的因子得分的平均值等于 0，方差等于估计的因子得分与真实的因子值之间的复相关系数的平方。即使因子是正交的，因子得分也可能相关。
  - ➤ 巴特利特：可由最小二乘法或极大似然法导出，生成的因子得分的平均值等于 0，使整个变量范围中所有唯一因子的平方和达到最小。
  - ➤ 安德森-鲁宾：生成的因子得分平均值为 0，标准差为 1，且不相关。此方法是对巴特利特法的改进，它保证了被估计因子的正交性。
- "显示因子得分系数矩阵"选项：选择"显示因子得分系数矩阵"选项，可以输出因子得分的系数矩阵及因子得分之间的相关性矩阵。

06 在"因子分析"对话框中单击"选项"按钮，弹出"因子分析：选项"对话框，如图 13.7 所示。本例中采取系统默认设置，单击"继续"按钮，回到"因子分析"对话框，单击"确定"按钮确认。

图 13.6 "因子分析：因子得分"对话框　　图 13.7 "因子分析：选项"对话框

对话框深度解读

- "缺失值"选项组：用于设置缺失值的处理方式，有 3 种方法：成列排除个案、成对排除个案和替换为平均值。
  - ➢ 成列排除个案：排除在任何分析中所用的任何变量有缺失值的个案。
  - ➢ 成对排除个案：从分析中排除变量对中有一个或两个缺失值的个案。
  - ➢ 替换为平均值：将缺失值用变量平均值代替。
- "系数显示格式"选项组：用于控制输出矩阵的外观。
  - ➢ 按大小排序：将因子载荷矩阵和结构矩阵按数值大小排序，使得对同一因子具有高载荷的变量在一起显示。
  - ➢ 禁止显示小系数：只显示绝对值大于指定值的符合系数，系统默认的指定值为 0.1，也可以在小框内输入 0~1 的任意数值。

13.1.3　结果解读

1. 描述统计

图 13.8 为汽油万吨等 10 个变量的描述统计量，包括平均值、标准偏差、分析个案数。

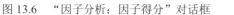

	平均值	标准偏差	分析个案数
汽油(万吨)	117.4806	127.56793	31
煤油(万吨)	33.7419	42.61315	31
柴油(万吨)	121.7871	155.47284	31
燃料油(万吨)	29.4645	54.18021	31
石脑油(万吨)	38.9000	63.38246	31
液化石油气(万吨)	38.3871	74.31495	31
石油焦(万吨)	23.7645	50.87091	31
石油沥青(万吨)	44.8645	120.35532	31
焦炭(万吨)	383.8000	517.77012	31
煤气(亿立方米)	127.7129	179.15365	31

图 13.8　描述统计

2. 相关性矩阵

图 13.9 给出了参与因子分析变量的相关系数矩阵表，上半部分为各变量之间的相关系数矩阵，

下半部分为各变量相关性检验的单侧显著性水平，显著性检验矩阵中的空格表示 0。由此表可以看出多数参与因子分析的变量之间存在高度的相关关系，因此数据文件比较适合进行因子分析。

相关性矩阵[a]

		汽油(万吨)	煤油(万吨)	柴油(万吨)	燃料油(万吨)	石脑油(万吨)	液化石油气(万吨)	石油焦(万吨)	石油沥青(万吨)	焦炭(万吨)	煤气(亿立方米)
相关性	汽油(万吨)	1.000	.606	.966	.862	.909	.784	.833	.797	.101	.335
	煤油(万吨)	.606	1.000	.531	.588	.637	.454	.345	.287	-.181	.099
	柴油(万吨)	.966	.531	1.000	.887	.869	.861	.920	.882	.126	.266
	燃料油(万吨)	.862	.588	.887	1.000	.818	.891	.884	.869	.124	.378
	石脑油(万吨)	.909	.637	.869	.818	1.000	.750	.803	.746	.004	.251
	液化石油气(万吨)	.784	.454	.861	.891	.750	1.000	.939	.943	.071	.198
	石油焦(万吨)	.833	.345	.920	.884	.803	.939	1.000	.978	.107	.222
	石油沥青(万吨)	.797	.287	.882	.869	.746	.943	.978	1.000	.157	.292
	焦炭(万吨)	.101	-.181	.126	.124	.004	.071	.107	.157	1.000	.467
	煤气(亿立方米)	.335	.099	.266	.378	.251	.198	.222	.292	.467	1.000
显著性（单尾）	汽油(万吨)		.000	.000	.000	.000	.000	.000	.000	.295	.033
	煤油(万吨)	.000		.001	.000	.000	.005	.029	.059	.165	.297
	柴油(万吨)	.000	.001		.000	.000	.000	.000	.000	.249	.074
	燃料油(万吨)	.000	.000	.000		.000	.000	.000	.000	.253	.018
	石脑油(万吨)	.000	.000	.000	.000		.000	.000	.000	.492	.087
	液化石油气(万吨)	.000	.005	.000	.000	.000		.000	.000	.352	.142
	石油焦(万吨)	.000	.029	.000	.000	.000	.000		.000	.284	.115
	石油沥青(万吨)	.000	.059	.000	.000	.000	.000	.000		.200	.055
	焦炭(万吨)	.295	.165	.249	.253	.492	.352	.284	.200		.004
	煤气(亿立方米)	.033	.297	.074	.018	.087	.142	.115	.055	.004	

a. 决定因子 = 2.981E-8

图 13.9 相关系数矩阵表

3. 相关性矩阵的逆矩阵

图 13.10 为相关性矩阵的逆矩阵。

相关性矩阵的逆矩阵

	汽油(万吨)	煤油(万吨)	柴油(万吨)	燃料油(万吨)	石脑油(万吨)	液化石油气(万吨)	石油焦(万吨)	石油沥青(万吨)	焦炭(万吨)	煤气(亿立方米)
汽油(万吨)	57.352	4.198	-62.571	-4.803	-18.656	-3.003	40.005	-9.365	2.476	-3.231
煤油(万吨)	4.198	5.335	-7.785	-3.627	-3.771	-4.883	9.124	3.514	.823	-.022
柴油(万吨)	-62.571	-7.785	80.755	4.967	18.765	7.179	-54.798	8.906	-3.731	3.592
燃料油(万吨)	-4.803	-3.627	4.967	11.433	2.002	-2.197	-9.659	1.147	-.411	-1.735
石脑油(万吨)	-18.656	-3.771	18.765	2.002	12.183	3.228	-19.680	4.737	-.539	.426
液化石油气(万吨)	-3.003	-4.883	7.179	-2.197	3.228	18.180	-7.136	-13.655	-.450	1.786
石油焦(万吨)	40.005	9.124	-54.798	-9.659	-19.680	-7.136	81.449	-36.942	2.608	1.752
石油沥青(万吨)	-9.365	3.514	8.906	1.147	4.737	-13.655	-36.942	45.105	-.308	-3.340
焦炭(万吨)	2.476	.823	-3.731	-.411	-.539	-.450	2.608	-.308	1.586	-.771
煤气(亿立方米)	-3.231	-.022	3.592	-1.735	.426	1.786	1.752	-3.340	-.771	2.274

图 13.10 相关性矩阵的逆矩阵

4. KMO 和巴特利特检验

图 13.11 为 KMO 和巴特利特检验结果。KMO 检验是为了看数据是否适合进行因子分析，其取值范围是 0~1。其中 0.9~1 表示极好，0.8~0.9 表示可奖励，0.7~0.8 表示还好，0.6~0.7 表示中等，0.5~0.6 表示糟糕，0~0.5 表示不可接受。KMO 取样适切性量数为 0.755，说明还好。巴特利特球形度检验的近似卡方值为 447.655，自由度为 45，显著性 P 值为 0.000。巴特利特球形度检验的原假设为相关系数矩阵为单位阵，如果是单位阵，则表明不适合采用因子模型，本例中显著性 P 值为 0.000，显著拒绝了原假设，表明适合做因子分析。

KMO 和巴特利特检验

KMO 取样适切性量数		.755
巴特利特球形度检验	近似卡方	447.655
	自由度	45
	显著性	.000

图 13.11 KMO 和巴特利特检验

5. 反映像矩阵

图 13.12 为反映像矩阵，包括反映像协方差矩阵和反映像相关性矩阵，在一个好的因子模型中，反映像相关性矩阵中大部分非对角线的元素将会很小，变量的取样充分性度量显示在反映像相关性矩阵的对角线上。可以发现本例中的数据能够相对较好地满足这一特征，适合进行因子分析。

反映像矩阵

		汽油(万吨)	煤油(万吨)	柴油(万吨)	燃料油(万吨)	石脑油(万吨)	液化石油气(万吨)	石油焦(万吨)	石油沥青(万吨)	焦炭(万吨)	煤气(亿立方米)
反映像协方差矩阵	汽油(万吨)	.017	.014	-.014	-.007	-.027	-.003	.009	-.004	.027	-.025
	煤油(万吨)	.014	.187	-.018	-.059	-.058	-.050	.021	.015	.097	-.002
	柴油(万吨)	-.014	-.018	.012	.005	.019	.005	-.008	.002	-.029	.020
	燃料油(万吨)	-.007	-.059	.005	.087	.014	-.011	-.010	.002	-.023	-.067
	石脑油(万吨)	-.027	-.058	.019	.014	.082	.015	-.020	.009	-.028	.015
	液化石油气(万吨)	-.003	-.050	.005	-.011	.015	.055	-.005	-.017	-.016	.043
	石油焦(万吨)	.009	.021	-.008	-.010	-.020	-.005	.012	-.010	.020	.009
	石油沥青(万吨)	-.004	.015	.002	.002	.009	-.017	-.010	.022	-.004	-.033
	焦炭(万吨)	.027	.097	-.029	-.023	-.028	-.016	.020	-.004	.630	-.214
	煤气(亿立方米)	-.025	-.002	.020	-.067	.015	.043	.009	-.033	-.214	.440
反映像相关性矩阵	汽油(万吨)	.715[a]	.240	-.919	-.188	-.706	-.093	.585	-.184	.260	-.283
	煤油(万吨)	.240	.606[a]	-.375	-.464	-.468	-.496	.438	.227	.283	-.006
	柴油(万吨)	-.919	-.375	.716[a]	.163	.598	.187	-.676	.148	-.330	.265
	燃料油(万吨)	-.188	-.464	.163	.900[a]	.170	-.152	-.317	.051	-.097	-.340
	石脑油(万吨)	-.706	-.468	.598	.170	.737[a]	.217	-.625	.202	-.123	.081
	液化石油气(万吨)	-.093	-.496	.187	-.152	.217	.870[a]	-.185	-.477	-.084	.278
	石油焦(万吨)	.585	.438	-.676	-.317	-.625	-.185	.718[a]	-.609	.229	.129
	石油沥青(万吨)	-.184	.227	.148	.051	.202	-.477	-.609	.847[a]	-.036	-.330
	焦炭(万吨)	.260	.283	-.330	-.097	-.123	-.084	.229	-.036	.397[a]	-.406
	煤气(亿立方米)	-.283	-.006	.265	-.340	.081	.278	.129	-.330	-.406	.553[a]

a. 取样适切性量数 (MSA)

图 13.12　反映像矩阵

6. 公因子方差

图 13.13 给出了公因子方差结果，提取方法为主成分分析法，表示的是各变量中所含原始信息能被提取的公因子所解释的程度。以第一个变量“汽油（万吨）”为例，提取公因子方差为 0.892，也就是说提取的公因子对变量“汽油（万吨）”的方差做出了 89.2%的贡献，能够包含原变量 89.2%的信息。可以发现本例中所有变量的公因子方差都比较高，所以提取的公因子对各变量的解释能力很强，说明变量空间转化为因子空间时，保留了比较多的信息，因子分析的效果是显著的。

公因子方差

	初始	提取
汽油(万吨)	1.000	.892
煤油(万吨)	1.000	.502
柴油(万吨)	1.000	.936
燃料油(万吨)	1.000	.909
石脑油(万吨)	1.000	.838
液化石油气(万吨)	1.000	.858
石油焦(万吨)	1.000	.891
石油沥青(万吨)	1.000	.863
焦炭(万吨)	1.000	.778
煤气(亿立方米)	1.000	.628

提取方法：主成分分析法。

图 13.13　公因子方差

7. 总方差解释

图 13.14 给出了总方差解释。可以看出，“初始特征值”一栏显示只有前两个公因子特征值大于 1，所以 SPSS 只选择了前两个公因子；“提取载荷平方和”一栏显示第一公因子的方差百分比是 66.188%，前两个公因子的方差占所有公因子方差的 80.956%，由此可见，选前两个公因子已足够替

代原来的变量，几乎涵盖了原变量的全部信息；"旋转载荷平方和"一栏显示的是旋转以后的因子提取结果，与未旋转之前差别不大。

总方差解释

成分	初始特征值			提取载荷平方和			旋转载荷平方和		
	总计	方差百分比	累积%	总计	方差百分比	累积%	总计	方差百分比	累积%
1	6.619	66.188	66.188	6.619	66.188	66.188	6.485	64.846	64.846
2	1.477	14.768	80.956	1.477	14.768	80.956	1.611	16.110	80.956
3	.896	8.959	89.915						
4	.470	4.697	94.612						
5	.291	2.908	97.520						
6	.118	1.182	98.702						
7	.074	.738	99.441						
8	.035	.349	99.789						
9	.016	.160	99.949						
10	.005	.051	100.000						

提取方法：主成分分析法。

图 13.14　总方差解释

8. 碎石图

图 13.15 给出了碎石图，碎石图的纵坐标为特征值，横坐标为公因子，从图中可以看出前两个公因子的特征值较大（皆大于 1），图中折线陡峭，从第三个公因子以后，折线平缓，特征值均小于 1。

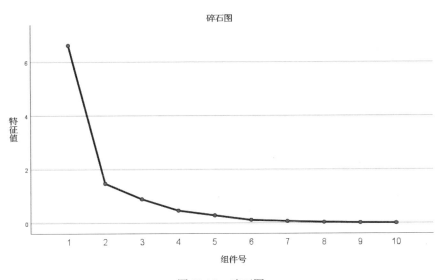

图 13.15　碎石图

9. 再生相关性

图 13.16 为再生相关性结果，包括因子分析后的估计相关系数矩阵以及残差阵（即原始相关阵与再生相关阵的差分）。

再生相关性

		汽油(万吨)	煤油(万吨)	柴油(万吨)	燃料油(万吨)	石脑油(万吨)	液化石油气(万吨)	石油焦(万吨)	石油沥青(万吨)	焦炭(万吨)	煤气(亿立方米)
再生相关性	汽油(万吨)	.892[a]	.559	.914	.899	.858	.875	.891	.868	.088	.300
	煤油(万吨)	.559	.502[a]	.568	.541	.583	.554	.541	.493	-.286	-.094
	柴油(万吨)	.914	.568	.936[a]	.922	.877	.896	.913	.891	.100	.316
	燃料油(万吨)	.899	.541	.922	.909[a]	.857	.881	.900	.883	.139	.345
	石脑油(万吨)	.858	.583	.877	.857	.838[a]	.843	.851	.819	-.018	.204
	液化石油气(万吨)	.875	.554	.896	.881	.843	.858[a]	.873	.849	.073	.284
	石油焦(万吨)	.891	.541	.913	.900	.851	.873	.891[a]	.873	.127	.333
	石油沥青(万吨)	.868	.493	.891	.883	.819	.849	.873	.863[a]	.202	.389
	焦炭(万吨)	.088	-.286	.100	.139	-.018	.073	.127	.202	.778[a]	.666
	煤气(亿立方米)	.300	-.094	.316	.345	.204	.284	.333	.389	.666	.628[a]
残差[b]	汽油(万吨)		.047	.052	-.037	.052	-.091	-.058	-.071	.013	.035
	煤油(万吨)	.047		-.037	.046	.054	-.101	-.196	-.206	.105	.193
	柴油(万吨)	.052	-.037		-.035	-.009	-.035	.007	.009	.026	-.051
	燃料油(万吨)	-.037	.046	-.035		-.040	.011	-.017	-.013	-.015	.033
	石脑油(万吨)	.052	.054	-.009	-.040		-.093		-.048	-.074	.022	.047
	液化石油气(万吨)	-.091	-.101	-.035	.011	-.093		.066	.094	-.002	-.085
	石油焦(万吨)	-.058	-.196	.007	-.017	-.048	.066		.105	-.021	-.111
	石油沥青(万吨)	-.071	-.206	.009	-.013	-.074	.094	.105		-.045	-.096
	焦炭(万吨)	.013	.105	.026	-.015	.022	-.002	-.021	-.045		-.199
	煤气(亿立方米)	.035	.193	-.051	.033	.047	-.085	-.111	-.096	-.199	

提取方法：主成分分析法。

a. 再生公因子方差

b. 将计算实测相关性与再生相关性之间的残差。存在 21 个 (46.0%) 绝对值大于 0.05 的非冗余残差。

图 13.16　再生相关性

10. 成分矩阵及旋转后的成分矩阵

图 13.17 是成分矩阵，图 13.18 是旋转后的成分矩阵。可以发现公因子 1 主要载荷汽油万吨、煤油万吨、柴油万吨、燃料油万吨、石脑油万吨、液化石油气万吨、石油焦万吨、石油沥青万吨 8 个变量的信息，公因子 2 主要载荷焦炭万吨、煤气亿立方米两个变量的信息。

成分矩阵[a]

	成分	
	1	2
汽油(万吨)	.944	-.035
煤油(万吨)	.577	-.411
柴油(万吨)	.967	-.025
燃料油(万吨)	.953	.022
石脑油(万吨)	.903	-.151
液化石油气(万吨)	.925	-.050
石油焦(万吨)	.944	.010
石油沥青(万吨)	.924	.098
焦炭(万吨)	.126	.873
煤气(亿立方米)	.345	.713

提取方法：主成分分析法。
a. 提取了 2 个成分。

旋转后的成分矩阵[a]

	成分	
	1	2
汽油(万吨)	.937	.117
煤油(万吨)	.636	-.312
柴油(万吨)	.959	.132
燃料油(万吨)	.937	.175
石脑油(万吨)	.915	-.003
液化石油气(万吨)	.921	.100
石油焦(万吨)	.930	.162
石油沥青(万吨)	.896	.246
焦炭(万吨)	-.017	.882
煤气(亿立方米)	.225	.760

提取方法：主成分分析法。
旋转方法：凯撒正态化最大方差法。
a. 旋转在 3 次迭代后已收敛。

图 13.17　成分矩阵　　　　　图 13.18　旋转后的成分矩阵

11. 成分转换矩阵、成分得分协方差矩阵

图 13.19 是成分转换矩阵，提取方法为主成分分析法；旋转方法为凯撒正态化最大方差法，旋转在 3 次迭代后收敛。图 13.20 给出了因子得分的协方差矩阵，我们发现这是一个单位矩阵，说明提取的两个公因子是不相关的。

12. 成分得分系数矩阵

图 13.21 给出了因子得分系数矩阵，因子分析的模型实质上是将原始变量表示成公因子的线性

组合，自然也可以将公因子再回溯表示成原始变量的线性组合。本例中将提取的两个公因子分别对变量汽油万吨、煤油万吨、柴油万吨、燃料油万吨、石脑油万吨、液化石油气万吨、石油焦万吨、石油沥青万吨""焦炭万吨、煤气亿立方米做线性回归，得到系数的最小二乘估计就是所谓的因子得分系数，根据估计出来的得分系数，我们可以计算每个样本观测值的因子得分。

F1=0.145*汽油万吨+0.131*煤油万吨+0.147*柴油万吨+0.140*燃料油万吨+0.151*石脑油万吨+0.143*液化石油气万吨+0.140*石油焦万吨+0.127*石油沥青万吨−0.077*焦炭万吨−0.027*煤气亿立方米

F2=−0.001*汽油万吨−0.260*煤油万吨+0.007*柴油万吨+0.038*燃料油万吨−0.079*石脑油万吨−0.011*液化石油气万吨+0.030*石油焦万吨+0.088*石油沥青万吨+0.586*焦炭万吨+0.485*煤气亿立方米

图 13.19　成分转换矩阵　　图 13.20　成分得分协方差矩阵　　图 13.21　成分得分系数矩阵

13. 因子载荷图

图 13.22 是因子载荷图，本例中我们只提取了两个公因子，所以输出的是二维平面图，从因子载荷图上同样可以发现公因子 1 主要载荷汽油万吨、煤油万吨、柴油万吨、燃料油万吨、石脑油万吨、液化石油气万吨、石油焦万吨、石油沥青万吨 8 个变量的信息，公因子 2 主要载荷焦炭万吨、煤气亿立方米两个变量的信息。

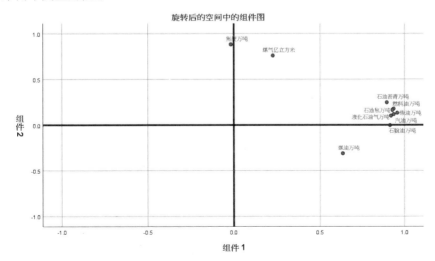

图 13.22　因子载荷图

14. 因子分析新生成的变量

由于我们在前面的"因子分析：保存"对话框中选择了"保存为变量"选项，因此在数据文件中保存了两个新变量：FAC_1 和 FAC_2，如图 13.23 所示，这两个变量就是依据因子得分系数矩阵计算的每个样本观测值的因子得分。

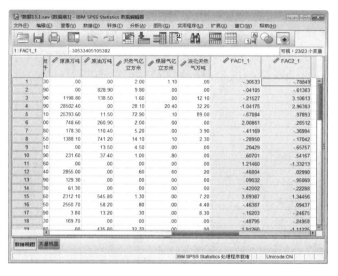

图 13.23　因子分析新生成的变量

15. 因子分析之后续图形分析

为了研究我国主要能源产品产量的区域差异，我们有必要对因子分析的结果进行进一步解析。下面对因子分析的结果进行图形分析。操作如下：

01　在数据文件界面选择"图形"|"旧对话框"|"散点/点状"命令，弹出如图 13.24 所示的对话框。单击"定义"按钮，弹出如图 13.25 所示的对话框。

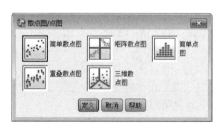

图 13.24　"散点图/点图"对话框

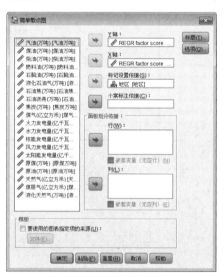

图 13.25　"简单散点图"对话框

02 选择 REGR factor score 1 for analysis 1 并单击➡按钮，使之进入"Y 轴"列表框；选择 REGR factor score 2 for analysis 1 并单击➡按钮，使之进入"X 轴"列表框；选择"地区"并单击➡按钮，使之进入"标记设置依据"列表框。

03 单击"确定"按钮，等待输出结果，如图 13.26 所示。

结果如下：

位于第 1 象限的有山东、辽宁、江苏，表示这些地区在主要能源产品产量的各个方面都领先其他城市。

位于第 2 象限的有广东、浙江、上海、福建，表示这些地区在汽油万吨、煤油万吨、柴油万吨、燃料油万吨、石脑油万吨、液化石油气万吨、石油焦万吨、石油沥青万吨等产量方面有优势，在其他方面不如平均水平。

位于第 3 象限的有北京、海南、天津、西藏、青海、甘肃、贵州、重庆、吉林、宁夏、湖南、湖北、江西、四川、黑龙江、云南、广西，表示这些地区在主要能源产品产量的各个方面都落后于总体平均水平。

位于第 4 象限的有安徽、河南、新疆、陕西、内蒙古、山西、河北，表示这些地区在焦炭万吨、煤气亿立方米等产量方面有优势，在其他方面不如平均水平。

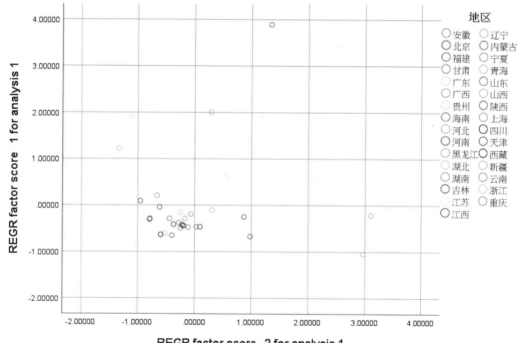

图 13.26　散点图

> **说　明**
>
> 如果看不清楚图形或者图形有所失真，请参照 SPSS 数据集中每个地区对应的 REGR factor score 1 for analysis 1 和 REGR factor score 2 for analysis 1 的值做出判断。

13.1.4　知识点总结与练习题

知识点总结：本节讲述了因子分析的 SPSS 操作，对涉及的窗口界面进行了深度解读。通过本节的学习，应该较为清晰地知晓因子分析的适用情形，并且能够较为连贯地对分析结果进行解读。

练习题：用于分析的数据还是数据 13.1，请对火力发电量亿千瓦小时、水力发电量亿千瓦小时、核能发电量亿千瓦小时、风力发电量亿千瓦小时、太阳能发电量亿千瓦小时、原煤万吨、原油万吨、天然气亿立方米、煤层气亿立方米、液化天然气万吨等变量开展因子分析。

13.2　主成分分析

	下载资源:\video\第 13 章\13.2
	下载资源:\sample\数据 13.1、数据 13.1 衍生

13.2.1　基本原理

主成分分析是一种降维分析的统计过程，该过程通过正交变换将原始的 n 维数据集变换到一个新的被称作主成分的数据集中，也就是将众多的初始变量整合成少数几个相互无关的主成分变量，而这些新的变量尽可能地包含初始变量的全部信息，然后用这些新的变量来代替以前的变量进行分析。在 SPSS 中，主成分分析被嵌入因子分析过程中，因此本次实验的操作步骤和上一节实验的步骤大致相同，但读者需要注意主成分分析和因子分析的差别，其实主要的不同在于它们的数学模型的构建上。

主成分分析法从原始变量到新变量是一个正交变换（坐标变换），通过正交变换将其原随机向量（分量间有相关性）转化成新随机向量（分量间不具有相关性），也就是将原随机向量的协方差阵变换成对角阵。在变换后的结果中，第一个主成分具有最大的方差值，每个后续的主成分在与前述主成分正交条件限制下也具有最大方差。降维时仅保存前 $m(m < n)$ 个主成分即可保持最大的数据信息量。

SPSS 进行主成分分析的主要步骤包括：

（1）变量数据标准化（由 SPSS 软件自动执行）。
（2）变量之间的相关性判定。
（3）确定主成分个数 m。
（4）写出主成分 F_i 的表达式。
（5）对各个主成分 F_i 命名。

主成分分析的数学模型为：设有原始变量 $X=(X_1,\cdots,X_P)'$，是一个 p 维随机变量，首先将其标准

化 $ZX=(ZX_1,\cdots,ZX_P)'$，然后考虑它的线性变换，提取主成分，即为：

$$F_p=a_{1i}*ZX_1+a_{2i}*ZX_2+\cdots+a_{pi}*ZX_p$$

可以发现，如果要用 F_1 尽可能多地保留原始的 X 的信息，经典的办法是使 F_1 的方差尽可能大。其他的各 F_i 也希望尽可能多地保留 X 的信息，但前面的 F 已保留的信息就不再保留，即要求 $\mathrm{Cov}(F_i,F_j)=0, j=1,\cdots,i-1$，在这样的条件下使 $\mathrm{Var}(F_i)$最大，为了减少变量的个数，希望前几个 F_i 可以代表 X 的大部分信息。计算特征值和单位特征向量，记为 $F_1\geqslant F_2\geqslant\cdots\geqslant F_p$ 和 $a_1,a_2,\cdots,a_p$，用 $Y_i=a_i'X$ 作为 X 的第 i 主成分。

在主成分个数的确定方面，最终选取的主成分的个数可以通过累积方差贡献率来确定。一般情况下，以累积方差贡献率大于等于 85%为标准。

13.2.2　操作演示与功能详解

本节继续使用数据 13.1。下面针对汽油万吨、煤油万吨、柴油万吨、燃料油万吨、石脑油万吨、液化石油气万吨、石油焦万吨、石油沥青万吨、焦炭万吨、煤气亿立方米 10 个变量开展主成分分析，操作演示与功能详解如下：

01 进行因子分析。在 SPSS 26.0 中，主成分分析过程是含在因子分析过程中的，同样需要选择“分析 | 降维 | 因子”命令，通过设置“因子分析”对话框来实现，但是需要注意的是，在“因子分析：提取”对话框中需设置方法为“主成分”。本例中，我们在 13.1 节“因子分析：提取”对话框中，关于方法的设置本来采用的就是“主成分”，所以直接引用 13.1 节的结果即可。

02 建立过渡性数据文件。因子分析结果中的主因子数目就是主成分分析中主成分的数目。本例中提取了两个公因子，所以在 SPSS 中新建一个数据文件，设定变量 T1、T2，然后将所得“成分矩阵”中的因子载荷分别输入新数据文件定义的新变量中，如图 13.27 所示。

成分矩阵[a]

	成分 1	成分 2
汽油(万吨)	.944	-.035
煤油(万吨)	.577	-.411
柴油(万吨)	.967	-.025
燃料油(万吨)	.953	.022
石脑油(万吨)	.903	-.151
液化石油气(万吨)	.925	-.050
石油焦(万吨)	.944	.010
石油沥青(万吨)	.924	.098
焦炭(万吨)	.126	.873
煤气(亿立方米)	.345	.713

提取方法：主成分分析法。
a. 提取了 2 个成分。

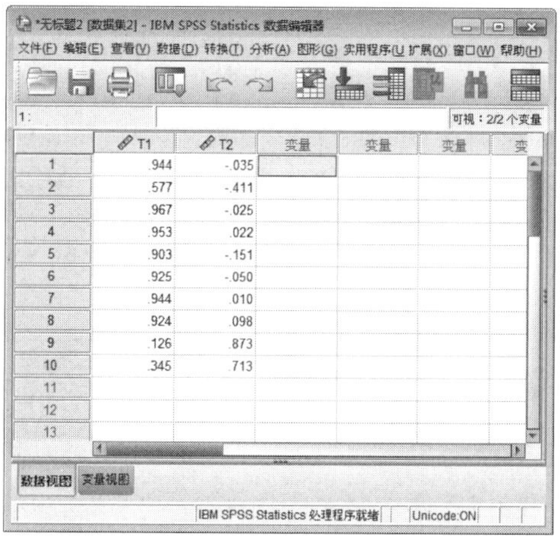

图 13.27　过渡性数据文件

03 在新数据文件的数据编辑器窗口选择“转换”|“计算变量”命令，打开如图 13.28 所示的“计算变量”对话框。在“目标变量”中输入要定义的特征向量的名称（如 F2），然后在“数字表达式”中输入：“新数据文件中定义的新变量名称/SQRT（第一步因子分析中相应主因子的初始特

征值）"，特征值可查询 13.1 节结果解读中"总方差解释"的"总计"列，本例中需要分别输入 F1=T1/SQRT(6.618751)、F2=T2/ SQRT(1.476833)。

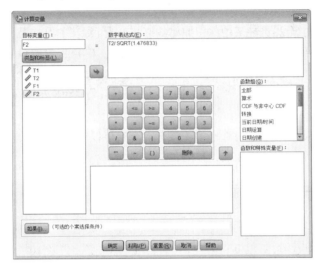

图 13.28　"计算变量"对话框

在"计算变量"对话框中单击"确定"按钮，最终在新数据文件的数据编辑器窗口得到特征向量 F1、F2，如图 13.29 所示。

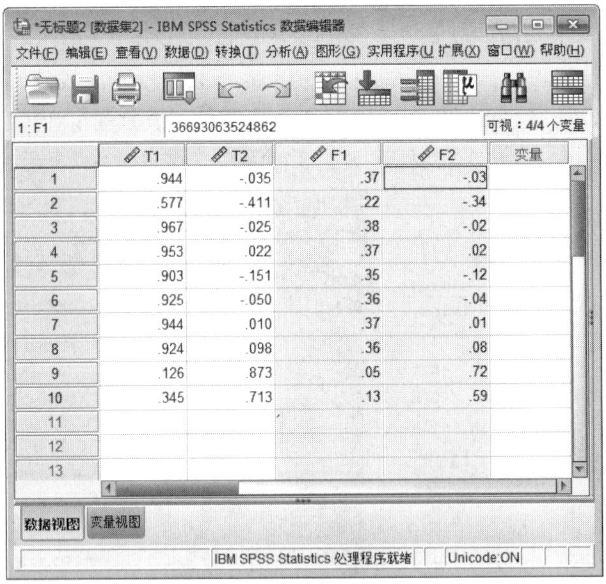

图 13.29　特征向量 F1、F2

04 对原始变量进行标准化。在数据 13.1 数据编辑器窗口中，选择"分析"|"描述统计"|"描述"命令，打开如图 13.30 所示的"描述"对话框，然后将参与因子分析的原始变量都选入"变量"列表框中，并选中"将标准化值另存为变量"复选框。

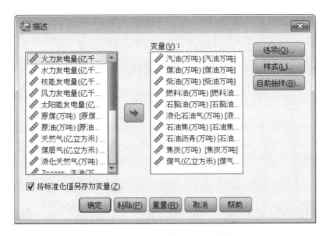

图 13.30 "描述"对话框

单击"确定"按钮就可以得到标准化变量,我们将得到的标准化变量分别重新命名为 Z1~Z10,如图 13.31 所示(之所以需要重新命名,是因为原来的变量名字太长,在接下来的"计算变量"操作中会被系统拒绝)。

	Z1	Z2	Z3	Z4	Z5	Z6	Z7	Z8	Z9	Z10
1	-.49527	-.22627	-.55500	-.53460	.08835	-.38064	-.25092	-.37277	-.74126	-.71287
2	-.06570	-.19341	-.36268	-.54198	.98292	-.24204	-.01699	-.37277	-.66168	-.29926
3	.17182	-.28963	-.03272	.68541	-.34079	-.00117	-.22536	.10498	1.35350	4.49774
4	-.92093	-.79182	-.78333	-.54382	-.61373	-.51655	-.46715	-.37277	4.08888	.78026
5	-.59404	-.68857	-.52348	-.50876	-.45438	-.39409	-.46715	-.37277	1.42573	-.01458
6	3.06989	1.78250	2.50148	1.00102	3.06394	.65549	1.25092	1.20589	.38762	1.18160
7	-.43961	-.62051	-.37812	-.39063	-.27768	-.46945	-.36690	-.37277	-.53634	-.37740
8	.18358	-.52664	-.22761	-.35926	-.59953	.03112	-.37280	-.36363	-.10661	-.48122
9	.23375	.65844	.21105	.03019	.26821	-.13708	.07343	-.22072	-.47473	-.35731
10	.59591	1.01044	.06505	1.20774	.92455	.09302	.27001	.48220	-.02221	1.63930
11	.50733	2.73057	.62077	.78507	.85513	1.83426	.45675	.50214	-.64140	-.51416
12	-.37298	-.47502	-.51834	-.49214	-.55220	-.26357	-.34331	-.37277	-.12283	-.00621
13	-.24678	1.66751	-.24755	.02096	-.36445	-.05096	-.28434	-.11021	-.63407	-.31935
14	-.47019	-.43747	-.45466	-.40355	-.45912	-.36045	-.29215	-.35864	-.41408	-.15580
15	3.13887	.04126	3.83548	3.87476	2.83832	4.66007	4.86202	5.02375	.82990	.79143
16	-.44118	-.46563	-.43472	-.51983	-.50803	-.27433	-.46715	-.17336	.00406	-.04249
17	-.08764	-.24269	-.07260	-.44785	.11044	-.31201	-.01503	-.33372	-.31655	-.14799
18	-.55328	-.47502	-.57043	-.49584	-.58376	-.34700	-.35117	-.35449	-.44344	-.20381

图 13.31 新生成的标准化变量

05 计算主成分。结合前面特征向量 F1、F2 的结果以及新生成的标准化变量，我们就可以写出最终的主成分计算公式，将两个主成分分别命名为 ZF1、ZF2，则：

```
ZF1=0.37*Z1+0.22*Z2+0.38*Z3+0.37*Z4+0.35*Z5+0.36*Z6+0.37*Z7+0.36*Z8+0.05*Z9
+0.13*Z10。
ZF2=-0.03*Z1-0.34*Z2-0.02*Z3+0.02*Z4-0.12*Z5-0.04*Z6+0.01*Z7+0.08*Z8+0.72*Z
9+0.59*Z10
```

然后在数据 13.1 的数据编辑器窗口选择"转换"|"计算变量"命令，打开"计算变量"对话框，在"目标变量"和"数字表达式"文本框中依次输入上述公式，分别单击"确定"按钮，就可以得到主成分分析的结果：ZF1、ZF2 两个变量，如图 13.32 所示。

图 13.32　主成分分析结果

根据前面在原理部分的介绍，每个主成分变量都是原始变量标准化后的线性组合，每个主成分变量与其他主成分变量都无相关性，且第一主成分解释的方差比率最大。但是对于每个主成分的具体含义是比较难解释的，只能实现降维的作用，这一点是需要用户注意的。

13.2.3　结果解读

本部分内容已经嵌入前面 13.2.2 节"操作演示与功能详解"中，不再重复讲解。

13.2.4　知识点总结与练习题

知识点总结：本节讲述了主成分分析的 SPSS 操作，对涉及的窗口界面进行了深度解读。通过本节的学习，应该较为清晰地知晓主成分分析的适用情形，并且能够较为连贯地对分析结果进行解读。

练习题：用于分析的数据还是数据 13.1，请对火力发电量亿千瓦小时、水力发电量亿千瓦小时、核能发电量亿千瓦小时、风力发电量亿千瓦小时、太阳能发电量亿千瓦小时、原煤万吨、原油万吨、天然气亿立方米、煤层气亿立方米、液化天然气万吨等变量开展主成分分析。

13.3　对应分析

下载资源:\video\第 13 章\13.3
下载资源:\sample\数据 13.2

13.3.1　基本原理

对应分析是一种视觉化的数据分析方法，特色是通过将一个交叉表格的行、列中各元素的比例结构以点的形式在较低维的空间中展示，从而将众多的样本观测值和众多的变量同时作到同一张图上，将样本观测值的大类及其属性在图上直观表示出来，主要应用在市场细分、产品定位、地质研究以及计算机工程等领域中。对应分析的目标之一是描述低维空间中对应表中的两个名义变量之间的关系，同时描述每个变量的类别之间的关系。对于每个变量，类别点在图中的距离反映了相似的类别绘制为相互靠近的类别间的关系。从原点到另一个变量的类别点的向量上的一个变量的投影点描述了变量之间的关系。

前面介绍的因子分析是描述低维空间中的变量之间的关系的标准技术，但是因子分析需要定距数据，并且样本观测值应为变量数的 5 倍，而对应分析法省去了因子选择和因子轴旋转等复杂的数学运算及中间过程，可以从因子载荷图上对样本观测值进行直观地分类，而且能够指示分类的主要参数（主因子）以及分类的依据，是一种直观、简单、方便的多元统计方法，此外，对应分析采用名义变量，并且可以描述每个变量的类别之间的关系和变量之间的关系，可用于分析任何正对应度量的表。交叉表格分析通常包括检查行和列概要文件以及通过卡方统计检验自变量。但是，概要文件的数量可能非常大，并且卡方检验不会揭示因变量结构，交叉表格过程提供了多个相关性测量和关联性检验，但是不能以图形方式表示变量间的任何关系。如果涉及两个以上的变量，应使用多重对应分析。如果变量应调整为有序，则应使用分类主成分分析。

13.3.2　操作演示与功能详解

本节用于分析的数据是数据 13.2。限于篇幅不再展示数据文件的数据视图和变量视图，读者可自行打开相关源文件观察。数据 13.2 记录的是一家大型商超一段时期内饮料销售的市场调研数据，数据中包括饮料包装、饮料颜色、频数、饮料品牌等。下面使用对应分析法分析饮料包装、饮料颜色与饮料销售量的关系，操作演示与功能详解如下：

01 因为本例中是以频数格式录入数据的（相同取值的观测只录入一次，另加一个频数变量用于记录该数值共出现了多少次），所以首先要对数据进行预处理，以频数变量进行加权，从而将数据指定为这种格式。选择"数据"|"个案加权"命令，弹出如图 13.33 所示的对话框。首先在"个案加权"对话框的右侧选中"个案加权依据"，然后在左侧的列表框中选择"频数"，单击按钮，

使之进入"频率变量"列表框。单击"确定"按钮,完成数据预处理。

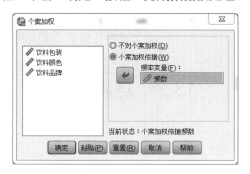

图 13.33 "个案加权"对话框

02 选择"分析"|"降维"|"对应分析"命令,弹出如图 13.34 所示的对话框。先定义行变量及其取值范围,即在"对应分析"对话框的左侧选择"饮料包装"并单击 按钮,使之进入右侧的"行"列表框,然后单击下方的"定义范围"按钮,弹出如图 13.35 所示的对话框,在"最小值"处输入"1",最大值处输入"4",单击"更新"按钮,最后单击"继续"按钮返回"对应分析"对话框。利用同样的方法在如图 13.36 所示的对话框中定义列变量及其取值范围。列变量选择"饮料颜色","最小值"输入"1",最大值输入"5"。

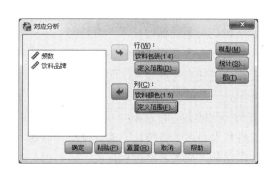

图 13.34 "对应分析"对话框　　　图 13.35 "对应分析:定义行范围"对话框

对话框深度解读

- 必须为行变量、列变量分别定义范围,指定的最小值和最大值必须为整数,小数数据值会在分析中被截断。指定范围之外的类别值在分析中会被忽略。
- 关于类别约束:初始状态下,所有类别都不受约束且是活动的,用户可将行类别约束为等于其他行类别,或者可将行类别定义为补充类别,针对列变量亦是如此。
  - 类别必须相等:类别必须具有相等的得分。如果所获得的类别顺序不理想或不直观,则可使用该选项。可约束为相等的行类别的最大数量等于活动行类别总数减 1。若要对类别集施加不同的等同性约束,则需要使用语法。例如使用语法,将类别 1 和 2 约束为相等,将类别 3 和 4 约束为相等,针对列变量亦是如此。
  - 类别为补充性:补充类别不影响分析,但会出现在由活动类别定义的空间中。补充类别对定义维不起作用。补充行类别的最大数目为行类别总数减 2，针对列变量亦是如此。

03 在"对应分析"对话框单击"模型"按钮，即可弹出"对应分析：模型"对话框，如图 13.37 所示。用户使用"对应分析：模型"对话框可以指定解中的维数、距离测量、标准化方法以及正态化方法。本例中采用系统默认值即可，单击"继续"按钮返回"对应分析"对话框。

图 13.36 "对应分析：定义列范围"对话框　　　图 13.37 "对应分析：模型"对话框

对话框深度解读

- 解中的维数：用于指定解中的维数。一般情况下，用户应根据需要选择尽量少的维数来解释大多数变异。最大维数取决于分析中使用的活动类别数以及等同性约束。最大维数是以下两项中的较小者：
  - 活动行类别数减去约束为相等的行类别数，加上受约束的行类别集的数目。
  - 活动列类别数减去约束为相等的列类别数，加上受约束的列类别集的数目。
- 距离测量：选择对应表的行和列之间距离的测量方法。
  - 卡方：使用加权概要文件距离，其中权重是行或列的质量，该方法为标准对应分析所必需的。
  - 欧几里得距离：使用行对和列对之间平方差之和的平方根。
- 标准化方法。
  - 除去行列平均值：行和列都居中，该方法为标准对应分析所必需的。
  - 除去行平均值：只有行居中。
  - 除去列平均值：只有列居中。
  - 使行总和相等，并除去平均值：使行居中之前，使行边距相等。
  - 使列总和相等，并除去平均值：使列居中之前，使列边距相等。
- 正态化方法。
  - 对称：对于每个维，行得分为列得分的加权平均值除以对应的奇异值，列得分为行得分的加权平均值除以对应的奇异值。该方法主要用来检验两个变量的类别之间的差异或相似性。
  - 主成分：行点和列点之间的距离是对应表中对应所选距离测量的距离的近似值。该方法主要用来检验一个或两个变量的类别之间的差别，而非两个变量之间的差别。
- 行主成分：行点之间的距离是对应表中对应所选距离测量的距离近似值。行得分是列得分的加权平均值。该方法主要用来检验行变量的类别之间的差分或相似性。
- 列主成分：列点之间的距离是对应表中对应所选距离测量的距离近似值。列得分是行得分的加权平均值。该方法主要用来检验列变量的类别之间的差异或相似性。
- 定制：选择该方法，需要在后面的框中指定介于-1和1之间的值。值为-1对应主要列，值为1对应主要行，值为0对应对称。其他值将惯量不同程度地分布于行得分和列得分上。该方法对于制作合适的双标图很有用。

04 在"对应分析"对话框单击"统计"按钮，即可弹出"对应分析：统计"对话框，如图13.38所示。用户使用"对应分析：统计"对话框可以指定输出统计表的类型。本例中采用系统默认的"对应表""行点概述""列点概述"即可，单击"继续"按钮返回"对应分析"对话框。

图 13.38 "对应分析：统计"对话框

对话框深度解读

- 对应表：如果用户选择该选项，则系统将输出对应表，对应表为交叉表格，表格的行、列分别为"对应分析"对话框中指定的行与列，行/列不仅包括相应变量的不同类型统计，也包括总的活动边际总计值。
- 行点概述：如果用户选择该选项，则系统将输出行点概览。对于每个行类别，有数量、维得分（分不同的维分别列出）、惯量、点对维的惯量的贡献（分不同的维分别列出）以及维对点惯量的贡献（分不同的维分别列出）。
- 列点概述：如果用户选择该选项，则系统将输出列点概览。对于每个列类别，有数量、维得分（分不同的维分别列出）、惯量、点对维的惯量的贡献（分不同的维分别列出）以及维对点惯量的贡献（分不同的维分别列出）。
- 对应表的排列：如果用户选择该选项，则系统将输出按维排序的对应表。
- 行概要：如果用户选择该选项，则系统将输出行概要表。
- 列概要：如果用户选择该选项，则系统将输出列概要表。
- 以下对象的置信度统计：
  - 行点：输出置信度行点表。
  - 列点：输出置信度列点表。

05 在"对应分析"对话框单击"图"按钮,弹出"对应分析:图"对话框,如图 13.39 所示。

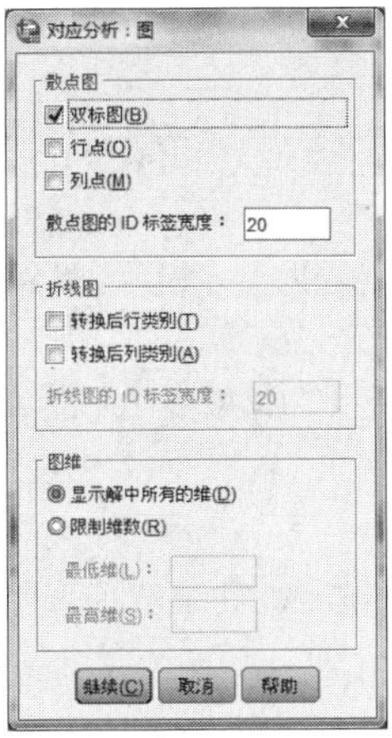

图 13.39 "对应分析:图"对话框

用户使用"对应分析:图"对话框可以指定生成哪些图。本例中采用系统默认设置即可,单击"继续"按钮返回"对应分析"对话框,然后单击"确定"按钮确认。

对话框深度解读

- 散点图:生成维的所有成对图。
  - ➢ 双标图:生成行点和列点的联合图。
  - ➢ 行点:生成行点图。
  - ➢ 列点:生成列点图。

用户可指定散点图的 ID 标签宽度。该值必须为小于或等于 20 的非负整数。

- 折线图:为所选变量的每一维生成一个图。
  - ➢ 转换后行类别:根据初始行类别值的对应行得分生成这些值的图。
  - ➢ 转换后列类别:根据初始列类别值的对应列得分生成这些值的图。

用户可指定折线图的 ID 标签宽度。该值必须为小于或等于 20 的非负整数。

- 图维:可用于控制在输出中显示的维数。
  - ➢ 显示解中所有的维:解中的所有维数都显示在散点图中。
  - ➢ 限制维数:限制解中显示的维数。如果限制维数,则必须选择最低和最高维数。最低维数的范围可从 1 到解中的维数减 1,并且针对较高维数绘制。最高维数的范围可从 2 到解中的维数,表示在绘制对应分析图时使用的最高维数。

13.3.3 结果解读

1. 对应表

图 13.40 是按照原始数据整理而成的交叉表格,反映的是饮料颜色和饮料包装不同组合下的实

际样本观测值。

对应表

饮料包装	饮料颜色					活动边际
	橙色饮料	无色饮料	绿色饮料	黑色饮料	其他颜色	
玻璃瓶装	101	51	406	684	88	1330
易拉罐装	346	87	912	415	29	1789
塑料瓶装	329	41	244	113	6	733
其他包装	691	119	587	191	7	1595
活动边际	1467	298	2149	1403	130	5447

图 13.40　对应表

2. 摘要

图 13.41 为对应分析摘要。第一列是维度，其个数等于变量的最小分类数减 1，本例中的最小分类数是饮料包装的种类（为 4 类），所以维度是 3；第 2~5 列分别表示奇异值、惯量、卡方和显著性；随后的列给出了各个维度所能解释的两个变量关系的百分比，可以发现前两个维度就累计解释了 99.7%的信息。

摘要

维	奇异值	惯量	卡方	显著性	惯量比例		置信度奇异值	
					占	累积	标准差	相关性 2
1	.439	.193			.864	.864	.012	.261
2	.173	.030			.133	.997	.013	
3	.026	.001			.003	1.000		
总计		.223	1215.961	.000[a]	1.000	1.000		

a. 12 自由度

图 13.41　摘要

3. 行点总览、列点总览

图 13.42 给出了行变量（饮料包装）和列变量（饮料颜色）在各个维度上的坐标值，以及各个类别对各维数的贡献值。

行点总览[a]

饮料包装	数量	维得分		惯量	贡献				
		1	2		点对维的惯量		维对点的惯量		
					1	2	1	2	总计
玻璃瓶装	.244	1.042	-.320	.121	.604	.145	.964	.036	1.000
易拉罐装	.328	.052	.587	.020	.002	.657	.019	.980	1.000
塑料瓶装	.135	-.586	-.399	.024	.105	.124	.831	.152	.983
其他包装	.293	-.658	-.208	.058	.289	.074	.958	.038	.996
活动总计	1.000			.223	1.000	1.000			

a. 对称正态化

列点总览[a]

饮料颜色	数量	维得分		惯量	贡献				
		1	2		点对维的惯量		维对点的惯量		
					1	2	1	2	总计
橙色饮料	.269	-.814	-.412	.086	.406	.265	.908	.092	1.000
无色饮料	.055	-.341	-.124	.004	.015	.005	.790	.041	.832
绿色饮料	.395	-.062	.502	.018	.003	.575	.038	.962	1.000
黑色饮料	.258	.881	-.249	.090	.455	.093	.969	.030	1.000
其他颜色	.024	1.491	-.670	.025	.121	.062	.926	.073	.999
活动总计	1.000			.223	1.000	1.000			

a. 对称正态化

图 13.42　行点总览、列点总览

以本表上半部分的行点总览为例，对表中各列的含义做一下简要说明。

- "数量"列表示各种类别的构成比，如玻璃瓶装的饮料占总数的构成比例是 0.244。
- "维得分"列表示各类别在相关维数上的评分，首先给出的是默认提取的两个维数上各类别的因子负荷值。
- "惯量"列给出了总惯量（0.223）在行变量中的分解情况，数值越大表示该类别对惯量的贡献越大。
- "点对维的惯量"表示在各个维数上，信息量在各类别间的分解状况，本例中第一维数主要被玻璃瓶装、塑料瓶装、其他包装所携带，也就是说这 3 个类别在第一维数上的区分比较好，第二维数主要被玻璃瓶装、易拉罐装、塑料瓶装所携带，说明这 3 个类别在第二维数上的区分比较好。
- "维对点的惯量"表示各类别的信息在各维数上的分布比例，本例中玻璃瓶装、塑料瓶装、其他包装都主要分布在第一维数上，易拉罐装主要分在第二维数上。
- "总计"表示"维对点的惯量"中各维数的信息比例之和，可见信息比例都在 98%以上，信息损失较小。

4. 对应分析图

图 13.43 是对应分析图，是对应分析中最主要的结果，从图中可以看出两个变量不同类别之间的关系。我们可以从两个方面来阅读本图：一方面，可以分别从横坐标和纵坐标方向考察变量不同类别之间的稀疏，如果靠得近，则说明在该维数上这些类别之间差别不大；另一方面，可以把平面划分为以(0,0)为原点的 4 个象限，位于相同象限的不同变量的分类点之间的关联较强。

容易发现本例中，易拉罐装和绿色饮料之间存在着比较强的联系，黑色饮料、其他颜色和玻璃瓶装之间存在着比较强的联系，橙色饮料、无色饮料和塑料瓶装、其他包装之间存在着比较强的联系。

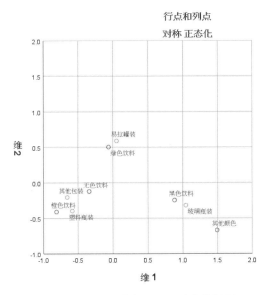

图 13.43　对应分析图

13.3.4　知识点总结与练习题

知识点总结：本节讲述了对应分析的 SPSS 操作，对涉及的窗口界面进行了深度解读。通过本节的学习，应该较为清晰地知晓对应分析的适用情形，并且能够较为连贯地对分析结果进行解读。

练习题：用于分析的数据还是数据 13.2，请使用对应分析法分析饮料品牌、饮料颜色和饮料销售量的关系。

第 14 章

如何使用 SPSS 进行高质量的综合性研究

我们学习 SPSS 的最终目的是为了进行高质量的综合性研究,可以是在校师生创作学术论文的学术型研究,也可以是职场人士解决实际问题的应用型研究。那么如何使用 SPSS 进行高质量的综合性研究呢?首先要设计研究方案,设计出科学、合理、能够满足研究目标的研究方案;然后搜集整理相关的实证数据信息,可以使用标准化的数据文件(包括 SPSS 数据、Stata 数据、Excel 数据、文本数据等,都可以使用第 1 章介绍的方法打开),还可以通过调查问卷获取数据,在此基础上用户使用合适的统计分析软件(当然 SPSS 软件只是其中之一,但能够满足绝大部分的应用需求)对获取的数据信息进行必要的整理,使得粗糙的数据信息转化为标准化的数据信息,并且数据分析软件能够有效识别、存储和运行这些数据;再后要根据我们的研究目的,结合搜集数据的特点,选择使用恰当的统计分析方法,或者说数据挖掘或建模技术去探究这些数据,找出其中存在的规律和特点,提炼出共同性的、系统性的、规律性的信息,这些共同性的、系统性的、规律性的信息往往就构成了我们研究结论的主体或者可以直接作为研究结论。最后,形成研究结论供决策参考,并及时根据最新形势的变化不断更新我们的研究成果。

所以,本章一是讲解如何设计一套优秀的研究方案,二是介绍调查问卷的制作以及如何使用 SPSS 软件对问卷数据进行整理,三是介绍 SPSS 数据挖掘分析的基础知识,四是介绍 SPSS 建模的注意事项。

14.1 研究方案设计

 下载资源:\video\第 14 章\14.1

任何调查研究都需要一套明确的方案,社会科学调查研究也不例外。尤其是我们在进行较为复杂的研究的时候更是如此,都需要开展研究方案的设计,比如一家商业银行研究其对公授信客户资产质量与企业财务报表上关键财务指标之间的关系,又比如一家淘宝电商研究其主打产品的销售量与顾客行为特征之间的关系，再比如一家学校的老师研究其授课风格与学生学习成绩之间的内在关系，等等。从开始确定研究目的和制定研究计划到搜集相关资料，以及对资料进行科学的分析直至得出研究结论，都离不开科学的指导方法和工具。可以说，设计清晰而系统的研究方案是进行调查研究工作的首要任务，也是调查研究工作赖以进行的基础，所以研究方案设计在社会科学调查研究中有着极为重要的地位。那么应该如何设计出一套有效而可行的研究方案呢？

笔者根据自己多年以来的学术研究经验和工作实践经验，将研究方案设计的心得体会分享如下，供各位读者参考借鉴。

1. 要有明确的研究目的，在此基础上制定可行的研究计划

明确研究的目的是设计研究方案的根本基础。如本节前面所举的例子，一家商业银行要研究其对公授信客户资产质量与企业财务报表上关键财务指标之间的关系，那么为什么要开展该项研究？肯定要有研究目的。在实务中，该项研究的目的通常是为了通过挖掘对公授信客户资产质量与企业财务报表上关键财务指标之间的关系，进而在营销拓展客户或者对存量客户制定增、持、减、退的授信策略时有所参考，能够服务商业银行的经营实践。只有当这个研究目的明确了，在该商业银行内部达成一致意见，相关的部门、人员都能发自内心地接受、支持与配合，才能更好地保障研究的效果。如果不明确研究目的，大家就不知道应该朝着什么方向去努力，工作也没法进行。如果没有研究计划，大家就不能做到统筹安排，很可能造成一种有的工作没人做，有的工作在重复做的局面。根据笔者的研究经验，对明确研究目的来说，一定要坚持全面、彻底、及时的原则，意思就是研究目的一定要及时、清晰、准确地传达给团队内执行相关任务的所有人。

在明确研究目的之后，就要在此基础上制定出可行的研究计划。如何才算是可行的研究计划？一是要确定项目的执行期限，就是说要在多长时间内完成该项目，还可以根据实际情况明确阶段性子项目的执行期限；二是要建立合适的项目预算，这里所指的项目预算不仅仅是财务预算的概念，而是包括人力、财务、物力的综合概念，例如需要多少人参与，需要花多少钱，需要使用什么物品，怎么去争取这些资源，等等；三是要明确各个阶段的任务，就是说确定了项目之后，要制定出相应的项目执行计划，要明确各个阶段的具体任务及预期效果；四是要确定数据的搜集方法与处理方式，比如前面所提的一家商业银行要研究其对公授信客户资产质量与企业财务报表上关键财务指标之间的关系，对公授信客户资产质量的数据从哪里获取？企业财务报表的数据从哪里获取？五是要确定数据的研究方法与分析方法，使用时间序列分析、最小二乘回归分析、方差分析还是二元或多元 Logistic 分析更为合适。

2. 根据已制定的研究计划，搜集研究所需要的资料

在明确了研究目的，制定好了研究计划之后，就要开始搜集研究所需要的资料了。资料有很多种，包括文字资料、图表资料、影像资料、数据资料等。对于数据挖掘分析而言，最重要、最为方便的就是数据资料，当然文字资料、图表资料、影像资料等其他类型的资料也可以整理成数据资料。数据资料的取得方式主要有两种：一种是利用现成的可用的数据资料，如万德资讯、各级政府统计部门直接发布的资料、一些中介服务机构发布的资料、前人已经搜集好的资料等；另一种是研究者自己通过各种渠道搜集并整理的资料，如通过调查问卷、实地采访搜集的资料等。

在搜集资料的过程中，要注意四点：一是所搜集的资料必须要与我们所研究的课题相关，能够对我们的研究有所帮助，这一点是根本前提；二是要明白一个事实，就是我们不可能搜集到全部的

与研究课题相关的资料,所以在搜集过程中要有所侧重,应首先搜集最有效、最相关的资料;三是注意搜集资料的费用要在项目预算范围之内;四是要注意使用的数据资料要满足法律法规的要求,比如如果要搜集客户信息,那么一定要注意是否得到客户的授权,是否符合消费者权益保护的要求,而且一定不能侵犯个人隐私信息。

3. 运用数据统计分析软件对搜集到的资料进行整理

搜集好数据资料之后,因为不同数据来源各异、格式各异,需要对数据进行适当的整理,以便使用相应的统计软件进行分析。

对搜集到的资料进行整理,包括以下三个要点:

一是要注意保证数据准确、完整,在数据录入和编辑的过程中要做好备份,不要丢失数据信息,也不要录错关键数据信息。在前面的章节中我们也讲述了变量的缺失值属性,以及缺失值的处理方式,虽然在数据统计分析时,SPSS 针对缺失值或者极端异常值给出了相对合理的解决策略,但最好的解决方法其实就是预防,在数据整理阶段就要保证数据的高质量,为后面的数据分析打好基础。

二是要注意数据的量纲和单位,比如收集了客户的总资产数据,那么一定要明确单位是万元还是亿元。如果不明确数据的量纲和单位,对于熟悉客户资料的项目组成员,可能凭从业经验能较好地推断出来,但是对于其他大部分成员来说,可能就会产生误解。

三是要注意变量名称要与实际情况相统一,比如收集了客户的总资产数据,然后把总资产标记为 profit 显然是不够恰当的,标记为 total asset 显然更为合适,如果变量名称与实际情况不统一,那么一方面其他的用户或项目组成员使用起来容易产生误会,另一方面时间久了,数据整理者自己可能也会忘记其真实含义。

4. 使用合适的分析方法和工具对资料进行各种分析

根据研究目的和数据特点的不同,我们可以灵活选择不同的分析方法,比如使用描述性分析、回归分析、聚类分析、因子分析等对数据进行分析。

本书介绍的 SPSS 不仅具有强大的数据准备功能,而且也具备强大的数据分析功能。其中囊括了几乎各种已经成熟的统计方法和统计模型,如相关分析、回归分析、方差分析、时间序列分析、主成分分析、因子分析、聚类分析、判别分析等,而且包括自由灵活的表格功能和图形绘制功能。所以使用 SPSS 对社会科学调查数据进行分析是可以实现研究目的的。

5. 分析研究结果,得出研究结论

在进行数据分析之后,就可以分析研究的结果了,如果对研究的结果不满意,可以尝试使用别的分析方法,或者重新收集样本数据,改变样本容量重新进行分析,直至得出满意的结果为止,最后写出最终的研究结论。一般情况下,最终的研究结论都要经过不断地修正、改进,然后成型。

至此,我们介绍完了研究方案的设计,也就是一般研究的基本思路。下面介绍一下调查问卷的制作。

14.2 调查问卷的制作

 下载资源:\video\第 14 章\14.2

采用调查问卷进行调查是一种很普遍、很有效的搜集资料的方式，所以掌握调查问卷的制作方法是非常重要的。由于我们的研究目的在很多情况下是抽象而宏观的，而要设计的问卷则是通过具体的提问将研究目的进行微观层面上的分解，因此如何通过询问一个个背后有理论支撑与研究目的的问题来获取我们想要的信息，就需要在问题设置上下功夫。

14.2.1 调查问卷的概念

问卷调查是由调查机构根据调查目的设计各类调查问卷，采取抽样的方式（随机抽样或整群抽样）确定调查样本，通过调查员对样本的访问完成事先设计的调查项目，然后由统计分析得出调查结果的一种方式。调查问卷是调查人根据研究目的和要求，参照各个调查项目设计成的调查表。一份调查问卷通常由 4 部分组成：题目、引言部分、主体部分、结束语。

- 题目：主要是说明本次调查的核心内容，一般形式为"关于 XX 的调查"或者"XX 的调查问卷"，比如"大学本科生无人机需求情况调查问卷"。
- 引言部分：主要是告诉参与者本次问卷调查的主要目的与意义、问卷的解答方法以及关于请求参与者认真参与的感谢语。
- 主体部分：是问卷的核心部分，一般分为两部分，一部分是被调查者与研究目的相关的基本情况，如性别、年龄、学历等；另一部分是被调查者对相关问题的基本看法和基本做法。主体部分是以后进行数据定量分析的基础。
- 结束语：一般都是告诉被调查者调查已经结束，以及对于被调查者的参与表示感谢的感谢语、祝福语、时令关心语等。

14.2.2 调查问卷的制作步骤

调查问卷的制作是一项系统的工作，一般来说可以按以下步骤进行。

1. 确定调查的形式，即用何种方法获取资料

具体的方法有很多，比较常用的有现场调查、电话访问、邮件调查等。

- 现场调查，顾名思义就是找到被调查者人群，当面向他们发放调查问卷，请求他们作答，完成后回收问卷的方式。当参与调查的人群比较集中时，可以优先采用这种方法。
- 电话访问，意思是给被调查者打电话，咨询他们的情况和对所研究问题的看法，然后记录下来。当参与调查的人群比较离散时可以优先采用这种方法。
- 邮件调查，就是研究者发邮件给被调查者，然后要求被调查者对邮件中的问题给予作答，作答完成后回复调查者的方式。邮件调查一般不太常用，一方面因为回收率比较低，另一方面因为调查周期相对较长。

对于这三种方法，研究者应该综合考虑各种因素，权衡收益与成本，找出最适合的方式。当然，这些方式也常常被结合起来一起使用。

2. 根据研究目的，设计出合格的调查问卷

既然是问卷，基本都是采用问题的形式展开调研的。调查者根据研究目的设计好问题，被调查者予以作答。问题一般分为三种：

- 开放式的，即问题没有固定的选项，参与者可以自由地以自己的语言予以作答，例如"您对XX问题有哪些建议"。
- 封闭式的，即对于每一个问题，调查者都准备好了既定的选项，被调查者只能从选项中选出自己适合的选项来完成对题目的作答，例如"您的国籍是：A.中国国籍 B.非中国国籍"。
- 半封闭式的，即对于一个问题，调查者给出了选项，同时提出如果所有的选项都不适合或者不够全面，被调查者可以提出自己的看法，例如"您认为中小企业融资难、融资贵的最大原因是：A.自身经营能力欠缺 B.商业银行存在歧视 C.国家推行的很多支持小微企业的政策在落地执行时存在偏差，如果这些都不符合，请说明原因"。

设计一份合格的问卷需要注意很多问题，这一点在下一小节中将详细说明。

3. 在样卷的基础上，准备最后的问卷

如果只采用电话访问的方式，那么把样卷打印出来或者直接用电子版复制给各个调查者，让他们直接电话调查就可以了。如果需要采用现场访问的方式，必须首先确定拟发放问卷的数量，然后根据确定的数量去复制样卷，既要保证最终问卷的数量能够满足本次调查的需要，又要避免出现大幅度的资源浪费。采用邮件调查方式时，如果是发放普通邮件，也就是非电子邮件，可仿照现场访问方式；如果是电子邮件，则可仿照电话访问的方式。

准备好最后的问卷后，调查问卷的制作过程就结束了。下一步需要做的是按计划执行调查。

14.2.3 制作调查问卷时需要注意的问题

一个简单的事实是：在问卷调查中，问卷是调查者与被调查者进行沟通交流的唯一途径，所以调查者在制作调查问卷时要在使用科学的调查方法的基础上，注重问卷设计的技巧、方法与策略。下面我们就问卷设计中应该注意的问题做一下介绍。

1. 问题表述必须规范、详细、意义明确

也就是说不能出现歧义或者含糊不清的情况，以保证每一位被调查者对该问题都有清晰一致的理解，进而保证调查的正确性。例如"您是否经常参加公益活动"这个问题，调查者必须给出具体的判断标准，如"每周参加公益活动的小时数"，如果调查者不给出判断标准，由于每个人对于"经常"的理解是不一样的，就会出现理解不一致的情况，从而影响调查结果。

2. 不能使用诱导性或带有特定感情色彩的词语

被调查人群往往有"先入为主"的心理效应和"从众心理"。如果调查者在调查中使用诱导性或者带有感情色彩的词语，被调查者往往会被调查者的诱导所吸引，从而不会形成自己独立的评价，

得到的调查结果自然也会有偏差。例如"很多权威的专家人员认为商业银行信贷资金流入房地产是各城市房价提升最为重要的推手，您的看法是"这个问题，一方面商业银行信贷资金流入房地产引起各城市房价提升对被调查者形成"先入为主"的效应，另一方面"很多权威的专家人员认为"使被调查者追随的概率大增，从而大大影响调查结果。

3. 答案不要不全，也不要重复

答案不全指的是出现了对于研究者所提的问题，被调查者无法找到合适选项的情况。例如"您最为喜欢的颜色是"这个问题，如果只有"红色""黄色""绿色""橙色""紫色""白色"这几个选项，而被调查者最喜欢的颜色是蓝色或者黑色，他就无法作答。答案重复指的是各个选项之间互相有交集。例如"您最喜欢的形状是"这个问题，选项是"四边形""平行四边形""圆形""矩形""菱形""正方形"就存在着答案重复，因为正方形既是矩形，又是菱形，还是平行四边形，更是四边形。

4. 尽量一问一答，不要一题多问

一题多问指的是在所设计问题的那句话中包含了多个问题的情况，如"您对我国制造业和批发零售业是否应该转型创新这件事的看法是"这个问题就属于一题多问。如果有人对我国制造业应该转型创新持支持态度，对我国批发零售业应该转型创新持反对态度，那么他就无法作答了。

5. 充分考虑应答者回答问题的能力、意愿

考虑应答者回答问题的能力主要体现在对于普通大众，不要问一些专业性很强的东西，即"隔行如隔山"。即便是强行要求被调查者作答，也不会得到一个比较可信的结果。考虑应答者回答问题的意愿体现在不要问一些敏感问题和社会禁忌问题，包括个人隐私问题、涉及个人利害关系的问题、风俗习惯禁忌以及个人经济收入、年龄等。同样，即使被调查者回答了这些问题，可信度也是比较低的。

6. 陈述问题时做到肯定否定一致

尽量全部采用肯定或者全部采用否定，如果有个别情况，最好突出一下，不然就容易得出被调查者完全违背本意的选择。例如一开始的题目是"你认为下面的说法正确的是"，设计下面的题目时最好也是"您认为下面的说法哪些是您赞同的"等。

7. 问卷每一部分的位置安排要具有一定的逻辑性

不要让被调查的思维跳跃过大，跳跃过大一方面会加重被调查者的脑力工作量，引起被调查者的反感，另一方面激发不了被调查者对相关问题的比较深入的思考。所以对于某一方面的问题，最好是放在一起，从简到繁，从易到难，循序渐进，一步一步地激发被调查的思维，从而使其做出比较符合真实情况的选择。

附 调查问卷样例

大学本科生无人机需求情况调查问卷

本调查仅为市场研究使用，不会侵犯您的隐私，也不会留下您的联系方式，请您如实根据自身情况填写以下内容，谢谢合作！

1. 您的性别是（　　）？
   A. 男　　B. 女

2. 您现在读几年级（　　）？
   A. 大一　　B. 大二　　C. 大三　　D. 大四

3. 您现在是否拥有无人机（　　）？
   A. 是　　B. 否

4. 如果您现在拥有无人机，是何时得到的（　　）？如果没有，不必选择。
   A. 大一　　B. 大二　　C. 大三　　D. 大四

5. 如果您现在没有无人机或者想再买一台，准备何时购买（　　）？如果不想买，不必选择。
   A. 大一　　B. 大二　　C. 大三　　D. 大四　　E. 毕业以后　　F. 不确定

6. 您购买无人机的动机是（　　）？（可以多选）
   A. 学习需要　　B. 社会工作需要（学生协会、社团）　　C. 游戏娱乐
   D. 别人有了我也应该有　　E. 其他

7. 您购买无人机的主要经济来源是（　　）？
   A. 家人或者朋友专款赞助　　B. 自己做兼职挣得　　C. 生活费中节省的
   D. 奖学金或者助学金　　E. 意外收入

8. 您购买无人机的时候，什么因素会让你最先考虑（　　）？
   A. 价格　　B. 功能　　C. 外形　　D. 品牌　　E. 其他

9. 您能接受的价格范围是（　　）？
   A. 2000元以下　　B. 2000~4000元　　C. 4000~6000元
   D. 6000~8000元　　E. 8000~10000元　　F. 10000元以上

10. 您对无人机硬件配置的要求是（　　）？
    A. 越高越好　　B. 能满足日常使用即可
    C. 比日常使用稍高一些，以防止跟不上软件升级的要求　　D. 无所谓

11. 如果您打算购买无人机或者推荐同学购买无人机，款式方面你会选择（　　）？
    A. 台式机　　B. 笔记本无人机　　C. 两者无差异

12. 如果您打算购买无人机或者推荐同学购买无人机，品牌方面你会选择（　　）？
    A. 国产品牌　　B. 国外品牌　　C. 组装机

13. 如果您采取分期付款购买的方式，您能接受每月多少分期付款费用（　　）？
    A. 2000 元以下　B. 2000~3000 元　C. 3000~4000 元　D. 4000~5000 元　E. 5000 元以上

14. 如果您采取分期付款购买的方式，您的分期付款费用由谁支付（　　）？
    A. 自己　　　　B. 父母或者朋友

15. 您的月平均生活费是（　　）？
    A. 4000 元以下　B. 4000~5000 元　C. 5000~6000 元　D. 6000~7000 元　E. 7000 元以上

16. 您认为个人无人机需求情况最主要受什么因素的影响？（开放题）

17. 您对无人机的市场营销有什么建议？

调查结束，非常感谢您的参与！
XX股份有限公司

14.2.4　将调查问卷获取的数据导入 SPSS

 下载资源:\video\第 14 章\14.3

在上一节中我们讲到，调查问卷的题目有封闭式、开放式、半封闭式三种。其中封闭式又分为单选题和多选题两种。下面我们逐一介绍如何将调查问卷获取的数据导入 SPSS。

1. 将开放题获取的信息录入 SPSS

开放题的录入相对简单，用户首先按照在第 1 章介绍的方法，在"变量视图"窗口中定义好该问题涉及的变量，然后切换到"数据视图"中输入变量的具体取值（也就是问题的具体作答）即可。但特别强调一个细节：由于开放题的答案往往是字符型变量，因此在定义变量时，变量的"宽度"一定要被合理设定，从而确保变量的具体取值能够被完整录入。

【例】上一节所附调查问卷中第 16 题就是开放题：

16. 您认为个人无人机需求情况最主要受什么因素的影响？

假设其中 3 份调查问卷关于这道题目的答案分别是品牌、价格、其他人的需求。请将此结果录入 SPSS 中。

【答】首先按照在第 1 章介绍的方法，在"变量视图"窗口中定义"需求最主要的影响因素"为字符型变量，并且将其"宽度"从默认值调整到 20（或更大一些），然后切换到"数据视图"窗口输入相应的信息即可。最终结果如图 14.1 所示。

第 14 章　如何使用 SPSS 进行高质量的综合性研究 | 371

图 14.1　开放题数据录入结果

2. 将封闭题获取的信息录入 SPSS

（1）单选题

针对单选题，可以采用"字符直接录入""字符代码+值标签""数值代码+值标签"三种方式录入数据。最常用的是最后一种，即"数值代码+值标签"的录入方式。这种方式的本质就是对问题的每一个选项都定义一个数值，然后用输入数值来代替输入特定的选项。

【例】上一节所附调查问卷中第 4 道是单选题：

---

4. 如果您现在拥有无人机，是何时得到的（　　　）？如果没有，不必选择。
A. 大一　　　B. 大二　　　C. 大三　　　D. 大四

假设其中 4 份调查问卷关于这两道题目的结果分别是 A、B、C、A。请将此结果录入 SPSS 中。

【答】首先按照在第 1 章介绍的方法，定义变量"年级"，并定义值标签。得到的最终结果如图 14.2 所示。

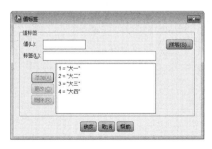

图 14.2　对"年级"变量定义值标签

返回"数据视图"窗口，在"年级"中分别输入"1、2、3、1"，即可完成数据的录入，如图 14.3 所示。

图 14.3　单选题数据录入结果

（2）多选题

对于多选题，可以采用"多重二分法"录入数据。多重二分法，即对每一个选项都要定义一个变量，这些变量只有两个取值，它们各自代表着对一个具体选项的选择结果。

【例】上一节所附调查问卷中第 6 题就是多选题：

---

6. 您购买无人机的动机是（　　）？（可以多选）
   A. 学习需要　　　　　　　B. 社会工作需要（学生协会、社团）　　　　C. 游戏娱乐
   D. 别人有了我也应该有　　E. 其他

假设其中 4 份调查问卷关于这道题目的结果分别是 ABC、BC、AD、AE。请将此结果录入 SPSS 中。

【答】首先定义 5 个变量"学习需要""社会工作需要""游戏娱乐""别人有了我也应该有""其他"为合适的变量形式。然后定义值标签，操作与单选题中相同，这里不再赘述。结果如图 14.4 所示。

图 14.4　多选题数据录入结果

3. 将半封闭题获取的信息录入 SPSS

半封闭题目实质上是单选题与开放题，或者多选题与开放题的结合，做法是把开放部分也定义为一个变量，按照前面介绍的方法录入即可，这里不再赘述。

14.3 SPSS 数据挖掘介绍

  下载资源:\video\第 14 章\14.4

根据百度百科上的介绍，数据挖掘是指从大量的数据中通过算法搜索隐藏于其中信息的过程[1]。数据挖掘的根本目的是用于决策支持，用户通过对所在机构的相关数据信息进行分析，探索其中存在的规律特点，提炼出共同性的、系统性的、规律性的信息，可以在一定程度上帮助企业的管理层或决策层增加收益、防控风险或者提高效率、降低成本。

一个完整而典型的数据挖掘过程如下：

（1）确定研究目的。研究目的即决定到底想做什么，是数据挖掘过程的出发点和落脚点，合理确定研究目的是开展数据挖掘的基础。研究目的不同会导致模型设定不同。比如以"增加用户数量"为目的的研究和以"提升用户体验"为目的的研究是截然不同的。增加用户数量侧重于研究用户的触发行为、推荐行为，提升用户体验侧重于研究用户在使用过程中的痛点和关注点。

（2）搜集数据。为达到研究目的，必须收集相应的数据信息，或者说是有价值的研究结论，这些必须建立在真实丰富的数据事实基础之上。有些企业可能已经具备了研究所需要的数据信息，可以直接使用；但是在很多情况下，企业需要通过社会调查或者统计整理等方式去获取所需要的数据信息，这就需要用到我们前面讲述的社会调查研究的基本知识。

（3）整理数据。在我们搜集完数据后，这些数据可能没法直接使用，或者说是相对粗糙的，尤其是当搜集到的数据集包含成百上千的字段，那么浏览分析这些数据将是一件非常耗时的事情。在这时，我们非常有必要选择一个具有好的界面和功能强大的工具软件，使用合适的统计分析软件（如 SPSS 软件）对获取的数据信息进行必要的整理，使得粗糙的数据信息转化为标准化的数据信息，进而有效识别、存储和运行这些数据。

（4）设定变量。在数据挖掘过程中，最终研究结论的形成往往是通过设定模型、求解模型、分析预测来实现的，而所有的模型都是通过变量来实现的，或者说模型本身就是变量之间关系的反映。而从数据端出发，由于数据信息是纷繁芜杂的，为了提炼出共同性的、系统性的、规律性的信息，数据信息必须通过变量来进行承载。设定变量的常见操作包括直接选择变量、创建全新变量、对变量进行计算转换等。

（5）建立模型。建立模型几乎算是整个数据挖掘过程中最为关键和最具技术含量的一步，模型选择和设定的优劣程度，轻则会在根本上影响数据信息的利用效率，重则会造成估计结果的严重失真，甚至得到截然相反的研究结论，对决策工作产生误导。需要特别强调和提示的是，在很多时候模型的设定并不是一蹴而就的，建立模型是一个反复的过程，用户需要仔细考察不同的模型以判

---

[1] https://baike.baidu.com/item/%E6%95%B0%E6%8D%AE%E6%8C%96%E6%8E%98/216477?fr=aladdin

断哪个模型对面对的商业问题最有用。

（6）评价模型。在很多情况下，我们进行数据挖掘并不仅仅是为了解释问题或者验证问题，更重要的是要预测问题，在一定程度上帮助企业的管理层或决策层增加收益、防控风险或者提高效率、降低成本。所以在模型建立完成之后，我们非常有必要对基于模型得到的结果进行验证，将实际观测值与模型期望值进行比较，观察其偏离度，觉得满意之后再向大范围推广。

（7）实施研究成果。在建立了合适的模型并经过评价认为恰当后，用户就可以将模型应用起来，实施研究成果。

数据挖掘分析流程图如图 14.5 所示。

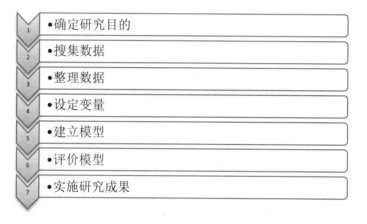

图 14.5　数据挖掘分析流程图

14.4　SPSS 建模注意事项

 下载资源:\video\第 14 章\14.5

新手在建模时需要认真学习建模注意事项，避免常见的误区，从而有效提高建模质效。本书作者结合自身学术研究经验和商业运营经验，整理了建模中需要注意的事项，与各位读者分享，供各位读者参考使用。

14.4.1　注意事项一：建模是为了解决具体的问题

建模是为了解决具体的问题。这一问题既可以是理论学术研究，也可以是具体商业应用。大到研究商业银行经营效率与股权集中度之间的关系，小到研究美容行业小型企业对目标客户的选择与营销策略制定，建模开展定量分析的目的都是为了研究并解决企业生产经营过程中遇到的市场营销、产品调研、客户选择与维护策略制度等方方面面的问题，进而据此提高经营的效率和效果。

所以，虽然我们提到的概念是建模技术，但是从解决问题的角度来说，建模并不仅仅是一种技术，而是一种过程，一种面向具体业务目标解决问题的过程，我们在选择并应用建模的过程中也必须坚持这一点，要以解决实际问题为导向选择恰当的建模技术，合适的模型并不一定是复杂的，而是能够解释、预测相关问题，所以一定不能以模型统计分析方法的复杂性，而是要以模型解决问题的能力来评判模型的优劣。比如我们在预测客户违约行为时，我们可以选择神经网络、决策树等更为前沿和流行的分析建模技术，也可以选择 Logistic 回归、聚类分析等传统的分析建模技术，但是不能笼统地说神经网络、决策树等前沿技术就一定比 Logistic 回归、聚类分析等传统好，而是要看它们解决问题的效率和效果，如果我们使用 Logistic 回归建立的模型预测的准确性更高更好，那么显然 Logistic 回归在解决这一具体问题方面更加优秀，要优于其他建模技术。

14.4.2 注意事项二：有效建模的前提是具备问题领域的专业知识

有效建模的前提是具备问题领域的专业知识。建模的本质是用一系列数据挖掘算法来创建模型，同时解释模型和业务目标的特点。我们在建模时有时候考虑的是因果关系，比如研究客户行为特征对其产生购买行为的影响，我们把因变量（又称被解释变量、目标变量）设定为客户的购买行为，把自变量（又称解释变量、预测变量）设定为客户的性别、年龄、学历、年收入水平、可支配收入、边际消费倾向等，之所以这么设置，选取这些自变量，是基于我们在问题领域的专业知识，或者说，我们是基于经济学理论或者商业运营经验，可以相对比较清晰地知道哪些因素可能会影响消费者的购买行为，所以才能够顺利地建立这些模型。我们在建模的时候有时考虑的是相关关系，比如某商业银行发现做完住房按揭贷款的客户在业务办理后半年到一年时间里大概率有办理小额消费贷款的需求，那么做完住房按揭贷款和办理小额消费贷款需求之间有没有因果关系，如果有因果关系，是怎么具体传导的，比如有的银行客户经理解释为客户做完住房按揭贷款之后通常有装修的需求，有的解释为客户有购买家电家具的需求，有的解释为住房按揭贷款的按月还款会在一定程度上使得消费者原来的收入无法支持现有消费，需要借助银行消费贷款来维持，那么究竟哪种解释、哪种传导机制是真实的、正确的？这时候我们通常很难且没有必要去深入分析研究，只需要知道做完住房按揭贷款和办理小额消费贷款需求之间具有强烈的相关关系就可以了，我们可以据此制定针对性的营销策略，开展相应客户营销，精准地满足客户需求，在这一过程中，我们依据的就是商业运营经验，通过数据的积累和经营的分析找到了这两者之间的关联关系，从而才可以针对性地进行建模。所以，数据和实践之间是有差距的，数据只是实践的一部分反映，关于实践的更多信息则需要我们通过问题领域的专业知识来弥补，只有将数据和专业知识充分融合，才能够更加全面完整地去解释商业历史行为，更加准确有效地预测商业未来表现。

14.4.3 注意事项三：建模之前必须进行数据的准备

建模之前必须进行数据的准备。获得足够的、高质量的数据是模型建立的根本前提。如果没有数据，就不可能完成建模过程；如果数据的质量不高或者样本量明显不足，那么大概率形成不了真正有效，能够解释和指导商业实践行为的模型。数据准备包括搜集数据、整理数据、设定变量。

（1）搜集数据。为达到研究目的，必须收集相应的数据信息，或者说是有价值的研究结论，这些必须建立在真实丰富的数据事实基础之上。有些企业可能已经具备了研究所需要的数据信息，可以直接使用；但是在很多情况下，企业需要通过社会调查或者统计整理等方式去获取所需要的数据信息。

（2）整理数据。在我们搜集完数据后，这些数据可能没法直接使用，或者说是相对粗糙的，尤其是当搜集到的数据集包含成百上千的字段，那么浏览分析这些数据将是一件非常耗时的事情。在这时，我们非常有必要选择一个具有好的界面和功能强大的工具软件，使用合适的统计分析软件（如 SPSS 软件）对获取的数据信息进行必要的整理，使得粗糙的数据信息转化为标准化的数据信息，进而有效识别、存储和运行这些数据。

（3）设定变量。在数据挖掘过程中，最终研究结论的形成往往是通过设定模型、求解模型、分析预测来实现的，而所有的模型都是通过变量来实现的，或者说模型本身就是变量之间关系的反映。而从数据端出发，由于数据信息是纷繁芜杂的，为了提炼出共同性的、系统性的、规律性的信息，数据信息必须通过变量来进行承载。设定变量的常见操作包括直接选择变量、创建全新变量、对变量进行计算转换等。

14.4.4　注意事项四：最终模型的生成在多数情况下并不是一步到位的

最终模型的生成在多数情况下并不是一步到位的。在构建的最终模型中，我们需要确定目标变量、预测变量以及所使用的数据集。但是在实践中，很难在研究的一开始就能够非常精准地确定所有合适的目标变量和预测变量，也无法保证搜集整理的数据都是正确、完整、充分的。事实上，如果我们一开始就很完美地确定好这些内容，那么从另一个角度来讲，也就局限住了思路，放弃了通过模型过程可能获得的新认知。需要说明和强调的是，虽然我们在前面提出数据建模要服务于业务目标，但是此处所提及的业务目标是一个大范围的概念，更加具体和精细的业务目标也有可能是在建模过程中增加或完善的，比如说我们一开始定的业务目标可能是研究客户满意度，研究发现具有部分客户行为特征的客户满意度往往比较低，但是，如果从对企业价值贡献的角度，这些客户的价值贡献是否也相对较低甚至没有贡献？如果是这样，我们的业务目标是不是应该是研究高价值贡献客户的满意度更为合适？也许我们要修改一些业务目标，然后重新建立恰当的模型，重新界定数据收集整理的范围，重新开展分析研究。

在具体建模方法的选择上，我们很多时候也需要进行对比和优化，比如针对同一个商业问题，可能有多种建模解决方案，比如构建神经网络径向基函数模型或者决策树模型可能都能达到目的，但是究竟哪种质量更好、效率更高，我们可能需要进行多种尝试，并且将基于不同建模技术得到的结果进行比较，然后得出最优选择，找到最为合适的解决方案。

针对具体的预测变量，我们在模型中也需要持续完善优化。比如有的预测变量在模型中的显著性水平非常低，说明预测变量与目标变量之间的关联程度可能不高，对于解释和预测目标变量的贡献是比较低的，我们可以考虑去掉这些预测变量。再比如模型整体的拟合优度、可决系数偏低，或者说模型的解释能力不够，那么可能是因为遗漏了对于目标变量有重要影响的关键预测变量，需要我们根据实际情况选择加入完善。

此外，我们在很多时候还要根据数据的变化对模型进行优化，比如我们对某集团公司的客户满意度影响因素进行调研，发现不同区域的客户或者不同类型的客户在评价满意度方面考虑的变量是不一样的，普通客户可能对产品价格考虑更多，VIP 客户可能对增值服务考虑更多，那么我们最好建立独立的模型，针对不同区域、不同类型的客户分别建立模型，进行拟合和预测。

14.4.5 注意事项五：模型要能够用来预测，但预测并不仅含直接预测

模型要能够用来预测，但预测并不等价于直接预测。我们建立的各种模型包括神经网络径向基函数、神经网络多层感知器、决策树、时间序列预测、回归分析预测等，都能在一定程度上对生产经营行为进行预测，比如预测贷款申请客户的违约概率，预测具有什么行为特征的客户群体能够大概率发生购买行为，预测特定市场明年的销售量，等等，这些都是直接预测。但是还有一些建模技术，虽然并不能直接预测，但是其能够帮助用户更加深刻地理解市场需求和客户行为特征，从而可以为下一步的生产经营管理提供重要的智力成果和决策参考，有助于未来商业价值的提升，那么这些模型事实上也具有广义上的预测价值。比如我们通过回归分析研究手机游戏玩家体验的重要关注因素，通过方差分析研究不同学历、不同收入水平的网购消费者对于网购的整体信任度是否不同，通过结合分析进行新产品上市之前的调查研究，通过聚类分析把具有相似行为特征的样本进行归类，通过因子分析归纳绩效考核的关键影响因子，等等，都可以通过数据建模来实现数据挖掘，进而获得有价值的信息用于商业实践。此外，还有一类预测是以打分的方式实现的，比如银行与通信公司进行业务合作为客户提供信用贷款，通信公司基于对客户信息隐私保护的考虑，不可能直接为银行提供客户的具体个人信息，但是可以出具一个对于客户综合信用评价的打分，提供给商业银行进行参考，这个打分其实也是一种广义上的预测，银行可以据此设定相应的准入门槛，比如针对 50 分以下的客户不予准入，针对 60 分以下的客户贷款额度不得超过 10 万元，等等。此外，需要特别提示和强调的是，预测仅仅是一种概率，而且这种概率有可能是基于不完全信息产生的结果，所以预测大概率产生违约的客户最后也有可能不产生违约，预测小概率违约的客户最后也有可能产生违约。在实际商业经营实践中，通常采用"模型+人工"组合的方式进行决策，针对模型通过或者不通过的情形，再增加一道必要的人工复核环节，减少犯两类错误的风险（H0 为真但判别为拒绝，此类错误为"弃真"错误，即将真的当成假的，也称为第一类错误；H0 为假并被接受，此类错误称为"取伪"错误，即将假的当成真的，也称为第二类错误）。

14.4.6 注意事项六：对模型的评价方面要坚持结果导向和价值导向

对模型的评价方面要坚持结果导向和价值导向。传统意义上对于模型质量的评价通常是模型的准确性和稳定性。准确性指的是模型对于历史数据的拟合效果，以及对未来数据的预测情况，如果模型能够尽可能地拟合历史数据信息，拟合优度很高，损失的信息量很小，而且对于未来的预测都很接近真实的实际发生值，那么模型一般被认为质量较高。稳定性指的是模型的敏感度，当创建模型的数据发生改变时，用于同一口径的预测数据，其预测结果与现实的差距有多大，比如一个集团公司基于 A 分公司建立的客户分级营销策略模型是否能够稳定无偏地使用 B 分公司，而不会导致基于 A 分公司建立的模型，对 B 公司应用的预测结果与 B 公司的实际结果之间有较大的差距。但是，上述传统的认知是存在不足的。举一个简单的例子，我们基于客户行为画像建立一个客户流失度模型，该模型的预测准确性比较高，如果我们的业务目标导向是要尽可能留住老客户，那么模型质量还是不错的，通过预测可以做出前瞻性的安排，比如提供优惠政策、提供增值服务等；但是如果我们的业务目标是要获取更多的利润，而这些流失的客户在很大程度上对于公司的利润贡献是很低的，甚至是负值（获取的收入不能弥补维系成本），那么我们构建的模型可能是价值比较低的，更应该构建一个包括客户流失度和客户利润贡献度双目标变量的预测模型。

所以，从商业经营实践的维度去看，我们更应该关注模型的价值增值导向，要紧密围绕业务目标、商业表现去关注模型的准确度和稳定性，或者说，我们要通过建模过程来达成业务目标，进一步优化我们的商业行为，进一步提升经营的效率和效果，而不应该仅停留在对目前经营现状的解释，以及因循守旧、固步自封地制定计划。

具体来说，模型的价值增值方式有两种，一是引用模型的预测结果，针对预测结果前瞻性地做出部署，做出针对性的安排，体现出未雨绸缪的远见卓识；二是通过模型获得新知识，改变传统的认知，比如我们在小额快贷的大数据审批过程中，在模型中引入的预测变量通常包括客户的收入状况、信用状况、学历状况、家庭情况等传统认识中与客户履约情况具有强相关关系的变量，如果我们在预测变量中加入一个用户申请贷款时间的变量，然后可能会发现它与客户的履约情况是一种强相关关系，比如深夜凌晨申请贷款的违约率要显著高于正常白天工作时间申请贷款的违约率，那么我们就要在下一步的审批策略和产品开发时予以高度关注，这一信息就是我们通过模型学到的新知识，这也是我们建模的重要价值。

14.4.7　注意事项七：建立的模型应该是持续动态优化完善的

建立的模型应该是持续动态优化完善的，而非静态一成不变。我们建立的模型都是基于历史数据和对当前商业模式、经营范式的考虑，但是一个令人不容忽视的事实就是，外面的世界一直在发展变化，包括客户消费习惯的变化、市场容量和特征的变化、竞争对手行为的变化以及整个经济形势的变化等，创新层出不穷，技术的进步、商业模式的变革都会对现有商业模式形成冲击，甚至产生颠覆性的改变，如果我们一直基于历史和当前的信息去预测未来的世界，而不是根据形势变化做出应有的改变，那么几乎可以确定的是，我们建立的模型大概率不能够适应新商业模式的要求，所有预测得到的结论可能跟现实之间有着较大的差距。举一个简单的例子，一个住宅小区的订奶量一直保持较为匀速的合理增长，然后牛奶生产销售配送商对小区的订单量进行合理预测并且做出针对性的生产、销售、配送安排，但是在某一年份该小区突然进驻了多家其他牛奶经营商，而且奶的质量更高、价格更便宜、折扣力度更大、配套服务更到位，那么显然会对该牛奶生产销售配送商的经营形成巨大冲击，原先建立的模型、依据模型建立的预测很可能就不再适用了。再比如，商业银行作为一种经营风险较高的行业，通常都会采取措施监控员工的异常行为，监控方式往往是建立相应的模型，观察员工账户的资金流出，比如是否与供应商发生不合理的资金往来、与授信客户发生不恰当的资金往来、参与民间借贷、实施银行卡大额套现等，但是当模型执行一段时间后，银行内部员工往往就会掌握或者推断出模型规则，然后在行为中针对这些规则开展一定的规避，从而导致模型不再如先前一样有效，不再能够有效监控员工的异常行为。所以，只要我们的商业模式是持续的，建立的模型就应该随着商业环境的不断变化而定期进行更新，这样才能保持模型的长期有效性。

14.5　SPSS综合应用案例书目推荐

关于深度应用SPSS进行数据挖掘、数据建模的综合性案例，推荐以下书目：

SPSS 统计分析商用建模与综合案例精解

作　　者：杨维忠，张甜
出　版　社：清华大学出版社
出版时间：2021-08-01

全书精选 10 个综合案例，系统介绍了神经网络多层感知器、径向基函数、决策树等热门大数据处理建模技术应用，以及 SPSS 专门用于市场营销的联合分析、直销模块分析等高级专业建模技术应用，也介绍了经典的线性回归分析、相关分析、因子分析、聚类分析、描述性分析、方差分析、交叉表分析等一般统计建模技术应用，精选的案例都是当下流行热门的商业运营领域，包括市场调研、市场营销、客户满意度调查、连锁门店分类管理、奶制品物流配送、客户关系分级分类维护、业务审批、消费者综合体验、上市公司估值等。书中每一个案例都以解决实际问题、提升价值贡献为导向，通过具体案例详解涉及多种 SPSS 技术的综合应用，希望读者能融会贯通，组合应用多种建模技术以达到理想的分析效果。